| 사무엘상 강해집 |

순종하는자의 **형통**
불순종하는자의 **파멸**

사무엘상 강해집
순종하는 자의 형통
불순종하는 자의 파멸

초판4쇄 발행 2013년 12월 10일

지은이	김서택
펴낸이	박영호
펴낸곳	도서출판 솔로몬
주 소	서울시 동작구 사당 3동 207-3, 신주빌딩 1F
전 화	02) 599-1482
팩 스	02) 592-2104
등록일	1990년 7월 31일
등록번호	제 16-24호

ISBN 89-8255-380-0 (03230)

＊저작권법에 의하여 보호를 받는 저작물이므로 무단전재와 복제를 금합니다.
＊정가는 뒷표지에 있습니다.
＊잘못되거나 파손된 책은 구입하신 서점에서 교환하여 드립니다.

사무엘상 강해집

순종하는 자의 **형통**
불순종하는 자의 **파멸**

김서택 지음

솔로몬

차.례. Contents

서문 · 06

1부 고통에서 축복으로 · 09

01.. 죽음과 같은 절망에서 구원으로 ※ 삼상 1:1~1 · 10
02.. 한나의 기도 ※ 삼상 1:12~28 · 22
03.. 한나의 노래 ※ 삼상 2:1~10 · 34
04.. 제사장의 타락 ※ 삼상 2:12~26 · 46
05.. 존귀한 직분 ※ 삼상 2:27~36 · 59
06.. 하나님의 부르심 ※ 삼상 3:1~21 · 71
07.. 법궤를 빼앗긴 이스라엘 ※ 삼상 4:1~22 · 84
08.. 다곤 신전의 여호와의 궤 ※ 삼상 5:1~12 · 98
09.. 돌아온 법궤 ※ 삼상 6:1~16 · 111
10.. 미스바의 기적 ※ 삼상 7:1~14 · 123

2부 이스라엘 최초의 왕, 사울 · 135

11.. 왕을 요구함 ※ 삼상 8:1~22 · 136
12.. 하나님의 계획 ※ 삼상 9:1~27 · 148
13.. 하나님이 세우신 왕 ※ 삼상 10:1~27 · 161
14.. 사울의 첫 번째 승리 ※ 삼상 11:1~15 · 176
15.. 사무엘의 고별 설교 ※ 삼상 12:1~25 · 189
16.. 사울의 선택 ※ 삼상 13:1~23 · 203
17.. 요나단의 용기 ※ 삼상 14:1~23 · 216
18.. 사울의 미숙한 신앙 ※ 삼상 14:24~46 · 229
19.. 아말렉과의 전쟁 ※ 삼상 15:1~16 · 243
20.. 순종과 제사 ※ 삼상 15:17~35 · 256

3부 하나님의 선택, 다윗 · 267

- 21.. 하나님이 준비하신 사람 ※ 삼상 16:1~13 · 268
- 22.. 사울의 우울증 ※ 삼상 16:14~23 · 280
- 23.. 골리앗의 등장 ※ 삼상 17:1~30 · 292
- 24.. 다윗의 승리 ※ 삼상 17:31~58 · 306
- 25.. 승리 그 이후 ※ 삼상 18:1~30 · 320
- 26.. 도망치는 다윗 ※ 삼상 19:1~24 · 335
- 27.. 다윗의 결단 ※ 삼상 20:1~34 · 348

4부 고난, 하나님의 준비 · 361

- 28.. 다윗과 제사장 ※ 삼상 21:1~15 · 362
- 29.. 사울의 복수 ※ 삼상 22:1~23 · 374
- 30.. 그일라 사람들의 배신 ※ 삼상 23:1~29 · 387
- 31.. 원수를 살려줌 ※ 삼상 24:1~22 · 401
- 32.. 다윗의 분노 ※ 삼상 25:1~31 · 413
- 33.. 두 번째 복수 기회 ※ 삼상 26:1~25 · 427
- 34.. 다윗의 망명 생활 ※ 삼상 27:1~12 · 440
- 35.. 무당을 찾아간 사울 ※ 삼상 28:1~25 · 452
- 36.. 피할 길을 주신 하나님 ※ 삼상 29:1~30:6 · 464
- 37.. 가족을 되찾는 다윗 ※ 삼상 30:7~30 · 476
- 38.. 사울의 최후 ※ 삼상 31:1~13 · 488

서 문

　찬송가 234장에 보면 옛날 어렸을 때 어머님의 무릎에서 듣던 '다윗 왕의 역사나 주의 선지 엘리야가 병거 타고 하늘에 올라가던 일' 등은 늙어서 어른이 된 후에도 기억을 한다고 고백을 하고 있습니다.
　우리가 성경에서 아주 좋아하는 사무엘 선지자나 다윗 왕의 이야기 그리고 엘리야 선지자가 하늘에서 불이 떨어지게 했던 재미있는 이야기들이 모두 사무엘상에서부터 시작되어 열왕기하까지 기록되어 있습니다. 성경에 이렇게 많은 이야기가 있다는 것은 얼마나 감사한 일인지 모릅니다. 왜냐하면 우리는 이런 역사적인 사건을 통해서 성경의 인물들의 신앙과 삶을 보면서 하나님께서 행하신 놀라운 구원을 우리가 생생하게 접할 수 있기 때문입니다.
　그러나 역사서에 기록된 이런 많은 믿음의 이야기들이 이야기의 예화나 소재로서는 너무나도 훌륭하지만 막상 이 자체를 가지고 설교를 하려고 하면 쉽지 않다는 것을 알게 될 것입니다. 특히 성경의 역사서는 단순한 역사가 아니고 선지자의 눈으로 평가가 된 역사이기 때문에 신학적으로도 아주 중요한 내용을 가지고 있습니다.

따라서 우리가 성경을 잘 관찰하고 해석을 하면 이런 역사서가 단순한 성경 이야기의 소재만이 아니라 설교의 본문으로서도 놀랍게 사용될 수 있다는 것을 알게 됩니다.

그러나 설교라고 하는 것은 현장성이 아주 중요하기 때문에 문자로 표현된 것이 완전할 수가 없습니다. 그럼에도 불구하고 설교가 담고 있는 근본적인 메시지는 시공간을 뛰어 넘어서 많은 성도들과 목회자들이 공유할 수 있을 것이라고 생각되어서 감히 책으로 펴내게 되었습니다.

이 역사서의 말씀을 통해서 그 동안 사랑하면서도 강단에서 잘 선포되지 못했던 말씀들이 다시 한번 위대하게 선포되는 역사가 나타나기를 소원합니다. 이 책을 출간할 수 있도록 기쁜 마음으로 도와주신 솔로몬 출판사 대표이신 박영호 집사님과 편집부 여러분에게 감사를 드립니다. 그리고 하나님을 사랑하고 신뢰하며 하나님의 말씀을 통해 용기와 힘을 얻는 모든 독자들에게 감사를 드립니다.

대구수성교옆에서
김서택 목사

1부

고통에서 축복으로

1. 죽음과 같은 절망에서 구원으로 2. 한나의 기도
3. 한나의 노래 4. 제사장의 타락 5. 존귀한 직분 6. 하나님의
부르심 7. 법궤를 빼앗긴 이스라엘 8. 다곤 신전의 여호와의 궤
9. 돌아온 법궤 10. 미스바의 기적

01

죽음과 같은 절망에서 구원으로

>> 삼상 1:1-11

대부분의 사람들은 이 세상에서 보통 사람들이 누리는 만큼 누려야 한다고 생각합니다. 그래서 남들이 가는 대학에 자신도 들어가야 하고, 남들이 결혼을 할 때 자신도 해야 하고, 남들이 아이를 가질 때 자신도 가져야 한다고 생각합니다. 게다가 세상은 보통 사람들이 누리는 것을 누리지 못하는 사람에게 복이 없는 자라고 눈총을 주며 고통을 줍니다.

특히 장애인은 눈에 보이지 않는 많은 무시와 차별을 당하고 있습니다. 사실 장애인은 정상인과 크게 다르지 않습니다. 단지 신체 혹은 뇌의 어떤 부분이 정상적이지 못할 뿐입니다. 그런데 그 부족한 일부분 때문에 인격 전체가 무시를 당하는 것입니다.

이것은 우리 그리스도인도 마찬가지입니다. 우리는 하나님 아버지께서 자녀들에게 가장 좋은 축복을 주기 원하심을 알고 있습니다. 하지만 우리는 그분의 사랑하시는 자녀들이 보통 사람들이 누리는 축복조차 얻지 못하는 것을 보게 됩니다. 남들은 다 가는 대학에 들어가지 못하고, 남들은 다 하는 취직을 못하고, 남들은 다 하는 결혼을 못하는 것입니다. 그리고 그것 때문에 주위 사람들로부터 너무나도 많은 무시와 공격을 당합니다.

우리의 신앙생활을 건방지게 여기는 세상 사람들은 다른 사람들이 다 누리는 그런 기본적인 축복을 받지 못하는 우리에게 이렇게 공격을 퍼붓습니다. '도대체 네가 믿는 하나님은 왜 너에게 이런 것조차 해 주지 않으시는 것이냐? 네가 이런 복도 없는 것을 보면 하나님은 너를 사랑하지 않으시는 것이 분명하고, 네 신앙은 아무 것도 아니다.' 이런 말을 들을 때 우리는 입이 열 개라도 변명할 여지가 없습니다. 그래서 시편 기자의 말처럼 '네 하나님이 어디 있느뇨 하니 내 눈물이 주야로 내 음식이 되었도다' (시 42:3)라고 고백할 수밖에 없습니다.

하나님은 세상 사람들이 다 누리는 축복을 주지 않으심으로, 우리를 이 세상에서 사회적인 장애인으로 만드십니다. 그것 때문에 낮아지게 하셔서 결국 우리를 그리스도의 장성한 믿음의 분량에 이르게 하시는 것입니다. 하나님이 우리에게 세상적인 복을 주지 않으시는 것은, 우리를 덜 사랑하거나 그분의 능력이 부족해서가 아닙니다. 하나님은 우리에게 더 좋은 것을 주려고 그렇게 하십니다.

우리 앞에 놓인 문제

구약의 역사는 평범한 역사가 아니고, 하나님이 이스라엘에게 이루신 위대한 구원의 역사입니다. 그런데 그 구원은 부계와 모계의 두 라인을 통하여 이루어지고 있습니다. 여기서 부계는 다윗의 후손으로 이어지는 것을 말합니다. 하나님은 다윗의 후손을 통하여 이스라엘 백성을 지키고 인도하겠다고 약속하셨습니다.

그러나 다윗의 후손은 어디까지나 겉으로 나타난 열매이고, 그 속에는 모계의 숨은 뿌리가 있었습니다. 게다가 이 모계에는 불임의 여성들이 나타나고 있습니다. 구약 시대에는 하나님의 축복을 받지 못했다는 이유로 아이를 낳지 못하는 여자들을 몹시 업신여겼습니다. 그런데 이들은 주위의 핍박을 통해 낮아지고 낮아지는 연단을 받게 되면서 철저히 하나님의 사람이 되었습니다. 그리하여 나중에는 믿음으로 임신을 하여 낳은 자녀를 철저히 하나님의 사람으로 키웠습니다.

이러한 대표적인 불임 여성이 사라였습니다. 아름다운 여인이었던 사라는 남편 아브라함의 많은 사랑을 받았지만 아이를 낳지 못하는 문제로 인해 철저히 낮아져야 했습니다. 그러나 결국 은혜 안에서 오직 말씀의 능력으로 이삭을 잉태하여 낳게 됩니다.

사무엘상 1장에 나오는 한나도 불임의 문제로 고통당했습니다. 그녀는 남편의 다른 부인이었던 브닌나로부터 감당하기 어려울 정도로 엄청난 무시와 학대를 당했습니다. 그런데 한나는 이러한 과정 속에서 믿음의 사람이 될 수 있었고, 결국 나중에 이스라엘을 위기에서 구원하는 위대한 사무엘을 기도를 통하여 낳게 됩니다.

이러한 불임은 세례 요한의 어머니 엘리사벳 뿐만 아니라, 예수 그리스도의 어머니 마리아까지 가게 됩니다. 그런데 마리아는 육체적인 불임이 아니라 도덕적인 불임이었습니다. 즉 요셉과 정식으로 결혼한 관계가 아니기 때문에 아이를 가져서는 안 되었던 것입니다. 그런데 그녀는 믿음으로 잉태하였고, 온 세상을 죄에서 구원할 예수 그리스도를 낳았습니다.

불임 여인에게서 한 선지자가 태어나는 이야기를 통해, 이스라엘의 왕의 역사를 기록한 사무엘서가 시작되는 이유를 생각해 볼 필요가 있습니다.

먼저는, 성경의 정신이 왕보다 하나님의 선지자를 더 우위에 두기 때문에 왕의 가족에 대한 이야기부터 시작하지 않았던 것입니다. 이스라엘에서는 왕이라 해도 자기 멋대로 할 수 없었고, 왕으로 세움을 받는 것도 선지자에 의해서 될 수 있었습니다. 사무엘서에서 우리는 선지자가 하나님의 말씀에서 떠난 왕을 책망하고 심지어는 왕을 폐위시키는 경우까지 봅니다.

다른 관점으로는, 하나님이 선지자를 주셨으므로 이미 하나님의 나라가 굳게 세워졌음을 알 수 있습니다. 이스라엘의 선지자 시대는 사무엘부터입니다. 물론 모세도 하나님이 세우신 위대한 선지자였고, 사사들도 성령의 능력으로 원수들을 물리친 사람들이었습니다. 그러나 사무엘을 통하여 본격적인 말씀의 시대가 시작되었고, 이스라엘의 왕정이 세워졌습니다.

결국 말씀의 시대가 도래 하고 나서 이스라엘의 위대한 왕국이 이루어지게 되었다는 것은 나중에 신약 시대에 예수님의 복음 선포로 하나님의 나라가 이 땅에 이루어지는 것을 보여줍니다. 또한 오늘날에도 마찬가지로, 하나님의 말씀이 선포되면서 사람들의 마음속에 하나님의 통치가 임하게 되는 것을 알 수 있습니다.

그런데 이처럼 위대한 선지자 시대가 어떻게 시작하고 있습니까? 이 세상의 모든 축복을 다 받아서 부족한 것이 아무것도 없는 그런 행복한 가정에서 시작되고 있습니까? 결코 그렇지 않습니다. 오히려 이스라엘의 선지자 시대는 아이를 낳지 못해서 통곡하는 한 여인의 기도에서 시작합니다.

하나님은 사무엘의 어머니 한나에게 이 세상 대부분의 사람들이 누리는 복을 주지 않으셨습니다. 한나는 이 세상에서 부끄러움을 당하기에 충분한 조건인 아이를 낳지 못하는 불임 여성이었습니다. 뿐만 아니라 브닌나라고 하는 여자가 괴롭게 하며 극단까지 몰고 갔습니다.

그런데 하나님이 한나에게 누구나 누리는 보통의 복을 주지 않으신 것은 '가장 좋은 선물'을 주시기 위해서입니다. 여기서 좋은 선물이란, 믿음으로 잉태하여 낳은 아들을 통하여 이스라엘에 위대한 말씀의 시대가 도래 하는 축복입니다.

사무엘상 1장 1-2절

"에브라임 산지 라마다임소빔에 에브라임 사람 엘가나라 하는 자가 있으니 그는 여로함의 아들이요 엘리후의 손자요 도후의 증손이요 숩의 현손이더라 그에게 두 아내가 있으니 하나의 이름은 한나요 하나의 이름은 브닌나라 브닌나는 자식이 있고 한나는 무자하더라"

문제 가정 안에서 하나님의 위대한 구원이 시작되고 있습니다. 엘가나는 에브라임 산지에 사는 레위인이었습니다. 당시 레위인들은 이스라엘의 여러 부족 가운데 흩어져서 하나님의 율법을 가르치는 일을 했습니다. 그런 엘가나에게 두 명의 부인이 있었습니다. 두 부인의 이름 중에서 한나가 먼저 나오는 것을 보면 한나가 아이를 낳지 못했기 때문에 새로 브닌나라고 하는 부인을 얻은 것 같습니다. 여기서 우리는 두 가지 사실을 생각하게 됩니다.

하나는 레위인 제사장이 어떻게 두 부인을 두었느냐 하는 것입니다. 이것은 그가 자식을 신앙적으로 기다리지 못했다는 것을 보여줍니다. 그가 진정으로 하나님의 말씀을 가르치는 레위인이며 제사장이라면 하나님이 자식을 주실 줄 믿고 기다려야 했습니다. 그런데 그는 그렇게 하지 않고 다른 사람들이 하듯이 두 번째 부인을 두었습니다.

신약에서 보게 되는 세례 요한의 부모 사가랴와 엘리사벳은 하나님이 자식을 주지 않으시자 끝까지 기다렸고, 결국 세례 요한이라는 위대한 아들을 얻었습니다. 그런데 엘가나는 사람들로부터 제사장이 자식의 복을 얻지 못했다는 말을 듣기 싫어서, 율법의 가르침을 깨고 두 번째 부인을 얻었던 것입니다.

생각해야 할 또 다른 사실은, 브닌나가 첩이 아니고 정식 부인이었다는 것입니다. 믿음의 조상 아브라함도 자식을 기다리지 못하고 아내의 여종 하갈을 첩으로 받아들여서 이스마엘이라는 아들을 낳았습니다. 그러나 이스마엘은 하나님이 정한 아들이 아니었기 때문에 결국 첩과 함께 집에서 내보내야 했습니다.

그런데 브닌나는 첩이 아니었습니다. 당시에는 지참금을 가지고 결혼하면 정식 부인이 되고, 지참금이 없으면 첩이 되었던 것 같습니다. 브닌나가 정식 부인이 된 것을 보면 엘가나가 한나를 사랑하기는 했지만 한나를 통해 자식 얻기를 포기했음을 알 수 있습니다.

그러면서도 엘가나는 매년 실로에 있는 성전에 올라가서 하나님께 제사를 드렸습니다.

사무엘상 1장 3-5절
"이 사람이 매년에 자기 성읍에서 나와서 실로에 올라가서 만군의 여호와께 경배하며 제사를 드렸는데 엘리의 두 아들 홉니와 비느하스가 여호와의 제사장으로 거기 있었더라 엘가나가 제사를 드리는 날에는 제물의 분깃을 그 아내 브닌나와 그 모든 자녀에게 주고 한나에게는 갑절을 주니 이는 그를 사랑함이라"

엘가나는 하나님 앞에서 제사장의 본분을 잘 감당했습니다. 그는 제사장 몫의 고기를 부인과 자식들에게 나누어 주었습니다. 그리고 한나를 사랑했기 때문에 그녀에게는 두 배를 주었습니다. 그러나 남편의 이런 사랑이 한나의 고통을 풀어 주지는 못했습니다. 왜냐하면 한나에게 필요한 것은 먹는 고기가 아니었기 때문입니다. 한나의 고통은 이런 것이었습니다. '왜 하나님은 보통 사람들에게 주시는 그런 축복을 나에게는 주지 않으시는가? 왜 내가 사람들에게 무시당하도록 내버려 두시는가?' 한나의 고통은 사람이 도와줄 수 있는 것이 아니었습니다.

만약 우리들이 이 세상에서 남들이 누리는 그런 축복을 다 받으면서 산다면 아무것도 부족함을 느끼지 못할 것입니다. 그러면 어떤 문제가 생기는가 하면, 마치 이 세상의 것이 하나님의 축복의 전부인 줄 알고 더 이상 하늘의 신령한 축복을 기대하지 않게 됩니다. 하나님 앞에 우리에게 주실 축복들이 쌓여 있는데 우리는 눈앞에 있는 것만 전부라고 생각하고 더 이상 다른 것을 사모하지 않는 것입니다. 하나님이 저 하늘의 영원한 축복을 붙들도록 하기 위하여 축복을 주지 않으시거나 빼앗아 가실 때 우리는 이 세상에서 바보 취급을 받으면서 비참하게 살아갈 수밖에 없습니다.

하나님 앞에 나아간 한나

우리는 축복을 누리지 못하고 어려움에 빠지게 되면, 쉽게 모든 일에 의욕을 잃습니다. 그래서 하나님은 우리가 비참함 속에서 자포자기하지 못하도록 우리를 충동질하는 악인을 하나씩 붙여 놓으십니다. 한나에게 그 역할을 한 사람이 바로 브닌나였습니다.

사무엘상 1장 6절
"여호와께서 그로 성태치 못하게 하시므로 그 대적 브닌나가 그를 심히 격동하여 번민케 하더라"

브닌나를 '그 대적'이라고 했는데 이 말은 한나의 원수였다는 뜻입니다. 한나의 원수는 먼 데 있지 않고, 아주 가까이에 있었습니다. 하지만 한순간도 그녀를 편안하게 내버려 두지 않고 심한 말로 격동시키며 크게 번민케 하였습니다.

만약 브닌나에게 '당신은 무엇 때문에 그렇게 한나를 미워하고 못되게 굽니까?'라고 물어본다 해도 '나도 잘 모르겠다'라는 대답만 듣게 될 것입니다. 자기도 모르는 가운데 그렇게 한나를 고통스럽게 하는 이유가 무엇일까요? 브닌나의 뒤에 사탄이 있기 때문입니다. 사탄은 브닌나의 교만을 충동질해서 한나의 마음을 짓밟고 심한 고통 가운데서 괴로워하게 만들었습니다.

그런데 사탄이 모르는 중요한 사실이 있습니다. 그것은 하나님의 백성들을 너무 비참하게 몰아가면, 그들이 하나님 앞에서 결사적으로 기도하게 된다는 사실입니다. 하나님의 백성들이 목숨을 걸고 기도하기 시작하면 안 되는 일이 없습니다.

평소에 우리는 너무 게으르고 믿음이 부족해서 그런 기도를 하지 않는데, 사탄의 공격은 우리에게 좋은 자극제가 됩니다. 약점을 찌르며 우리를 비참하게 만드는 사탄의 공격은, 우리가 그냥 침체되어 있을 수 없게 만드는 것입니다. 그래서 하나님의 백성들은 그분 앞에 나아가서 필사적으로 부르짖으며 기도하게 되고, 결국 모든 것이 합력하여 선이 이루어집니다.

「천로역정」에는, 크리스천이라는 사람이 순례의 길을 가다가 절망의 거인이 살고 있는 의심의 성에 들어가는 장면이 나옵니다. 절망의 거인은 자신의 부인인 '자포자기'로부터 두 사람을 자살하게 만들라는 요구를 받고, 그들을 매일 굶기고 때리면서 계속해서 자살하라고 했습니다. 그런데 이 두 사람은 결국 약속이라는 열쇠를 가지고 문을 열고 도망치게 됩니다.

마귀는 사람의 마음 안에 있는 분노의 감정을 자극해서 우리가 스스로를 해치고 학대하게 합니다. 브닌나가 원한 것은 한나가 그런 식으로 자포자기하는 것입니다. 그러나 아무리 이 세상은 막혀 있어도 하늘에는 길이 있는 법입니다.

사무엘상 1장 7-8절

"매년에 한나가 여호와의 집에 올라갈 때마다 남편이 그같이 하매 브닌나가 그를 격동시키므로 그가 울고 먹지 아니하니 그 남편 엘가나가 그에게 이르되 한나여 어찌하여 울며 어찌하여 먹지 아니하며 어찌하여 그대의 마음이

> 슬프냐 내가 그대에게 열 아들보다 낫지 아니하냐"

엘가나는 한나에게 고기를 배나 주며 사랑했지만, 브닌나는 그것 때문에 더 펄펄 뛰면서 한나를 공격했습니다. 한나를 위로하며 음식을 먹으라고 권하던 엘가나는 어떤 의미에서 남자들의 세계보다 더 무섭고 냉혹한 여인의 세계를 잘 알지 못했습니다. 브닌나는 그렇게 어리석은 여자가 아니었습니다. 그는 남편이 있을 때에는 아주 상냥하게 하다가 남편만 보이지 않으면 무서운 표범이나 살쾡이로 돌변해서 한나를 공격했습니다.

하지만 한나의 고통은 브닌나가 죽는다고 해도 없어지는 것이 아니었습니다. 그것은 반드시 하나님이 해결해 주셔야 할 문제였습니다. 결국 브닌나의 공격은 그냥 남편의 사랑에만 만족하며 살았을 한나를 하나님 앞에 나아가게 하는 도구였습니다. 한나는 고통 속에서도, 남편을 원망하거나 브닌나에 내적하지 않았습니다. 한나는 자신의 모든 문제를 가지고 오직 하나님께 나아가서 모든 것을 다 털어놓았습니다.

한나가 사람이 해결할 수 없는 문제를 가지고 하나님께 나아간 것은 잘한 일입니다. 왜냐하면 모든 어려움은 우리로 하여금 하나님을 만나게 하는 기회이기 때문입니다. 마귀는 하나님이 우리의 어려움을 해결하지 못하거나 안 하실 것이라고 생각하게 만듭니다. 그러나 바로 그때 믿음이 필요합니다. 오직 하나님만이 해결하실 수 있음을 믿어야 합니다. 한나는 그 믿음 안에서 하나님께 자신의 모든 괴로움을 쏟아놓았습니다.

사무엘상 1장 10절
> "한나가 마음이 괴로워서 여호와께 기도하고 통곡하며"

한나의 기도는 어떤 의미에서 기도가 아니고 눈물이었고 통곡 그 자체였습니다. 한나는 사람들에게 말할 수 없었던 마음의 모든 고통과 설움을 하나님 앞에 다 쏟아냈습니다. 그때 하나님은 한나의 눈물의 기도를 결코 외면하지 않고 응답해 주셨습니다.

우리는 이 세상에서 우리가 사용할 수 있는 가장 강력한 무기가 기도라는 것을 자주 잊어버립니다. 어떤 문제를 해결하기 위해 자신의 힘으로 이리 뛰고 저리 뛰는 것은 마치 소총을 쏘는 것과 같습니다. 그러나 하나님께 기도하는 것은 마치 대포로 공격하는 것과 같습니다. 적이 새카맣게 몰려올 때 소총만으로 해결되지 않으므로, 하나님께 지원 요청을 해야 합니다. 그러면 잠시 후 하늘에서 수많은 폭탄이 떨어지며 적을 물리치게 될 것입니다. 인간의 힘으로 해결할 수 없는 문제가 생기면 바로 지금 하나님께 지원 요청을 하라는 뜻임을 알아야 합니다.

한나의 서원

사무엘상 1장 11절

"서원하여 가로되 만군의 여호와여 만일 주의 여종의 고통을 돌아보시고 나를 생각하시고 주의 여종을 잊지 아니하사 아들을 주시면 내가 그의 평생에 그를 여호와께 드리고 삭도를 그 머리에 대지 아니하겠나이다"

원래 서원은 주신 은혜를 잊지 않기 위해 하나님께 어떤 헌신을 약속드리는 것입니다. 그런데 한나는 아직 태어나지도 않은 아이의 평생을 하나님께 바친다고 서원을 합니다. 대개 이런 서원은 연약한 믿음에서 나옵니다. 한나는 살아도 살아 있는 것이 아닐 만큼 단 하루도 견디기 어려웠을 것입니다. 그녀가 사는 길은 아이를 낳는 것밖에 없었습니다.

사실 이런 상황까지 몰아가신 분은 하나님이십니다. 사람이 극단적인 상황까지 몰리면 목숨을 건 기도를 드리게 되는데, 하나님은 한나에게 그녀의 모든 것을 다 건 기도를 드리게 하셨습니다. 물론 조건부의 기도는 좋지 않은 것입니다. 왜냐하면 하나님은 우리가 이런 조건을 달지 않아도 우리에게 좋은 것 주기를 기뻐하시기 때문입니다.

하나님이 우리에게 이런 부르짖는 기도를 하게 하실 때, 우리가 생각하지 못한 놀라운 축복을 준비해 두셨음을 언제나 기억하시기 바랍니다. 그래서 기도해야 하는 상황으로 내몰릴 때에는 기도를 해야 합니다.

우리가 하나님께 기도한 것은 어떻게 해서든지 하나님께서 들어주신다는 사실을 우리는 알 수 있습니다. 하나님은 우리의 간절한 기도를 결코 외면하지 않으십니다. 응답 방법이나 시기가 내 생각과 다를지라도 하나님은 우리에게 가장 좋은 것으로 응답해 주십니다.

하나님께 바쳐진 나실인에는 두 종류가 있습니다. 하나는 하나님께 일시적으로 바쳐진 자이고, 다른 하나는 하나님께 평생 바쳐진 자입니다. 이것은 군대를 의무 복무만 하느냐 아니면 평생 말뚝을 박느냐의 차이와 비슷합니다. 만약 아이의 평생을 하나님께 드리면 이 아이는 집에 돌아올 수도 없고 한 평생을 성전에서 지내는 하나님의 사람으로 바쳐지게 됩니다. 한나는 자녀를 간절히 원했지만, 그 자녀가 단순히 그녀를 행복하게 하고 효도나 잘 하는 것이 아니라 하나님과 이스라엘을 위해 한 평생을 사는 사람이 되기를 바랬습니다.

우리는 성경에서 잘못된 서원의 예들을 많이 볼 수 있습니다. 특히 모압과의 전쟁에서 이기고 돌아오면 가장 먼저 영접하러 나오는 자를 하나님께 번제물로 바치겠다는 입다의 서원이 그렇습니다. 그의 잘못된 서원은 승리의 날을 눈물바다로 만들고 말았습니다. 그 이유는 입다가 승리를 믿지 못했기 때문입니다. 입다가 그런 서원을 하기 전에 하나님은 이미 승리를 계획해 놓고 그를 부르셨습니다.

한나가 아들을 낳고 조금도 아까워하지 않고 하나님의 성전에 바친 것은 참으로 놀랍습니다. 이는 그녀의 서원이 단순히 일단 하나님을 붙들기 위한 것이 아니라, 이미 오랫동안 생각했던 것임을 알 수 있습니다. 한나는 아이를 낳지 못하는 고통 속에서, 만일 하나님이 자신에게 아들을 주신다면 어떻게 키우겠다는 청사진을 이미 그려 놓았습니다.

우리가 하나님의 위대한 사람으로 만들어지는 것은 단순히 하나님이 높이고 쓰시는 것만으로 이루어지는 것이 아닙니다. 하나님이 우리를 낮추고 고통스럽게 하셨을 때, 다시 우리에게 주실 기회를 어떻게 사용하겠다는 밑그림을 가지고 있어야 합니다. 한나는 하나님이 만일 그녀에게 아이를 주신다면 그의 평생을 하나님께 바칠 계획을 가지고 있었습니다. 하나님은 이 한나의 마음을 무시하지 않고 귀하게 사용하셨습니다.

02

한나의 기도

>> 삼상 1:12-28

인간이 할 수 있는 가장 위대한 일은 하나님께 기도하는 것입니다. 기도는 온 천지를 만드신 하나님께 직접 요청 드리는 방법이기 때문입니다. 또한 기도는 인간이 할 수 있는 가장 어려운 일이기도 합니다. 하나님은 우리 눈에 보이지 않으시고, 우리는 그분의 소리를 직접 들을 수 없기 때문입니다. 그래서 우리는 분초를 다투는 문제나 사람이 죽고 사는 문제를 놓고 기도하면서, 기도의 응답을 볼 때까지 불안해합니다.

우리는 하나님이 우리의 기도를 들어 주시지 않아서 우리가 꼼짝없이 어려움에 처하게 될 까봐 두렵고 불안합니다. 그래서 어떻게 하면 거절당하지 않는 기도를 드릴 수 있느냐 하는 것이 우리에게 매우 중요합니다. 그런데 하나님께 자신의 요구만 일방적으로 나열하는 것은 좋은 기도가 아닙니다.

우리는 하나님의 말씀과, 하나님은 우리의 모든 기도를 들으신다는 두 가지 사실을 믿어야 합니다. 하나님의 말씀은 우리가 그분께 나아갈 수 있는 끈입니다. 하나님은 우리에게 말씀으로 찾아오셨습니다. 우리는 그 말씀을 붙들고 기도해야 합니다. 또한 우리에게 귀를 주신 하나님은 우리의 모든 기도를 듣는 분이십니다.

얼마 전에 미군은 최첨단 시설을 갖추고 북한의 모든 정보를 듣고 있는 장소를 공개했습니다. 그곳에서는 북한에서 오가는 모든 전화나 통신을 다 들을 수 있었습니다. 이처럼 하나님은 이 세상에서 일어나는 모든 소리를 다 듣고 계시며 우리들이 드리는 기도도 다 듣고 계십니다. 기도를 잘 하든지 못하든지 상관없습니다. 다만 우리는 하나님이 우리의 모든 기도를 듣고 계심을 믿기만 하면 됩니다. 기도의 응답은 엄청나게 큰 금액의 복권에 당첨되는 것보다 더 큰 축복입니다.

이 본문은 한나가 그녀의 불임 문제를 가지고 성전에 올라가서 하나님께 기도로 토로하는 내용입니다. 그런데 당시 대제사장이던 엘리는 한나의 기도를 부정적으로 평가하고 그녀에게 술을 끊으라고 책망했습니다.

그러나 한나는 대제사장을 원망하지 않으며 자신의 처지를 설명했고, 엘리의 축복을 통해 하나님의 응답을 확신했습니다. 그리고 집으로 돌아가서 다시는 괴로워하거나 슬퍼하지 않았습니다. 그리고 그 후에 바로 임신을 해서 사무엘을 낳았습니다. 여기서 놀라운 사실은, 한나가 어떻게 엘리 제사장의 말만 듣고 그녀의 기도가 응답될 줄 확신하게 되었느냐는 것입니다. 그것은 쉽게 찾아볼 수 없는 믿음이었습니다.

기도하지 못하도록 낙심시키는 것

한나는 자신의 문제가 너무나도 다급했기 때문에 다른 사람을 통하지 않고 자신이 직접 하나님 앞에 나아가서 마음에 있는 것을 다 쏟아 놓고 기도했습니다. 한나의 이러한 기도는 다른 사람의 눈에는 술 취한 여자의 주정으로 보이기에 충분했으며, 특히 제사장 엘리의 눈에 더욱 그렇게 보였습니다.

> 사무엘상 1장 12-13절
> "그가 여호와 앞에 오래 기도하는 동안에 엘리가 그의 입을 주목한즉 한나가 속으로 말하매 입술만 동하고 음성은 들리지 아니하므로 엘리는 그가 취한 줄로 생각한지라"

한나는 성전에서 기도하면서 입술만 움직이며 소리를 내지 않았고 많이 울면서 통곡했습니다. 엘리 제사장은 이 모습을 오래 지켜보다가 그녀가 술에 취했다고 생각하게 되었습니다. 우리가 아는 기도의 종류에는 개인기도도 있고 대표기도도 있고 합심해서 통성으로 드리는 기도도 있습니다. 그런데 구약 이스라엘 백성들은 개인적인 기도를 하지 않았고, 대부분 합심해서 기도문을 외웠습니다. 그들의 신앙은 제사장에게 의존적이었습니다.

실제로 개인기도는 신약 시대에 주어진 큰 축복 중의 하나입니다. 우리는 하나님께 개인적으로 기도드릴 수 있는 것이 얼마나 큰 특권이며 대단한 축복인지 기억해야 합니다. 그들이 개인기도를 드릴 수 없었던 가장 큰 이유는 개인에게는 성령의 역사가 별로 없었기 때문입니다. 즉 하나님께 개인기도를 드리기 위해서는 마음속에 감동이 있어야 하는데, 구약 시대에는 요즘처럼 개인적인 성령의 감동이 많지 않았던 것 같습니다. 청교도의 문헌을 보아도 개인기도는 거의 하지 않았고 개인적으로 기도드릴 수 있다는 사실도 잘 알지 못했던 것을 알 수 있습니다.

그러나 그 옛날에 한나는 이미 하나님 앞에 개인기도를 드릴 수 있을 정도의 믿음을 가지고 있었습니다. 그런데 엘리는 한나의 기도를 술 취한 여자의 술주정으로 오해했고 그녀를 책망했습니다.

사무엘상 1장 14절
"엘리가 그에게 이르되 네가 언제까지 취하여 있겠느냐 포도주를 끊으라"

한나의 간절한 기도에 대한 첫 번째 반응이 주위 사람들의 축복이 아니라 오히려 제사장의 오해요 책망이었던 것을 알 수 있습니다. 이것은 한나에게 대단히 실망을 안겨 줄 수 있는 일이었습니다. 하나님 앞에서 마음을 쏟고 눈물로 간절히 기도한 것이 다른 사람도 아닌 제사장의 눈에 술주정 혹은 정신 나간 여자의 헛소리로 들렸다면 하나님 앞에서는 얼마나 형편없는 기도를 드린 것이 되겠습니까?

한나가 하나님 앞에 기도로 나아가는 길에 놓인 장애물은 다름 아닌 사람이었습니다. 특히 제사장 엘리가 생각해서 한다고 한 말은 한나를 너무나도 비참하게 만드는 말이었습니다. 그러나 우리가 기도할 때 하나님은 즉시 응답해 주시지 않고 우리의 믿음을 달아 보시는 것을 기억해야 합니다. 우리가 이 시험을 이겨 내야 하나님의 축복을 받을 수 있는 것입니다. 하나님은 우리에게 가장 좋은 것을 주시기 전에 반드시 우리의 진정한 믿음을 확인하십니다.

예수님이 두로 지방에 가셨을 때 귀신들린 딸을 가진 한 이방인 여자는 딸의 병을 고쳐 달라고 했다가 '개' 라는 소리를 들었습니다. 예수님은 이 여자의 요청에 대해서는 들은 체도 하지 않으셨습니다. 그때 만약 이 여자가 자존심이 상해서 '당신은 얼마나 잘났다고 나를 개 취급하느냐' 고 하면서 싸웠다면 기도 응답을 받지 못했을 것입니다.

회당장 야이로는 예수님께 달려와서 무릎을 꿇고 죽어가는 딸을 고쳐 달라고 간구했습니다. 그런데 예수님은 혈우병에 걸린 어떤 여자와 이야기하느라 시간을 지체하셨고 그의 딸은 죽고 말았습니다. 그때 예수님은 실망하는 야이로에게 "두려워하지 말고 믿기만 하라"(막 5:36)고 말씀하셨습니다.

우리가 하나님께 간절한 요구를 가지고 나아갈 때 하나님은 우리의 믿음을 달아 보십니다. 어떤 때는 우리의 죄를 고백할 것을 요구하기도 하시고, 어떤 때는 우리를 하나님 앞에서 진정으로 낮아지게도 하십니다. 때로는 오직 하나님의 말씀의 능력만 믿고 돌아가게 하실 때도 있습니다. 이런 것에 합격을 해야 하나님의 응답을 받을 수 있는 것입니다.

우리는 하나님의 응답을 기다리면서 그분이 우리를 낮아지게 하실 때 낮아지기만 하면 되는 것입니다. 하나님 앞에서 납작 엎드리기만 하면 그분은 '좋다'고 하면서 축복을 주실 것입니다. 그래서 가장 어리석은 사람은, 하나님 앞에서 자존심을 세우는 사람입니다. 하나님은 기도 응답을 주시기 전에 겸손과 자기 부인을 요구하십니다.

만약 한나가 제사장 엘리의 말에 화를 내며 싸웠다면 그의 기도는 불합격이 되었을 것입니다. 아마 응답을 주시더라도 그것이 온전한 상급이 되지 못할 수 있습니다. 그러니까 놀라운 기도 응답을 받기 전에 먼저 자기 자신을 십자가에 철저하게 못 박아야 합니다.

그래서 우리는 하나님께 기도한다고 해서 무조건 다 잘 되는 것이 아니라 때로는 신앙을 의심받고 오해받는 등의 장애물이 있다는 것을 알아야 합니다. 우리의 신앙이 다른 사람이 보기에는 아주 바보 같고 정신 나간 것처럼 보일 수 있지만, 우리는 이런 오해나 비난을 겸손으로 이겨 내야 합니다.

믿음의 기도

우리의 선한 행위가 다른 사람에게 좋지 않게 받아들여질 때 우리는 크게 실망하여 화를 내거나 싸우려 하기 쉽습니다. 그러나 그것은 아직 혈기나 교만이 남아 있다는 것을 드러내는 것입니다. 우리가 하나님 앞에서 진정으로 낮아진다면 다른 사람들이 비난하거나 오해하는 것이 조금도 장애물이 될 수 없습니다. 한나는 엘리 제사장에게 조금도 화를 내지 않았고 겸손하게 자신의 신앙에 대해 설명했습니다.

> 사무엘상 1장 15-16절
> "한나가 대답하여 가로되 나의 주여 그렇지 아니하니이다 나는 마음이 슬픈 여자라 포도주나 독주를 마신 것이 아니요 여호와 앞에 나의 심정을 통한 것 뿐이오니 당신의 여종을 악한 여자로 여기지 마옵소서 내가 지금까지 말한 것은 나의 원통함과 격동됨이 많음을 인함이니이다"

한나는 자신을 오해하고 있는 엘리 앞에서 조금도 흥분하지 않고 차근차근 설명했습니다. 사실 이렇게 겸손하게 설명할 수 있는 것은 성령님이 주신 마음 그대로 한나가 하나님께 대하여 믿음을 가지고 있다는 것을 의미합니다. 한나의 설명을 들은 엘리는 오해를 풀었고 하나님이 주신 믿음인 것을 알게 되었습니다. 그래서 엘리는 한나의 말을 듣고 한나를 축복했습니다.

> 사무엘상 1장 17절
> "엘리가 대답하여 가로되 평안히 가라 이스라엘의 하나님이 너의 기도하여 구한 것을 허락하시기를 원하노라"

엘리는 한나가 하나님께 무엇을 기도했는지 모르면서도 한나의 겸손한 설명을 듣고 그가 하나님이 주신 마음에 따라 기도했다는 것을 알았습니다. 결국 그는 하나님의 응답을 기원하는 축복을 해 주었습니다. 사실 사람이 할 수 있는 것은 여기까지입니다. 우리는 하나님이 아니기 때문에 그 이상을 해 줄 수 없습니다. 그런데 놀랍게도 한나는 엘리의 이 말을 하나님의 응답으로 알고 모든 슬픔과 의심을 버리고 밝은 얼굴로 집으로 돌아갔습니다. 그리고 바로 임신을 하게 되었습니다.

　여기서 우리는 몇 가지 사실을 알 수 있습니다. 첫 번째는 믿음은 불가능한 것을 가능하게 한다는 사실입니다. 한나는 기도하고 난 후 하나님이 그녀의 기도에 응답해 주실 것을 믿었습니다. 결국 이 믿음은 그대로 성취되었습니다.

　예수님은 제자들과 함께 가셨던 가나의 혼인 잔치 집에서 어머니를 통해 포도주가 떨어졌다는 말을 듣게 되셨습니다. 예수님은 그분과 상관없다고 말씀하셨지만, 마리아는 이미 하인들에게 그분이 무엇을 시키시든지 그대로 하라고 해 놓았습니다(요 2:5). 마리아는 믿음으로 기적을 준비했습니다. 한나 역시 하나님이 자기에게 좋은 일을 이루어 주실 줄 믿었습니다.

　두 번째는 하나님의 응답을 믿을 때 놀라운 평안과 기쁨이 있다는 것입니다. 한나는 하나님께 기도한 후 응답을 염려하거나 브닌나의 격동을 염려하지 않았습니다. 기도한 후, 모든 것을 하나님께 다 맡겨 버렸습니다. 즉 기도하기 전까지는 한나가 살아 있었는데, 기도하면서 한나는 없어지고 하나님만 남게 되었습니다. 이제는 아들을 주지 않으셔도 좋고 브닌나가 자기를 더 심하게 충동질해도 상관없었습니다. 우리가 진정으로 기도했다면 모든 결과까지 하나님께 맡기고 다시는 염려나 근심을 하지 말아야 합니다. 내가 걱정하고 염려하면 내가 책임을 지게 되지만, 그것을 멈출 때 하나님이 책임져 주십니다.

　세 번째는 한나가 엘리 제사장의 말을 하나님의 응답으로 듣게 된 것입니다. 엘리가 개인이 아니고 하나님의 종이며 공인이었다는 사실이 중요합니다. 때때로 하나님의 종이 하나님을 대신할 때가 있습니다. 예를 들어 죄에 대하여 책망을 할 때 개인의 자격으로 하는 것이 아니라 주님을 대신하여 책망하는 것이므로 그 말을 주님의 말씀으로 들으면 죄 용서를 받게 됩니다. 또 세례나 성찬을 행할 때에도 개인의 자격으로 하는 것이 아니라 공인으로, 주님의 종으로 그 일을 하는 것입니다. 때로는 서원에 대해서 주님을 대신해서 말하기도 합니다.

　사실 엘리는 하나님의 종들 중에서는 그렇게 영성이 뛰어난 종이 아니었습니다. 그러나 한나는 그녀의 마음이 너무나도 간절했기 때문에 엘리 같은 제사장의 말을 통해서도 은혜를 받을 수 있었습니다. 우리는 기도가 다 끝나야 응답을 확신하는 사람들이 아닙니다. 기도할 때 이미 하나님의 응답이 우리에게 임하는 것을 확신할 수 있습니다. 저는 주님의 말씀이 귀에 들릴 때 주님이 가장 가까운 곳에 계신 것을 알 수 있습니다. 그리고 주님이 모든 기도를 듣고 계시며 응답하실 것도 믿습니다.

서원대로 하나님께 바치는 한나

하나님께 서원했을 때 가장 어려운 점은, 시간이 지남에 따라 우리의 마음이 변하는 것입니다. 하루에 열두 번도 더 변하는 것이 우리 인간의 마음입니다. 서원한 기도가 이루어지면 틀림없이 약속을 지키기도 하지만 때로는 기도가 응답된 후에 마음이 변하여 약속을 깨뜨리는 경우도 있습니다.

만약 한나가 다급한 마음에 아이를 하나님께 바치겠다고 서원했다면, 막상 아이가 귀엽고 사랑스럽기 때문에 하나님께 바치지 않고 계속 자기가 붙들고 있을 가능성이 있습니다. 바로 이것이 서원을 깨는 것입니다. 그러나 한나는 처음 자기가 하나님 앞에 가졌던 마음이 변하지 않았습니다. 한나가 이렇게 아까운 아들을 하나님 앞에서 포기할 수 있었던 이유가 어디에 있습니까? 그것은 브닌나를 통해 환난과 고통을 당하면서 철저하게 자신을 부인하게 되었기 때문입니다. 한나는 이제 없는 것입니다. 그러니까 아이도 그녀의 아이가 아니었기에 하나님께 바치는 것이 그렇게 힘들지 않았습니다. 우리가 아직도 하나님께 바치는 것이 어려운 이유는 자신이 살아 있기 때문입니다. 우리가 죽기만 하면 하나님께 바치는 것이 전혀 문제가 되지 않습니다.

한나는 사무엘을 나실인과 성전에서 수종 드는 종으로 헌신시켰습니다. 이러한 종을 '템플 보이'라고 하는데, 그는 성전에서 한 평생 교회의 사찰과 같이 살아야 했습니다. 그런데 하나님은 이 소년에게 성령을 부으셔서 이스라엘을 구원하는 가장 위대한 선지자로 삼으셨습니다.

우리는 하나님께 바치는 것을 기름 붓는다고 말합니다. 거룩하게 구별했다는 뜻입니다. 하나님은 이렇게 바쳐진 것으로 사람의 영혼을 살리는 위대한 구원을 이루십니다. 우리에게는 그 시간이나 돈이 손해인지 모르지만 일단 하나님께 바쳐지면 구원을 이루는데 사용이 됩니다.

그것만이 아닙니다. 예수님을 믿는 과정에서 잃어버리는 것들이 있습니다. 때로는 건강을, 자식을, 돈을 잃어버리고 하나님을 믿습니다. 그런데 그 잃어버린 것은 그냥 없어진 것이 아니고 우리의 구원을 이루기 위해 하나님께 바쳐진 것입니다.

어떤 사람은 타락한 생활을 하다가 큰 병이 생겨서 장자를 1m 넘게 잘라 내면서 예수님을 믿게 되었다고 합니다. 창자를 하나님께 바친 그는 그 체험을 통해 많은 사람들을 구원의 길로 안내하고 있습니다. 그는 창자를 잃은 것이 아니라 얻은 것입니다. 하나님께 바치는 것은 아주 좋은 것입니다. 우리 손에 있는 것보다 하나님의 손에 있는 것이 더 유익합니다.

그런데 한나는 사무엘을 바치기 전에 자신이 해야 할 일이 있는 것을 분명히 알았습니다. 그것은 어린 사무엘에게 유치부 교육을 철저히 시키는 것이었습니다.

사무엘상 1장 21-22절
"그 사람 엘가나와 그 온 집이 여호와께 매년제와 그 서원제를 드리러 올라갈 때에 오직 한나는 올라가지 아니하고 그 남편에게 이르되 아이를 젖 떼거든 내가 그를 데리고 가서 여호와 앞에 뵈게 하고 거기 영영히 있게 하리이다"

히브리 여인에게는 아이를 젖떼기 전까지 신앙 교육을 제대로 시켜야 한다는 중요한 정신이 있었습니다. 당시 아기의 젖을 4, 5세에 뗐다고 한다면 지금 우리 식으로는 영아부에 속합니다. 한나는 자기가 사무엘을 달리 교육시킬 시간이 많지 않다는 것을 알고 있었으므로, 이때 철저히 교육을 시켰습니다. 그래서 매년제를 드리러 성전에 올라가는 데도 남편을 따라 올라가지 않고 집에 남아서 사무엘을 데리고 성경을 가르친 것입니다.

우리는 영아들이 무슨 신앙 교육을 받는가 생각하기 쉽지만 하나님에 대한 느낌이라는 가장 중요한 것을 배우게 됩니다. 사실 하나님에 대한 지식을 배우기는 어렵습니다. 그런데 어릴 때는 저절로 부모를 따라 신앙과 기도를 배우게 되는데, 이때 한번 가진 하나님이 계시다는 인상은 한평생 없어지지 않습니다. 그리고 옳고 그름도 배울 수 있습니다. 이것을 잘 배우지 않으면 정직하지 않은 어른이 되어, 자기에게 유리하게만 말하게 됩니다.

한나는 철저하게 시간을 아꼈습니다. 그 이유는 아이를 돌볼 시간이 많지 않다는 것을 알았기 때문입니다. 영적인 일에는 이런 긴박감이 있어야 합니다. 교회는 모든 것이 긴박하게 돌아가야 합니다. 왜냐하면 영혼을 구원하는데 낭비할 시간이 없기 때문입니다.

우리는 한나의 교육을 보면서 모세의 어머니 생각을 하게 됩니다. 모세의 어머니는 모든 히브리인 남자아이를 나일강에 던져 죽이라는 애굽의 바로의 명령에도 불구하고 아들을 숨겨서 키우다가 도저히 숨길 수가 없게 되자, 과감하게 애굽 사람에게 입양시키기로 결심했습니다. 그런데 하필 바로의 딸이 모세를 아들로 입양하게 되고, 모세의 어머니는 유모가 되어 돈을 받고 모세를 키우게 됩니다. 바로 이 시절에 모세는 철저한 히브리인으로 교육을 받게 되었습니다.

결국 신앙은 어린 유아들을 어떻게 키우는가에 달려 있습니다. 절에서도 아이들을 동자승으로 키우고 있습니다. 그러면 철저히 불교에 헌신한 사람으로 만들어지게 되는 것입니다. 우리는 절대로 어린 아이 교육을 포기해서는 안 됩니다.

> 사무엘상 1장 24-27절
> "젖을 뗀 후에 그를 데리고 올라갈쌔 수소 셋과 가루 한 에바와 포도주 한 가죽 부대를 가지고 실로 여호와의 집에 나아갔는데 아이가 어리더라 그들이 수소를 잡고 아이를 데리고 엘리에게 가서 한나가 가로되 나의 주여 당신의 사심으로 맹세하나이다 나는 여기서 나의 주 당신 곁에 서서 여호와께 기도하던 여자라 이 아이를 위하여 내가 기도하였더니 여호와께서 나의 구하여 기도한 바를 허락하신지라"

한나는 처음에 하나님께 기도했던 것을 그대로 지켰습니다. 한나가 이렇게 할 수 있었던 것은 계속 자기 자신을 하나님의 말씀에 쳐 복종시켰기 때문입니다. 그렇게 하지 않으면 신실한 사람이 될 수 없습니다.

한나의 생애에 일어났던 가장 엄청난 일은 아이를 낳을 수 없던 자신이 기도를 통해 아이를 낳은 것입니다. 하나님이 그녀의 기도를 들으셨다는 것은 그 수많은 사람들 중에서 그녀를 알고 계셨다는 것을 의미합니다. 한나는 이것이 최고의 축복임을 알았습니다. 그래서 어떻게 했습니까? 그가 준비할 수 있는 최고의 예물을 준비하여 기도에 응답하신 하나님께 영광을 돌렸습니다.

우리는 기도할 때는 간절하게 하지만, 응답되고 난 후에는 잊어버릴 때가 많습니다. 그런데 기도가 응답되고 난 후, 하나님의 은혜를 경험하고 난 후 어떻게 하느냐가 더욱 중요합니다. 은혜는 큰 은혜나 작은 은혜나 모두 소중합니다. 반드시 기적이 일어나야 축복이 아닙니다. 아주 작은 기도의 응답도 하나님이 나와 함께하시는 표시이고 그런 표시가 있으면 모든 것을 다 맡기면 됩니다. 그러면 맡긴 것마다 하나님의 축복으로 나타나게 됩니다.

하나님께서 우리에게 기도 응답을 체험하게 하셨다면 우리는 어떻게 해야 합니까? 우리는 기도하는 것이 큰 기쁨이 되어야 합니다. 또한 기도를 응답하신 하나님을 더 높여 드리고 그 기쁨을 다른 사람들과도 나누어야 할 것입니다.

03

한나의 노래
>> 삼상 2:1-10

　　그리스도인은 이 세상 것을 의지하지 않고 하나님만 믿기 때문에 약해 보일 수 있습니다. 세상은 이런 우리의 믿음을 시험하면서, 죽음 직전까지 몰아붙이기도 합니다. 그럴 때 하나님에 대한 믿음과 진짜 살아있는 신앙을 가진 사람이 드러나게 되고, 하나님은 그들을 기억하고 도와주십니다. 그래서 성경은 하나님에 대해 새벽빛같이 일정하시다고 말씀합니다. 새벽의 캄캄함 속에서는 도무지 아침이 오지 않을 것 같습니다. 그럼에도 불구하고 틀림없이 아침은 찾아오며, 생각지도 못한 순간에 악한 자가 파멸되면서 성도들이 승리하게 됩니다.

　　이때 성도들은 모든 생명을 다해서 하나님을 높여드리는 찬송을 부르게 됩니다. 이것은 인간이 할 수 있는 최고의 일이며, 모든 피조물들이 마땅히 해야 할 일입니다. 악한 자의 올무에서 꼼짝없이 망하게 된 성도들이 믿음과 하나님의 도우심 속에서 승리했을 때 부르는 승전가는 하나님께 드릴 수 있는 최고의 찬양입니다. 우리는 이제 "내 속에 있는 것들아 다 그 성호를 찬양하라"(시 103:1)는 고백 속에서 우리의 허파와 창자와 간과 콩팥이 모두 하나님을 높이게 됩니다. 한나는 브닌나 앞에서 언제나 약자였습니다. 아이를 낳지 못해 죄인 취급을 받는 가운데, '너는 더 이상 살 자격이 없으니 죽으라'고 하는 브닌나의 공격을 받았습니다.

이러한 죽음과 같은 절망과 고통 속에서 한나는 하나님을 붙잡았고 그분의 도우심을 의지했습니다. 그러자 하나님이 불쌍히 여기신 한나는 의인이 되었고 물론 브닌나는 망하게 되었습니다.

이때 한나가 부른 찬양이 본문에 기록되었습니다. 이 노래는 단순히 아이를 낳지 못한 여자의 한이 아니라, 하나님의 의가 불의를 뒤집어엎는 정의를 찬양하고 있습니다. 나중에 예수님의 모친 마리아도 예수님을 임신하게 되었을 때 이러한 찬양을 부르게 됩니다.

이것을 볼 때 우리 성도들은 한나처럼 사회적 약자 편에 서서 하나님의 구원을 붙들며 찬양할 수 있어야 할 것입니다. 또한 어려움을 겪게 될 때에는 자기 개인의 상황만 생각하는 것이 아니라 하나님을 믿기 때문에 어려움을 당해야 했던 사람들의 마음을 대변해서 승리의 노래를 부를 수 있었으면 좋겠습니다.

병원에서는 환자와 보호자들이 서로 금방 친해지는 것을 볼 수 있습니다. 앓고 있는 병명은 다르지만 쉽게 마음의 벽을 허물고 같은 마음을 가지게 됩니다. 이것은 성도들 사이에서도 마찬가지입니다. 아이를 낳지 못하거나 돈이 없어 박해받거나 병 때문에 고생하더라도 우리는 결국 승리를 주실 하나님을 찬양하는 한 마음이 될 수 있습니다.

찬송할 자격을 얻은 한나

'너는 무능하기 때문에 이 세상에 살 자격이 없다'는 말로 마귀들은 하나님의 백성들을 공격합니다. 마귀는 이 세상이 그들의 것이라고 하면서 하나님의 말씀에 순종하는 자들의 생존권 자체를 빼앗으려 하는 것입니다. 그런데 하나님은 어떻게 하십니까? 우리들이 이 세상에서 당당하게 살 수 있는 권리를 주셨습니다.

사무엘상 2장 1절
"한나가 기도하여 가로되 내 마음이 여호와를 인하여 즐거워하며 내 뿔이 여호와를 인하여 높아졌으며 내 입이 내 원수들을 향하여 크게 열렸으니 이는 내가 주의 구원을 인하여 기뻐함이니이다"

여기서 '뿔'은 자격이나 권세를 말합니다. 소나 염소 같은 짐승들은 뿔이 없으면 힘을 쓰지 못합니다. 한나는 아이를 낳지 못한다며 한나를 궁지로 몰아넣는 브닌나의 공격을 막아 낼 뿔이 없었습니다. 어떤 크리스천은 가족으로부터 돈을 벌지 못하니까 살 자격이 없다는 말을 듣기도 합니다. 사실 남자들에게 있어서 돈을 벌지 못한다는 것은 아주 중요한 문제여서 살아갈 힘까지 잃게 합니다. 또 어떤 경우에는 건강이 좋지 못하니까 살 자격이 없다는 말을 듣기도 합니다.

그렇다면 왜 하나님은 우리의 발톱과 이빨을 다 빼버리셔서 이 세상에서 살 자격도 없게 만드십니까? 그 이유는 우리로 하여금 오로지 하나님 한 분만 의지하도록 하기 위해서입니다. 악한 사람들은 하나님만 의지하는 우리 성도들이 우습게 여겨져서 한두 번 공격을 해 보는데, 정말 힘이 없으니까 재미있어서 끝까지 몰아붙이는 것입니다. 괴롭히는 자에게는 이것이 재밌을지 몰라도 괴롭힘을 당하는 자에게는 사느냐 죽느냐 하는 정도로 심각한 문제입니다.

하나님은 그분의 백성들을 절대로 버리지 않으십니다. 단지 악한 자들이 마지막 순간까지 밀어붙이게 하심으로 정말 우리가 하나님을 끝까지 의지하는지 시험해 보십니다. 그래서 우리의 신앙은 한번 정도 죽음을 통과해 봐야 합니다. 한걸음만 더 물러서면 죽는 상황에서, 여러분은 그대로 하나님을 의지하고 죽겠습니까? 아니면 스스로 살 길을 찾겠습니까?

끝까지 하나님을 의지하여 죽음을 이긴 성도들에게는 그 머리에 뿔을 달아 주셔서 당당하게 이 세상에서 살 수 있는 자격을 주십니다. "내 뿔이 여호와로 인하여 높아졌"기 때문에 아무도 우리를 건드릴 수가 없습니다. 그들이 공격하던 문제가 다 해결되었기 때문입니다. 브닌나가 아이 때문에 한나를 공격했는데 아이가 생겨 버리니까 할 말이 없게 되었습니다. 가족들이 직장이 없다고 공격했는데 좋은 직장이 생겨 버리니 무슨 말을 하겠습니까?

하나님은 뿔부터 달아 주시길 원하는 우리의 속사람을 먼저 바꿔 주십니다. 참으로 진실하고 겸손한 하나님의 백성이 되게 하신 후에 우리를 높여 주십니다. 나무로 치면 과일부터 먼저 달아 주시는 것이 아니라 나무를 먼저 바꾸신 후에 그 다음부터 열매를 맺게 하시는 것입니다.

이 세상은 나무가 바뀌었는지 그런 것은 보지 않습니다. 오직 열매가 달렸느냐 달리지 않느냐 하는 것만 봅니다. 달려 있는 열매가 맺힌 것이 아니고 빌려서 붙여 놓은 것이어도 아무 상관이 없습니다. 그렇지만 하나님은 우리를 완전히 변화시키신 후에 뿔을 달아 주시기 때문에 세상에서 볼 때 늦을 수밖에 없습니다. 그러나 일단 한번 열매가 맺힌 후에는 하나님의 능력이 공급되기 때문에 한 평생 능력 있는 삶을 살게 됩니다.

그런데 2절에서 더욱 놀라운 고백을 하고 있습니다. 브닌나의 공격을 통하여 놀라운 유익을 얻었는데 그것은 바로 하나님에 대한 새로운 발견이었습니다.

사무엘상 2장 2절
"여호와와 같이 거룩하신 이가 없으시니 이는 주밖에 다른 이가 없고 우리 하나님 같은 반석도 없으심이니이다"

여기서 '하나님은 거룩하시며, 주밖에 다른 이가 없다'고 했는데 이것을 좀 어려운 말로 표현하면 '유일하다'고 합니다. 여기서 '유일하다'는 것은 현격한 차별이 있다는 뜻입니다. 가끔 상품 광고에서 '차별화'라는 말을 듣게 됩니다. 다시 말해서 다른 회사에서는 도저히 흉내 낼 수 없을 정도의 특별한 물건이라는 뜻입니다.

하나님이 우리 성도들을 도우시는 방법은 우리가 도저히 상상할 수 없는 '차별화된' 방법입니다. 홍해를 가르신 것을 한번 생각해 보십시오. 바다 안에 고속도로가 있을 줄 누가 알았습니까? 삼손을 사용하신 방법을 보십시오. 누가 그런 괴력이 나올 줄 알았겠습니까? 하나님은 한 번의 임신으로 브닌나가 영원히 입을 다물게 했습니다. 한나는 아무 말도 할 필요가 없었습니다. 하나님이 도우시는 방법은 특별합니다.

"우리 하나님 같은 반석도 없으심이니이다"라고 했는데, 하나님은 그분의 백성을 지키는 열정이 대단하십니다. 어느 정도 하나님을 안다고 생각해도 우리는 하나님을 제대로 아는 것이 아닙니다. 큰 어려움이 닥치면 갑자기 우리에게 하나님은 생소해지기 시작합니다. 하나님이 능히 돕지 못하실 것 같습니다.

그러나 하나님은 우리가 미처 생각하지 못했던 놀라운 방법으로 우리를 도우시고 악한 자를 물리치십니다. 하나님이 바로를 치실 때를 생각해 보시기 바랍니다. 모세는 광야에서 하나님을 만나는 놀라운 체험을 한 후 그분을 잘 안다고 생각했습니다. 그러나 그는 바로의 악한 마음 앞에서 상상할 수 없는 방법으로 놀랍게 드러나는 하나님의 능력을 보게 되었습니다. 이것이 바로 악한 자의 유익한 점입니다. 이 세상에 악한 자가 없다면 우리는 하나님의 능력이 얼마나 크신지 모를 것입니다.

우리는 막상 어려운 일을 당하면 하나님은 너무 작고, 악한 자는 너무 두렵다고 느낍니다. 그러나 하나님이 손가락만 움직이셔도 악한 자가 꼬리를 감추며 설설 기게 되는 것을 알아야 합니다. 교만하게 날뛰던 사람이 그렇게 바뀔 수 있다는 사실이 도대체 이해가 되지 않을 정도입니다.

우리 그리스도인들은 어려움이 생길 때, 새로운 하나님을 발견할 수 있는 가장 큰 축복의 기회가 찾아 왔음을 기억해야 합니다. 이것을 한 번도 체험해 보지 않는 사람은 절대로 이해하지 못합니다. 우리는 언제 가장 기뻐합니까? 위대하신 하나님을 새로 발견할 때입니다. 우리는 어려운 일이 닥칠 때마다 기록을 갱신해 가고 있는 것입니다. 하나님의 새로운 능력을 발견하고 하나님의 새로운 지혜를 알게 됩니다. 하나님의 능력을 체험한 한나가 사람들에게 하는 말이 무엇입니까?

사무엘상 2장 3절
"심히 교만한 말을 다시 하지 말 것이며 오만한 말을 너희 입에서 내지 말지어다 여호와는 지식의 하나님이시라 행동을 달아 보시느니라"

왜 한나가 사람들에게 교만한 말을 하지 말라고 합니까? 하나님이 모든 말을 다 듣고 계시기 때문입니다. 사람들은 자기들이 하는 말을 하나님이 듣지 못하시는 줄로 압니다. 그래서 모든 악한 말들을 다 쏟아놓습니다. 하나님은 악한 자의 모든 말을 다 듣고 기억하셨다가 교만한 말을 그대로 갚아 주십니다. 그러니까 그들의 하는 모든 말들은 자신들에게 저주가 되는 것입니다. 즉 그들의 말이 모두 거짓이 되게 하십니다.

악한 자는 자주 '네가 성공하면 내 손에 장을 지진다' 라고 합니다. 그러면 그런 말을 듣는 성도는 반드시 성공하여 악한 자의 손가락에 장을 지지게 되어 있습니다. 어떤 악한 자는 '저 사람이 집을 사면 내가 춤을 춘다'라고 합니다. 그러면 그 성도는 꼭 집을 사게 되고 악한 자는 춤을 춰야 합니다. 하나님은 항상 악한 자의 저주를 거꾸로 갚아 주셔서 그 입을 부끄럽게 하십니다. 지혜로운 사람은 말을 함부로 하지 않습니다. 왜냐하면 하나님이 모든 말을 다 듣고 계시는 줄 알기 때문입니다. 화가 난다고 해서 아무렇게나 말을 해서는 안 됩니다.

그뿐만 아니라 하나님은 사람의 모든 행동을 달아 보십니다. 어떤 사람은 굉장히 체격이 커도 하나님의 저울에는 먼지처럼 가볍게 나타나는 사람이 있을 것입니다. 반대로 어떤 사람은 대단히 왜소해도 하나님의 저울에는 아주 묵직하게 나타날 것입니다. 그 차이가 어디에 있습니까? 하나님 앞에 겸손하면 겸손할수록 무겁게 나타납니다. 그리고 하나님은 그런 사람들의 기도를 소중하게 들으십니다. 그 대신 하나님의 저울에 형편없이 가볍게 나타난 사람의 기도는 외면하십니다.

이제 우리 모두가 새로운 하나님을 발견할 수 있기를 바랍니다. 그리고 하나님의 저울에 묵직하게 나타나는 겸손한 사람들이 되시기를 바랍니다.

상황을 바꾸시는 하나님

사무엘상 2장 4-5절

"용사의 활은 꺾이고 넘어진 자는 힘으로 띠를 띠도다 유족하던 자들은 양식을 위하여 품을 팔고 주리던 자들은 다시 주리지 않도다 전에 잉태치 못하던 자는 일곱을 낳았고 많은 자녀를 둔 자는 쇠약하도다"

전을 구울 때에는 아랫쪽이 타지 않도록 뒤집어 가면서 굽습니다. 그러면 위와 아래가 완전히 바뀌게 됩니다. 이처럼 한나는 하나님에 대해, 한번씩 이 세상을 뒤집어 놓는 분이라고 고백을 하고 있습니다. 용사는 활을 꺾이고, 넘어진 자는 다시 힘을 내서 일어섭니다. 유족하던 자들은 가난해져서 품을 팔아야 하고, 주리던 자들은 다시 배고프지 않게 됩니다. 그리고 아기를 낳지 못하던 자는 일곱을 낳았고, 많은 자녀를 낳은 자는 쇠약해진다고 말했습니다.

여기서 한나는 세 가지를 언급하고 있습니다. 하나는 힘입니다. 용사는 힘과 권력이 있는 자입니다. 넘어진 자는 힘이 없어 밟히는 자입니다. 두 번째는 돈입니다. 유족하던 자는 돈이 많은 사람이며, 주리던 자는 가난한 자입니다. 세 번째는 한나 자신의 경우에 해당하는 자식의 문제입니다. 잉태치 못하던 자는 일곱 아들을 낳았고 많은 자녀를 둔 자는 쇠약하다고 했습니다. 과거에 힘과 돈과 자식은 모두 중요한 것이었습니다. 권력과 돈을 가진 사람들은 할 수 있는 대로 서로 결탁해서 자신들의 기득권을 잃지 않으려고 했습니다.

힘이 없는 사람은 감히 힘이 있는 사람과 대항하여 싸울 수가 없습니다. 그래서 가난한 자는 계속 가난해야 하고 힘이 없는 자는 계속 힘이 없어야 합니다. 그런데 교만한 자의 특징은 만족을 모르는 것입니다. 계속 자신의 권력과 재산을 무리하게 불려 나가다가 어느 한 순간에 하나님의 심판으로 몰락하고 맙니다. 그때 그들의 모든 범죄 사실이 온 세상에 드러나면서 악인은 더 이상 얼굴을 들 수 없게 됩니다.

우리가 믿는 것이 무엇입니까? 하나님은 반드시 이 세상의 악한 자들을 심판하신다는 것입니다. 우리는 악한 자를 상대로 해서 목숨 걸고 싸울 필요가 없습니다. 우리는 할 수 있는 대로 그들로부터 피해를 덜 입는 것이 지혜입니다. 우리는 절대로 악한 자들을 자극할 필요가 없습니다. 그들을 가만히 내버려 두면 스스로 교만 속에서 멸망할 것이기 때문입니다.

하나님은 악한 자를 더 악하게 만드십니다. 그래서 악한 것이 얼마나 치사하고 더러운 것인지 모두 알게 하십니다. 교만한 자는 더 교만하게 하셔서 그것이 얼마나 추잡스러운 것인지 폭로시키십니다. 그 후 하나님이 정하신 때가 되면 한 순간에 심판을 해버리십니다. 그러므로 우리 성도들은 교만한 자와 손을 잡지 말아야 합니다. 악한 자와 함께 동역을 하면 안 됩니다. 그 대신 어려움을 끝까지 참고 견디면 하나님이 우리를 높이고 풍성하게 하고 힘 있게 하실 때가 있습니다.

혁명은 기존의 질서를 완전히 뒤집어엎는 것입니다. 가난한 자가 부자가 되고 부자는 재산을 빼앗기고, 박해받던 자가 권력을 잡고 권력 있는 자는 그 자리에서 쫓겨나게 됩니다. 사실 20C의 공산주의 혁명은 온 세계를 피로 물들였습니다. 그 이유는 이 혁명을 일으킨 장본인이 죄인인 인간이기 때문입니다. 사실 인간이 일으킨 혁명 중에서 성공적인 것은 별로 없었습니다.

그런데 하나님이 일으키시는 혁명이 있습니다. 그것은 압제받던 의인들이 하나님이 주신 힘으로 정당한 권력을 가지고 악한 자들을 심판하는 것입니다. 이때는 이 세상에 의로운 하나님의 통치가 이루어지게 되고 모든 사람들이 하나님의 살아계심을 찬송하게 됩니다. 한나가 아이를 가지게 된 것은 일종의 작은 혁명이었습니다. 엘가나의 집에서 불의한 힘을 휘두르던 브닌나는 한 순간에 몰락해 버리고 엘가나의 집안에 의로운 질서가 이루어지게 되었습니다.

하나님의 주권

하나님은 우리 인간의 처지를 마음먹으신 대로 바꿀 수 있는 분이십니다.

사무엘상 2장 6-7절
"여호와는 죽이기도 하시고 살리기도 하시며 음부에 내리게도 하시고 올리기도 하시는도다 여호와는 가난하게도 하시고 부하게도 하시며 낮추기도 하시고 높이기도 하시는도다"

여기에 보면 네 가지가 나옵니다.

첫 번째로 "죽이기도 하시고 살리기도 하시며"입니다. 사람이 살고 죽는 것은 전적으로 하나님의 소관입니다. 오래 살고 싶다고 해서 오래 사는 것도, 빨리 죽고 싶다고 해서 빨리 죽는 것도 아닙니다. 악한 자가 아무리 성도의 생명을 해치려 해도 하나님의 허락 없이는 머리털 하나 상하게 할 수 없습니다. 우리가 하나님의 뜻을 위하여 생명을 지켜 주실 것을 구할 때 하나님은 얼마든지 지켜 주십니다. 예수님은 공중에 나는 새도 먹이시는 하나님이라고 말씀하셨습니다. 즉 하늘의 새들은 하나님이 우리의 먹을 것을 책임지시는 약속의 증표입니다. 마치 무지개가 이 세상을 홍수로 멸망시키지 않으시겠다는 하나님의 약속인 것과 마찬가지입니다.

두 번째로 "음부에 내리게도 하시고 올리기도 하시는도다"입니다. 이것은 존귀와 비천을 말합니다. 어떤 사람이 존귀해지고, 어떤 사람이 비천해집니까? 사람의 힘이 아니라, 하나님의 뜻대로 하나님이 우리를 높이기 원하실 때 그렇게 됩니다. 그래서 요셉은 애굽의 총리가, 다윗은 이스라엘의 왕이 되었던 것입니다. 모두 자기가 하고 싶다고 된 것이 아닙니다. 하나님이 그들을 높이신 것입니다. 악한 자를 낮추시는 것도 하나님이십니다. 처음에는 자신의 힘만 믿고 날뛰게 하시다가 나중에는 비참하게 구덩이에 쳐 박아 버리십니다.

세 번째는 "가난하게도 하시고 부하게도 하시며"입니다. 이것은 재산을 말합니다. 장사하는 사람은 알 것입니다. 어떤 때는 무엇을 특별하게 잘한 것도 아닌데 정신없이 손님이 모여들어 돈을 벌게 되고, 어떤 때는 가게를 크게 확장해도 이상하게 장사가 되지 않습니다. 돈 버는 것도 하나님이 축복해 주셔야 합니다.

네 번째는 "낮추기도 하시고 높이기도 하시는도다"입니다. 이것은 사회적 지위를 말합니다. 어떤 사람은 앞길이 잘 풀리는데, 어떤 사람은 열심히 해도 잘 되지 않습니다. 자기 힘으로 되는 것이 아닙니다. 연극이나 영화를 보면 배우들이 잘 하는 것 같지만 실제로는 뒤에서 감독이 다 조율합니다. 인형극 같은 것은 더 해서, 실제로 뒤에서 사람이 인형을 다 조종하는 것입니다. 더욱이 사람들은 자기들이 잘 해서 높은 지위에 올라간 줄로 생각하지만 이 모든 것을 하나님이 다 움직이십니다.

그러면 모두 부자가 되고 높은 지위에 오르면 좋을까요? 하나님은 모두를 주연으로 시키지 않으셨습니다. 우리는 각자 자신의 역할에 따라 주연이나 조연 혹은 엑스트라를 감당하면 됩니다. 우리가 반드시 주연을 할 필요가 없습니다. 조연이라도 주연 이상으로 잘 하면 상을 받게 됩니다. 그러니까 우리는 재산의 많고 적음이나 지위의 높고 낮음에 너무 신경쓸 필요가 없습니다. 단지 우리에게 주어진 형편과 처지에서 최선을 다하여 믿음의 경주를 하면 상을 받습니다. 특히 하나님은 겸손하고 의로운 자를 반드시 높이십니다.

사무엘상 2장 8절
"가난한 자를 진토에서 일으키시며 빈핍한 자를 거름더미에서 드사 귀족들과 함께 앉게 하시며"

하나님은 겸손하게 그분을 기뻐하는 자를 반드시 기억하시며 높이십니다. 겸손을 배운 사람보다 더 복된 사람은 없습니다. 우리는 겸손하게 되기까지 건강을 잃고, 재산을 잃고, 사회적인 출세의 기회도 잃고, 많은 것을 잃게 됩니다. 그러나 겸손만 배우면 참으로 안전한 위치에 있게 됩니다.

사무엘상 2장 8절
"땅의 기둥들은 여호와의 것이라 여호와께서 세계를 그 위에 세우셨도다"

이 땅의 기둥들은 견고합니다. 악인들이 아무리 세상을 흔들려고 해도 세상은 흔들리지 않습니다. 우리가 보기에 어떤 경우에는 꼭 이 세상이 망할 것처럼 위태로울 때가 있습니다. 그러나 이 세상은 하나님의 말씀 위에 서 있기 때문에 악한 자의 뜻대로 되지 않습니다.

> 사무엘상 2장 9-10절
> "그가 그 거룩한 자들의 발을 지키실 것이요 악인으로 흑암 중에서 잠잠케 하시리니 힘으로는 이길 사람이 없음이로다 여호와를 대적하는 자는 산산이 깨어질 것이라 하늘 우레로 그들을 치시리로다 여호와께서 땅 끝까지 심판을 베푸시고 자기 왕에게 힘을 주시며 자기의 기름 부음을 받은 자의 뿔을 높이시리로다"

성경에는 다윗을 시기하여 해치려 했던 많은 원수들이 나타납니다. 그러나 하나님은 다윗의 걸음을 지켜 주셨습니다. 우리 생각에는 다윗을 위태롭게 했던 것은 원인을 알 수 없는 많은 현실적인 어려움인 것 같지만, 실제로는 다윗의 죄가 그를 위태롭게 했습니다. 우리가 하나님의 말씀을 붙들고 가면 반드시 복을 받게 되어 있습니다. 그러나 우리 안의 죄와 교만과 불신앙이 있을 경우 우리는 고난을 당하게 됩니다.

이스라엘 백성들이 광야에서 생활할 때 양식과 물이 없어서 굶어 죽고 목말라 죽을 것 같았지만, 그들은 오직 그들의 불신앙과 교만 때문에 죽게 되었습니다. 아무리 현실이 불투명하고 어려워 보여도 현실을 보고 두려워하지 마시기 바랍니다. 오직 우리가 두려워 하고 경계해야 할 것은 우리 안의 불신앙과 죄입니다. 우리가 겸손하며 죄를 멀리 하면 분명히 하나님은 우리를 축복하실 것입니다.

04

제사장의 타락

>> 삼상 2:12-26

무서운 전염병인 사스가 중국에서 유행한 적이 있었습니다. 그들이 야생 짐승을 함부로 잡아먹는 바람에 감염이 시작되었는데, 중국 보건당국의 책임자가 발표를 하지 않고 감추는 바람에 더 무섭게 퍼지게 된 것입니다. 결국 이 병에 감염된 환자를 치료한 나이 많은 의사의 폭로를 통해 사스 바이러스의 존재가 전세계에 알려졌습니다. 그런데 사스 전염병보다 더 무서운 것은 인간의 죄에 대한 하나님의 심판입니다. 이 세상의 모든 재앙은 죄에 대한 하나님의 심판입니다.

하나님은 이스라엘 백성들에게 진노의 불을 막을 수 있는 한 길을 제시해 주셨습니다. 바로 제사장을 앞세워 성전에서 제사와 예배를 드리는 것입니다. 만일 제사장이 바른 제사를 드리면 하나님은 이스라엘 백성들의 죄를 용서하시고 주위 민족에게 임할 재앙도 막아 주셨습니다. 그들에게는 제사장이 군인보다 더 중요했습니다.

그러나 하나님께 100% 온전한 제사를 드리는 것은 아무리 제사장이라 해도 불가능합니다. 우리 인간들은 죄를 생각하지 않을 때가 한 순간도 없기 때문입니다. 하나님은 이스라엘의 제사장들에게 완전한 거룩이 아니라 오직 하나님께 정직하기를 원하셨습니다. 그러면 그분은 모든 허물을 덮고 그들의 제사를 받겠다고 약속하셨습니다.

그러나 당시 이스라엘의 제사장 홉니와 비느하스는 하나님의 제사를 업신여겼습니다. 그들은 제사를 더럽혔고 입에 담을 수 없는 비행을 저질렀습니다. 이것이 그들에게는 재미였는지 모르지만, 이스라엘로서는 더 이상 제사나 예배가 하나님의 진노를 막지 못하게 되었습니다.

이것은 마치 한두 사람의 은폐로 사스라는 전염병이 더 빨리 퍼지게 된 것과 같습니다. 우리는 교회와 예배가 하나님의 진노를 막는 방파제와 같다는 것을 알아야 합니다. 교회와 예배를 더럽히는 자는 자기 자신만 망하는 것이 아니라 영문도 모르는 수많은 사람들을 하나님의 진노의 심판으로 멸망하게 하는 죄를 짓습니다.

수년 전에 의약 분쟁으로 인해 병원의 파업을 겪어 본 적이 있습니다. 이때 환자들은 도대체 어디에 가서 치료를 받아야 합니까? 특히 단 하루라도 치료를 놓쳐서는 안 되는 수십만 명의 암환자들은 어떻게 되는 것입니까? 그런데 교회는 병원보다 훨씬 더 중요한 곳입니다. 우리는 교회 일을 하거나 예배를 드릴 때 두렵고 떨리는 마음, 정직하고 진실 된 마음으로 임해야 합니다. 그래야 우리의 예배를 통하여 이 민족에게 임할 재앙을 피할 수 있게 되는 것입니다.

하나님을 모르는 제사장

사무엘상 2장 12절
"엘리의 아들들은 불량자라 여호와를 알지 아니하더라"

두 제사장 홉니와 비느하스는 불량자였고 여호와를 알지 못했습니다. 이 말은 전혀 여호와를 몰랐다는 뜻이 아닙니다. 이들은 제사장 집안에서 어렸을 때부터 종교적인 분위기 속에서 자랐습니다. 그러나 종교적인 의식은 있었지만 진정한 하나님의 말씀이 없었던 그곳에서 인격적으로 하나님을 만날 기회를 갖지 못했습니다. 다시 말해서 제사장 집안에서 자라 제사장이 되었지만 실제로는 하나님을 믿지 않았던 것입니다.

중요한 사실은, 우리는 출생과 함께 자동적으로 하나님의 백성이 되는 것이 아니라는 것입니다. 그래서 이스라엘 집안에서는 새로 아이가 태어나면 부지런히 하나님의 말씀을 가르쳤습니다. 각자가 변화되는 체험이 있어야 했습니다. 중심의 변화가 없다면, 비록 겉으로는 종교적일지라도 속에서부터 분출되는 인간의 죄성을 막을 수 없습니다.

우리가 하나님을 믿게 되는 것은 죄에 대한 인식에서부터 시작됩니다. 마치 사람들이 병원에 가서 치료받는 것이, 자기가 병에 걸렸다는 자각 때문인 것과 같습니다. 그런데 이스라엘 백성들은 성전 제도를 통하여 죄에 대하여 특별한 관심을 가질 수 있었습니다. 특히 하나님의 말씀을 들으면 너무나도 명확하게 인간의 죄를 알 수 있습니다. 그래서 하나님을 믿는 것입니다. 성령님이 우리 마음에 최초로 일하실 때, 우리는 하나님 없이 죄만 지으면서 살아온 자신의 삶을 깨닫게 됩니다. 이것이 인격적으로 하나님을 만나게 되는 시발점입니다.

그러나 이런 말씀의 작용이 없으면 오히려 성전의 사람들과 먼저 친하게 되고 인간적인 모순을 더 많이 발견하게 되어 비판적이며 냉소적으로 됩니다. 거기에다가 자기 안에 있는 정욕의 충동을 이기지 못하기 때문에 결국은 이중적인 삶을 살게 되는 것입니다. 이것은 현대에도 마찬가지입니다. 목회자나 중직자의 집에서 자란 사람들은 지역교회의 사정과 교인들을 너무 잘 알면서 교회 안의 부정적인 이야기들을 너무 많이 듣고 자라는 것입니다. 거기에다가 자기 안에는 죄에 대한 무서운 욕망이 있습니다. 그래서 한편으로는 교회에 대하여 냉소적이 되며 다른 한편으로는 몰래 죄를 짓는 이중적인 생활을 하다가 나중에는 자포자기하면서 완전히 죄에 빠져버리게 되는 것입니다.

엘리의 두 아들은 마음속에 하나님께 대한 믿음이 없었습니다. 이들은 제사장의 일을 하고 있었지만 실제로는 불량자로 이중생활을 하고 있었습니다. 이것을 사람들은 잘 모를지라도 하나님의 눈은 속일 수가 없습니다. 하나님은 이들을 '불량자'라고 말씀하십니다. 이것은 바로 오늘날 교회의 문제이기도 합니다. 예컨대 어렸을 때부터 믿는 가정에서 성장하여 교회 생활을 잘 하면 다른 사람들에게 인정을 받습니다. 그리고 사람도 성실하고 머리도 좋으면 신학을 공부해서 목회자가 되기도 하고 교회의 중직자가 되기도 합니다.

그러나 정작 하나님을 인격적으로 만난 체험이 없다면 이 사람은 이중생활을 하게 되어 있습니다. 겉으로는 너무나도 존경받는 신앙인이지만 또 다른 한편으로는 무섭게 타락한 죄인의 삶을 사는 것입니다.

예전에 어떤 신문에 전 미국 대통령 클린턴의 두 얼굴에 대한 기사가 실렸습니다. 그는 주일마다 성경책을 끼고 교회에서 너무나도 경건하게 예배를 드리지만, 토요일마다 나이트클럽에서 노타이 차림으로 여자들과 어울려서 춤을 출 때는 추잡한 난봉꾼이 되는 것입니다. 그 이유는 그가 인격적으로 하나님을 만날 기회가 없었기 때문입니다. 만약 그가 주지사나 보통 의원이었으면 미치는 영향이 적을 텐데 대통령이었기 때문에 그의 추문은 세계를 들썩거리게 만들었습니다.

사무엘상 2장 13-16절

"그 제사장들이 백성에게 행하는 습관은 이러하니 곧 아무 사람이 제사를 드리고 그 고기를 삶을 때에 제사장의 사환이 손에 세살 갈고리를 가지고 와서 그것으로 냄비에나 솥에나 큰 솥에나 가마에 찔러 넣어서 갈고리에 걸려 나오는 것은 제사장이 자기 것으로 취하되 실로에서 무릇 그곳에 온 이스라엘 사람에게 이같이 할 뿐 아니라 기름을 태우기 전에도 제사장의 사환이 와서 제사 드리는 사람에게 이르기를 제사장에게 구워 드릴 고기를 내라 그가 네게 삶은 고기를 원치 아니하고 날 것을 원하신다 하다가 그 사람이 이르기를 반드시 먼저 기름을 태운 후에 네 마음에 원하는 대로 취하라 하면 그가 말하기를 아니라 지금 내게 내라 그렇지 아니하면 내가 억지로 빼앗으리라 하였으니"

하나님을 두려워하지 않는 제사장이 조직적으로 제사를 더럽혔습니다. 물론 제사장은 직접 나서지 않고 모든 것을 사환이 했지만, 모두 제사장이 시켜서 하는 일들이었습니다. 제사장은 공인으로서, 그가 성전에서 하는 일은 하나님을 대신하는 효과를 가졌습니다. 예를 들어, 목사가 강단에서 설교할 때 사람들은 일일이 그의 영적인 상태를 묻지 않습니다. 왜냐하면 그는 이미 공인이기 때문에 그의 상태와 상관없이 강단에서 선포한 말씀은 하나님의 말씀이며 그것을 믿으면 그대로 이루어지기 때문입니다.

엘리의 두 아들이 조직적으로 하나님의 제사를 더럽힌 일을 정리하면 다음과 같습니다. 첫 번째로 고기를 분배하는 원칙을 어겼습니다. 제사로 드린 고기는 일단 삶은 후에 법에 따라서 분배하게 되어 있었고 제사장의 몫은 어느 부위로 한다고 율법에 명시까지 되어 있었습니다. 그런데 그들은 고기를 삶는 중에 세 살 갈고리로 찔러서 걸려드는 것을 가져갔습니다. 특히 화목제의 제물은 삶아서 여러 사람이 나누어 가짐으로 하나님의 은혜를 나누어 가지는 의미가 있었습니다. 그러나 그들은 고기를 삶기도 전에 날 것으로 빼앗아 갔습니다.

또한 백성들은 죄를 회개해야 했지만, 제사장에게 수입이 없는 회개의 제사를 감사제나 서원제로 바꾸게 했습니다. 제사장은 제사를 드린 고기가 주 수입원이었는데 죄로 인하여 드리는 속죄제는 고기까지 다 태워야 했기 때문에 남는 고기가 없었습니다. 그러니까 제사장이 기름만 태우는 제사를 드리도록 유도했던 것입니다.

더 심각한 것이 그들은 회막 문에서 수종 드는 여인과 성적인 관계까지 가진 것입니다.

사무엘상 2장 22절
"엘리가 매우 늙었더니 그 아들들이 온 이스라엘에게 모든 행한 일과 회막 문에서 수종 드는 여인과 동침하였음을 듣고"

사람들은 일단 제사장이라고 하면 하나님을 대신하는 사람으로 믿습니다. 그래서 모든 것을 믿고 맡기고 또 하자고 하는 대로 따라 갑니다. 그러나 이 두 아들은 양의 가죽을 뒤집어 쓴 이리였습니다. 그래서 성전에서 봉사하는 여인을 건드려서 성적인 관계까지 가졌습니다.

이들이 이 정도까지 가게 된 것은 하나님을 믿지 않았기 때문입니다. 하나님을 두려워하지 않으니까 사람의 눈만 속이면 되는 것이었습니다. 결국 다른 사람이 보지 않는다고 생각할 때, 무서운 죄에 빠지게 됩니다. 사실은 오늘날도 이와 비슷한 이야기들을 듣습니다. 교회에서 헌금을 부정하게 사용하거나 때로는 목회자들의 성적인 범죄 이야기도 들립니다. 그런 이유가 어디에 있습니까? 하나님을 두려워해야 하는데 사람의 눈만 피하면 된다고 생각하기 때문에 죄에 걸려드는 것입니다.

엘리의 두 아들이 이런 악행을 했을 때 성전의 기능은 마비되었습니다. 원래 성전은 사람의 죄를 씻는 탁월한 능력을 가지고 있습니다. 마치 소방 호스 같은 것으로 죄를 씻어내는 것과 같습니다. 그러나 성전에서 하나님의 은혜가 막히니까 성전이 오물로 가득 차게 되었습니다. 그러면 이스라엘은 하나님의 은혜와 도우심을 받지 못하게 되는 것입니다.

하나님이 준비하신 사람

이스라엘의 제사장이 조직적으로 하나님의 제사를 더럽히고 있을 때, 하나님은 완전히 이스라엘을 버리지 아니하시고 전혀 때 묻지 않은 한 제사장을 준비해 주셨습니다. 그가 바로 나이 어린 사무엘이었습니다.

사무엘상 2장 18절
"사무엘이 어렸을 때에 세마포 에봇을 입고 여호와 앞에 섬겼더라"

사무엘의 공식적인 직책은 '템플 보이' 라고 했습니다. 즉 성전에서 여러 가지 허드렛일을 돕는 아이였습니다. 그런데 어린 사무엘은 아무 옷이나 입지 않았고, 세마포를 입었습니다. 한나가 매년마다 어른들도 감히 입을 수 없는 귀한 세마포를 지어 입혔기 때문입니다.

사무엘의 세마포에는 두 가지 의미가 있습니다. 하나는 순결이었습니다. 사무엘의 어머니는 사무엘을 성전에 바쳤지만 포기한 것이 아니었습니다. 언제나 이 세마포를 인하여 사무엘이 어머니의 기도를 생각하고 죄에 빠지지 않도록 했습니다. 사람에게 옷을 선물한다는 것은 대단히 중요한 의미가 있습니다. 왜냐하면 옷을 입고 있으면 항상 그 사람을 느낄 수 있기 때문입니다. 사무엘은 자기가 입은 옷을 통하여 언제나 어머니를 느꼈으며 어머니의 기도를 생각하고 구별된 생활을 했습니다. 사무엘같이 어린 나이에 어머니로부터 떨어지면 어머니의 냄새가 나는 것을 심하게 찾습니다. 그러나 사무엘은 입고 있는 옷이 어머니가 만들어 주신 옷이기 때문에 늘 어머니를 느낄 수 있었고 또 그 당시 타락한 문화에 빠지지 않을 수 있었습니다.

두 번째는 제사장의 삶이었습니다. 세마포는 제사장의 옷을 흉내 낸 것이었습니다. 그러니까 사무엘은 어렸을 때부터 자연스럽게 제사장을 흉내 내면서 자랐습니다. 사람은 어렸을 때 어디서 노느냐에 따라서 마음속에 깊은 인상이 박히게 됩니다. 어렸을 때 병원에서 자라면서 늘 주사기나 청진기를 가까이 하던 아이는 의사가 될 가능성이 많습니다.

스펄전 목사님 같은 경우에는 어렸을 때에도 늘 목사 놀이를 하며 자랐다고 합니다. 그의 할아버지와 아버지가 목사이기 때문입니다. 그는 할아버지의 교회에서 자랐는데, 그의 할아버지는 청교도의 신앙을 가진 분이었습니다. 그래서 그의 서재에는 청교도 책들이 많이 꽂혀 있었습니다. 스펄전은 그 청교도 책들을 많이 읽었고 특히 존 번연의 「천로역정」은 백 번 이상 읽었다고 합니다. 그는 정식 대학 교육을 받지 않은 십대 중반에 이미 설교할 수 있는 정도의 성경 지식을 갖추었습니다. 하나님은 세상이 타락했을 때 하나님의 종들을 부르시는데 그가 일찍부터 부름을 받기 위해서는 그런 분위기에서 자라는 것이 필요합니다.

그런데 놀라운 것은, 어떻게 해서 사무엘은 당시 제사장들이 그렇게 썩었는데도 그 나쁜 영향을 받지 않았는가 하는 점입니다. 다른 아이들 같으면 못된 사환들을 따라 다니면서 고기를 한 조각이라도 더 얻어먹으려고 할 텐데 사무엘은 그렇게 하지 않았습니다. 이 경우, 하나님이 그를 키우셨다고 말할 수 있습니다. 아무도 성경을 가르쳐 주지 않는 가운데서도 하나님이 특별히 지켜 주시고 보호해 주셔서 놀라운 주의 종이 되게 하시는 것입니다.

돌이킬 수 없는 죄

죄에는 돌이킬 수 있는 것이 있고 돌이킬 수 없는 것이 있습니다. 예컨대, 고개를 내려오는 차가 브레이크로 멈출 수 있는 속도가 있고 멈출 수 없는 속도가 있는 것입니다. 속도가 통제되지 않을 때 이미 대형 사고는 발생한 것입니다. 실수한 죄일 때, 또 심하게 후회하고 애통할 때에는 회복할 가능성이 있습니다. 그러나 고의로 하거나, 특히 그 사람의 신분으로 용납할 수 없는 죄는 돌이킬 수 없습니다.

> 사무엘상 2장 22절
> "엘리가 매우 늙었더니 그 아들들이 온 이스라엘에게 모든 행한 일과 회막 문에서 수종 드는 여인과 동침하였음을 듣고"

제사장은 죄를 다루는 직분이기 때문에 특히 도덕성에 있어서 다른 어떤 직분보다 구별되는 것이 필요합니다. 그래서 제사장은 반드시 순결한 처녀와 결혼해야 했습니다. 혹시라도 그 거룩한 직분이 훼방당하지 않도록 하기 위해서입니다. 제사장도 인간이기 때문에 실수할 수 있지만, 직분자로서 해서는 안될 심각한 죄를 지으면 그는 제사장 직분을 그만 두어야 했습니다. 왜냐하면 하나님이 그것을 용납하지 않으시기 때문입니다.

엘리의 두 아들은 회막문의 여인과 성 관계를 가졌습니다. 그것은 공개적으로 하나님을 멸시하는 행위였습니다. 그들의 행위는 '하나님을 두려워할 필요가 전혀 없어. 내가 이런 짓을 해도 무사한 것을 보면 하나님은 아무것도 아니셔' 라는 의미를 주는 것입니다. 사실 엘리의 두 아들이 회막문의 여인과 동침한 것은 이방 가나안 백성들의 신전의 개념 때문입니다. 가나안 종교 바알 우상을 섬기던 이방 신전의 여인들은 '카데샤' 즉 '거룩한 여인들' 이라고 해서 모두 창녀들이었습니다. 아마도 그들은 이방 신전에 가서 이런 짓을 배운 것 같은데, 그것을 가지고 하나님의 성전을 이방 신전화하였습니다. 그들은 자신들의 행위가 얼마나 무서운 재앙의 시작이 되었는지 알지 못했습니다.

게다가 이러한 두 제사장의 비행을 듣고서도 엘리 제사장은 아들들을 정식으로 치리하지 않고 가벼운 책망과 훈계만 했습니다. 누구든지 자기 자식은 귀여운 법입니다. 그러나 공적인 것과 사적인 것을 절대로 혼동해서는 안 됩니다.

사무엘상 2장 23-24절
"그들에게 이르되 너희가 어찌하여 이런 일을 하느냐 내가 너희의 악행을 이 모든 백성에게서 듣노라 내 아들아 그리 말라 내게 들리는 소문이 좋지 아니하니라 너희가 여호와의 백성으로 범과케 하는도다"

엘리는 일단 사실을 조사한 후 직분을 빼앗아야 합니다. 왜냐하면 이미 그들의 죄는 돌아올 수 있는 한계를 넘어섰기 때문입니다. 원래 제사장의 직분은 죄와 싸우는 직분입니다. 어떻게 해서 레위 족속이 제사장이 되었습니까? 모세가 산에 올라갔을 때 레위 지파만 우상 숭배에 가담하지 않았을 뿐 아니라 모세의 명에 따라 칼로 자기 동족을 죽였기 때문입니다. 그러니까 제사장은 자기 가족이 죄를 지었을 때에는 가족에게 칼을 겨누어야 합니다. 엘리는 일단 아들들을 체포했어야 합니다. 그리고 제사장의 옷을 벗기고 하나님께 이들의 처분을 물어 보아서 돌로 쳐 죽이라고 하면 그대로 따라야 했습니다.

예수님은 교회에 대하여 땅에서 매면 하늘에서도 매일 것이며 땅에서 풀면 하늘에서도 풀릴 것을 말씀하셨습니다. 이것은 교회가 음부의 세력을 이기기 위해 교인들을 징계할 수 있는 권한입니다. 물론 교회가 징계를 남용해서는 안 되지만 죄에 대해서는 분명히 해야 합니다. 그렇게 하지 않을 때 이스라엘은 하나님과 원수가 되는 것입니다. 우리는 죄인을 두둔하면 그 책임을 교회가 지게 됨을 알아야 합니다.

> 사무엘상 2장 25절
> "사람이 사람에게 범죄 하면 하나님이 판결하시려니와 사람이 여호와께 범죄 하면 누가 위하여 간구하겠느냐 하되 그들이 그 아비의 말을 듣지 아니하였으니 이는 여호와께서 그들을 죽이기로 뜻하셨음이었더라"

여기 죄에 대한 설명이 나옵니다. 즉 엘리는 모든 죄가 같은 것이 아니라고 설명을 합니다. 어느 사회나 도둑질이라든지 사기죄보다 국가에 대한 반역죄는 더 무겁게 다루어집니다. 어떤 사람이 못된 짓을 하면 왕이나 관리가 판정을 해서 형을 내려 주지만, 만약 왕에게 반역했을 때에는 구제하거나 정상을 참작할 수 있는 여지가 전혀 없습니다. 그래서 우리나라에서도 사상범으로 몰렸을 때에는 아무리 손을 쓴다 해도 빼낼 수가 없었습니다.

엘리는 자신의 두 아들의 죄가 하나님께 대한 반역이기 때문에 자기도 용서를 빌거나 도와줄 수 없다고 했습니다. 그런 무서운 죄라 해도 자식들을 돕지 않았습니다. 그 이유는 그들이 하나님 자체를 인정하지 않았기 때문입니다. 비극은 이런 아들이 세습에 의하여 제사장이 된 것입니다. 엘리의 자식에 대한 눈 먼 사랑이 이스라엘 전체에 대재앙이 임하게 했습니다. 사실 우리 인간들의 가장 무서운 죄는 사람에 대한 죄가 아니고 하나님께 대한 죄입니다. 우리 인간들이 하나님의 존재를 인정하지 않고 교만하게 자기만 믿고 살아온 것이 가장 큰 죄인 것입니다.

그런데 우리는 하나님을 모르기 때문에 그것이 그렇게 무서운 죄인 줄도 몰랐습니다. 우리가 우상을 섬기는 죄는 무서운 반역죄입니다. 우리 인간이 하나님을 거부하는 것도 무서운 반역죄입니다. 누구든지 복음을 반복적으로 거부하는 것도 무서운 반역죄입니다. 예수님은 말씀하시기를 누구든지 말로 인자를 거역하면 사함을 받을 수 있지만 성령을 훼방하면 오는 세상에서도 사함을 받지 못한다고 하셨습니다. 여기서 성령을 훼방한다고 하는 것은 의도적으로 복음을 방해하고 반대하는 것입니다.

이스라엘의 가장 큰 비극은 여기에 있었습니다. 누구든지 이스라엘 자손으로 태어나면 하나님의 백성이 되고, 제사장의 아들로 태어나면 제사장이 되는 것으로 생각했습니다. 그러나 그렇지 않습니다. 누구든지 하나님의 말씀으로 변화되지 않으면 오히려 더 복음을 반대하고 방해하는 사람이 될 수 있습니다. 교회가 가장 중요하게 생각해야 하는 것은, 믿는 사람들에게도 지속적으로 복음을 설교하는 것입니다. 복음을 설교하지 않는 것은 오늘 우리 한국 교회의 주요한 침체 원인입니다. 복음은 예수님을 믿지 않는 사람들에게만 필요하다고 생각해서 윤리적인 설교만 하니까 오래 교회를 다니더라도 인격적으로 하나님을 만나지 못한 사람들이 교회에 많게 되는 것입니다.

우리가 하나님을 만나지 않으면 이중생활을 하게 되어 있습니다. 왜냐하면 우리 안에 있는 죄의 세력이 너무나도 강하기 때문입니다. 결국 신앙과 생활이 일치하려면 우리의 옛사람을 십자가에 못 박는 체험이 있어야 합니다. 그러나 우리가 사무엘을 보면 영적인 지도자들이 타락했다고 해서 자기까지 타락하는 것이 아님을 알게 됩니다. 우리는 얼마든지 하나님의 은혜를 통해 죄에서부터 보호되고 바른 신앙을 가질 수 있습니다.

사무엘상 2장 26절
"아이 사무엘이 점점 자라매 여호와와 사람들에게 은총을 더욱 받더라"

우리가 알아야 할 것은 하나님 앞에서 아름다운 것은 사람들에게도 아름답다는 것입니다. 특히 어른들이 타락했을 때 아이들이 바른 신앙을 지키는 것은 어른들에게 큰 도전이 됩니다. 떡잎을 보면 나무를 안다고 했는데 처음부터 하나님에 대하여 관심이 많고 진지했던 사무엘을 통하여 하나님은 큰일을 행하셨습니다.

05

존귀한 직분

>> 삼상 2:27-36

    목회자는 하나님의 특별한 직분을 맡은 자입니다. 목회자들은 영혼들을 잘 돌보고 그들의 삶이 변화될 때 보람을 느끼지만, 세상 사람들의 관점에서 그것은 아무것도 아닙니다. 또한, 목회는 세상적으로 부요한 직분이 아닙니다. 그렇기 때문에 도대체 스스로가 무엇을 하는 사람인지 정체성의 혼란을 겪기도 합니다. 그래서 목회의 직분을 감당하기 위해서는 자신이 죽어야 합니다. 목회자는 세상에서 유명해지거나 출세하기 위해 이 직분을 받은 것이 아닙니다.

    사실 사회가 이토록 혼란스러운 것은 목회자가 사명을 다하지 못하고 있기 때문입니다. 목회자들은 자신의 삶을 통하여 세상 사람들이 욕심을 버리고 모든 것을 바로 보도록 도와야 합니다. 이러한 중요한 사명을 받은 목회자들은 하나님의 말씀 즉 한 권의 성경책에 헌신된 사람들입니다. 그래서 목회자는 다른 것으로 말하지 않고 오직 성경을 가지고 말해야 합니다. 성경은 이 시대를 사는 우리들에게 방향을 제시해 주고 있는데, 마치 인생의 나침반과 같은 역할을 합니다. 만일 비행기나 배에 나침반이 없다면 곧 침몰하거나 추락할 수밖에 없을 것입니다.

목회자는 하나님의 말씀으로 사람들의 죄를 치료합니다. 사람들은 말씀을 통하여 자기 죄를 깨닫고 회개하고 영혼의 치료를 받습니다. 또한 교인들의 잘못이나 민족의 죄를 끌어안고 하나님 앞에서 대신 회개하는 제사장의 사명을 감당해야 합니다. 그렇게 한다고 해서 사람들이 알아주거나 수입이 많이 생기는 것도 아닙니다. 그래서 주의 종은 철저하게 고독하고, 사람들에게 인정받지 못할 각오를 해야 합니다. 목회자가 이런 일을 기쁨으로 감당하지 않고 사람들의 인정받으려고 사람에게 맞추게 될 때 그 직분은 제 기능을 잃고, 사회 전체는 방향을 잃고 표류하게 됩니다.

본문 말씀은 엘리의 두 아들 홉니와 비느하스가 하나님의 제사장 직분을 더럽히자, 하나님의 사람이 엘리를 찾아와서 그들이 너무나 소중한 직분을 어떻게 더럽혔는지 선포하고 있습니다. 또 엘리가 두 아들을 하나님보다 더 좋아해서 물리치지 못했다고 책망하시는 내용이 나타나고 있습니다. 그런데 하나님의 이 귀한 직분을 더럽힌 자는 당대뿐만 아니라 영구히 망하게 될 것입니다. 하나님은 직분을 더럽힌 자에 대하여 얼마나 진노하시는가 하면 그들의 대를 끊어 놓으실 뿐 아니라 모든 후손들이 다시는 복을 받지 못하도록 가장 비참하게 저주를 하셨습니다. 그래서 우리는 하나님의 직분을 참으로 두려운 마음으로 감당해야 합니다.

제사장 직분의 축복

엘리 집안에서는 하나님이 과거 그들의 조상에게 나타나셔서 이 귀중한 직분을 맡기신 것이 가장 큰 축복이었습니다.

사무엘상 2장 27절

"하나님의 사람이 엘리에게 와서 그에게 이르되 여호와의 말씀에 너희 조상의 집이 애굽에서 바로의 집에 속하였을 때에 내가 그들에게 나타나지 아니하였으냐"

　하나님이 엘리에게 말씀하시는 것은 레위 지파가 제사장으로 선택되기 전의 일입니다. 하나님은 이스라엘 백성들이 애굽에서 바로의 노예로 있을 때에 레위 지파 사람들을 찾아오셔서 그들에게 가장 존귀한 제사장의 직분을 주겠다고 약속하셨습니다. 우리는 레위 지파 사람들이 제사장으로 택함을 받은 것에 대하여 두 가지 사실을 생각해야 합니다.

　하나는 레위가 가나안 땅에서 행한 잔인한 범죄였습니다. 레위는 자기 누이가 세겜의 추장의 아들에게 강간을 당했다고 해서 세겜의 모든 남자들을 다 죽여 버렸습니다. 그런데 그냥 죽인 것이 아니고 할례를 행하면 결혼을 시켜주겠다고 속이고 할례 받아 힘을 쓰지 못할 때 칼을 들었던 것입니다. 아무리 세겜 사람들이 좋지 못한 동기로 할례를 받았다 하더라도 일단 할례를 받은 이상 그들을 함부로 죽일 수가 없습니다. 그들을 약속대로 이스라엘 백성들과 대등하게 대해 주었어야 했습니다. 이런 살인자들이 어떻게 하나님의 제사장이 되었을까요?

　모세가 시내산에 하나님이 친히 써 주신 돌비 곧 십계명을 받기 위하여 올라갔을 때 레위 족속들을 제외한 모든 이스라엘 백성들은 아론이 만든 금송아지에게 절하고 술에 취했습니다. 금송아지에게 절하지 않고 술에 취하지도 않고 맨 정신으로 모세가 올 때까지 기다렸던 레위 족속들은, 술 취해서 해롱거리는 이스라엘 백성들을 칼로 치라는 모세의 명령을 따라 칼을 들고 나와서 같은 동족을 쳐 죽였습니다. 레위 족속들은 이스라엘이라는 인정과 혈통보다는 하나님의 진리를 더 중요하게 생각했던 것입니다. 이것 때문에 그들은 과거의 죄를 용서받고 하나님의 제사장으로 세움 받았습니다.

하나님은 레위 족속에게 농사지을 땅을 주지 않으셨고 또한 함께 모여 살지도 못하게 하셨습니다. 자기의 소유 없이 이스라엘 지파 중에 흩어져서 진리를 가르치는 사명을 다해야 했던 레위 족속에게 하나님은 하나의 중요한 언약을 주셨습니다. 그들이 하나님의 율법을 지키고 바른 제사를 드릴 때, 모든 백성들의 죄를 용서하여 주시겠다는 평화의 언약이었습니다. 즉 하나님은 레위 족속의 믿음을 보시고 이스라엘의 죄를 용서해 주시는 것입니다. 모든 이스라엘의 생명을 건지는 사명을 받은 레위 족속은 마치 군인과도 같습니다. 군인들이 국경을 지키기 때문에 모든 백성들이 평화롭게 살 수 있는 것처럼 제사장이 하나님 앞에서 지키기 때문에 이스라엘에 올 재앙이 피해가게 되는 것입니다. 레위 지파에게는 중요한 모순점이 있었습니다. 즉 인간의 눈으로 보면 땅도 없고 소득도 없이 남들이 주는 십일조나 제물로 사는 사람들이었습니다. 그러나 신앙의 눈으로 보면 이스라엘의 죄를 해결하는 사람들이었고 하나님의 진노를 막는 사람들이었습니다.

하나님이 우리 인간에게 맡기신 것 중에서 가장 중요한 것은 말씀입니다. 말씀은 이 세상에서 죄에 감염된 사람들을 살릴 수 있는 유일한 약입니다. 또한, 자신의 죄와 다른 사람의 죄를 위한 기도도 중요합니다. 사람들의 눈에는 이것이 실질적으로 돈이 되는 것도 아니므로 우습게 생각합니다. 자칫 잘못하면 제사장 자신도 이 일을 직업상의 의무로만 하기 쉽습니다.

오늘날에도 가장 큰 축복은 우리의 모임 가운데 계속 하나님의 말씀이 임하는 것입니다. 우리는 이것 하나만으로 만족해야 합니다. 우리는 좀 가난하게 살더라도, 몸이 좀 아프더라도, 집이 좀 누추하더라도, 우리에게 하나님의 말씀이 있는 이 하나만으로 만족해야 합니다. 왜냐하면 영혼이 병들어 죽어 가는 사람들을 살리는 생명의 능력이 말씀 속에 있기 때문입니다. 문제는 세상 사람들이 그것을 믿지 않고 인정하지 않는 것인데 그렇다고 해서 포기해 버리면 결국 이 세상을 살릴 수 없는 것입니다. 외국에는 가업을 사오 백 년 동안 이어오는 집들이 있습니다. 즉 사람들이 아무리 알아주지 않는다 하더라도 자기 집에 대대로 내려오는 음식 만드는 법이나 물건을 만드는 법을 고수해 오는 것입니다. 그런데 하물며 사람의 영혼을 살리고 죄를 치료하는 이 직분을 버리면 되겠습니까?

하나님은 엘리의 조상들에게 세 가지 축복을 더 주셨습니다. 우선 하나님의 제사장으로 선택되어 분향하는 일을 맡았습니다. 이것은 이스라엘 백성들을 대신해서 대표로 기도할 수 있는 특권을 말합니다. 그 다음에 그들은 에봇을 입었습니다. 에봇은 제사장이 입는 조끼를 말하는데 하나님 앞에 나아갈 수 있는 합당한 자격을 의미 합니다. 그리고 하나님은 이들에게 모든 제사를 드릴 수 있는 특권을 주셨습니다. "모든 화제를 내가 네 조상의 집에 주지 아니하였느냐"(삼상 2:28). 하나님은 인간의 가장 중요한 문제인 죄를 담당하는 직분을 엘리의 집안에 주셨습니다. 그렇다면 그들은 이 일을 이 세상에 가장 중요한 일로 지켰어야 하는 것입니다. 그러나 엘리는 그렇게 하지 않았습니다.

사무엘상 2장 29절
"너희는 어찌하여 내가 나의 처소에서 명한 나의 제물과 예물을 밟으며 네 아들들을 나보다 더 중히 여겨 내 백성 이스라엘의 드리는 가장 좋은 것으로 스스로 살찌게 하느냐"

엘리는 이 제사장의 직분을 목숨보다 더 소중하게 생각했어야 하는데 자식에 대한 맹목적인 사랑 때문에 하나님의 제사를 짓밟는 것을 내버려 두었습니다. 그리고 엘리는 살이 많이 쪘습니다. 하나님은 지금 어떻게 그렇게 편안하게 살만 찔 수 있느냐고 하셨습니다. 엘리의 두 아들은 하나님의 제사장 직분에 대한 소명이 없었습니다. 이들은 제사장의 직분을 이용해서 오직 제물이나 탐하고 사람들의 눈만 속이려고 했습니다.

엘리의 집에 대한 하나님의 진노

사무엘상 2장 30절
"그러므로 이스라엘의 하나님 나 여호와가 말하노라 내가 전에 네 집과 네 조상의 집이 내 앞에 영영히 행하리라 하였으나 이제 나 여호와가 말하노니 결단코 그렇게 아니 하리라 나를 존중히 여기는 자를 내가 존중히 여기고 나를 멸시하는 자를 내가 경멸히 여기리라"

하나님은 엘리의 집에 영원히 제사장의 직분을 주시려고 했습니다. 이것이 얼마나 큰 축복인지 모릅니다. 하나님은 우리에게 소중한 직분을 주고 그것을 금방 빼앗아 가시는 분이 아닙니다. 우리가 그 직분의 소중함을 깨닫고 믿음으로 감당하면 오래오래 감당하게 하십니다. 이것은 본인에게나 이스라엘 전체에 큰 축복입니다.

일단 이스라엘에 제사장 직분이 안정된다는 것은 오랫동안 평화가 유지되고 하나님의 축복이 임하는 것을 의미합니다. 다시 말해서 제사장의 직분만 타락하지 않으면 이스라엘 백성들이 시험에 들지 않고 외세의 침략을 받지 않고 지속적으로 부흥할 수가 있습니다. 그런 것을 하나님의 축복의 황금기라고 합니다. 이것은 우리들에게도 마찬가지입니다. 우리가 하나님 앞에서 숨어서 죄를 짓지 않고 겸손하게 주님의 말씀을 붙들고 신앙생활을 하면 큰 시험 없이 교회가 십 년, 이십 년 지속적으로 부흥하게 되고 모든 교인들이 축복을 받는 일이 일어나게 됩니다.

그러나 하나님은 제사장이 교만해져서 하나님의 제사를 더럽히면 그때는 이 은혜를 거두어 가십니다. 그렇게 되면 여기저기에서 사고가 터지기 시작하고 결국 나중에는 심판의 댐이 터지면서 그 동안 하나님이 주셨던 축복까지 모두 빼앗기게 됩니다. 제사장이 하나님 앞에 타락하게 되는 것은 숨어서 죄를 짓는 것입니다. 바로 이것이 제사장들이 하나님을 업신여기는 것입니다.

하나님은 "나를 존중히 여기는 자를 내가 존중히 여기고 나를 멸시하는 자를 내가 경멸히 여기리라"고 말씀하셨습니다. 즉 하나님은 사람의 중심을 보시기 때문에 누가 하나님을 존중하며 업신여기는지 알고 계시는 것입니다. 하나님은 그분을 존중히 여기는 자를 최고로 높이십니다. 그러나 하나님은 그분을 무시하고 업신여기는 자를 높은 자리에서 끌어 내려서 발로 밟으시는 것입니다. 그래서 우리가 이 세상에서 높아지는 방법은 다른 데 있지 않습니다. 오직 하나님을 최고로 높이면 되는 것입니다. 그러면 하나님이 우리가 어느 구석에 숨어 있더라도 찾아서 높여 주십니다.

그런데 하나님을 존중하는 것이 무엇입니까? 그것은 하나님을 두려워하는 것입니다. 하나님은 결코 바보가 아니십니다. 하나님은 모든 것을 보고 계시며 모든 것을 알고 계십니다. 사람들의 눈을 두려워하는 것보다 하나님 앞에 정직할 때 하나님은 불쌍히 여겨 주십니다. 하나님을 경멸하는 것은 하나님을 인정하지 않는 것입니다. 모든 것을 인간의 힘으로 해결하려 한다면 하나님은 어느 정도 그냥 보고 계시다가 한 순간에 내리치실 것입니다. 사람들은 남들이 보지 않으면 아무도 모를 줄 알고 있습니다. 그러나 하나님은 사람의 모든 것을 다 알고 계시며 누가 진심으로 그분을 사랑하는지 그리고 누가 겉으로 섬기는 체 하면서 속으로 온갖 못된 짓을 다 하는지 다 알고 계십니다.

하나님은 우리에게 가장 귀한 것을 주셨는데 우리가 그것을 받을 준비가 되어 있지 않으면 억지로 계속 주지 않으십니다. 그 축복을 빼앗아서 다른 부족한 자에게 주셔서 감사하게 하시고 주님께 영광 돌리게 하십니다. 부흥도 마찬가지입니다. 하나님이 말씀을 주셨는데 감사하지 않고 세상 욕심에 빠지면 부흥을 빼앗아서 다른 곳에 일으키시는 것입니다.

저는 자주 제 자신을 생각해 봅니다. 내가 다른 사람들보다 더 주님을 높여 드리는가? 옛날에는 정말 그러했습니다. 주님이 나의 모든 것이 되셨습니다. 그러다가 중간에 사람들에게 조금 알려지면서 그런 마음이 줄어드는 것을 발견하게 되었습니다. 그것이 저에게 큰 위기였습니다. 그때 저는 주님께 부르짖으면서 기도를 드렸습니다.

하나님은 엘리 집안의 사람들이 오래 제사장직을 하지 못하도록 모두 젊어서 죽을 것이라고 말씀하셨습니다.

사무엘상 2장 31-33절

"보라 내가 네 팔과 네 조상의 집 팔을 끊어 네 집에 노인이 하나도 없게 하는 날이 이를지라 이스라엘에게 모든 복을 베푸는 중에 너는 내 처소의 환난을 볼 것이요 네 집에 영영토록 노인이 없을 것이며 내 단에서 내가 끊어 버리지 아니할 너의 사람이 네 눈을 쇠잔케 하고 네 마음을 슬프게 할 것이요 네 집에 생산하는 모든 자가 젊어서 죽으리라"

하나님은 엘리 가문을 저주하셨습니다. 엘리 집안은 제사장직을 업신여긴 결과로 노인이 없게 됩니다. 옛날 사람들은 힘이 팔뚝에서 나온다고 믿었습니다. 그러니까 엘리 집안에서는 모두 허약한 사람들만 태어나서 조금 살다가 일찍 죽어버리게 되는 것입니다. 엘리 집안은 미래를 향하여 뻗어 나가지 못하고 항상 비실비실하며, 남들은 하나님의 복을 누려도 그들은 누리지 못할 것입니다. 믿지 않는 집안에도 학자나 유명한 사람들이 많이 나옵니다. 우리는 그런 집안을 복 받은 집안이라고 부릅니다. 그러나 아무리 똑똑한 사람들이 많아도 정신적으로 하나 되지 못하면 별로 힘을 발휘하지 못합니다.

저주를 받은 집안에는 미친 사람이나 자살하는 사람들이 나오게 됩니다. 그런 집안에서 축복을 회복하려면 철저하게 자기 집안과의 인연을 끊고 그리스도 안에서 새로 출발을 해야 합니다. 대개 하나님의 축복을 받지 못하는 집안을 보면 부모가 분노를 많이 갖고 있습니다. 그래서 늘 술에 취한다든지 해서 자식들에게 분노를 세습시키는 것입니다. 그러면 자녀도 그 분노 때문에 인생을 망치게 됩니다. 이런 집에서 망하지 않으려면 철저하게 그리스도 안에서 자신의 과거의 상처를 치료받고 변하여 새사람이 되어야 합니다.

사무엘상 2장 34절
"네 두 아들 홉니와 비느하스가 한 날에 죽으리니 그 둘의 당할 그 일이 네게 표징이 되리라"

하나님은 하나님의 예배를 짓밟은 두 제사장 홉니와 비느하스를 죽이겠다고 말씀하십니다. 그런데 같은 날에 이 두 젊은 제사장을 죽게 하심으로 이들의 죽음이 우연이 아니고 하나님의 진노의 심판인 것을 증표로 깨닫게 하겠다고 말씀하십니다. 어머니의 품에 제대로 안기지도 못하고 성전에 맡겨진 사무엘은 아름다운 선지자로 성장한 반면, 엘리가 그렇게 사랑했던 두 아들 홉니와 비스하스는 개망나니가 되었고 결국 남도 살리지 못하고 자신들도 죽임을 당하는 비극을 겪게 됩니다.

왜 그렇게 지극한 사랑을 받은 아들이 이렇게 타락하게 됩니까? 그것은 모든 인간의 사랑에는 독이 있기 때문입니다. 그래서 인간적으로 많이 사랑하면 할수록 더 타락하게 되어 있습니다. 아무리 부모가 자식을 사랑한다 하더라도 너무 인간적으로 지나치게 사랑하게 되면 폐인이 되고 마는 것입니다. 오늘날 교회 안에서 가끔 일어나는 현실을 보면 아버지가 너무나도 교회를 다른 사람에게 주기 싫어서 자기 아들에게 물려주는 것을 보게 됩니다. 이런 것이 하나님을 업신여기는 것입니다. 교회는 목사의 사유물이 아닙니다. 아무리 자기가 개

척해서 부흥시켰다 하더라도 자식에게 물려 줘서는 안 되는 것입니다.

얼마 전에 검사장이 죄를 지었다고 해서 감옥에 갇혔습니다. 바로 자기 손으로 수많은 사람들을 정죄해서 집어넣었던 감옥에 자기 자신이 들어갔습니다. 그 감옥을 지키는 사람들이 모두 자기 부하였습니다. 그러나 그는 죄에서 자유롭지 못했습니다. 마찬가지로 복음 전도자들이 주의해야 할 것이 있습니다. 그는 남들에게는 은혜의 말씀을 전할지 몰라도 자기 자신은 죄와 정욕에 빠져 얼마든지 멸망할 수 있습니다. 너무나 부끄러운 일입니다. 엘리의 두 아들은 수많은 사람들을 책망한 그 죄로 자기 자신이 멸망에 처하게 되었습니다.

이 세상에서 가장 복된 것이 무엇입니까? 하나님을 가장 존중하고 두려워하고 사랑하는 것입니다. 그러면 하나님은 그 사람을 최고로 높이실 것이며 그로 하여금 계속 하나님의 은혜 안에 뿌리내리게 하실 것입니다.

하나님이 새로 세우시는 제사장

하나님은 한번 주신 은혜를 취소하지 않으십니다. 그 대신 그 은혜를 다른 사람을 통하여 이루십니다. 어떤 사람은 교만하게도 그가 없으면 하나님이 아무것도 못하실 것이라고 생각해서 하나님의 일을 거부합니다. 그러면 하나님은 그 일을 취소하는 대신 다른 사람을 통하여 그 일을 하시고 그 사람은 버리십니다.

사무엘상 2장 35절

"내가 나를 위하여 충실한 제사장을 일으키리니 그 사람은 내 마음, 내 뜻대로 행할 것이라 내가 그를 위하여 견고한 집을 세우리니 그가 나의 기름 부음을 받은 자 앞에서 영구히 행하리라"

여기서 하나님이 엘리 집안 대신에 세우는 충실한 제사장이 누구인지 분명치 않습니다. 어떤 사람은 사무엘이라고 하기도 하고 어떤 사람은 사독이라고 하기도 하고 어떤 사람은 다윗이라고 하기도 합니다. 부분적으로는 다 맞는 것 같습니다. 하나님은 엘리 대신 사무엘을 준비하셨고, 하나님의 집을 견고하게 하는 것은 다윗이었으며, 엘리 집안을 대신하는 제사장은 사독 계열이 됩니다.

그러나 궁극적으로 하나님이 세우시는 제사장은 그리스도입니다. 그분은 하나님의 뜻에 맞는 제사를 드릴 것입니다. 하나님의 견고한 집이 세워지기 위해서는 죄가 해결되어야 합니다. 그렇지 않은 집들은 모두 부실공사입니다. 이런 부실공사는 다른 것이 아니고 영혼의 부실공사입니다. "그 사람은 내 마음, 내 뜻대로 행할 것이라." 하나님이 세우시는 제사장은 어떤 제사장입니까? 그는 사람의 비위를 맞추거나 자기 욕심을 채우는 제사장이 아니고 오직 하나님의 뜻대로만 행하는 제사장입니다.

여기에서 하나님은 두 가지 약속을 하십니다. 하나는 견고한 집을 세우는 것이고 다른 하나는 하나님의 기름 부음을 받은 자가 영구히 행하는 것입니다. 실제로 엘리의 성전은 블레셋의 공격으로 불타 없어지고 맙니다. 이 불탄 성전을 회복하는 사람은 다윗의 아들 솔로몬이었습니다. 솔로몬은 하나님의 성전을 견고하게 다시 지었습니다. 그러나 성전은 백향목으로 지어졌느냐 아니면 돌로 지어졌느냐 하는 것이 중요하지 않습니다. 오직 하나님의 말씀에 헌신하면 돌집보다 더 견고하게 되는 것입니다.

하나님의 제사장은 단순히 제사장의 아들이라고 해서 혈통만 봐서는 안 되며 하나님의 기름 부음을 받은 자를 세워야 합니다. 하나님은 그분의 말씀대로 신실한 성령의 사람을 계속 보내 주실 것입니다. 신약에서는 우리들이 하나님 앞에서 신령한 제사장이 되어야 합니다. 우리는 지금 하나님 앞에서 거룩한 제사장의 옷을 입고 기도를 드리면 되는 것입니다. 그러나 엘리의 후손들은 어떻게 됩니까?

사무엘상 2장 36절

"네 집에 남은 사람이 각기 와서 은 한 조각과 떡 한 덩이를 위하여 그에게 엎드려 가로되 청하노니 내게 한 제사장의 직분을 맡겨 나로 떡 조각을 먹게 하소서 하리라 하셨다 하니라"

엘리의 후손들은 먹을 것이 없어서 겨우 떡 조각을 먹기 위하여 제사장의 한 구석에 끼워달라고 간청합니다. 어차피 그들은 떡을 위하여 제사장 직분을 감당했기 때문에 결국 후손들도 그 범위를 벗어나지 못하는 것입니다.

제사장은 하나님 앞에서 가장 영광스러운 직분입니다. 하나님은 "은도 내 것이요 금도 내 것이니라"(학 2:8)라고 말씀하셨습니다. 베드로와 요한은 성전 미문에 앉은 앉은뱅이에게 "은과 금은 내게 없거니와 내게 있는 것으로 네게 주노니 곧 나사렛 예수 그리스도의 이름으로 걸으라"(행 3:6)고 했고 그 앉은뱅이는 일어나게 되었습니다. 그런 성령의 능력이 우리에게 충만하기를 바랍니다.

06

하나님의 부르심

>> 삼상 3:1-21

하나님은 이 세상에서 그분의 일을 하실 때 준비된 종들을 통하여 일하십니다. 하나님이 이러한 사람들을 얼마나 중요하게 생각하시는가 하면, 만일 이렇게 준비된 사람이 없을 때에는 준비될 때까지 기다리십니다. 이스라엘 백성들이 출애굽 할 때 하나님은 모세가 준비될 때까지 80년을 더 기다리게 하셨습니다. 하나님은 그만큼 준비된 사람을 중요하게 생각하십니다. 그리고 그 준비된 한 사람을 통하여 백 년 정도에 나타날 능력과 축복을 다 쏟아 부으십니다.

그러면 도대체 하나님이 준비하신 사람의 특징이 무엇일까요?

첫 번째는 자기 자신이라는 것이 완전히 없어져야 합니다. 자기 고집, 욕심, 자기 생각 같은 것은 완전히 없어지고 오직 하나님이 시키시는 대로 무조건 순종할 수 있어야 합니다.

두 번째로 오직 말씀의 능력만 믿어야 합니다. 하나님은 말씀으로 적을 무찌르기도 하고 이스라엘을 살리기도 하십니다. 사람들은 눈에 보이지 않는 말씀을 무력하게 볼 수도 있습니다. 그래서 주의 종들은 먼저 하나님의 살아 계심과 말씀의 능력을 체험해야 합니다. 만약 선지자가 하나님의 말씀을 믿지 못한다면 끝까지 그 말씀에 헌신할 수 없을 것입니다.

세 번째로 변질되어서는 안 됩니다. 하나님은 이 한 사람의 종에게 모든 능력을 맡기시므로 그를 통하여 그분의 능력이 무한대로 나타나게 됩니다. 그런데 이 종이 변질되어서 교만해지면 결국 자기 자신도 망하고 하나님의 일도 망치게 됩니다. 하나님의 종이 변질되지 않으려면 철저하게 겸손해야 합니다. 하나님의 종들은 능력이 나타나는 것이 자신이 잘나서인 줄 알고 교만해질 수 있습니다. 그러므로 기도를 통하여 자기를 부인하고 하나님의 말씀에 쳐 복종하는 시간을 가져야 합니다.

본문 말씀은 사무엘이 하나님의 종으로 부르심을 받는 내용입니다. 사무엘이 하나님의 말씀을 받을 때에는 하나님의 말씀이 대단히 희귀할 때였습니다. 그래서 사무엘은 하나님의 말씀을 듣고도 몰랐습니다. 말씀하신 분이 하나님이라는 것을 확인해 준 사람은 사무엘의 영적인 아버지인 엘리 제사장이었습니다.

그런데 사무엘이 하나님으로부터 처음 받은 말씀은 놀랍게도 영적인 아버지 엘리와 그의 집안을 치시겠다는 것이었습니다. 사무엘은 두려웠지만 결국 그 말씀을 엘리에게 전하게 됩니다. 우리는 이것을 통하여 하나님은 준비된 사람을 통하여 말씀하시는 것을 알 수 있습니다. 또한 성전부터 하나님 앞에서 정결케 되어야 함을 깨닫게 됩니다.

하나님의 부르심

사무엘이 하나님의 부르심을 받을 때에는 세상이 대단히 어두웠습니다.

사무엘상 3장 1절

"아이 사무엘이 엘리 앞에서 여호와를 섬길 때에는 여호와의 말씀이 희귀하여 이상이 흔히 보이지 않았더라"

여기서 아이 사무엘이라고 하지만 우리가 생각하는 그런 아이는 아니고 어느 정도 나이가 든 청년이라고 봐야 합니다. 그럼에도 불구하고 '아이' 라고 할 때에는 이스라엘 안에서 공식적인 직책이 전혀 없는 상태의 평신도였음을 알 수 있습니다. 하나님의 말씀이 아주 희귀하던 때에, 하나님의 말씀이 처음 사무엘에게 임했습니다.

우리는 정의가 시행되는 정도에 따라 세상이 밝다거나 어둡다고 말합니다. 부정부패가 심하고, 권력자라고 해서 처벌되지 않는다면 사람들은 어두운 세상이라고 말합니다. 거기에 반하여 공의가 시행되고, 권력자라 하더라도 법 앞에서 공정한 판단을 받는다면 사람들은 밝은 세상이라고 말을 하는 것입니다. 사람들이 이런 말을 하는 배후에는, 어두운 세상은 하나님이 반드시 심판하시고 밝은 세상은 하나님이 지켜 주신다는 믿음이 깔려 있습니다.

그런데 하나님의 백성들에게는 사회적인 정의보다 더 중요한 하나님의 말씀이 있느냐 없느냐 하는 것이 기준이 됩니다. 왜냐하면 하나님의 백성들에게는 말씀이 모든 것의 기초가 되기 때문입니다. 아무리 믿음이 좋은 하나님의 백성도 하나님의 말씀이 없으면 미신이라든지 잘못된 관행의 지배를 받게 됩니다. 그러면 마치 독약을 마신 것처럼 힘없이 비틀거리며 거짓말에 종노릇을 하게 되는 것입니다. 거기에 비하여 하나님의 진리가 환하게 선포되면 일단 미신과 두려움이 사라지게 됩니다. 하나님과 그 백성들 사이를 가로막는 죄가 없어지기 때문에 그분 앞에 담대하게 기도하게 됩니다.

사무엘은 하나님의 말씀이 희귀할 때에 부르심을 받았습니다. 미신과 무지가 온 이스라엘을 덮고 있었고, 사무엘도 하나님의 말씀을 체험하지 못했습니다. 하나님의 백성들에게 말씀이 없으면 모든 일에 자신감이 없어지고 삶의 방향을 잃게 됩니다. 많은 죄의식과 미래에 대한 두려움을 이기지 못해서 강박관념에 사로잡히기도 합니다. 그래서 실제로 말씀이 없는 곳에는 영적인 눌림과 두려움이 있으며 심한 경우에는 정신적인 질환을 앓는 사람도 많이 있습니다.

하나님이 주의 백성들에게 이런 영혼의 어두움을 허락하시는 이유가 무엇입니까? 가장 중요한 것은, 죄를 회개하지 않기 때문입니다. 엘리의 두 아들의 죄가 하나님의 은혜를 가로막고 있기 때문입니다. 그래서 하나님의 백성들은 죄를 회개하는 일을 다른 어떤 일보다 우선적으로 해야 합니다. 그래야 하나님의 은혜가 임하게 되기 때문입니다.

그리고 또 하나 중요한 이유는 하나님의 백성들이 세상의 돈 버는 재미에 빠져서 하나님의 말씀을 사모하지 않는 것입니다. 하나님의 말씀은 가장 귀한 보배입니다. 성도들은 하나님의 말씀을 정금보다 더 사모해야 합니다. 그런데 하나님의 백성들이 하나님의 말씀을 소홀히 생각하고 세상의 욕심에 빠질 때 영적인 암흑기가 오게 되는 것입니다.

그러면 말도 되지 않는 미신과 억지가 성도들을 지배해서 종노릇하게 만듭니다. 돈이 많으면 무슨 소용이 있습니까? 이미 영혼이 마귀의 종이 되어 있는데 그 돈으로 무엇을 하겠습니까? 그래서 하나님의 백성들은 다른 것을 다 빼앗겨도 절대로 하나님의 말씀을 빼앗겨서는 안 됩니다. 하나님의 말씀에는 관심이 없고, 투자한 주식이 폭락했다고 통곡을 하거나 또는 오직 자식의 학업만 신경을 쓰는 사람이 있습니다. 그러면 다시 종의 신세로 전락하게 되는 것입니다.

하나님은 종을 부르실 때 먼저 그분을 소개하시고 난 뒤에 그에게 임무를 부여하십니다. 사무엘은 아직 한 번도 직접 하나님의 음성을 들은 적이 없었기 때문에 하나님이 부르셔도 누가 자기를 부르는지 몰랐습니다.

사무엘상 3장 2-3절

"엘리의 눈이 점점 어두워 가서 잘 보지 못하는 그때에 그가 자기 처소에 누웠고 하나님의 등불은 아직 꺼지지 아니하였으며 사무엘은 하나님의 궤 있는 여호와의 전 안에 누웠더니"

사무엘은 눈이 어두운 엘리가 부르기만 하면 언제나 달려가서 수종 들기 위하여 가장 가까운 방에서 잠을 잤습니다. 요즘 말로 표현하면 사무엘은 엘리의 '오분대기조'였던 것입니다.

사무엘상 3장 4-5절

"여호와께서 사무엘을 부르시는지라 그가 대답하되 내가 여기 있나이다 하고 엘리에게로 달려가서 가로되 당신이 나를 부르셨기로 내가 여기 있나이다 가로되 나는 부르지 아니하였으니 다시 누우라 그가 가서 누웠더니"

하나님은 지극히 정상적인 상태에서 사무엘을 불렀습니다. 그래서 사무엘은 하나님이 부르시는지 모른 채 엘리가 부르는 줄 알고 그에게 달려갔습니다. 이것은 사무엘이 한 번도 개인적으로 하나님의 음성을 듣는 체험을 하지 못했다는 것을 의미합니다. 하나님은 '나는 여호와다'라고 하시지 않고 계속 사무엘의 이름만 부르셨습니다. 좌우간 하나님은 사무엘이 알아들을 때까지 부르셨습니다. 아마도 엘리가 도와주지 않았더라면 사무엘은 열 번도 더 달려갔을 것입니다.

엘리는 하나님이 사무엘을 부르신다는 것을 알았습니다. 그 이유는 엘리도 과거에는 하나님의 음성을 들은 적이 있었기 때문입니다. 그래서 하나님이 부르실 때에는 어떻게 답해야 하는지 가르쳐 줍니다. '여호와여 말씀하옵소서. 주의 종이 듣겠나이다.' 이것이 모든 주의 종들이 말씀을 대할 때 가져야 하는 바른 태도입니다.

엘리는 하나님의 음성을 들었고 이상을 보았던 존귀한 자였습니다. 그런데 이제 그 말씀이 그의 몸종인 사무엘에게 넘어가고 있습니다. 하나님은 사랑하는 자에게 말씀을 주시지만, 하나님을 자기 아들보다 덜 사랑하는 엘리에게서 말씀을 빼앗으셨습니다. 하나님은 이 부분에 있어서 참으로 냉정하십니다. 하나님은 하나님의 말씀에 관심이 없는 자에게 억지로 말씀을 주지 않으십니다. 그 대신 아직 하나님의 말씀을 알아들을 줄도 모르지만 사모하는 자에게 그 말씀을 주시는 것입니다.

우리는 하나님의 말씀을 마음대로 뜯어고치려 해서는 안 됩니다. 하나님과 싸우려는 자세로 말씀을 들어서도 안 됩니다. 오직 하나님이 말씀하시는 대로 순종하려는 자세로 말씀을 들을 때 하나님의 말씀의 세계가 열리게 됩니다. 하나님의 말씀은 바늘구멍과 같지만 겸손한 자세로 그분의 말씀을 들을 때 그 바늘구멍 안에 온 세상이 다 들어 있는 것을 알게 될 것입니다.

하나님의 메시지

하나님이 사무엘에게 주신 첫 번째 메시지와 임무는 그의 영적 아버지인 엘리의 집을 심판하시겠다는 말씀을 전하는 것이었습니다.

> 사무엘상 3장 12-13절
> "내가 엘리의 집에 대하여 말한 것을 처음부터 끝까지 그 날에 그에게 다 이루리라 내가 그 집을 영영토록 심판하겠다고 그에게 이른 것은 그의 아들의 죄악을 인함이니 이는 그가 자기 아들들이 저주를 자청하되 금하지 아니하였음이니라"

이것은 사무엘에게 너무나도 부담스러운 일이었습니다. 왜냐하면 오늘까지 엘리는 사무엘을 키워 주고 사랑해 준 영적인 아버지였기 때문입니다. 어떻게 자신의 영적인 아버지를 저주하는 예언을 말할 수 있겠습니까? 그러나 이것이 사무엘의 첫 번째 임무였습니다. 그 이유가 무엇입니까? 부흥이라고 하는 것은 다른 것이 아닙니다. 부흥은 하나님의 말씀의 통로가 막혀서 하나님의 생명이 차단되어 있는 부분을 다시 뚫어서 하나님의 은혜가 회복되게 하는 것입니다.

이스라엘 백성들에게서 하나님의 은혜를 차단시킨 것은 바로 엘리 집의 죄였습니다. 그들이 성령을 훼방한 죄로 인해 하나님의 역사가 막혔습니다. 한번 생각해 보십시오. 엘리의 두 아들들이 제사를 가지고 장난을 칠 때 사람들에게 이런 생각이 들 것입니다. '아, 제사라는 것은 내 마음대로 적당하게 제물이나 바치는 것이구나.' 이제 이스라엘에 다시 하나님의 은혜가 임하게 하기 위해서는 이 두 거짓 제사장을 쫓아내고 바른 예배를 새롭게 드려야 합니다. 그래서 하나님은 이스라엘의 부흥을 위해 이스라엘의 지도자 가정의 죄를 지적하고 책망하는 것부터 시작하셨습니다.

사무엘상 3장 14절
"그러므로 내가 엘리의 집에 대하여 맹세하기를 엘리 집의 죄악은 제물이나 예물로나 영영히 속함을 얻지 못하리라 하였노라"

하나님은 엘리 집의 죄악을 영원히 사하지 않으시겠다고 하십니다. 그들이 성령을 훼방하는 죄를 지었기 때문입니다. 예수님은 "또 누구든지 말로 인자를 거역하면 사하심을 얻되 누구든지 말로 성령을 거역하면 이 세상과 오는 세상에도 사하심을 얻지 못하리라"(마 12:32)고 말씀하셨습니다.

우리는 성령을 소멸하는 것과 성령을 훼방하는 것을 구별해야 합니다. 성령을 소멸하는 것은 우리가 마음으로는 하나님의 뜻에 순종하려고 하지만 육신의 정욕에 넘어져서 불순종하는 것입니다. 그러면 우리 속에 있던 성령의 감동이 한 순간에 사라지게 됩니다. 그렇다고 해서 우리가 멸망 받는 것은 아닙니다. 그 자리에서 회개하기만 하면 다시 성령의 감동이 회복됩니다.

그러나 성령을 훼방하는 것은 이미 복음을 알고 있으면서도 자기 욕심이나 교만 때문에 복음을 대적하는 것입니다. 여기서 '말로 인자를 거역' 한다는 것은 복음을 몰라서 대적하는 것입니다. 사도 바울도 주님을 몰랐을 때에는 복음을 대적하고 핍박했습니다. 그러나 어떤 사람이 예수님을 믿고 성령의 은사를 체험한 후에 자기 욕심과 고집에 따라 복음을 반대하고 방해할 때 그는 성령을 훼방하는 것입니다.

하나님은 엘리 집의 죄가 처리되지 않는 이상 이스라엘에 하나님의 축복은 없음을 분명히 하십니다. 우리는 하나님이 얼마나 두려운 분이신지 모릅니다. 엘리는 한때 하나님의 말씀을 받았던 종이었습니다. 그러나 그는 자식을 하나님보다 더 사랑해서 그들을 제사장으로 세우고 그들의 잘못된 제사를 징계하지 않음으로 이스라엘에 긴 영적인 밤이 오게 했습니다. 이것은 자기 자신과 이스라엘 모두에게 큰 불행이었습니다.

아무것도 하나님의 사랑과 공의를 막을 수 없게 해야 합니다. 하나님의 말씀이 막혀 있는 모든 곳을 시원하게 뚫어서, 강이 흘러가듯이 하나님의 말씀이 흘러가도록 해야 합니다. 우리나라의 많은 교회에는 너무나도 많은 것들이 하나님의 말씀을 막고 있습니다. 그 막는 모든 것에 대하여 하나님이 심판하시기 전에 회개해야 합니다. 아무것도 하나님의 은혜와 축복을 막을 수가 없습니다. 하나님의 말씀의 선포는 새로운 시대의 도래를 알리는 신호입니다. 말씀이 선포되면 이미 새로운 시대는 시작된 것입니다.

사무엘의 순종

사무엘의 사역은 가장 가까운 데서부터 시작되었습니다. 그것은 지금까지 자기가 아버지처럼 존경하고 따르던 엘리 제사장에게 하나님의 저주를 선포하는 것이었습니다.

사무엘상 3장 15-17절
"사무엘이 아침까지 누웠다가 여호와의 집 문을 열었으나 그 이상을 엘리에게 알게 하기를 두려워하더니 엘리가 사무엘을 불러 가로되 내 아들 사무엘아 하니 대답하되 내가 여기 있나이다 가로되 네게 무엇을 말씀하셨느냐 청하노니 내게 숨기지 말라 네게 말씀하신 모든 것을 하나라도 숨기면 하나님이 네게 벌을 내리시고 또 내리시기를 원하노라"

사무엘은 하나님께 받은 말씀을 엘리에게 전하기가 두려웠습니다. 엘리가 그 말씀을 듣고 싶어 하지 않았더라면 사무엘이 말하기는 대단히 어려웠을 것입니다. 그러나 놀랍게도 엘리가 사무엘을 찾아와서 하나도 숨김없이 말해 달라고 합니다. 이것이 바로 엘리의 마지막 임무였습니다. 하나님이 그를 치는 말씀을 사무엘로부터 듣는 것이 그의 마지막 사명이었습니다. 때때로 우리가 먼저 찾아가서 말하기 대단히 어려울 때가 있습니다. 그런데 놀랍게도 상대가 찾아와서 그 이야기를 해 달라고 우길 때는 하나님이 우리의 연약함을 도우시는 것입니다.

주님은 제자들에게 법정에서 주님으로 인하여 심문을 당할 때 말할 것 때문에 두려워하지 말라고 하셨습니다. 성령님이 대답할 말씀을 주실 것이기 때문입니다. 우리가 온 세상을 돌아다니면서 복음을 설교할 수는 없지만, 만일 다른 사람들이 우리를 찾아오거나 혹은 심문을 하면서 우리의 신앙에 대하여 질문할 때는 하나님이 시키시는 것이며 우리를 통하여 성령님이 말씀하실 것입니다. 여기서 성령님이 말씀하신다는 것은 각 사람의 마음에 복음이 옳다는 찔림을 주시는 것을 말합니다. 물론 그런 찔림을 받는 사람들이 다 예수를 믿는 것은 아닙니다. 그 중에서는 이를 갈면서 저주를 하는 사람도 있습니다. 그러나 오히려 그렇게 하는 것이 진리가 옳다는 것을 나타내는 것입니다.

그런데 놀라운 것은 사무엘이 하는 이 무서운 저주의 말을 듣고도 엘리는 별로 놀라지 않는 것입니다.

사무엘상 3장 18절
"사무엘이 세세히 말하고 조금도 숨기지 아니하니 그가 가로되 이는 여호와시니 그의 선하신 소견대로 하실 것이니라 하니라"

지금 자기 집의 멸망에 대한 예언을 듣고도 엘리는 하나님 앞에 가슴을 찢으며 회개하지 않고 하나님의 뜻대로 되기를 바란다는 뜻으로 가볍게 말을 합니다. 도대체 그 이유가 무엇일까요? 엘리는 이미 마음이 완악해져서 경고의 말씀이 대수롭지 않게 들리는 것입니다. 엘리는 하나님이 사무엘에게 특별한 말씀을 하셨는지 호기심으로 들어 보려고 했습니다. 그런데 늘 듣던 징계의 말씀을 하자, 별 말씀이 아니라고 생각하면서 신통치 않게 대답을 한 것입니다. 다윗 같은 경우에는 나단 선지가 책망할 때 거꾸러졌는데 엘리는 그렇지 않았습니다. 이미 그의 영혼이 그만큼 무디어졌기 때문입니다.

사람들은 하나님의 말씀을 들을 때 늘 듣던 말씀이라고 하면서 소홀히 하는 경우가 많습니다. 새롭게 반짝하는 말씀을 들으려고 했는데 늘 듣던 말씀이면 건질 것이 별로 없다고 생각하고 심각하게 받아들이지 않습니다. 그러나 하나님의 말씀은 늘 듣던 말씀이라고 해서 덜 중요한 것이 아닙니다. 하나님이 같은 말씀을 하시는 이유는, 죄가 해결되지 않고 남아 있기 때문입니다. 하나님은 그 익숙한 죄가 청산될 때까지는 같은 말씀을 수없이 반복해서 하실 것입니다. 왜냐하면 그 문제가 해결되지 않으면 하나님의 축복이 임할 수가 없기 때문입니다.

또 다른 하나는 엘리는 이미 자식들의 힘을 이길 수 없음을 알고 자포자기하는 심정에서 그렇게 받아 들였을 가능성도 있습니다. 자식이 어렸을 때에는 부모가 힘으로도 굴복시킬 수 있지만 어느 정도 자란 후에는 부모가 말한다고 듣지 않습니다. 그래서 하나님이 아무리 두 자식의 죄를 말씀하셔도 엘리가 자신이 없어서 이렇게 반응했을 수도 있습니다. 엘리는 자식을 너무 키우지 말았어야만 하는 것입니다. 즉 자기 자식이라도 너무 믿으면 나중에 바로 잡을 수가 없습니다. 언제든지 인간은 잘못할 수 있다는 가능성을 가지고 모든 것을 보아야 합니다. 그런데 다른 사람을 너무 완전히 믿고 모든 것을 다 넘겨 버리면, 그가 정직하지 않은 경우에 망하는 수밖에 없는 것입니다.

그럼에도 불구하고 엘리가 사무엘에게 기여한 것은 그로 하여금 자기를 치는 말씀이지만 자신에게 말하도록 요청했고, 그것을 거부하지 않고 하나님의 말씀으로 받아들인 사실입니다. 거기서부터 사무엘은 사역을 시작했습니다. 대개 어떤 위대한 설교자가 나타나면 설교자가 먼저 알아봅니다. 왜냐하면 그는 그 일에 전문가이기 때문입니다. 엘리는 사무엘의 메시지가 순수한 하나님의 말씀인 것을 인정했습니다.

사무엘의 활동

하나님은 '템플 보이'였던 사무엘의 마음이 준비된 것을 보시고, 그를 성전 봉사자로 쓰시지 않고 이스라엘의 위대한 선지자로 쓰셨습니다. 이것이 바로 하나님의 용도 변경입니다. 하나님은 겸손한 자가 아무리 비천한 자리에 있고 싶어 해도 그를 훨씬 더 중요한 위치로 끌어올리십니다. 어떤 사람은 자신이 집사로 사용되기를 원했지만 하나님이 그를 설교자로 사용하기도 하셨습니다. 빌립과 스데반 같은 사람들은 집사로 뽑혔던 사람들인데 성령이 임하시니까 복음 전도자가 되었고 탁월한 설교 사역을 감당했습니다.

> 사무엘상 3장 19-20절
> "사무엘이 자라매 여호와께서 그와 함께 계셔서 그 말로 하나도 땅에 떨어지지 않게 하시니 단에서부터 브엘세바까지의 온 이스라엘이 사무엘은 여호와의 선지자로 세우심을 입은 줄을 알았더라"

사무엘의 소문은 온 이스라엘에 퍼졌습니다. 그 이유는 등불은 비취게 되어 있기 때문입니다. 특히 어두운 때일수록 하나님의 말씀은 더 환하게 온 세상을 비취게 되어 있습니다. 빛은 자기 자신을 선전할 필요가 없습니다. 진정으로 거듭난 하나님의 백성들은 목자의 음성을 알아듣게 되어 있기 때문입니다. "그 말로 하나도 땅에 떨어지지 않게 하시니"라는 말씀은 사무엘이 말하는 것은 틀림없는 하나님의 말씀이었고 하나님이 그대로 모두 다 성취시켜 주셨다는 뜻입니다.

너무나도 놀라운 일입니다. 우리가 하나님의 말씀에 헌신하면 하나님이 우리를 섬겨 주십니다. 그래서 우리의 말이 부족해도 이루어지게 하시고 모든 부족한 것들까지도 하나님이 다 채워 주시는 것입니다. 그래서 다른 사람들이 '이 사람은 하나님이 쓰시는 종이 틀림없다'는 확신을 가지고 100% 신뢰하게 하시는 것입니다. 사무엘이 모든 것을 다 아는 것은 아니지만, 그가 '하나님의 뜻이다 혹은 아니다'라고 분별해 주면 하나님이 모든 것을 다 이루어 주셨다는 뜻입니다.

참으로 황송한 것이 우리가 하나님을 섬겨 드려야 하는데, 하나님이 그분의 말씀에 순종하는 종들을 일일이 따라다니시면서 성취시켜 주시는 것입니다. 하나님이 우리를 섬겨주십니다. 그분이 오늘 우리에게 복음의 위대한 계절이 오게 하십시다. 그래서 모든 무지와 미신은 물러가고 하나님이 우리와 함께하시는 증거가 풍성하게 우리의 삶 가운데 나타나기를 바라십니다.

07

법궤를 빼앗긴 이스라엘
>> 삼상 4:1-22

자신의 몸에 이상을 느낀 어떤 사람이 병원에 찾아가서 진찰을 받았습니다. 그런데 검진 결과 상당히 좋지 않은 중병에 걸렸다는 사실을 알게 되었습니다. 그는 삶의 중대한 기로에 섰다는 것을 인식하고 큰 위기를 느꼈습니다. 그는 병을 인정하지 않고 그냥 그대로 살다가 죽느냐, 아니면 다른 일들을 포기하고 투병을 하느냐의 선택을 해야 했습니다. 물론 누군가가 마술을 부려서 한 순간에 병을 낫게 해 주면 좋겠지만 이 세상에 그런 마술은 없습니다.

마찬가지로 신앙 자체를 마술로 생각하는 경우가 많은 것 같습니다. 즉 하나님을 믿기만 하면 한 순간에 모든 안개가 걷히듯이 어려움이 다 해결되고 하나님의 축복이 쏟아지는 줄로 생각하는 것입니다. 그러나 신앙은 마술이 아닙니다. 우리는 하나님의 축복을 받겠지만 먼저는 우리의 모든 병든 것들을 다 수술로 치료받아야 할 것입니다.

사무엘 당시에 이스라엘 백성들은 중병에 걸려 있었습니다. 제사장부터 썩어 있었으니까 나라 전체가 얼마나 깊이 병들어 있었는지 짐작할 수 있습니다. 이때 이스라엘 백성들은 사무엘의 설교를 듣고 하나님의 위대하심을 깨닫게 됩니다. 하나님은 이스라엘 백성들을 애굽에서 이끌어 내신 하나님이셨습니다. 이스라엘 백성들이 하나님의 법궤를 앞세우고 전진할 때에 그들 앞에서 요단강이 갈라지고 여리고성이 무너졌습니다.

그러나 이스라엘 백성들이 요단강을 가르고 여리고성을 무너뜨릴 때에는 영적으로 건강할 때였습니다. 그런데 지금의 이스라엘 백성들은 영적으로 깊이 병들어 있는 상태입니다. 이런 상태에서 그들은 하나님 앞에서 치료받을 생각은 하지 않고 과거를 흉내 내면서 법궤를 앞세우고 블레셋과 싸우려고 했습니다. 결국 이 전쟁에서 엄청난 패배를 겪고 법궤를 빼앗기게 됩니다.

또한 엘리 집안의 삼부자가 하루 만에 다 죽임을 당하게 됩니다. 범죄한 제사장 홉니와 비느하스가 전쟁터에서 죽고, 그 소식을 들은 엘리 제사장이 의자에서 넘어지면서 목이 부러져 죽고, 비느하스의 부인이 해산을 하면서 아들을 낳고 죽습니다. 이스라엘 백성들이 스스로 하나님 앞에서 정결하지 않을 때 하나님이 원수의 손을 빌어서 죄인들을 심판하신 것입니다. 그리고 능력을 발휘할 줄 알았던 하나님의 법궤는 아무 효력이 없었고, 그마저도 적들인 블레셋 사람들에게 빼앗기고 말았습니다.

사무엘의 설교의 영향

사무엘상 4장 1절
"사무엘의 말이 온 이스라엘에 전파되니라"

하나님의 백성들은 그분의 말씀을 듣지 못하면 전혀 힘을 쓸 수 없게 되고 죄를 지으면서도 그것이 죄인 줄 알지 못합니다. 하나님의 말씀이 거의 없던 때, 사무엘은 이스라엘 백성들에게 하나님의 말씀을 전하기 시작했습니다. 처음에 사무엘의 설교는 이스라엘 백성들에게 큰 도움이 되지 않는 것 같았습니다. 이스라엘 백성들 중에서 말씀의 능력을 믿는 자들이 거의 없었기 때문입니다. 이전까지는 사사들이 이스라엘 백성들에게 어려움이 생길 때마다 직접 몸으로 적과 싸워서 해결했습니다. 그런데 사무엘은 말씀으로 이스라엘 백성들을 깨우쳐서 스스로 일어서게 했습니다.

예를 들어 삼손 같은 사사는 설교자가 아니었습니다. 삼손은 자기 힘을 가지고 블레셋 사람들을 죽이고 두들겨 부수는 행동파였습니다. 이것은 하나님의 백성들이 너무 깊이 병들어 있을 때 하나님이 사용하시는 임시 처방전에 해당되는 것입니다. 사람이 너무 병들었을 때에는 붙들고 말씀을 가르치는 것보다는 병원에 데리고 가는 것이 더 효과적일 수 있습니다. 그러나 하나님의 가장 중요한 능력은 말씀에 있습니다. 하나님은 말씀으로 천지를 창조하셨고 말씀으로 하나님의 백성들에게 힘을 주셨습니다.

우리는 하나님의 말씀만 전하고 듣는 것만으로는 무엇인가 부족하다고 느끼며, 무언가 피부에 와 닿는 일을 해야 하는 것이 아닌가 하는 생각을 합니다. 그런데 하나님의 백성들이 힘을 잃고 쓰러지는 것은 말씀을 듣지 못해서 그런 것임을 기억해야 합니다. 하나님의 말씀만 제대로 증거 되면 성도들이 그 말씀을 듣고 지혜와 믿음을 얻어서 어떤 어려움도 다 해결하게 되어 있습니다.

사무엘이 하나님의 말씀을 전하기 시작했을 때 그 말씀이 온 이스라엘에 퍼지게 되었습니다. 이것은 역시 이스라엘 백성들이 아무리 타락했다고 하지만 영적으로 들을 귀는 있다는 것을 의미합니다. 하나님의 백성들의 귀에 하나님의 말씀이 들리면 일단 그들은 살 가능성이 있는 것입니다.

그러나 너무 성급하게 서두른 것이 문제가 되었습니다. 그들은 하나님의 말씀을 듣기만 하면 당장 블레셋 사람들이 물러가고 하나님의 축복이 임하는 줄로 생각하고, 블레셋 사람들과 전쟁을 하기로 합니다. 지금까지 그들은 전혀 블레셋과 싸우려고 하지 않았기에 이것만 해도 엄청난 발전이었습니다. 사무엘의 설교가 이스라엘 백성들로 하여금 영적인 전쟁을 치룰 수 있는 용기를 주었던 것입니다. 그런데 결과는 엄청난 참패였습니다.

사무엘상 4장 2절
"이스라엘을 대하여 항오를 벌이니라 그 둘이 싸우다가 이스라엘이 블레셋 사람 앞에 패하여 그들에게 전쟁에서 죽임을 당한 군사가 사천 명 가량이라"

하나님은 이스라엘 백성들로 하여금 바로 이기게 하지 않으셨습니다. 그 이유는 이런 어려움을 통하여 그들 안에 있는 죄를 철저하게 바로잡기를 원하시기 때문입니다. 그래서 무려 4천 명이나 되는 전사자를 내는 패배를 경험해야만 했습니다. 하나님이 우리에게 어려움을 주실 때 너무나도 쉽게 그것을 없애지 않으십니다. 왜냐하면 그 어려움만 없애 주면 금방 원래 상태로 돌아가서 다시 죄를 짓기 때문입니다.

하나님은 어려움을 통하여 우리를 철저히 회개시키고 바로잡아 주십니다. 그렇기 때문에 어려운 일을 당했을 때 너무 서두르지 않는 것이 좋습니다. 마치 수술을 받을 때 의사에게 자신을 맡기듯이 하나님을 신뢰하고 그분께 모든 것을 맡겨야 합니다. 그러면 좀 시간이 걸리더라도 완전히 치료될 것입니다.

이스라엘 장로들은 분명히 믿음으로 이 전쟁을 시작했다고 생각했기 때문에 패배의 원인에 대해 고민하게 됩니다. 그들은 사무엘의 설교를 듣고 은혜를 얻었고 그 힘으로 블레셋과 싸웠습니다. 그러나 그들은 전쟁에 이길 수 없었고 수많은 사람들이 죽었습니다.

사무엘상 4장 3절

"백성이 진으로 돌아오매 이스라엘 장로들이 가로되 여호와께서 어찌하여 우리로 오늘 블레셋 사람 앞에 패하게 하셨는고 여호와의 언약궤를 실로에서 우리에게 가져다가 우리 중에 있게 하여 그것으로 우리를 우리 원수들의 손에서 구원하게 하자 하니"

이러한 때 우리는 크게 낙심하게 됩니다. 나름대로 하나님의 뜻이라고 생각해서 결단을 하고 일을 시작했는데 그 결과가 무참한 실패로 나타나게 되었을 때 하나님에 대한 믿음이 뿌리째 흔들리게 되는 것입니다. 우리는 이런 일을 생각보다 많이 경험하게 됩니다. 하나님의 뜻이라고 생각해서 자신만만하게 입사시험을 쳤는데 불합격을 한다든지, 가고 싶은 학교에 원서를 넣었는데 떨어진다든지, 청혼을 했는데 거절을 당한다든지, 혹은 이보다 더 비참한 일을 당하기도 합니다. 그러면 도대체 우리가 하나님의 뜻을 잘못 안 것일까요? 아니면 하나님이 왜 가만히 계시는 것입니까?

이스라엘 장로들은 한번 실패했다고 포기하지 않고 실로에 있는 법궤를 가져오면 하나님이 그들과 함께하시는 것이 되니까 능히 블레셋 사람들을 이길 수 있을 것이라는 기발한 발상을 합니다. 그러나 분명히 믿음으로 시작했는데 결과가 좋지 않았다면, 거기에는 분명히 우리가 알지 못하는 이유가 있으므로 반드시 그것을 물어보아야 합니다. 여호수아 때 이스라엘 백성들은 믿음으로 아이성을 공격했는데 패배했습니다. 그때 그들은 하나님께 물어보았습니다. 그랬더니 그들 안에 숨은 죄가 있음를 알게 되었습니다. 이스라엘 백성들은 억지로 법궤를 가져오면 모든 문제가 해결될 줄로 생각했습니다. 우리가 가진 신앙은 도깨비 방망이가 아닙니다. 돈 나오라고 하면 돈이 나오고, 집 나오라고 하면 집이 나오는 것이 아닙니다. 우리의 신앙은 물어보는 신앙이 되어야 합니다.

믿음으로 했지만 좋지 않은 결과가 나왔는데 이제 어떻게 하면 좋겠느냐고, 구했더라면 하나님은 분명히 해결 방법을 가르쳐 주셨을 것입니다. 성경은 법궤를 설명할 때 "그룹 사이에 계신 만군의 여호와의 언약궤"(삼상 4:4)라고 말합니다. 이것은 언약궤 위에 날개를 펴고 있는 그룹 천사의 상이 있기 때문입니다. 천사들 중에서 그룹 천사가 하는 일은 죄인들의 접근을 막는 일이었습니다. 그러니까 죄인들은 함부로 하나님께 나아올 생각을 하지 말라는 것입니다. 하나님의 말씀을 듣고 순종할 생각을 해야지 하나님을 쥐고 흔들 생각을 아예 하지 말라는 뜻입니다.

이스라엘 백성들의 패배

이스라엘 백성들은 과거 여호수아가 하나님의 법궤를 앞세우고 여리고 성을 돌았을 때 여리고성이 무너진 것을 생각하고, 하나님의 궤가 이스라엘 진중에 왔을 때 승리를 확신했습니다. 얼마나 큰 소리로 부르짖었든지 블레셋 진에서도 그 소리가 들릴 정도였습니다. 그런데 놀라운 것은 이스라엘 진에 하나님의 궤가 왔다는 소문을 듣고 두려워하던 블레셋 사람들이 금방 정신을 차리기 시작한 것입니다. 그들은 노예가 되느니 죽도록 싸우자고 하면서 서로 독려하며 용기를 냈고, 그 바람에 오히려 전쟁에서 이기게 되었습니다. 이스라엘 백성들이 법궤를 전쟁터에 가지고 갔을 때 세 가지 효과를 만들어 냈습니다.

첫 번째는 전쟁과 상관이 없던 엘리의 두 아들 홉니와 비느하스가 어쩔 수 없이 법궤를 따라 전쟁터로 오게 된 것입니다. 그러니까 법궤가 전쟁터에 오면서 자연스럽게 그들도 전쟁터에 있게 되었고 결국 같은 날 죽임을 당하게 되었습니다. 법궤가 엘리의 두 아들을 전쟁터로 끌어 내는 역할을 한 것입니다.

두 번째는 이스라엘 백성들을 대단히 용기 있게 만들었습니다.

사무엘상 4장 5절
"여호와의 언약궤가 진에 들어올 때에 온 이스라엘이 큰 소리로 외치매 땅이 울린지라"

이스라엘 백성들은 하나님이 전쟁터에 오셨기 때문에 반드시 승리할 것이라는 자신감을 가지게 되었습니다. 그러나 이는 일시적인 최면 효과에 불과했습니다. 기도가 최면 효과를 가져 올 때가 있습니다. 같은 말로 자꾸 기도를 하다 보면 어느새 자기 최면이 걸려서 기도가 응답이 된 것 같은 확신을 가지게 됩니다. 그러나 이것은 자기 확신이지 실제로는 아닌 것입니다. 자기 최면이 효과를 가지는 경우는 아슬아슬한 차이가 날 경우뿐입니다. 실력의 차이가 많이 나는 경우에는 최면으로는 통하지 않습니다. 다시 말해서 제대로 임자를 만난 경우에 이런 것은 통하지 않는다는 것입니다.

세 번째로 블레셋 사람들의 전의를 불태우게 했습니다. 블레셋 사람들은 이스라엘 백성들의 고함 소리를 듣고 놀랐고, 여호와의 궤로 인해 두려워했습니다. 왜냐하면 그들은 아직까지 출애굽 당시 하나님의 능력과 기적을 기억하고 있기 때문입니다.

사무엘상 4장 7-8절
"블레셋 사람이 두려워하여 가로되 신이 진에 이르렀도다 하고 또 가로되 우리에게 화로다 전일에는 이런 일이 없었도다 우리에게 화로다 누가 우리를 이 능한 신들의 손에서 건지리요 그들은 광야에서 여러 가지 재앙으로 애굽인을 친 신들이니라"

블레셋 사람들은 과거에 하나님이 어떻게 하셨는지 희미하게 기억을 하고 있었습니다. 그래서 처음에는 너무나도 두려워했습니다. 그런데 놀라운 것은 시간이 지나면서 약 효과가 떨어지고 있는 것입니다.

> 사무엘상 4장 9절
> "너희 블레셋 사람들아 강하게 되며 대장부가 되어라 너희가 히브리 사람의 종이 되기를 그들이 너희의 종이 되었던 것같이 말고 대장부같이 되어 싸우라 하고"

하나님이 함께하시는 것을 보고 블레셋 사람들이 이스라엘을 두려워하게 되었습니다. 처음에는 정신을 차리지 못할 정도가 되었지만, 곧 그들은 정신을 차리게 됩니다. 오히려 더 단결해서 끝까지 싸울 마음을 가지게 됩니다. 결국 진정한 하나님의 능력 없이 법궤만 가져왔을 때 그 효과는 일시적인 최면 효과밖에 되지 못했습니다.

> 사무엘상 4장 10-11절
> "블레셋 사람이 쳤더니 이스라엘이 패하여 각기 장막으로 도망하였고 살육이 심히 커서 이스라엘 보병의 엎드러진 자가 삼만이었으며 하나님의 궤는 빼앗겼고 엘리의 두 아들 홉니와 비느하스는 죽임을 당하였더라"

우리는 하나님이 그분의 이름을 위해 일단 이스라엘 백성들을 지켜 주실 것이라고 생각할 것입니다. 그런데 그렇게 하지 않으셨습니다. 이스라엘 백성들이 죄를 지었을 때, 하나님은 그분의 이름이 먹칠 당하는 일이 있더라도 반드시 심판하십니다. 이스라엘 백성들은 법궤를 믿었기 때문에 더 큰 패배를 경험했고 이스라엘 백성들은 세 가지 비참한 전과를 올렸습니다. 그것은 이스라엘 보병 3만 명이 죽임을 당한 것과, 법궤를 빼앗긴 것과, 두 제사장 홉니와 비느하스가 죽임을 당한 것입니다.

이것을 볼 때 우리가 알 수 있는 것이 무엇입니까? 하나님은 절대로 이용을 당하시는 분이 아니라는 것입니다. 우리는 자기 생각이나 열심만으로 하나님의 은혜를 끌어 낼 수 없습니다. 우리에게 있어서 하나님의 은혜를 끌어 낼 수 있는 것은 오로지 회개와 겸손밖에 없습니다. 하나님이 우리에게 중요하게 보시는 것은 종교적인 열심이 아니라, 죄를 회개하고 하나님께 복종하는 겸손입니다. 우리는 이 두 가지 차이를 분별하기가 대단히 어렵습니다. 그러나 하나님은 사람의 중심을 보십니다. 이스라엘 백성들이 하나님께 죄를 회개하지 않고 법궤를 가져왔을 때 그것은 우상밖에 되지 못했습니다. 중요한 것은 눈에 보이는 법궤가 아니라 하나님께 회개한 깨끗한 양심입니다.

나중에 이스라엘 백성들은 하나님의 말씀에 대한 철저한 순종없이 마치 성전 자체를 우상시하다가 예루살렘 성전 파괴와 바벨론에 포로로 끌려가는 비극의 결과를 얻게 됩니다. 결국 중요한 것은 하나님의 말씀에 대한 순종과 믿음입니다. 순종 없는 믿음은 허황된 미신밖에 되지 않습니다. 어떤 경우에는 기도를 미신적으로 할 수 있습니다. 봉사도 미신적으로 할 수 있습니다. 그런데 이런 미신으로는 가장 중요한 순간에 하나님의 도우심을 받지 못한다는 것입니다. 하나님의 말씀에 불순종한 죄를 자백하는 겸손이 승리하게 합니다. 그것만이 하나님의 능력을 가져 오게 할 것입니다.

이스라엘에 전해진 나쁜 소식

전쟁터에 하나님의 법궤를 보낸 엘리 제사장은 불안하였습니다. 그 이유는 이미 하나님의 평안이 그의 마음을 떠났기 때문입니다. 하지만 하나님이 우리와 함께하시면 그 어떤 절망적인 상황에서도 마음의 평안을 얻을 수 있습니다. 왜냐하면 하나님이 불안을 이길 수 있는 힘을 계속 주시기 때문입니다. 그러나 하나님이 평안을 빼앗아 가시면 그때에는 나뭇잎이 떨어지는 소리에도 놀라게 됩니다. 계속 불안에 떨던 엘리는 이스라엘 백성이 전쟁에 지고 언약궤를 적에게 빼앗겼다는 말을 들었을 때, 갑자기 쓰러지면서 목이 부러져 죽었습니다.

> 사무엘상 4장 12-13절
> "당일에 어떤 베냐민 사람이 진에서 달려 나와 그 옷을 찢고 그 머리에 티끌을 무릅쓰고 실로에 이르니라 그가 이를 때는 엘리가 길 곁 자기 의자에 앉아 기다리며 그 마음이 여호와의 궤로 인하여 떨릴 즈음이라 그 사람이 성에 들어오며 고하매 온 성이 부르짖는지라"

이스라엘 백성들은 승리의 소식을 듣고 싶어 했습니다. 특히 이번 전쟁에는 여호와의 법궤가 출동했기 때문에 그들은 분명히 승리할 줄 믿었습니다. 그러나 소식을 전하는 사람은 이스라엘의 대패를 알렸습니다. 그러니까 온 이스라엘 사람들이 부르짖었습니다. 사실 이스라엘 백성들은 진작 울었어야만 했습니다. 그들의 성전이 두 악한 제사장에 의하여 더럽혀지고 그들의 신앙이 추락하기 시작했을 때 울었어야 합니다. 그런데 울어야 할 때 울지 않으니까 나중에 진짜 비통한 눈물을 흘리게 되는 것입니다. 어떤 분은 자신의 신앙이 바닥을 헤맬 때 울어야 하는데 울지 않습니다. 왜냐하면 아직 수입은 줄어들지 않았기 때문입니다. 오히려 더 큰소리를 치고 다닙니다. 그러다가 자기가 구입한 주식의 가격이 폭락해서 완전히 알거지가 되었을 때에야 비통한 눈물을 흘립니다.

그렇게 할 이유가 어디에 있습니까? 미리 눈물을 흘리고 미리 하나님 앞에 겸손해집시다. 그러면 어떤 일이 닥쳐도 놀라지 않습니다. 죄에 민감한 사람은 세상의 좋지 않은 소문에 두려워하지 않습니다. 하나님만 두려워하면 다른 것은 두렵지가 않기 때문입니다. 그런데 하나님을 두려워하지 않으면 다른 모든 것들이 그를 두렵게 할 것입니다.

하나님은 타락한 자기 백성들을 치실 때 몰아서 치십니다. 그래서 어려운 환난이 닥칠 때 한번만 오는 것이 아니라 여러 가지가 한꺼번에 동시에 밀어닥칠 때가 많습니다. 예를 들면 회사에 불이 났는데 시아버지까지 중풍으로 쓰러져 버리고 자녀까지 학교 시험에서 떨어져 버리는 것입니다. 이럴 때는 정신을 차릴 수가 없습니다. 엘리는 사람들이 부르짖는 소리를 듣고 그것이 무슨 뜻인지 몰랐습니다. 왜냐하면 그의 나이가 98세여서 눈이 어두워 볼 수 없었기 때문입니다.

진에서 도망쳐 나온 사람은 모든 사실을 그대로 보고했습니다. 그의 소식은 이스라엘의 패배와, 홉니와 비느하스의 죽음과, 여호와의 궤를 빼앗겼다는 세 가지였습니다. 대단히 정확한 보고였습니다. 이것은 이스라엘 백성에게 일어날 수 있는 최악의 경우가 다 일어난 것입니다. 이스라엘의 비극이고, 가정의 비극이며, 신앙적인 비극이었습니다. 이런 것을 두고 망해도 철저하게 망했다고 하는 것입니다. 그러나 비극은 이것으로 끝이 아니었습니다. 이 말을 듣고 엘리가 그 자리에서 넘어져서 목이 부러져 죽은 것입니다. 그리고 비느하스의 부인이 마침 그 시간에 산통을 하다가 난산을 해서 죽었습니다. 시부의 죽음과 남편의 죽음과 하나님의 궤를 빼앗겼다는 소식을 듣고 죽으면서 그는 아이의 이름을 이가봇이라고 지었습니다. 하나님의 영광이 이스라엘을 떠났다는 뜻입니다. 다시 말해서 이제 소망이 없다는 것입니다.

하나님은 그분의 영광을 짓밟은 엘리의 집에 철저하게 복수하셨습니다. 단 하루 만에 네 명이나 죽었습니다. 그들 때문에 이스라엘도 망하고 하나님의 법궤도 빼앗겼습니다. 나중에는 성막도 불타게 됩니다. 이것을 보면 제사장이 자신의 직분을 지키지 않고 타락한 것이 얼마나 무서운 결과를 가져오는가를 알게 됩니다.

하나님은 소멸하는 불이시기 때문에 죄인들은 하나님을 감당할 수가 없습니다. 그래서 하나님은 거룩한 백성들을 세우셔서 하나님의 진노를 감당하게 하십니다. 그런데 이들이 하나님이 주신 직분을 우습게 알고 정욕으로 타락시켰을 때 온 이스라엘에 하나님의 심판이 임하게 되었습니다. 결국 제사장 두 명의 타락이 이스라엘 백성들 4천 명과 그 후에 3만 명을 죽게 한 것입니다. 엘리는 하나님보다 자기 두 아들을 더 아끼다가 결국 목이 부러져 죽고 말았습니다.

하나님은 고난을 몰아서 주시기 때문에 이때 살 길은 단 하나밖에 없습니다. 평소에 들었던 하나님의 말씀이 생각나면 사는 것이고, 자기가 잘못한 것이 생각나서 후회하면 죽는 것입니다. 마음에 빛이 있느냐 없느냐 하는 것이 운명을 가르게 되는데. 이미 엘리의 집에는 빛이 없었습니다. 그래서 아이의 이름을 '끝장났다' 고 지었습니다. 그러나 이스라엘에는 빛이 있었습니다. 왜냐하면 사무엘에게는 하나님의 말씀이 임했기 때문입니다. 끝난 것은 하나님의 경고의 메시지를 듣고도 울지 않던 자들뿐입니다.

하나님의 궤가 빼앗긴 것이 의미

사무엘상 4장 22절
"또 이르기를 하나님의 궤를 빼앗겼으므로 영광이 이스라엘에서 떠났다 하였더라"

하나님의 궤를 빼앗긴 것의 의미는 무엇입니까? 이것은 하나님의 패배가 아니라 하나님의 성전 청결이라고 봐야 합니다. 이스라엘의 제사장과 백성들이 하나님의 성전을 더럽히자, 하나님이 악의 세력을 불러 들여서 제사장을 숙청하시고 성전을 불태우게 하신 것입니다. 이스라엘 백성들이 하나님의 궤를 이방인의 손에 들어가게 한 것은 하나님의 궤의 수난입니다. 이제 그들은 하나님의 궤가 없기 때문에 공식적인 예배를 드릴 수가 없게 됩니다. 이것을 '교회의 바벨론 유수'라고 이름 지을 수 있습니다. 교회가 악의 지배 아래로 들어가는 것입니다.

이스라엘 백성들이 예배를 더럽히자 하나님은 이방인의 손을 빌어서 성전과 제사장을 치셨습니다. 교회나 목회자는 스스로 언제나 하나님 앞에서 회개하고 죄를 버려야 합니다. 그렇게 하지 않을 때 하나님은 악의 세력을 사용하셔서 교회나 목회자를 쳐부수십니다. 무엇 때문에 이스라엘 군인들이 수없이 죽고 무엇 때문에 하나님의 궤를 빼앗겨야 합니까? 바로 엘리와 홉니와 비느하스와 같은 제사장들이 회개하지 않았기 때문입니다. 하나님은 그들을 죽이시기 위해 법궤를 전쟁터에 가지고 오고 전쟁에 지게 하실 수밖에 없으셨습니다. 즉 제사장이 스스로 회개하지 않으면 이스라엘은 엄청난 희생을 치를 수밖에 없는 것입니다.

초대교회 때 하나님은 교회를 로마 제국이라는 용광로에 넣어 연단하셨습니다. 공식적으로 열 번의 대 핍박이 있었고 성도들을 불에 태워 죽이기도 하고 짐승의 밥에 되게 하기도 했습니다. 그런 시련을 거쳤기 때문에 교회는 그 후 2천 년을 견디는 것입니다. 요즘도 약 10만 명의 크리스천이 박해당하고 있다고 합니다. 인도네시아에서는 회교도들이 크리스천 청소년들의 캠프장을 습격해서 한 소년에게 '너는 누구냐?'라고 물었습니다. 그때 '나는 그리스도의 군사다'라고 대답하는 소년의 한 팔을 잘랐습니다. 그리고 다시 물었습니다. '네가 누구냐?' 그 소년은 똑같이 '나는 그리스도의 군사다'라고 대답한 후 나머지 한 팔도 잘렸습니다. 그 소년은 되풀이 되는 질문에 언제나 똑같이 대답을 했고, 결국 배를 찔리고 목이 잘렸습니다. 동생이 그것을 보고 숲 속으로 도망쳐서 이 사실을 알렸습니다. 이것이 최근에 일어난 일입니다.

지금 우리는 너무나 평안하게 신앙생활하고 있습니다. 아무도 우리의 신앙을 적어도 공식적으로 대적하지는 않습니다. 그 결과 우리의 신앙은 너무나도 무섭게 변질되고 타락하고 있습니다. 하나님은 절대로 패배하지 않으십니다. 단지 말씀을 버린 교회를 버리실 뿐입니다. 하나님의 영광이 우리 교회를 떠나지 않도록 정결합시다. 온 성도들이 깨어서 기도의 시간을 지키십시다. 그리고 다른 것은 다 양보하고서라도 말씀을 붙듭시다. 그러면 언제나 여호와의 빛이 우리와 함께하실 것이며, 이가봇이라는 말이 우리 입에서 완전히 없어질 것입니다.

사실 우리나라 교회에서 하나님의 영광이 떠나고 있습니다. 촛대가 옮겨지고 있다고 볼 수 있습니다. 교회에서 하나님의 말씀이 없으면 이가봇인 것입니다. 하나님의 영광은 이스라엘 백성들이 전쟁에 졌을 때가 아니라 제사장들이 하나님의 제사를 짓밟을 때 이미 떠났습니다. 전쟁에서 패배하고 법궤를 빼앗긴 것은 그들의 영적 중병을 확인시켜 주는 과정에 불과했습니다. 이스라엘 백성들은 하나님의 법궤가 마치 요술 방망이인 줄 알았지만, 전쟁에서 요술은 통하지 않았습니다. 하나님은 은혜를 막는 악한 제사장들이 먼저 청소되기를 바라셨습니다. 이 타락한 제사장을 제거하기 위해 많은 병사들의 죽음과 하나님의 법궤를 빼앗김과 성전이 불타는 대가를 지불해야 했습니다.

그래서 우리는 병을 치료받는 것도 중요하지만, 병들지 않도록 미리 예방하는 것이 더 중요하다는 사실을 기억해야 합니다. 이스라엘의 제사장들이 타락하지만 않아도 백성들은 전쟁에서 이길 수 있었습니다. 그러나 죄가 있었기 때문에 법궤를 가져오고서도 엄청난 패배를 당했습니다. 우리는 신앙생활을 하면서 하나님을 이용하려고 해서는 안 됩니다. 그 대신 철저하게 죄를 자복하고 깨끗한 믿음의 양심으로 하나님께 나아가야 합니다.

08

다곤 신전의 여호와의 궤
>> 삼상 5:1-12

어렸을 때 어머니와 함께 창경원 안에 있는 동물원에 구경을 간 적이 있었습니다. 창경원은 원래 창경궁이라는 왕궁이었습니다. 그런데 일본 사람들이 우리의 정신을 꺾기 위하여 동물원으로 만들어 버린 것입니다. 한국 사람들은 짐승으로 밖에 보이지 않으니까 감히 일본을 대적하지 말라는 암시를 주려 했던 것입니다. 창경원은 해방 후 오랜 시간이 지나고 나서야 창경궁으로 복원되었고, 동물원은 다른 곳으로 옮겨졌습니다.

옛날에는 전쟁을 하다가 승패가 판가름 나면 이긴 나라가 진 나라의 왕이나 왕자를 인질로 잡아갔습니다. 인질이 붙들려 있는 나라가 다시 반역하거나 공격을 하지 못하도록 하기 위해서입니다. 왜냐하면 상대방 나라를 공격하게 되면 인질로 붙들려 있는 자기 나라의 왕이나 왕자가 가장 먼저 죽임을 당하기 때문입니다. 그런데 그런 것보다 더 심한 경우가 일본 사람들이 한 것처럼, 왕궁을 동물원으로 만들거나 아니면 상대 나라의 국기를 빼앗아서 자기 나라 박물관에 전시를 하는 것입니다. 한국 전쟁 때 우리나라의 한 부대가 부대 깃발을 북한에 빼앗겼습니다. 그래서 그 부대는 지금도 부대 깃발이 없고, 그것은 북한 박물관에 전시되어 있다고 합니다. 그 부대는 그 깃발을 되찾아 오기 전까지는 부대 깃발을 빼앗긴 치욕을 가지고 있어야 하는 것입니다.

이스라엘 백성들은 블레셋 사람들을 이기기 위하여 하나님의 언약궤를 전쟁터에 가지고 왔다가 전쟁에 패배하는 바람에 빼앗기고 말았습니다. 블레셋 사람들에게는 이것보다 더 좋은 것이 없었습니다. 과거에 애굽에 재앙을 내리고 이스라엘 백성들을 건져낸 능력의 하나님이 자기들에게 포로가 되어 있으므로, 이제 블레셋 사람들은 이 세상에서 여호와 하나님보다 더 강한 족속이 되었다고 생각한 것입니다. 그들은 이 하나님의 언약궤만 가지고 있으면 이스라엘 백성들이 꼼짝할 수 없을 것으로 여겼습니다. 하나님의 언약궤가 블레셋 사람들의 수중에 있는데 어떻게 그들이 하나님의 도움을 받을 수 있으며, 어떻게 감히 블레셋을 공격할 수 있겠냐고 생각한 것입니다.

이스라엘 백성들은 그들의 힘으로는 도저히 하나님의 궤를 빼앗아 올 수도 없고 블레셋을 물리칠 수도 없게 되었습니다. 이 어려운 상황 가운데서 하나님은 사람의 도움 없이 스스로 블레셋과 싸우셨습니다. 하나님은 이스라엘 백성 중 단 한 사람의 도움 없이 블레셋의 다곤 신을 치시고 블레셋 사람들을 쳐서 결국 하나님께 굴복하게 하셨습니다.

다곤 신전에 있는 하나님의 언약궤

옛날 전쟁은 신들의 전쟁이라고 할 수 있어서, 전쟁 중에 상대편의 신상을 빼앗아 오면 이기는 것이 되었습니다. 그렇게 이긴 쪽에서는 가져 온 적의 신상을 자기 편 신전에 두었습니다. 신을 포로로 잡았기 때문에 다시는 대항할 힘이 없을 것으로 여겼습니다. 블레셋 사람들은 이스라엘 백성들로부터 빼앗은 하나님의 궤를 아스돗의 다곤 신전으로 가져가서 다곤의 곁에 두었습니다.

사무엘상 5장 1-2절
"블레셋 사람이 하나님의 궤를 빼앗아 가지고 에벤에셀에서부터 아스돗에 이르니라 블레셋 사람이 하나님의 궤를 가지고 다곤의 당에 들어가서 다곤의 곁에 두었더니"

여기서 우리는 하나님의 언약궤가 도대체 무엇을 의미하는지 알 필요가 있습니다. 이 세상 사람들은 사람의 모양이든지 아니면 짐승의 모양으로 된 신상을 섬기지만, 오직 이스라엘 백성들이 섬기는 여호와 하나님만 그런 상이 없습니다. 그 대신에 하나님은 이스라엘 백성들에게 나무로 궤를 만들고 그 궤를 금으로 입히게 하셨습니다. 이 궤는 직사각형 모양으로 그 뚜껑에는 날개 달린 천사가 마주보고 있는 아주 특이한 궤였습니다.

하나님은 이 궤로 하나님을 대신하셨습니다. 하나님은 이스라엘 백성들에게 명령을 내리실 때, 언약궤 뚜껑에 있는 천사들 사이에서 말씀하셨습니다. 이 천사는 죄인들의 접근을 막는 거룩한 천사인데 그룹 천사라고 부릅니다. 그러니까 이 언약궤는 하나님의 보좌인 셈입니다. 다른 왕들은 높이 자리를 만든 보좌 위에서 백성들을 다스리지만 하나님은 네모난 궤를 통하여 이스라엘 백성들을 다스리셨던 것입니다.

이 궤에는 두 가지 특징이 있습니다. 하나는 궤 안에 들어있는 모세의 두 돌비입니다. 물론 이스라엘 백성들이 광야에 있을 때에는 아론의 싹 난 지팡이도 있었고 만나 항아리도 있었지만 다 없어지고 십계명이 기록된 두 돌비만 남았습니다. 모세의 돌비는 하나님이 철저하게 하나님의 말씀으로 이스라엘을 다스리신다는 약속을 보여주는 것입니다. 그래서 이 궤를 '법궤' 라고도 하고 '언약궤' 라고도 했습니다. 즉 하나님의 말씀을 지키기만 하면 절대로 하나님의 축복을 빼앗기지 않으며 하나님의 백성의 지위를 잃지도 않는다는 약속인 것입니다.

그뿐만 아니라 이 궤는 움직일 수 있도록 만들어졌습니다. 보통 왕의 보좌는 무겁고 커서 움직일 수가 없습니다. 그러나 하나님의 궤는 움직일 수 있어서 하나님이 어느 한 장소에 고정되어 계시는 것이 아니라 이스라엘 백성들이 있는 곳에는 어디든지 함께하셔서 그들의 기도를 들으시고 축복하심을 나타냈습니다. 여호수아가 가나안 땅에 진격을 할 때 이 언약궤를 매고 진격했고 그때 요단강이 갈라지고 여리고성이 무너졌습니다. 이것은 이스라엘 백성들이 가나안 땅을 진격하는 것은 자기 마음대로 하는 것이 아니고 하나님이 그들 앞에서 인도하신다는 것을 보여주는 것입니다. 이 언약궤는 너무나도 거룩한 것이기 때문에 이스라엘 백성들이 안을 들여다보거나 손으로 만지면 죽게 되어 있었습니다.

그런데 이스라엘 백성들은 이 귀중한 하나님의 언약궤를 블레셋 사람들에게 빼앗기게 된 것입니다. 이것은 사람들에게 두 가지 의미로 보일 수 있습니다. 하나는 하나님이 능력이 없으신 것으로, 다른 하나는 이방신의 능력이 뛰어난 것으로 생각하게 하는 것입니다.

먼저, 사람의 눈에는 하나님이 능력이 없으셔서 이스라엘 백성들이 전쟁에서 지고 하나님의 궤를 빼앗긴 것으로 볼 수 있습니다. 하나님을 모르는 사람이면 누구나 이렇게 생각할 수밖에 없는 것입니다. 그러나 신앙의 눈으로는 이스라엘 백성들이 하나님을 모실 자격이 없기 때문에 하나님이 이스라엘을 떠나신 것입니다. 게다가 하나님은 이스라엘을 그냥 떠나신 것이 아니고 원수인 블레셋 사람들에게로 가셨습니다.

어떻게 생각하면 블레셋 사람들에게는 엄청난 축복의 기회였습니다. 왜냐하면 블레셋 사람들이 하나님 앞에 겸손하기만 했으면 이스라엘 백성들의 축복이 그들에게 주어질 수 있었기 때문입니다. 그러나 블레셋 사람들은 결코 겸손하지 않았습니다. 그들은 자신들의 힘으로 이스라엘 백성들을 이겼다고 생각했고, 빼앗은 하나님의 궤를 전리품처럼 자기들의 다곤 신전 안에 두었습니다. 이것은 다곤 신이 여호와 하나님을 포로로 잡았다는 뜻입니다. '다곤' 신은 물고기 신으로 알려지고 있습니다. 원래 블레셋 사람들은 해양 민족이었고 '다가'라는 말이 물고기를 의미하기 때문에 다곤 신은 물고기의 신일 것이라고 추측하는 것입니다.

하나님은 손과 발이 없으시고 도와줄 이스라엘 백성도 아무도 없으셨지만 하나님은 혼자 블레셋 신과 그 백성들과 싸우셨습니다. 만약 블레셋 사람들이 출애굽의 이야기를 듣고 조금이라도 하나님을 두려워했더라면 감히 다곤의 신전에 여호와의 궤를 넣지는 않았을 것입니다. 하나님이 이스라엘 백성들로 하여금 패배하게 하신 것은 이스라엘 백성들의 죄를 징계하기 위해서인데 그들은 자기들이 잘 나서 이긴 줄 알고 하나님을 자신들의 인질로 삼으려고 했습니다.

사무엘상 5장 3절
"아스돗 사람이 이튿날 일찍이 일어나 본즉 다곤이 여호와의 궤 앞에서 엎드러져 그 얼굴이 땅에 닿았는지라 그들이 다곤을 일으켜 다시 그 자리에 세웠더니"

그때 하나님은 당장 블레셋에 큰 재앙을 내리실 수 있었지만 블레셋 사람들이 깨닫도록 조금씩 그분을 드러내기 시작하셨습니다. 첫 번째로 다곤 신상을 쓰러뜨려서 얼굴이 땅에 닿게 하셨습니다. 이것은 하나님께 너무나도 간단한 일입니다. 말씀 한 마디만 하면 신상은 쓰러질 수밖에 없습니다. 한 천사가 와서 다곤 신상을 쓰러뜨렸을 수도 있습니다. 이것은 감히 하나님 앞에 생명도 없는 우상이 고개를 쳐들고 있지 말라는 뜻입니다.

사무엘상 5장 4절

"그 이튿날 아침에 그들이 일찍이 일어나 본즉 다곤이 여호와의 궤 앞에 서 엎드려져 얼굴이 땅에 닿았고 그 머리와 두 손목은 끊어져 문지방에 있고 다곤의 몸뚱이만 남았더라"

블레셋 사람들은 그들의 신상이 하나님 앞에서 쓰러져 얼굴을 땅에 대고 있는 것을 보고서도 깨닫지 못했습니다. 그들은 신상을 일으켜서 다시 세워 놓았습니다. 그런데 그 다음 날 다곤 신상은 아예 완전히 분해되어 있었습니다. 머리와 두 손은 끊어져서 문지방에 있고 몸뚱이만 그 자리에 있었습니다. 그것은 그냥 신상이 넘어진다고 해서 될 수 있는 것이 아니고 누군가가 다곤 신상의 머리와 손목을 잘라서 옮겨놓은 것입니다. 그럼에도 불구하고 블레셋 사람들은 아직까지도 하나님이 하신 줄 알지 못했습니다.

그래서 그들은 그들의 신의 머리와 두 손이 닿은 문지방을 신성시해서 그 뒤로는 절대로 문지방을 밟지 않고 폴짝 뛰어 넘었습니다. 그들은 어떻게 해서 그들의 신의 머리가 그곳까지 옮겨졌는지 생각하지 않고 문지방만 중요하게 생각했습니다. 이것이 바로 우상숭배자의 심리입니다. 하나님이 사람을 파리채로 때리셨다면 왜 맞았는지 생각해야 하는데 그렇게 하지 않고 파리채를 숭배하려는 것과 같습니다.

어떻게 다곤의 신상이 넘어졌습니까? 하나님의 천사가 건드리기만 하면 넘어지게 되어 있습니다. 아마 발로 차기만 해도 넘어지면서 머리가 떨어져 나갔을 것입니다. 하나님이 블레셋 사람들에게 포로로 붙들려 계신 것 같지만, 하나님은 사람의 도움을 전혀 받지 않으시고 다곤을 넘어뜨리기도 하고 머리와 손목을 자르기도 하셨던 것입니다.

많은 하나님의 종들이 잘못 생각하고 있는 것 중 하나가 우리가 하나님의 일을 하지 않으면 아무도 할 사람이 없을 것이라고 생각하는 것입니다. 그래서

8. 다곤 신전의 여호와의 궤

하나님 앞에서 배짱을 부릴 때가 있습니다. 그러나 하나님은 사람의 손을 빌리지 않으시고도 얼마든지 하나님의 일을 하실 수 있습니다. 오히려 사람이 없을 때 더 잘 하실 수 있으십니다.

또 하나는 이스라엘 백성들이 블레셋 사람의 다곤 신을 위대하고 크게 볼 수 있습니다. 그러나 하나님 앞에서는 블레셋 사람들이나 다곤 신이 아무것도 아니었습니다. 하나님은 다곤 신을 마음대로 요리하셨습니다. 그래서 얼굴을 처박고 쓰러지게 하기도 하시고 머리와 손목을 잘라서 문지방에 갖다 놓기도 하신 것입니다. 하나님은 언제 어디서나 무엇이든지 할 수 있으십니다. 단지 이스라엘 백성들이 하나님을 믿지 않고 하나님의 예배를 더럽힘으로 하나님을 잃어버렸을 뿐입니다. 우리는 하나님의 은혜를 너무나 잘 잃어버릴 수 있습니다. 우리가 조금만 교만하면 하나님의 은혜는 우리를 떠나서 다른 곳에 가 있게 됩니다.

오늘 우리에게 하나님의 언약궤와 가장 가까운 것은 바로 하나님의 말씀을 전하는 강대상입니다. 이 위에서 사람이 설교하지만 실제는 하나님이 말씀하시는 것입니다. 오늘 신약 교회에서 강대상이 오염되어 버리면 마치 언약궤를 블레셋에 빼앗긴 것 같은 결과가 나타나게 됩니다. 우리 그리스도인들은 이 세상에서 믿음으로 이기지 못하고 패배하게 되며, 세상 사람들은 재앙을 당하게 되는 것입니다.

블레셋에 임한 하나님의 재앙

오늘 우리 시대에 가장 효과적인 에너지원은 원자력 발전이라고 합니다. 그러나 만일 원자력을 제대로 관리하지 못해서 방사능이 새게 되면 대재앙이 일어나게 됩니다. 마찬가지로 우리 인간들에게 하나님은 원자력과 같습니다. 하나님이 사람들에게 은혜를 주실 때에는 모든 사람들이 축복을 받지만 사람들이 하나님의 은혜를 감당하지 못하면 모든 사람들에게 무서운 재앙이 임하게 되는 것입니다.

하나님이 이스라엘 백성들을 택하시고 또 제사장을 주신 것은 하나님의 진노의 에너지를 축복의 에너지로 바꾸시기 위해서였습니다. 하나님은 애굽에 진노하시며 열 가지 재앙을 내리셨습니다. 나중에는 모든 장자를 다 죽이는 재앙까지 내리셨습니다. 그러나 이스라엘 백성들에게는 이런 재앙이 내리지 않았고 오히려 홍해가 갈라지고 구름 기둥과 불기둥이 그들을 인도하고 하늘에서 만나가 내리는 기적이 나타났습니다.

이 세상에서 하나님을 제대로 감당할 수 있는 사람은 오직 이스라엘 자손들밖에 없었습니다. 그래서 이 세상에서 신앙이 없는 자들도 하나님의 백성들의 도움을 받아야 합니다. 그러나 블레셋 사람들은 아무것도 없이 원자로와 같은 하나님의 궤를 자기들에게 가져온 것입니다.

사무엘상 5장 6절
"여호와의 손이 아스돗 사람에게 엄중히 더하사 독종의 재앙으로 아스돗과 그 지경을 쳐서 망하게 하니"

하나님의 궤가 아스돗에 있게 되면서 그곳 사람들에게 독종의 재앙이 임했습니다. 나중에 쥐의 형상을 하나님께 바치는 것으로 인해 독종을 페스트라고 추측하기도 하는데, 만약 그랬다면 아스돗 사람들은 많이 죽었을 것입니다. 또는 심한 피부병이라고 추측하기도 합니다. 이스라엘 백성들이 출애굽 할 때 애굽 사람들에게 생긴 독종이 피부병으로 생각되기 때문입니다. 병명을 알 수 없는 새로운 괴질로 생각해도 좋을 것 같습니다. 아스돗 사람들은 하나님의 궤가 들어오고 난 후부터 괴질이 퍼졌으므로 그들이 하나님을 진노케 했다는 것을 알게 되었습니다.

블레셋 사람들은 여호와 하나님을 바로 모실 수 있는 사람은 이스라엘 백성, 그 중에서도 제사장이라는 것을 알지 못했습니다. 그래서 빨리 이스라엘의 제사장을 데려 오는 방법이 가장 좋다는 것도 몰랐습니다. 이미 출애굽 할 때 보았지만 하나님의 재앙은 괴질 하나만 있는 것이 아니었습니다. 하나님의 재앙은 열 가지, 스무 가지, 아니 수백 가지가 있습니다. 그럼에도 불구하고 블레셋 사람들은 하나님의 궤를 돌려보내기가 아까우니까 다른 도시 가드로 옮겼습니다.

사무엘상 5장 9절
"그것을 옮겨 간 후에 여호와의 손이 심히 큰 환란을 그 성에 더하사 성읍 사람의 작은 자와 큰 자를 다 쳐서 독종이 나게 하신지라"

가드 사람들은 아스돗 사람들이 보내는 여호와의 궤를 덥석 받았습니다. 그것은 일종의 호기심이었습니다. 도대체 하나님의 궤라고 여기저기서 말들을 하는데 그것이 어떤 것인지 궁금했던 것입니다. 결국 하나님은 가드 사람들에게 아스돗보다 더 큰 재앙을 내렸습니다. 이런 일 후에도 블레셋 사람들은 궤를 이스라엘로 돌려보내지 않고 에그론으로 보냈습니다. 그랬더니 에그론 사람들은 궤를 보자 그들을 다 죽이려 한다고 소리를 질렀습니다.

블레셋 사람들은 이스라엘 백성들이 하나님을 바로 섬기는 것이 그들에게 얼마나 복인지를 몰랐습니다. 믿지 않는 식구들은 식구 중 한 사람이라도 열심히 하나님을 믿는 것이 그들에게 얼마나 복이 되는지 모릅니다. 예수 믿는 사람들이 신앙생활을 잘 하는 것이 이 세상 사람들에게 복입니다. 그런데 그것을 알지 못하고 자꾸 예수를 믿지 못하게 핍박을 합니다. 우리 믿는 사람들이 하나님을 제대로 믿지 못하는 것은 이 세상의 불행의 원인입니다.

저는 이 도시를 살리고 우리나라를 살리는 길이 먼 데 있다고 생각하지 않습니다. 우리가 하나님 앞에서 바른 신앙을 가지고 신령한 예배를 드리는 것이 바로 이 땅의 재앙을 막는 길입니다. 하나님의 제사장이 얼마나 중요한 사람인지 모릅니다. 누군가가 전적으로 하나님 앞에 엎드려서 백성들의 죄를 감당해 주는 사람이 있어야 합니다.

하나님의 궤를 돌려보내기로 결정함

사무엘상 5장 11-12절
"이에 보내어 블레셋 모든 방백을 모으고 가로되 이스라엘 신의 궤를 보내어 본처로 돌아가게 하고 우리와 우리 백성 죽임을 면케 하자 하니 이는 온 성이 사망의 환난을 당함이라 거기서 하나님의 손이 엄중하시므로 죽지 아니한 사람들은 독종으로 치심을 받아 성읍의 부르짖음이 하늘에 사무쳤더라"

결국 블레셋 사람들은 많은 희생을 치른 후에야 이스라엘의 하나님을 감당할 수 없다는 것을 깨닫습니다. 블레셋 사람들은 어떻게 해서든지 하나님의 궤를 이스라엘에 보내지 않고 자기들이 가지고 있으려 했지만 도저히 감당할 수가 없었습니다. 블레셋에서는 어느 누구도 하나님을 감당할 수가 없고 어느 도시도 하나님의 법궤를 모실 수 없습니다.

이제 블레셋 사람들은 몇 가지 중요한 사실을 깨닫게 되었습니다. 첫 번째는 여호와 하나님의 특별하심이었습니다. 여호와 하나님은 다곤 신전에 둘 수 없었고 어떤 성에도 둘 수 없는 분이셨습니다. 블레셋 사람들은 이 세상에서 가장 무서운 신이 여호와라는 것을 깨닫게 되었습니다. 두 번째는 이스라엘 백성들의 특별함입니다. 블레셋 사람들은 하나님을 며칠도 감당하지 못했습니다. 하나님의 법궤가 머물러 있는 동안 괴질이 맹렬하게 퍼져 나갔습니다. 그런데 이스라엘 백성들은 그런 법궤를 수백 년간 모시고도 죽지 않았으니 얼마나 독종 중의 독종입니까?

이 세상에서 가장 위대한 일은 하나님의 백성이 되고 하나님의 종이 되는 것입니다. 하나님의 백성들은 양심에 티끌만한 죄가 있어도 견디지 못하고 그 죄를 다 토해 내야 하는데, 세상 사람들은 죄를 먹고 마시면서도 잘 살아갑니다. 그 이유가 무엇입니까? 누군가가 그들의 죄를 감당해 주고 있기 때문입니다.

이 세상 그 무엇도 하나님을 잡아 놓을 수는 없습니다. 하나님은 이스라엘 백성 한 명 없이도 얼마든지 블레셋 사람들을 항복시킬 수 있습니다. 오늘날도 하나님은 선교사나 목사 한 명 없이도 모든 우상을 다 부수고 모든 악한 자들을 굴복시킬 수 있습니다. 그러나 하나님은 그런 방법을 쓰지 않으십니다. 그 이유는 인간이 비굴하게 굴복하는 것보다는 말씀으로 설득되고 변화되는 것을 더 원하시기 때문입니다. 하나님은 온 세상 사람들이 다 하나님을 믿게 할 수 있으시지만, 억지로 하기보다는 자발적인 깨달음과 순종을 더 원하십니다. 하나님은 오래 참으시면서 복음을 통하여 모든 사람들이 돌아오기를 기다리십니다.

블레셋 사람들은 이스라엘 백성들을 이길 수는 있었지만 하나님의 궤는 이길 수 없었습니다. 많은 사람들은 우리 믿는 사람들의 부족한 모습을 보고 하나님을 업신여깁니다. 그러나 하나님은 결코 어느 누구로부터도 업신여김을 당하지 않습니다. 이스라엘 백성들이 전쟁에서 패배한 것은 하나님이 그들을 징계하셨기 때문이지 결코 블레셋 사람들이 잘해서가 아닙니다.

부모가 자녀들이 잘못을 저지르면 매를 드는 것과 마찬가지로 하나님은 이스라엘 백성들이 죄를 지으면 다른 민족에게 매를 주셔서 이스라엘을 때리게 하십니다. 그렇다고 해서 이스라엘을 때리게 한 민족이 절대 잘했다고도 하지 않으십니다. 오히려 교만히 행할 때 바로 치십니다. 이스라엘 백성들은 비록 전쟁에서 패배했지만 회개하여 하나님의 은혜를 회복할 수 있었습니다. 하지만, 블레셋 사람들은 전쟁에는 이겼지만 하나님의 징계로 많은 사람들이 죽게 되었습니다.

우리 믿는 사람들이 주위 사람들을 돕는 방법은 말씀에 잘 순종해서 악한 사람들이 나쁘게 사용되지 않도록 하는 것입니다. 즉 우리는 그들이 하나님의 백성들을 징계하는 도구로 사용되지 않게 해야 합니다. 우리는 세상 사람들로 하여금 교회를 욕할 핑계를 주지 않는 것이 좋습니다. 왜냐하면 교회를 저주하면 저주할수록 그들이 멸망을 당하기 때문입니다. 교회가 할 수 있는 대로 모든 것을 공정하게 하고 사랑으로 행할 때 악한 자들이 덜 악해져서 덜 망하게 되는 것입니다. 하나님은 아무리 악하고 강한 자라 할지라도 마치 장난감 인형처럼 그들을 넘어지게 하거나 부서지게 하실 수 있습니다. 실제로 블레셋 사람들이 그렇게 신성시하는 다곤이 하나님 앞에서는 하나의 생명 없는 나무토막에 불과했습니다. 그러나 블레셋 사람들은 하나님 앞에서 다곤이 넘어지고 부서지는 것을 보면서도 우상의 허무함을 깨닫지 못했습니다.

오늘 하나님은 우리를 이 땅의 제사장으로 삼으셨습니다. 모세의 기도를 들으시고 바로의 재앙을 물러가게 하셨던 하나님은, 우리의 기도와 예배를 통하여 이 땅의 재앙들이 축복으로 변하기를 바라십니다. 하나님 앞에 흠이 없는 제사장이 되는 것은 중요하지만, 거룩을 지속적으로 유지하기가 쉽지 않기에 이스라엘 제사장들이 타락했을 때 이스라엘도 망하고 블레셋도 망했습니다. 하나님이 원하시는 대로 우리 모두 하나님의 일을 잠시도 소홀히 여기지 말고 언제나 거룩한 제사장의 옷을 입고 하나님의 은혜를 잘 감당하는 성도들이 됩시다.

하나님은 우리 없이도 얼마든지 우상을 무너지게도 하고, 하나님의 일을 이루어 가실 수도 있습니다. 그러나 하나님은 우리를 동참시키기 원하십니다. 우리가 순종함으로써 하나님의 뜻에 사용되는 것이 얼마나 엄청난 축복인지 모릅니다. 우리가 주어진 직분에 최선을 다할 때 하나님은 천국의 가장 귀한 상급을 우리에게 주실 것입니다. 하나님은 우리가 하나님의 일에 쓰임받는 것을 기뻐하십니다. 그러므로 주님의 일을 할 때 교만하여 우쭐하는 마음으로 하지 말고 겸손하게 감사하는 마음으로 잘 감당하시기 바랍니다.

09

돌아온 법궤

>> 삼상 6:1-16

　우리는 가장 소중하게 생각하는 것을 무슨 일이 있어도 빼앗기지 않으려 할 것입니다. 예를 들어, 어떤 어머니에게 위협하며 자녀를 빼앗겠다고 하면 그 어머니는 다른 것은 다 가져가도 좋으니 자녀만은 데려가지 말아달라고 할 것입니다. 공부하는 사람들에게는 책과 연구 자료가 가장 중요하므로 그것을 절대 잃어버리지 않을 것입니다. 만약 그 소중한 것을 잃어버리는 일이 생기면 그것을 되찾을 때까지 너무나도 마음이 고통스러워서 그것을 되찾을 때까지 절대로 평안할 수 없습니다.
　그러면 우리가 이 세상에서 다른 것은 다 잃어버린다 해도 절대로 빼앗겨서는 안 되는 가장 소중한 것이 무엇일까요? 그것은 하나님께 대한 바른 신앙입니다. 아무리 어려운 상황 가운데 있더라도 바른 신앙만 붙들고 있으면 그 사람은 가장 중요한 것을 소유한 것이며 다른 어떤 사람들보다 유리한 입장에 서 있는 것입니다. 바른 신앙은 마치 보물 창고의 열쇠를 가지고 있는 것과 같습니다. 보물 창고에 들어가려고 많은 사람들이 와 있다 해도, 그가 문고리를 잡고 있거나 계단의 돌을 잡고 있다면 그것은 아무 소용이 없습니다. 가장 중요한 것은 그 보물 창고에 들어갈 수 있는 열쇠를 가지는 것입니다.

이스라엘 백성들이 빼앗겼던 언약궤가 저절로 돌아오는 일이 생겼습니다. 이제 이스라엘 백성들은 가장 귀중한 신앙의 축복을 회복했습니다. 하나님은 예전에도 그분의 백성들이 노예 생활을 벗어나 하나님께 마음껏 예배드릴 수 있도록 애굽에 열 가지 재앙을 내리셨습니다. 그런 하나님의 말씀을 마음껏 전하고 들을 수 있는 특권이 우리에게는 가장 중요합니다. 이것만 붙들고 있으면 천국 보물 창고의 열쇠를 붙들고 있는 것과 같기 때문입니다.

요즘 우리나라는 경제적으로 상당히 어렵다고 합니다. 더욱이 전쟁이 일어날지도 모른다는 불안감도 일어나고 있습니다. 전쟁만 터지지 않는다면 경제적인 어려움 정도는 이를 악물고 견딜 수 있을 것입니다. 그러나 그보다 더 중요한 것은 하나님께 예배드리는 특권을 빼앗기지 않는 것입니다. 우리가 이것만 붙들고 있으면 아무리 큰 위기나 고난도 반드시 이기고 극복할 수 있습니다. 하나님의 언약궤는 블레셋 사람들이 도저히 그것을 감당할 수 없었기 때문에 이스라엘 백성들에게 아무 대가없이 돌아오게 되었습니다.

블레셋 사람들의 의논

블레셋 사람들은 할 수 있으면 계속 하나님의 언약궤를 붙들고 있으려고 했습니다. 애굽의 바로를 굴복시키고 이스라엘 백성들을 출애굽시킨 하나님의 궤를 붙들고 있는 것은 자기들이 하나님보다 더 강한 민족이라는 것을 의미하기 때문입니다.

그러나 그들은 도무지 하나님의 궤를 붙들고 있을 수가 없었습니다. 왜냐하면 다곤 신전에 두면 다곤 신상의 목이 부러지고, 이 성 저 성에 보내면 심한 독종이 퍼지는 바람에 도무지 사람이 살 수가 없었습니다. 이미 많은 블레셋 사람들이 이유를 알 수 없는 독종에 걸려서 죽었습니다. 그래서 블레셋 사람들은 이 일을 어떻게 해야 할지 심각하게 의논을 했습니다.

사무엘상 6장 1-3절
"여호와의 궤가 블레셋 사람의 지방에 있은 지 일곱 달이라 블레셋 사람이 제사장들과 복술자들을 불러서 이르되 우리가 여호와의 궤를 어떻게 할꼬 그것을 어떻게 본처로 보낼 것을 우리에게 가르치라 그들이 가로되 이스라엘 신의 궤를 보내려거든 거저 보내지 말고 그에게 속건제를 드려야 할지니라 그리하면 병도 낫고 그 손을 너희에게서 옮기지 아니하는 연고도 알리라"

블레셋 사람들이 하나님의 궤를 함부로 처리하지 못한 가장 중요한 이유는 거의 대부분의 사람들이 병들었기 때문입니다. 이제 여호와의 궤를 포기하는 것은 문제가 아니었고 어떻게든 병든 사람을 낫게 해야 했습니다. 그때 블레셋의 제사장은 하나님께 속건제 드려야 한다고 했습니다. 속건제는 신을 노엽게 했을 때 그 노여움을 푸는 제사를 말합니다.

여기서 알 수 있는 것은 비로소 블레셋 사람들이 그들의 교만으로 이스라엘의 하나님을 노엽게 했다는 인식을 가진 것입니다. 인간에게 있어서 가장 놀라운 일이 자기가 인격적인 하나님께 죄를 지었다는 생각을 하는 것입니다. 물론 하나님을 모르는 자들도 신의 노여움을 풀려고 합니다. 그러나 그것은 마치 어린아이를 달래는 것과 같은 수준에 불과합니다. 즉 제사를 받는 신이 정성이 부족하다거나 아니면 제사를 빠뜨려서 화를 낸다는 정도로 생각하는 것입니다.

블레셋 사람들은 수개월 동안 여호와의 궤를 갖고 있으면서 무서운 질병의 재앙을 당한 후 자기들이 교만하여 하나님을 진노케 했다는 생각을 가지게 되었습니다. 그래서 그들이 걸린 병에서 죽지 않고 치료를 받으려면 하나님의 진노를 푸는 제사를 드려야 한다고 이야기합니다.

우리나라 사람들은 인격적인 하나님에 대한 인식이 없기 때문에 죄가 무엇인지 잘 모릅니다. 우리는 기껏해야 다른 사람에게 해를 끼치거나 인간된 도리를 다 하지 않은 것을 죄로 생각합니다. 그러나 성경에서 말하는 죄는, 우리가 피조물이면서 하나님을 인정치 않고 자기 마음대로 산 것을 말합니다. 하나님께 대한 교만이 죄이고 나머지 죄들은 바로 이 교만에서 파생된 부산물입니다.

마치 에이즈라는 바이러스 자체는 아무것도 아니지만 거기에 감염이 되면 그 후에 몸에 면역성이 없어져서 병이란 병은 다 걸려서 죽는 것과 같습니다. 사람이 하나님을 두려워하지 않으면 결국 죄라는 죄는 다 짓게 되는 것입니다. 그것이 블레셋 사람들에게는 녹송으로 나타났는데 아마 몸에 병이란 병은 다 걸려서 죽어가고 있었던 것입니다. 결국 블레셋 사람들은 이 병이 하나님으로부터 시작되었기 때문에 하나님께 회개하면 치료받을 수 있다고 생각하게 됩니다. 이것은 정말 위대한 발상이었습니다. 그들이 가르쳐 주는 사람 하나 없는 가운데서 이 정도의 생각을 하게 되었다는 것은 정말 놀라운 일이 아닐 수 없습니다.

사람들 중에는 극심한 어려움이나 질병에 걸리게 되었을 때 누가 가르쳐 주지 않아도 자기 발로 교회에 나와서 예수님을 믿는 사람들이 있습니다. 이런 사람들은 블레셋식의 전도를 받은 것입니다. 그런데 자칫 잘못하면 블레셋식으로 예수님을 믿을 가능성이 있습니다. 어떤 사람이 오랫동안 미신에 빠져 절에 다니다가 자기 발로 교회에 나오게 되었는데 그 후에도 혼자 염불 외우듯이 기도문을 외우는 경우가 있었습니다. 일단 예수님을 믿은 후에는 교회에서 바른 신앙을 배우는 것이 꼭 필요합니다.

블레셋 사람들의 속건제

블레셋의 제사장들은 블레셋 사람들에게 금으로 만든 쥐 다섯과 금 독종 다섯을 바치라고 조언했습니다. 그들이 하나님의 진노를 누그러뜨리기 위하여 바친 속건제의 제물은 금으로 쥐의 형상과 독종의 형상을 만든 것이었습니다. 이는 블레셋식의 예배였습니다.

> 사무엘상 6장 5절
> "그러므로 너희는 너희 독종의 형상과 땅을 해롭게 하는 쥐의 형상을 만들어 이스라엘 신께 영화를 돌리라 그가 혹 그 손을 너희와 너희 신들과 너희 땅에서 경하게 하실까 하노라"

이들이 어디서 힌트를 얻었는지 모르겠습니다. 아마도 그들은 피부가 솟아오르는 병을 얻었기에 그런 불룩한 모양과 또 이 병을 쥐가 옮긴다고 생각해서 쥐의 모양을 만들었을 것입니다. 또한 출애굽에 대한 이스라엘 백성들의 이야기를 들었던 것 같습니다. 이스라엘 백성들은 광야에서 하나님을 대적하다가 불 뱀 떼의 공격을 받게 되었습니다. 그때 하나님이 모세에게 주신 처방전은, 놋으로 불 뱀 모양을 만들어서 장대에 매달고 백성들이 그 놋 뱀을 보게 하라는 것이었습니다. 이것은 죄를 드러내라는 뜻입니다. 특히 하나님의 말씀이 선포될 때에 마음속 깊은 곳에 있는 죄나 마음의 상처들을 하나님 앞에 고백하면 죄 용서를 얻게 됩니다. 블레셋 사람들은 그들의 죄 문제를 해결할 수 있는 근거를 이 이야기에서 얻었을 것입니다. 하나님의 백성에 대한 이야기를 들은 것만으로도 이들은 무서운 질병에서 놓임을 받게 됩니다.

사무엘상 6장 6절

"애굽인과 바로가 그 마음을 강퍅케 한 것같이 어찌하여 너희가 너희 마음을 강퍅케 하겠느냐 그가 그들 중에서 기이하게 행한 후에 그들이 백성을 가게 하므로 백성이 떠나지 아니하였느냐"

블레셋 사람들이 하나님의 진노에 대해 깨달은 것은 두 가지였습니다.

첫 번째는 마음을 강퍅하게 하면 안 된다는 것입니다. 애굽 사람들과 바로처럼 반항하면 온갖 종류의 재앙을 당하게 됩니다. 그리고 하나님의 징계의 심판을 받을 때에는 그것을 드러내고 고백해야 합니다. 부끄럽지만 독종을 드러내고 쥐를 노출시켰을 때 하나님이 치료해 주십니다.

두 번째는 이스라엘 백성들이 자기들을 위하여 제사를 드려야 병이 낫는다는 것입니다. 블레셋 사람들이 한 것은 제사를 드리는 것이 아니었습니다. 그들은 여호와께 제사를 드릴 수 없다는 것을 알았습니다. 그 대신 이스라엘 백성들이 제사를 드려 주기 바라며 여호와의 궤를 보내기로 합니다. 이것이 바른 문제의 해결이었습니다. 하나님의 백성들이 기도를 해 주고 제사를 드려 주어야 죄가 용서될 수 있습니다.

문제는 우리가 교만해서 하나님을 진노케 하는 것인데, 하나님의 진노를 해결할 수 있는 것은 쥐나 병의 모양을 한 금이 아닙니다. 오로지 십자가에 달리신 예수 그리스도만이 해결할 수 있습니다. 그분을 아는 우리가 이 세상 사람들을 위하여 기도해 주어야 그들의 병이 나을 수 있고 하나님의 진노가 떠나게 됩니다.

끝까지 시험하는 블레셋 사람들

블레셋 사람들은 그냥 하나님의 궤만 돌려보내면 병 문제나 쥐 문제가 해결되지 않으니까 이 문제들을 해결해 주시도록 속건제를 하나님께 드렸습니다. 그런데 그들은 여호와의 궤를 보내면서 그냥 보내지 않고 또 다시 하나님의 살아 계심을 시험해 보았습니다.

> 사무엘상 6장 7-8절
> "그러므로 새 수레를 만들고 멍에 메어 보지 아니한 젖 나는 소 둘을 끌어다가 수레를 소에 메우고 그 송아지들은 떼어 집으로 돌려보내고 여호와의 궤를 가져다가 수레에 싣고 속건제 드릴 금 보물은 상자에 담아 궤 곁에 두고 그것을 보내어 가게 하고"

블레셋 사람들은 하나님의 궤를 수레에 실어 보내면서 그냥 보내지 않고 새끼가 있는 젖 나는 암소 둘을 끌어다가 수레를 끌고 가게 했습니다. 젖이 나는 암소는 새끼를 떠나지 않으니까 암소가 수레를 끌고 이스라엘로 가지 않고 버티면 하나님은 없다고 부정하려는 것입니다. 이것이 바로 신앙 없는 사람들이 하는 일입니다. 그들은 한편으로는 하나님을 믿는 것 같으면서도 끝까지 하나님을 의심하고 시험합니다.

> 사무엘상 6장 9절
> "보아서 궤가 그 본 지경 길로 올라가서 벧세메스로 가면 이 큰 재앙은 그가 우리에게 내린 것이요 그렇지 아니하면 우리를 친 것이 그 손이 아니요 우연히 만난 것인 줄 알리라"

이 사람들은 도저히 궤를 맨 암소가 벧세메스로 가지 못하게 해 놓고 만일 암소가 떼어 놓은 새끼 때문에 벧세메스로 가지 않고 돌아오면 이 일은 하나님이 하신 것이 아니고 우연히 발생한 일로 여기려고 했습니다. 그러니까 블레셋 사람들은 마지막 순간까지도 이 일을 하나님이 하신 것이 아니라 우연히 일어난 것으로 믿고 싶은 마음이 많았던 것입니다.

만약 하나님이 우리들의 수준이었다면 이런 못된 심보를 가진 블레셋 사람들을 더 엄중하게 심판했을 것입니다. 하나님의 궤를 블레셋 땅에 두고 더 많은 재앙을 내리게 하셨을지 모릅니다. 그러나 하나님은 블레셋 사람들을 맞상대하지 않으셨습니다. 오히려 다시 한 번 무한한 자비를 베푸셔서 블레셋 사람들의 요구 사항에 맞추어 주심으로 그들로 하여금 하나님을 알게 하셨습니다.

사무엘상 6장 12절
"암소가 벧세메스 길로 바로 행하여 대로로 가며 갈 때에 울고 좌우로 치우치지 아니하였고 블레셋 방백들은 벧세메스 경계까지 따라 가니라"

암소가 울었다는 것은 송아지 생각이 났다는 것입니다. 송아지들을 두고 벧세메스로 가고 싶지 않았지만 두 마리의 암소는 좌우로 치우치지 아니하고 똑바로 벧세메스로 올라갔습니다. 하나님의 불가항력적인 힘에 이끌리고 있기 때문입니다. 비록 신앙 없는 자들이었지만 하나님은 블레셋 사람들을 통하여 영광을 얻기 원하셨습니다. 이스라엘 백성들이 영광을 돌리지 않을 때 하나님은 이방인들을 통하여 영광을 받으셨습니다.

우리가 여기서 알 수 있는 것이 무엇입니까? 하나님은 이스라엘 백성 가운데 계셔야만 다른 모든 사람들이 복을 받게 된다는 것입니다. 이스라엘 백성들은 블레셋 사람들을 위하여 속건제를 드려 병이 낫게 했습니다. 우리가 이 세상에서 다른 것은 다 잃어버려도 하나님께 대한 바른 신앙을 절대로 빼앗겨서는 안 된다고 했습니다. 하나님의 궤를 빼앗기면 온 세상을 축복할 수 있는 축복권을 빼앗기게 됩니다.

오늘 우리들에게 법궤와 같은 것이 교회의 강대상이라고 했는데 교회에서 바른 하나님의 말씀이 선포되지 않으면 더 이상 교회는 이 세상을 축복할 수가 없습니다. 우리가 바른 신앙만 가지고 있고 바른 말씀만 붙들고 있으면 결국 온 세상을 축복하게 됩니다. 사람들이 아무리 하나님의 능력을 부정하려 해도 눈에 보이지 않는 하나님의 능력이 암소들을 강권적으로 끌고 가셨습니다.

「벤허」라는 소설을 쓴 루 월레스라는 사람은 원래 기독교 신앙을 부정하기 위해 이 소설을 쓰려 했다고 합니다. 그러나 그가 그리스도를 부정하려고 하면 할수록 그분은 분명한 하나님의 아들이시더라는 것입니다. 그래서 그는 결국 예수님을 믿고 이 불후의 명작을 쓰게 되었다고 합니다.

19세기의 성경학자들은 성경의 진실성을 의심하고 성경을 완전히 걸레처럼 나누어서 부정하려고 했습니다. 그런데 놀라운 것은 그러면 그럴수록 더욱 더 성경은 하나님의 진실한 말씀인 것이 증명되었습니다. 악한 자들이 아무리 하나님을 부정하려고 해도 그것은 마치 자기 얼굴에 침을 뱉는 것과 같습니다. 하나님의 능력은 절대로 우리 인간의 계략으로 부정되어질 수 없습니다.

벧세메스의 기쁨과 재앙

벧세메스는 블레셋에서 가장 가까운 유대 마을이었습니다. 벧세메스 사람들은 하나님의 궤를 보고 대단히 기뻐하였습니다. 하나님은 이스라엘의 왕이신데 법궤가 돌아왔다는 것은 이스라엘의 왕이 돌아온 것과 같기 때문입니다. 벧세메스 사람들은 블레셋 사람들이 원했던 대로 수레를 끌고 온 소를 잡아서 하나님께 속건제를 드렸습니다. 그 소를 잡은 이유는 일단 하나님께 사용된 것은 다른 것으로 쓸 수 없기 때문입니다. 그들이 하나님께 번제를 드린 이유는 그동안 그들의 죄 때문에 하나님이 이스라엘을 떠나셨기 때문에 죄를 씻음 받기 위해서였습니다.

즉 블레셋 사람들도 하나님 앞에서 죄인이었고 이스라엘 백성들도 하나님 앞에서 죄인이었지만, 이스라엘 백성들은 하나님 앞에서 스스로 자기 죄를 자백하는 제사를 드릴 수 있는 사람들이었습니다. 이것이 바로 그리스도인들과 세상 사람들의 차이입니다. 세상 사람은 자기 힘으로 자기 죄를 해결할 수가 없습니다. 그들은 반드시 교회에 와야 하며 하나님의 도우심을 받아야 합니다. 그런데 그리스도인들은 얼마든지 자기 스스로 하나님 앞에 나와서 회개할 수 있고 죄 씻음 받을 수가 있습니다.

우리도 예배 없이는 하나님을 모실 수 없습니다. 예수님의 피로 우리의 죄를 덮으셔야 자비로운 하나님을 만날 수 있습니다. 그런데 벧세메스 사람들이 여기까지는 잘했습니다. 그런데 그들은 호기심을 참지 못하고 하나님의 법궤를 들여다 보았습니다. 그래서 하나님의 치심을 받아서 한꺼번에 5만 7십 명이 죽었습니다.

사무엘상 6장 19절
"벧세메스 사람들이 여호와의 궤를 들여다본 고로 그들을 치사 (오만) 칠십 인을 죽이신지라 여호와께서 백성을 쳐서 크게 살육하셨으므로 백성이 애곡하였더라"

성경에는 '오만' 에 괄호를 치고 있습니다. 성경학자들이 벧세메스의 인구가 오만은 될 수 없다고 해서 많은 사본들이 칠십 인으로 고치고 있습니다. 하나님의 궤가 도착하자 수많은 벧세메스 사람들이 죄스러운 호기심을 이기지 못하여 법궤를 들여다보았고, 블레셋 사람들보다 더 무서운 심판을 받아서 무려

5만 명(혹은 70명) 이상 되는 사람이 즉사했습니다.

하나님은 이스라엘 백성들에게는 더 높은 수준을 요구하셨습니다. 이방인들이 믿는 수준에서 믿지 말라는 것입니다. 이것은 다윗 때에도 그대로 반복됩니다. 블레셋 사람들이 하듯이 수레에 실어서 법궤를 옮기다가 소가 뛰는 바람에 법궤를 잡았던 웃사가 죽었던 것입니다. 하나님의 말씀이 없으면 다 죽을 수밖에 없습니다. 이스라엘 백성들에게는 더 분명한 말씀 듣는 신앙을 요구하셨습니다. 회개도 더 철저히, 예배도 더 철저히 하나님의 말씀대로 드리라는 것입니다.

여기서 우리는 조금 전까지 하나님께 제사를 드렸던 이스라엘 백성들이 어떻게 갑자기 마음이 타락해서 하나님의 궤 안을 들여다보게 되었는지 생각해 볼 수 있습니다. 사람의 마음이 타락하는 것은 한 순간에 이루어지는 것을 알 수 있습니다. 경건하게 예배를 드리자마자 방자한 태도로 하나님을 훼방하는 말이나 행동을 할 수 있습니다. 그래서 우리는 한번의 예배로 자만에 빠져서는 안 됩니다. 오히려 더 하나님을 두려워하는 마음으로 모든 것을 대해야 합니다.

블레셋 사람들이 이스라엘 백성들을 두려워하게 하기 위해 하나님이 이스라엘 백성들의 잘못을 봐 주실 것이라고 우리는 쉽게 생각할 수 있습니다. 그러나 벧세메스 사람들을 더 무섭게 치심으로 하나님은 오히려 더 엄한 것을 요구하심을 깨닫게 됩니다.

사무엘상 6장 20절
"벧세메스 사람들이 가로되 이 거룩하신 하나님 여호와 앞에 누가 능히 서리요 그를 우리에게서 뉘게로 가시게 할꼬 하고"

이제는 벧세메스 사람들도 블레셋 사람들처럼 하나님의 궤를 감당할 수 없다는 판단을 내리고 여호와의 궤를 옮기는데, 이 궤를 받은 기럇여아림 사람들은 아무런 어려움이 없었고 오히려 하나님의 복을 받게 되었습니다. 하나님은 너무나도 두려우신 분임을 우리는 기억해야 하지만 하나님을 그분의 말씀대로 섬기면 전혀 재앙을 당하지 않을 뿐 아니라 오히려 넘치는 복을 받게 될 것입니다.

  하나님을 두려워하지 않고 거짓된 마음으로 섬기면 심판을 받게 됩니다. 오늘 신약 시대에는 하나님이 말할 수 없는 긍휼로 우리의 허물을 덮어 주시기 때문에 우리가 죽지 않는 것입니다. 우리는 하나님을 호기심의 대상으로 생각해서는 안 됩니다. 하나님은 우리의 경배를 받으실 분이십니다. 우리는 우리 자신의 허물을 위하여 기도하고 또 다른 사람들의 많은 죄가 사함을 받도록 기도합시다.

10

미스바의 기적

>> 삼상 7:1-14

우리나라는 2002년 월드컵 개최를 통해 세계적인 축구 선수들을 배출하게 되었습니다. 사실 그 전만 해도 우리나라 축구 지도자들 중에서 유럽 축구를 제대로 아는 사람이 없었기에, 우리는 제대로 실력을 갖추지 못했습니다. 그런데 히딩크 감독이 우리 선수들을 유럽 수준에 맞추어서 훈련 시켰고, 선수들은 자신감을 얻어 멋진 경기를 보이며 좋은 성적을 거두었습니다.

이처럼 우리가 자신감을 가지고 이 세상을 살아가는 것은 대단히 중요합니다. 사람들은 자신이 얼마나 대단한 존재인지 모른 채 남들보다 떨어지지 않는 정도의 겨우 평균적인 삶을 살려 합니다. 하지만 우리가 자신감만 갖게 되면 세계적으로 쓰임 받을 수 있습니다.

그래서 자신감을 갖게 되는 계기가 필요합니다. 어떤 사람은 아주 어려운 시험을 단번에 합격한 후에 완전히 딴 사람이 된 것처럼 자신감을 가지고 살아갑니다. 자기도 하면 된다는 가능성을 발견했기 때문입니다. 그리고 자기 자신뿐만 아니라 다른 사람들까지도 새로운 눈으로 보게 됩니다. 질병이 치료되거나, 성형 수술을 통해, 또는 배우자의 사랑과 용납으로 자신감을 갖게 되는 경우도 있습니다. 특히 하나님의 백성들은 그분과의 새로운 만남을 통하여 자신감을 얻게 됩니다.

이 일을 위해 우리가 하나님의 말씀으로 은혜를 받는 것은 아주 중요합니다. 우리는 하나님의 사랑과 기도 응답을 믿지 못하면서 살아갈 때가 많은데 말씀의 은혜를 받고 나면 기도하고 싶어지고, 하나님이 우리의 기도를 들으시는 것을 알게 되는 것입니다. 그리고 무관심의 대상인 줄 알았던 우리를 하나님이 이미 알고 사랑하고 들으신다는 참으로 놀라운 사실을 깨닫게 됩니다. 침체에서 벗어나서 담대히 하나님을 믿는 것이 우리가 할 수 있는 가장 위대한 일입니다. 우리가 하나님께 얼마나 큰 능력을 받았는지 모르고 그냥 맥없이 있다면 이는 마치 쇠사슬에 매여 있는 삼손과 같은 것입니다. 마귀는 온갖 수단과 방법을 다 쓰며 우리를 막겠지만, 우리가 하나님의 사랑을 확신하게 되면 우리는 그 쇠사슬을 끊고 일어설 수 있습니다.

본문 말씀은 침체될 대로 침체되어 있던 이스라엘 백성들이 사무엘의 설교를 듣고 힘을 내는 모습을 보여주고 있습니다. 이제 그들은 그 동안의 죄를 회개하고 우상을 버렸습니다. 바로 이때 블레셋 족속들이 이스라엘 백성들을 치려고 모였습니다. 이것은 이스라엘 백성들이 영구적으로 우상의 노예가 되기를 원했던 마귀가 꾸민 일입니다. 그러나 하나님은 직접 블레셋 사람들을 강하게 치셨고, 이스라엘 백성들에게 그들이 생각하지 못했던 곳까지 빼앗게 하셨습니다. 이스라엘 백성들이 회개 운동을 일으켰던 곳은 미스바였고 놀라운 승리를 거둔 곳은 에벤에셀이었습니다. 그래서 미스바의 회개 운동은 에벤에셀로 가는 기초가 되는 것입니다.

이스라엘 백성들의 영적인 침체

사무엘상 7장 1-2절
"기럇여아림 사람들이 와서 여호와의 궤를 옮겨 산에 사는 아비나답의 집에 들여 놓고 그 아들 엘리아살을 거룩히 구별하여 여호와의 궤를 지키게 하였더니 궤가 기럇여아림에 들어간 날부터 이십 년 동안을 오래 있은지라 이스라엘 온 족속이 여호와를 사모하니라"

원래 여호와의 궤는 하나님의 보좌를 나타내므로, 당연히 이스라엘의 한 가운데 있어야 옳습니다. 그러나 무려 이십 년 동안이나 하나님의 궤는 이스라엘 저 한 구석에 쳐 박혀 있다시피 했습니다. 이스라엘 백성들은 이십 년 동안이나 여호와의 궤를 이스라엘 한 가운데로 모셔올 생각을 하지 못했습니다. 이것은 무엇을 의미합니까? 이스라엘 백성들이 더 이상 하나님의 말씀을 중심으로 살지 않겠다는 뜻이 아니겠습니까? 그들은 하나님의 궤를 잊고 살아왔습니다.

우리는 이스라엘 백성들의 심정을 이해할 수가 있습니다. 처음에 신앙생활을 열심히 할 때에는 기도하며 밀고 나가면 모든 것이 다 하나님의 뜻대로 잘 될 줄로 생각합니다. 그런데 막상 현실에 부딪쳐 보면 되는 일이 아무것도 없으며, 취직이나 사업도 뜻대로 잘 되지 않습니다. 우리의 작은 믿음으로 이기기에는 세상의 벽이 너무나도 높습니다. 신앙이 무의미하게 여겨지며 이제는 하나님 없이 순전히 내 힘으로 살고 싶은 생각이 듭니다. 그래서 어느 한 순간부터 신앙적인 열심을 포기하고 세상적으로 열심히 살아갑니다. 그러면 어떻게 됩니까? 노력은 분명히 엄청나게 했는데 아무것도 남는 열매가 없습니다. 그제야 반드시 하나님이 함께하시고 축복해 주셔야 열매가 있게 된다는 것을 깨닫게 됩니다.

하나님의 궤만 있으면 어떤 적도 이길 수 있다고 믿었던 이스라엘 백성들은 결국 비참한 패배를 겪었고 심지어는 하나님의 궤까지 빼앗기고 말았습니다. 그때 이스라엘 백성들이 하나님께 대하여 가졌던 감정은 완전한 실망이었습니다. '어떻게 하나님이 블레셋 사람들에게 패할 수 있느냐?' 는 것입니다. 그래서 이스라엘 백성들은 하나님의 궤는 능력이 없다고 생각해서 법궤가 돌아왔다는 소문을 들어도 관심이 없었습니다.

저도 한때는 제 힘으로 공부를 열심히 하면 좋은 결과가 있을 줄 알고 밤을 새워가면서 공부를 했습니다. 그러나 그 공부는 하나님이 함께하지 않으셨으므로 아무런 열매가 없었습니다. 어떤 사람은 하나님 없이 자기 힘으로 열심히 사업해도 남는 것이 없자, '이렇게 헛수고할 바에야 신앙생활이나 제대로 할 걸' 하는 후회를 했다고 합니다.

이스라엘 백성들이 하나님을 열심히 찾지 않았던 것은 그들이 하나님에 대해 크게 오해했기 때문입니다. 이스라엘 백성들은 하나님이 아주 까다로워서 조금이라도 잘못하면 독종이나 염병으로 죽이시는 심술궂은 분으로 여겼던 것입니다. 그러나 하나님은 원래 축복의 근원인 분이십니다. 기럇여아림 사람들이 제대로 하나님을 섬겼을 때 어떠한 전염병도 없었고 하나님의 심판도 없었으며 오히려 모든 일에 하나님의 축복이 나타났습니다.

그때 이스라엘 백성들의 마음에 두 가지 생각이 들었습니다. 하나는 하나님의 백성들은 하나님의 도움 없이는 아무리 용을 써도 안 된다는 것입니다. 그리고 또 하나는 하나님은 무조건 무서운 분이 아니고 바르게 섬기기만 하면 분명히 복을 주신다는 것이었습니다. 이스라엘 백성들은 이십 년 만에 다시 하나님을 사모하게 되었습니다. 지난 이십 년 동안 그들은 마치 배를 묶어 놓고 노를 젓는 것처럼 아무리 애를 써도 한 걸음도 앞으로 나갈 수가 없었습니다.

하나님의 백성들에게 있어서 하나님의 말씀은 배를 앞으로 나아가게 하는 힘입니다. 하나님을 가장 바르게 섬기기 위해서 우리는 성경 말씀을 통하여 하나님을 알아가고 하나님의 뜻에 순종하는 생활을 합니다. 우리가 하나님의 말씀을 붙들고 살아갈 때 이상하게도 매여 있던 끈이 풀어지면서 앞으로 전진하게 되는 것입니다.

문제의 핵심

병에 걸린 사람에게 병명을 모르는 것보다 더 답답한 것은 없습니다. 어떤 환자는 병명을 몰라서 이 병원 저 병원 다니지만 고생만 할 뿐 아무 도움이 되지 않았습니다. 분명한 병명을 알게 된다면 치료 방법이 나오게 됩니다. 이스라엘 백성들은 무려 이십 년 동안이나 무기력한 상태를 보냈습니다. 아무리 애를 써도 힘이 생기지 않았습니다. 그때 사무엘은 설교를 통하여 그들의 문제를 정확하게 진단해 주었습니다.

사무엘상 7장 3절
"사무엘이 이스라엘 온 족속에게 일러 가로되 너희가 전심으로 여호와께 돌아오려거든 이방신들과 아스다롯을 너희 중에서 제하고 너희 마음을 여호와께로 향하여 그만 섬기라 너희를 블레셋 사람의 손에서 건져 내시리라"

사무엘의 설교는 간단했습니다. 이스라엘 백성들이 잘살아 보려고 애써도 아무 소용이 없는 이유는 하나님을 섬긴다고 하면서 이방신과 아스다롯을 함께 섬기기 때문이라고 했습니다. 그래서 정말 블레셋 사람들의 손에서 벗어나고 싶으면 우상들을 다 버리고 전심으로 하나님만 믿으라고 충고했습니다. 이스라엘 백성들이 가나안 신들을 같이 섬기는 이유는 하나님만 섬기면 가나안 땅에서 완전히 고립되기 때문입니다. 옛날에는 부족들끼리 서로 각자의 신을 인정해 주어야 장사도 할 수 있고 어려울 때 지원도 받을 수 있었습니다. 다른 신들을 인정해 주지 않으면 도무지 가나안 사람들과 이야기가 되지 않는 것입니다.

우리가 이웃과 어느 정도 서로 통하며 지내는 것이 낫지 완전히 문을 걸어 잠그고 상종하지 않으면 불편합니다. 때로는 급한 손님이 왔을 때 밥을 빌릴 수도 있으며, 일찍 학교에서 돌아 온 아이들을 맡길 수도 있으며, 시장을 갔다가 돈이 부족하면 돈을 빌릴 수도 있습니다. 그러므로 이방신들을 믿지는 않더라도 그 신들을 그냥 인정하고 받아주면 안 되는 것일까요? 그러나 하나님은 이스라엘 백성들의 능력을 다 갉아먹는 것은 바로 이 우상들이라고 말씀하십니다. 즉 하나님은 이스라엘 백성들이 주위 사람의 동정이나 도움없이 오직 100% 하나님이 주시는 능력으로 일어서기 원하셨습니다.

하나님의 백성들은 주위 사람들의 노움을 받지 않고 순선히 하나님의 능력으로만 일어설 필요가 있습니다. 그래야 다른 사람들에게 큰소리칠 수 있고 그들이 잘못된 요구를 해도 거절을 할 수 있기 때문입니다. 우리가 기억해야 할 것은 다른 사람의 모든 도움을 거절해도 하나님은 우리에게 올 축복을 철저하게 챙겨 주신다는 사실입니다. 우리는 그것 하나 믿고 다른 사람들이 도와주겠다고 해도 큰소리를 치면서 거절하는 것입니다. 하나님이 우리에게 주려고 작정하신 축복은 어떻게 하든지 우리에게 오게 되어 있습니다. 그런데 하나님을 믿지 못하고 이 사람 저 사람에게 손을 벌려 놓으면 잃어버릴 가능성이 많습니다. 왜냐하면 하나님은 그런 인간적인 방법을 좋아하지 않으시기 때문입니다.

그런데 아무리 우리가 믿는다고 해도, 오직 하나님만 믿는다는 결단을 하기가 참 어렵습니다. 그러나 하나님의 말씀을 듣고 은혜를 받으면 평소에 내리지 못하던 결단을 내리게 됩니다. 이것이 바로 큰 신앙의 부흥입니다. 신앙의 부흥은, 그 동안 하나님만 의지하지 못하고 세상과 양다리를 걸쳤는데 이제는 망하더라도 하나님만 붙잡겠다는 결심으로 전적으로 하나님께로 돌아서는 것입니다. 우리가 하나님의 축복을 받으려면 그것을 받을 만한 위치에 있어야 합니다. 엉뚱한 곳에서 아무리 복을 부르짖어도 복은 임하지 않습니다. 이스라엘 백성들이 우상을 버린 것은 바른 위치로 돌아오는 것이며 바로 이것이 부흥의 시작이었습니다. 사무엘은 이 기회를 놓치지 않고 백성들로 하여금 마음에 진정한 회개의 결단이 있게 했습니다.

사무엘상 7장 5절
"사무엘이 가로되 온 이스라엘은 미스바로 모이라 내가 너희를 위하여 여호와께 기도하리라 하매 그들이 미스바에 모여 물을 길어 여호와 앞에 붓고 그 날에 금식하고 거기서 가로되 우리가 여호와께 범죄하였나이다 하니라 사무엘이 미스바에서 이스라엘 자손을 다스리니라"

사무엘은 회개의 열매를 맺기 원했습니다. 여기서 회개의 열매가 맺힌다고 하는 것은 단발성의 회개가 아니라 다시는 우상 종교로 돌아가지 못하도록 못을 박는 것을 의미합니다. 세례 요한은 이스라엘 백성들에게 회개에 합당한 열매를 맺으라고 권면했습니다. 많은 사람들은 회개를 한다고 하면서도 열매를 맺지 못했습니다. 즉 하나님 앞에서 '잘못했습니다' 라고 고백하고 난 후에 또다시 죄짓는 생활로 돌아가고 마는 것입니다. 이것은 진정한 회개의 열매가 아닙니다. 회개의 열매라고 하는 것은 다시는 그런 생활로 돌아가지 못하도록 생활 자체를 뜯어고치는 것을 말합니다.

사무엘은 온 이스라엘 백성들을 미스바에 모으고 하나님 앞에 금식하고 입으로 자기들의 죄를 고백하게 했습니다. 여기서 물을 길어서 부은 것은 집단적인 세례의 의미가 있습니다. 이것은 우리가 다시는 세상으로 돌아가지 않겠다는 뜻입니다. 이스라엘 백성들에게 있어서 대대적인 회개 운동이 일어났습니다. 하나님이 큰 재앙을 내리셨을 때에는 온 백성들이 한 자리에 모여서 그들이 하나님께 지은 죄를 자백하고 회개하는 것이 필요합니다.

우리나라 사람들도 우리의 지은 죄로 인하여 금융 환란이나 지하철 사고가 났다는 것을 인정하고 자복하는 모임을 가져야 합니다. 그렇지만 우리나라 사람들은 이런 죄악에 대해서는 관심을 가지지 않고 먹고 사는 문제에만 급급합니다. 그러나 하나님과 그 백성 사이에 막혀 있던 담이 허물어지고 하나님이 그 백성들을 친히 방문하실 때에는 큰 회개의 역사가 나타나게 됩니다. 이것이 바로 부흥의 시작입니다.

위기 발생

마귀가 가장 싫어하는 것이 무엇인가 하면 하나님의 백성들이 정신을 차려서 바른 신앙으로 돌아가는 것입니다. 이것은 지금까지 거짓말과 위협으로 속박해 놓았던 사람들이 빠져나가게 되므로 마귀의 입장에서는 자기들이 망하는 것과 같습니다. 그래서 하나님의 백성들이 신앙적으로 정신을 차리고 회개하면 마귀는 대대적으로 공격을 해서 그들의 신앙의 결심을 꺾어 놓으려고 합니다.

사무엘상 7장 7-8절
"이스라엘 자손이 미스바에 모였다 함을 블레셋 사람이 듣고 그 방백들이 이스라엘을 치러 올라온지라 이스라엘 자손이 듣고 블레셋 사람을 두려워하여 사무엘에게 이르되 당신은 우리를 위하여 우리 하나님 여호와께 쉬지 말고 부르짖어 우리를 블레셋 사람의 손에서 구원하시게 하소서"

신앙의 부흥 역사가 일어나면 반드시 사탄의 대대적인 공격이 일어납니다. 평소에는 전혀 생각하지도 못했던 자들까지 일어나서 대적을 하면서 원래의 침체되었던 상태로 돌아갈 것을 요구하는 것입니다. 이스라엘 백성이 사무엘의 설교를 듣고 은혜를 받아서 모두 미스바에 모여 회개했을 때, 수많은 블레셋 사람들이 이스라엘 백성들을 치기 위하여 올라왔습니다. 이스라엘 백성들이 신앙 운동을 벌이며 우상을 버리는 것은 블레셋 사람들과는 아무 상관이 없습니다. 이 회개 운동은 정치적인 것이 아니고 순수한 신앙 운동이었습니다. 그럼에도 불구하고 블레셋 사람들은 대대적으로 군사를 이끌고 이스라엘 백성들을 멸망시키려고 왔습니다. 그 이유가 어디에 있습니까? 바로 블레셋 군사들 뒤에서 마귀가 모든 것을 조종하기 때문입니다. 마귀는 하나님의 백성들이 그분께 돌아오는 것을 결사적으로 막습니다.

예수님은 귀신 들렸던 어떤 사람의 비유를 드셨습니다. 어떤 집에 귀신이 하나 있었는데 집을 청소하기 때문에 그 집에서 나가야만 했습니다. 그래서 그 집에서 쫓겨나서 빌빌거리면서 돌아다니는데 갈 데가 없었습니다. 그래서 다시 그 집에 와 보니까 집이 깨끗하게 소제가 되었는데 주인이 없었습니다. 그 후에 그 귀신은 자기보다 더 더러운 귀신 일곱을 데리고 들어가서 그 집을 차지했다고 말씀하셨습니다.

어떤 사람이 예수님의 말씀을 듣고 은혜를 받을 수 있습니다. 그래서 일시적으로 술을 끊기도 하고 다른 사람에게 친절할 수도 있습니다. 그러나 그가 예수님을 자신의 영적인 주인으로 모시지 않을 때 나중에는 더 험악한 사람으로 변하게 됩니다. 그 이유는 마귀가 집중적으로 공격을 해서 그 동안 참았던 죄까지 다 짓게 만드는 것입니다. 어떤 사람이 금연을 결심했다가 못 참고 다시 피우게 되면 그 동안 참았던 담배까지 다 피우게 되면서 속으로 '역시 나는 안 되는구나'라는 냉소적인 생각을 가지게 됩니다. 이때 이것을 이길 수 있는 방법은 주님을 의지하는 믿음과 기도뿐입니다. 우리의 힘만으로는 마귀의 시험을 이길 수 없지만 주님은 얼마든지 이길 수 있습니다.

이스라엘 백성들은 사무엘에게 쉬지 말고 하나님께 부르짖으라고 부탁을 했습니다. 여기서 '쉬지 말고'라는 것은 시간적으로 잠시도 휴식을 취하면 안 된다는 뜻이 아닙니다. 낙심하지 말고 꾸준히 기도하라는 뜻입니다. 이때 무엇이라고 기도를 하겠습니까? 절대로 마귀가 이기지 못하게 해 달라고 하는 것입니다. 사무엘은 젖 먹는 어린 양을 하나님께 온전한 번제로 바쳤습니다. 젖 먹는 어린 양은 새끼 양 중의 진짜 새끼 양입니다. 이것은 그들이 아무것도 할 수 없다는 온전한 복종의 표시입니다. 하나님이 버리시면 이 양처럼 죽겠다는 뜻입니다.

하나님의 전쟁

하나님은 그분의 백성들에게 신실하십니다. 우리의 마음이 하나님께로 향하면 하나님은 더 우리에게 향하십니다. 우리가 하나님께 한 걸음 다가가면 하나님은 열 걸음 백 걸음 다가오는 분이십니다. 하나님은 결코 그분을 의뢰하는 자를 외면하지 않으십니다. 블레셋 사람들은 사무엘이 번제를 드리는 곳까지 왔습니다. 그때 하나님은 큰 우레로 공격하셔서 블레셋 사람들을 흩으셨습니다. 하나님이 직접 블레셋과 싸우셨습니다.

> 사무엘상 7장 10-11절
> "사무엘이 번제를 드릴 때에 블레셋 사람이 이스라엘과 싸우려고 가까이 오매 그 날에 여호와께서 블레셋 사람에게 큰 우레를 발하여 그들을 어지럽게 하시니 그들이 이스라엘 앞에 패한지라 이스라엘 사람들이 미스바에서 나가서 블레셋 사람을 따라 벧갈 아래에 이르기까지 쳤더라"

우리나라는 뇌성이 작은 편이지만, 외국에서는 정말 엄청나게 큽니다. 마치 엄청난 폭탄 소리 같습니다. 이스라엘 백성들은 전혀 전쟁할 준비 없이 미스바에 모였는데 블레셋 사람들이 쳐들어 왔습니다. 그때 이스라엘 백성들이 블레셋 사람들의 손에 죽으면 하나님을 의지했던 사람들이 망하는 것이 됩니다. 하나님은 절대로 그분을 의지하는 자들을 망하게 하시지 않습니다. 그래서 하나님이 가장 잘 쓰실 수 있는 폭탄을 사용하셨는데 그것은 우레로 블레셋 사람들을 치는 것이었습니다. 블레셋 사람들은 이미 하나님의 궤를 빼앗아 갔다가 큰 시련을 당했기에 하나님의 진노에 대하여 알고 있었습니다. 그런데 벌써 그것을 잊고 있다가 하나님께서 하늘에서 번개와 천둥으로 내리치시니 다시 하나님에 대한 두려움이 생기게 되었습니다.

블레셋 사람들은 도망을 치고 이스라엘 백성들은 그들을 추격했습니다. 그들은 블레셋 사람들을 추격하면서 벧갈이라는 데까지 갔는데 거기서 돌을 세워 그 이름을 에벤에셀이라고 했습니다. 하나님이 여기까지 우리를 도우셨다는 뜻입니다. 다시 말해서 그들은 미스바에서 꼼짝없이 죽을 줄 알았는데 오히려 반대로 여기까지 쳐들어오게 되었다는 뜻입니다. 하나님은 어떤 분이십니까? 이스라엘 백성들이 바른 신앙으로 돌아올 때 상상할 수 없는 은혜와 축복을 내려주는 분이십니다. 얼마나 신실한 하나님이신지 이스라엘 백성들은 도무지 상상하지도 못했던 승리를 거두게 되었습니다.

우리는 모든 것을 자신의 힘으로 다 해결하려고 하기 때문에 에벤에셀의 기적을 체험하지 못하는 것입니다. 모든 것을 하나님께 맡기고 하나님이 인도하시는 대로 따라가기만 하면 그 해가 인생 최고의 해가 됩니다. 이제는 더 주실 축복이 없겠지 생각해도, 모든 것을 맡기고 순종하면 그 다음 해에도 인생의 최고의 해가 되게 하십니다. 그래서 에벤에셀은 우리 그리스도인들의 기록 경신인 것입니다. 우리는 한번 축복을 받으면 그것이 모든 축복의 끝인 줄 압니다. 그러나 하나님의 신기록은 계속 됩니다. 이스라엘 백성들이 하나님의 말씀에 순종하여 모든 우상을 버렸을 때 블레셋 사람들은 감히 이스라엘 경내를 침략하지 못했습니다.

사무엘상 7장 13-14절

"이에 블레셋 사람이 굴복하여 다시는 이스라엘 경내에 들어오지 못하였으며 여호와의 손이 사무엘의 사는 날 동안에 블레셋 사람을 막으시매 블레셋 사람이 이스라엘에게서 빼앗았던 성읍이 에그론부터 가드까지 이스라엘에게 회복되니 이스라엘이 그 사방 지경을 블레셋 사람의 손에서 도로 찾았고 또 이스라엘과 아모리 사람 사이에 평화가 있었더라"

이스라엘 백성들이 회개하니까 하나님의 축복이 한꺼번에 내려지게 됩니다. 블레셋 사람들이 다시는 이스라엘을 침략하지 못하였을 뿐만 아니라 빼앗겼던 성을 도로 찾고 아모리 사람들과도 평화가 있었습니다. 우리가 이 세상에서 가장 복되게 사는 방법은 하나님만 의지하고 큰소리를 치면서 사는 것입니다. 그러면 모든 일들이 저절로 잘 되어질 것입니다.

2부

이스라엘 최초의 왕, 사울

11. 왕을 요구함 12. 하나님의 계획 13. 하나님이 세우신 왕 14. 사울의 첫 번째 승리 15. 사무엘의 고별 설교 16. 사울의 선택 17. 요나단의 용기 18. 사울의 미숙한 신앙 19. 아말렉과의 전쟁 20. 순종과 제사

11

왕을 요구함
>> 삼상 8:1-22

컴퓨터의 발달로 과거에는 시간이 많이 걸리고 까다롭던 작업들이 이제는 컴퓨터 안에서 쉽게 이루어지고 있습니다. 게다가 작은 디스켓 안에 많은 내용을 저장해 둘 수 있고, 인터넷을 통해서 원하는 자료를 빠르게 찾을 수 있습니다. 그러나 그 기술이 아무리 발전해도 결코 받아들여서는 안 되는 것이 있습니다. 목회자가 컴퓨터를 통하여 받은 다른 사람의 자료를 그대로 설교한다거나, 성도가 인터넷으로 설교를 들을 수 있다고 해서 교회에 전혀 출석을 하지 않는 것은 문제입니다. 교회가 반드시 지켜야 하는 정신은 성도들이 모여야 한다는 것과, 그 가운데 하나님의 말씀이 선포되어야 한다는 것입니다. 이 세상의 기술은 어디까지나 보완적인 것인데 그것이 중심이 되어버리면 하나님이 교회에 주신 말씀의 축복과 성령의 역사를 잃어버리게 됩니다.

사무엘 때의 이스라엘에는 다른 나라에는 다 있는 왕 제도가 없었습니다. 왜냐하면 이스라엘 백성들은 그들의 왕 되시는 하나님의 말씀에 순종하기만 하면 모든 것이 자동적으로 잘 되기 때문입니다. 그러나 그들은 죄성을 가진 죄인들이므로 아무리 하나님의 말씀이 있어도 순종하지 않았습니다. 이것은 심각한 문제였습니다. 결국 하나님은 순종하지 못하는 그들에게 어려움을 주셨습니다. 원칙적으로는 이스라엘 백성들이 세상 사람들보다 더 많은 축복을 누리면서 살아야 하는데 실제로 그렇지 못했습니다. 게다가 하나님의 징계는 가뭄이라든지 해충의 피해 같은 자연 재해가 아니라 다른 부족들의 침략이었습니다. 이스라엘 백성들은 왕이 없었기 때문에 이런 전쟁을 잘 대비할 수가 없었던 것입니다.

결국 이스라엘 백성들이 겪는 어려움은 두 가지였습니다. 하나는 왜 세상 사람들보다 잘 살지 못하느냐 하는 것이고, 다른 하나는 왜 언제나 불안정하게 쫓기면서 살아야 하느냐는 것이었습니다. 자기 소유의 집에서 사는 것과 남의 집에 얹혀사는 것 사이에는 큰 차이가 있습니다. 자기 집에 살면 일단 쫓겨날 위험이 없습니다. 그러나 세 들어 살면 주인이 나가라고 할 때 언제든지 나가야 합니다. 그래서 사람들이 자기 집을 소유하려고 합니다.

이제 이스라엘의 지도자들은 늙어가는 사무엘에게 찾아와서 왕을 세울 수 있게 해 달라고 요구합니다. 그때 그들이 제시했던 이유는, 사사가 된 사무엘의 두 아들이 아버지 사무엘처럼 정직하지 못하다는 것이었습니다. 그들은 뇌물을 받고 재판을 굽게 했습니다. 이스라엘 백성들은 지금 이스라엘의 체제가 너무나도 불안정하기 때문에 이스라엘에도 왕을 세울 수 있게 해 달라고 요구했습니다.

왕을 요구하게 된 계기

이스라엘 백성들이 사무엘에게 지금까지 없던 왕 제도를 요구하게 된 것은 사무엘의 두 아들이 정직하지 못했기 때문이었습니다.

사무엘상 8장 1,3절

"사무엘이 늙으매 그 아들들로 이스라엘 사사를 삼으니…그 아들들이 그 아비의 행위를 따르지 아니하고 이를 따라서 뇌물을 취하고 판결을 굽게 하니라"

사무엘의 두 아들들이 아버지의 정직을 닮지 못한 것은 참으로 놀라운 일입니다. 그들은 백성들로부터 뇌물을 받고 재판을 엉터리로 했는데, 이런 일은 사무엘에게는 있을 수 없는 일이었습니다. 어떻게 해서 사무엘의 정직이 그 아들 대에 가서 무너지는 일이 생겼을까요? 그 이유를 몇 가지로 생각해 볼 수 있습니다.

첫 번째는 사무엘이 너무 공무에 바빠서 가정 일을 소홀히 했을 것이라고 생각할 수 있습니다. 나라나 교회에서 중요한 직분을 맡은 사람들은 그 일에 신경을 많이 써야 하기 때문에 자식 문제를 소홀히 할 수 있습니다. 그래서 많은 목회자들이 정작 자신의 아이들을 어떻게 키웠는지 모르겠다고 말합니다. 도무지 자신의 자녀들 문제까지 신경 쓸 틈이 없었는데 아이들이 자기들끼리 컸다는 것입니다. 그런데 자녀들이 자기들끼리 잘 크면 괜찮지만 교회나 나라 안의 부정적인 많은 것들을 보게 되면서 냉소주의에 빠지는 경우가 있습니다. 하나님의 백성들에게 뜨거운 열정이 없다면 신앙적으로 큰 병이 든 것인데 냉소주의에 빠지면 신앙의 열정이 사라지고 하나님을 멀리 하게 됩니다. 사무엘은 그의 전임자 엘리 제사장이 두 아들 때문에 그렇게 패가망신당하는 것을 보면서도 자신의 두 아들을 믿음으로 길러 내지 못했습니다.

두 번째 가능성은 너무 어려서 하나님의 부르심을 받았기에 가정생활을 충분히 체험하지 못했던 것을 들 수 있습니다. 사무엘은 젖을 떼자마자 성전에 바쳐져서 한 평생을 성전 봉사자로 자랐습니다. 그래서 너무나도 일찍부터 아버지를 떠났기 때문에 가정 안에서 아버지가 무엇을 하는 사람인지 잘 몰랐을 수 있습니다. 사실 '아버지'라는 이름은 너무나도 위대한 이름입니다. 그래서 좋은 아버지 밑에서 자라면 모든 인격 교육이 다 이루어져 버리는 것입니다. 그러나 사무엘은 너무 일찍 아버지를 떠났기 때문에 아버지의 역할이 무엇인지 잘 몰랐고 그래서 자기 자식도 그렇게 무관심하게 키웠을 수 있습니다. 어떤 사람은 아버지에 대한 생각이 좋지 못해서 하나님께 기도할 때에도 '하나님 아버지'라는 말이 잘 나오지 않는다고 합니다. 사람이 아버지의 사랑을 잘 받지 못하면 가슴이 싸늘하게 식어 있기 때문에 다른 사람을 잘 믿지 못합니다. 이런 차가운 마음이 사무엘의 자녀들에게 전달되었을 수 있습니다.

세 번째는 부모가 너무 훌륭할 때에는 자식들이 미리부터 기가 죽어서 부모의 뜻을 거스를 수가 있습니다. 예를 들어, 부모가 모두 박사 학위를 가진 대학 교수들일 때 자식은 웬만큼 뛰어나게 잘해서는 부모나 다른 사람들의 인정을 받을 수가 없습니다. 무엇을 하든지 부모와 비교가 될 것입니다. 이럴 때 아주 뛰어난 아이들은 부모의 후광을 입고 성공하지만, 그렇지 않은 경우에는 어릴 때부터 인정받지 못하고 늘 비교 당하는 가운데 반발심을 갖고 일찍부터 자포자기의 생활을 합니다. 부모가 똑똑하고 유명하다는 것 자체가 이미 자식들에게는 부담으로 작용하게 되는 것입니다. 이럴 때에는 모든 사람은 능력에 차이가 있다는 것과 얼마든지 못할 수도 있다는 것을 인정해 주면 조금씩 적응이 될 것입니다.

좌우간 사무엘에게는 두 아들이 큰 가시였던 것 같습니다. 사무엘 자신은 아무것도 부족한 것이 없는데, 두 아들들은 말씀에 순종하지 않았고 자란 후에도 영 부실하다가 드디어 뇌물을 받고 재판을 불공정하게 하면서 이스라엘 안에 큰 추문을 일으켰던 것입니다.

이스라엘 백성들이 왕을 요구함

사실 사무엘의 두 아들들이 신실하지 못한 것과 이스라엘 백성들이 왕을 요구하는 것은 서로 아무 상관이 없습니다. 그런데 이스라엘 백성들은 사무엘의 두 아들을 핑계 삼아서 왕을 정식으로 요구하고 나섰습니다.

> 사무엘상 8장 4-5절
> "이스라엘 모든 장로가 모여 라마에 있는 사무엘에게 나아가서 그에게 이르되 보소서 당신은 늙고 당신의 아들들은 당신의 행위를 따르지 아니하니 열방과 같이 우리에게 왕을 세워 우리를 다스리게 하소서 한지라"

사무엘의 두 아들들은 사사였던 것 같은데, 이 당시 사사라고 하는 것은 상담사 정도여서 법적인 권한이 크지 않았습니다. 그리고 이스라엘 전체를 다스리는 것이 아니고 한 지역 안에서만 일했습니다. 물론 사무엘의 두 아들이 정직하지 못하게 판결하고 뇌물을 받고 재판을 굽게 한 것은 잘못이었습니다. 그러나 이것은 하나님이 처리하실 문제였습니다. 왜냐하면 이스라엘의 왕은 하나님이시기 때문입니다. 사무엘의 두 아들이 아버지처럼 훌륭하지 못하다면 이스라엘 백성들은 오히려 더 기도했어야 합니다.

우리는 사무엘이 너무 인간을 좋아하거나 의지하지 말라고 하나님이 이렇게 부실한 자식을 주셨다고 생각할 수 있습니다. 우리는 이런 기회를 통하여 인간을 의지하던 것을 버리고 더 하나님을 의지해야 합니다. 사무엘의 두 아들의 부족함을 보고 '하나님께서 우리에게 더 많이 기도하라고 하시나 보다' 라고 생각해서 더 많이 하나님께 기도하면 하나님은 사무엘을 능가하는 더 좋은 지도자를 주셨을 것입니다. 사실 하나님은 더 좋은 지도자를 준비하고 계셨습니다. 그 지도자는 바로 다윗이었습니다. 그러나 이스라엘 백성들이 불신앙으로 하나님께 왕을 요구하는 바람에 사울이 먼저 왕이 된 것입니다.

이스라엘 백성들이 왕을 요구한 것은 하나님께 대한 반역이었습니다. 왜냐하면 이스라엘의 왕은 하나님이시기 때문입니다. 왕이 있는데 또 무슨 왕이 필요합니까? 그러나 이스라엘 백성들의 이야기는 하나님만으로는 불안하다는 것입니다. 그들은 마치 남의 집에 세 들어 사는 것처럼 적이 침략하면 그때서야 회의를 열어야 하는 수고와 번거로움이 있기 때문에 미리 미리 어려움을 대비할 수 있도록 왕을 두고 군대를 준비하자는 것입니다.

여러분은 은행에 있는 내 돈을 의지합니까, 아니면 나는 돈 한 푼 없어도 그때그때 기도해서 공급받기를 원합니까? 조지 물러는 은행에 돈 한 푼 없이 하나님으로부터 기도로 공급받았습니다. 하나님이 그의 은행이 되어 주셨고, 하나님의 은행은 조지 물러에게 한 번도 닫힌 적이 없었습니다. 그는 생애에 오만 번 기도 응답을 받았다고 합니다.

그러나 그리스도인들이 모두 다 좋은 믿음을 가진 것은 아니어서, 이스라엘 백성들은 하나님을 의지하면서 불안한 것보다 하나님을 덜 의지하더라도 안정된 것이 더 낫다고 생각했습니다. 하지만 하나님은 이스라엘 백성들에게 더 높은 수준의 믿음을 요구하셨습니다. 하나님이 우리에게 안정된 생활을 허락하지 않으실 때는 더 높은 신앙을 주시려는 것일 수 있습니다. 그런데도 어떤 분은 이런 기도를 드립니다. '하나님, 저는 더 높은 신앙을 감당하기 싫습니다. 그냥 이 수준에서 안정하고 싶습니다.' 바로 이것이 이스라엘의 요구였습니다.

우리가 여기서 생각하게 되는 것이 바로 이론과 실제의 차이입니다. 이론적으로는 이스라엘 백성들은 왕이 없어도 얼마든지 다른 나라들을 이겨낼 수 있어야 했습니다. 왜냐하면 하나님이 그들의 산성이요 방패가 되어주시기 때문입니다. 그러나 실제로 이스라엘 백성들은 많은 이방 민족의 침략과 지배를 받았습니다. 또한 이론적으로는 이스라엘 백성들은 이방 민족보다 훨씬 더 잘 살아야만 했습니다. 그것은 복의 근원이신 하나님이 그들의 아버지가 되어 주시기 때문입니다. 그러나 실제로 이스라엘 백성들은 하나님의 말씀에 순종하지 못해서 많이 징계를 당하게 되어 주위에 있는 민족들보다 더 가난했습니다. 이 모순을 어떻게 해석해야 하겠습니까?

이것은 오늘 우리들의 문제이기도 합니다. 우리가 하나님의 말씀을 들으면 모든 것이 하나님의 뜻대로 다 잘 될 것 같습니다. 그러나 실제로 이 세상의 현실에 부딪쳐 보면 내 믿음으로 할 수 있는 것이 아무것도 없습니다. 그럴 때 우리는 어떻게 해야 합니까? 그때 우리는 부지런히 기도해야 합니다. 그리고 하나님의 말씀대로 살아야 합니다. 어려움이 올 때 피하지 말고 당해 버리라는 것입니다. 우리가 인간인 이상 어떻게 절대적으로 하나님의 말씀에 완전히 순종을 할 수 있겠습니까?

우리는 믿음으로 산다고 말하지만, 그 믿음이 부족해서 하나님이 여러 가지 어려움을 주실 때 그것을 피하려고 하는 것이 문제입니다. 그런 어려움을 당하지 않으려고 세상으로 빠지기 때문에 더 해결이 어려워지는 것입니다. 내가 부족하다는 것을 인정하고 끝까지 기도하면서 어려움을 감당을 할 때 그때야 비로소 하늘 문을 여는 신앙을 가지게 되는 것입니다. 때로는 소망 없는 인생의 밑바닥까지 내려갔다가 올라오기도 할 것입니다. 그러나 그런 체험을 통하여 하나님을 더 잘 알게 되고 더 큰 믿음을 가지게 되어서 세상의 어떤 어려움이 와도 다 이기는 것입니다. 그러나 이스라엘의 지도자들은 신앙생활을 하면서 겪는 어려움을 피하기 위하여 세상적인 방법으로 왕을 요구했습니다.

하나님의 응답

하나님은 이스라엘에게 왕을 주시는 것을 기뻐하지 않으셨지만 허락을 하셨습니다.

사무엘상 8장 6-7절

"우리에게 왕을 주어 우리를 다스리게 하라 한 그것을 사무엘이 기뻐하지 아니하여 여호와께 기도하매 여호와께서 사무엘에게 이르시되 백성이 네게 한 말을 다 들으라 그들이 너를 버림이 아니요 나를 버려 자기들의 왕이 되지 못하게 함이니라"

하나님은 이스라엘 백성들이 이 불안한 현실을 통하여 더 하나님을 의지하고 더 순결한 신앙을 가지기 원하셨습니다. 우리는 우리에게 의지할 것이 없으면 전심으로 주님만 의지하게 되어 있는 것입니다. 그러나 이러한 상황이 계속되면 어떻게 견디겠습니까? 그래서 하나님은 이스라엘 백성들의 요구를 기뻐하지 않으셨지만 들어 주셨습니다. 그 이유는 이스라엘 백성들이 영적으로 너무 어려서 이방인처럼 왕없이 지내는 것을 불안해 하기 때문에 하나님이 허용하신 것입니다. 더욱이, 그들이 요구한 왕 제도에 많은 위험이 있지만 그것 자체는 죄가 아니기 때문에 허락하신 것입니다.

우리는 이처럼 하나님으로부터 억지로 허락을 받아서는 안 됩니다. 부모를 졸라서 억지로 허락을 받는 자녀가 있습니다. 부모는 마음으로는 원하지 않지만 너무 조르기 때문에 자식의 마음을 덜 아프게 하려고 승낙을 하게 됩니다. 마찬가지로 우리가 하나님께 하나님의 뜻이 아닌 것을 자꾸 조르며 기도하더라도 대개 들어주지 않으시지만 혹시라도 들어주시면 큰 일이 납니다. 왜냐하면 하나님이 기뻐하지 않고 승낙하신 것은 결국 큰 손해로 우리에게 나타나기 때문입니다.

우리는 기도할 때, 이것이 내 수준에서 하나님의 뜻이라고 생각하고 기도하는 것이지 절대적인 하나님의 뜻이라고 생각해서는 안 됩니다. 왜냐하면 하나님의 길은 우리와 다르고 하나님의 뜻은 우리의 생각으로 도저히 미칠 수 없는 곳에 있기 때문입니다. 하나님은 이스라엘 백성들에게 왕을 안 주실 생각이 아니셨습니다. 이미 유다 지파에 왕이 나올 것이라고 하셨고 다윗의 왕가를 생각하고 계셨습니다. 그러나 하나님은 이스라엘 백성들이 좀 더 신앙적으로 성숙한 후에 왕 제도를 주기 원하셨습니다. 왕 제도가 그만큼 위험한 것이었기 때문입니다.

어떤 경우에 하나님은 우리가 하나님이 원치 않으시는 길을 억지로 가려 할 때 그대로 두십니다. 그래서 얼마나 그 생각이 잘못되었는지 스스로 깨닫게 하십니다. 그런 기도는 응답이 되지 않는 것이 더 좋고, 우리는 '하나님, 이것이 하나님이 기뻐하시는 뜻이 아니면 절대로 이루어지지 않게 해 주십시오'라고 기도해야 합니다. 그러면 놀랍게 응답이 되어서 자신의 뜻대로 안 되는 경우가 많을 것입니다.

사무엘상 8장 11-12절
"가로되 너희를 다스릴 왕의 제도가 이러하니라 그가 너희 아들들을 취하여 그 병거와 말을 어거케 하리니 그들이 그 병거 앞에서 달릴 것이며 그가 또 너희 아들들로 천부장과 오십부장을 삼을 것이며 자기 밭을 갈게 하고 자기 추수를 하게 할 것이며 자기 병거와 병거의 제구를 만들게 할 것이며"

하나님은 왕 제도를 허락하시되 발생할 수 있는 모든 문제점들을 미리 가르쳐 주셨습니다. 이것은 마치 의사가 수술 도중에 환자에게 발생할 수 있는 모든 가능성을 다 알려 주는 것과 같습니다. 왕 제도는 비용이 많이 들게 됩니다. 이스라엘 백성들은 하나님께도 십일조를 바쳐야 하고 왕에게도 십일조를 바쳐야 하므로 부담이 가중될 수밖에 없습니다. 더 어려운 문제는 왕이 하나님의 뜻에 잘 순종하면 좋은데, 만일 하나님을 대적하면 그들은 그 왕이 죽을 때까지 침체되거나 잘못된 명령을 따라갈 수밖에 없습니다.

결국 하나님이 이스라엘 백성들에게 원하신 것은 신앙과 정치라는 두 마리 토끼를 한꺼번에 잡는 것이 어렵기 때문에 일단 신앙부터 견고하게 해 놓고 정치적인 문제를 해결하라는 것이었습니다. 그러나 이스라엘 백성들은 신앙의 문제는 언제든지 자신들이 해결할 수 있으니까 당장 급한 왕문제부터 해결하려고 했습니다.

사무엘상 8장 19-20절
"백성이 사무엘의 말 듣기를 거절하여 가로되 아니로소이다 우리도 우리 왕이 있어야 하리니 우리도 열방과 같이 되어 우리 왕이 우리를 다스리며 우리 앞에 나가서 우리의 싸움을 싸워야 할 것이니이다"

오늘 이런 문제가 우리들에게도 똑같이 있습니다. 우리가 예수 믿고 변화되어 새 사람이 되었다고 해서 완전히 성숙한 신자가 된 것이 아닙니다. 아직도 마음속에는 세상적인 야망과 수단과 방법이 가득 들어 있습니다. 그런데 우리가 답답한 것은 왜 하나님이 빨리 우리에게 정상적인 삶을 주지 않으시는가 하는 것입니다. 어서 빨리 취직이 되어서 사회생활도 하고 결혼해서 자식도 낳아야 하는데 하나님은 너무나도 오래 나를 붙들어 놓고 세상에서 잘 살 수 있는 길을 열어 주시지 않는 것입니다.

그때 우리는 하나님의 사랑을 쉽게 의심합니다. 하나님을 믿는다고 꼭 잘 사는 것은 아니며 평생 이 모양 이 꼴로 살다가 죽을 것이라고 생각합니다. 마음속에서, 이런 식으로 바보같이 하나님만 바라보면서 끝까지 살아야 하는지 아니면 더 늦기 전에 세상적인 방법으로 돌아가야 하는지 갈등이 생기게 됩니다. 그러나 세상적인 방법으로 돌아가면 죽도 밥도 되지 않습니다. 우리는 끝까지 하나님의 신실하심을 붙잡아야 합니다.

사무엘이 이스라엘 백성들을 설득하려고 한 것은 우리가 비록 세상 사람들처럼 안정되지 못해도 성경대로 한번 믿어보자는 것이었습니다. 그러나 이스라엘 백성들은 사무엘의 말을 듣지 않고 거부했습니다. 그것은 사무엘은 그렇게 살 수 있을지 몰라도 자신들은 결코 그렇게 살지 않겠다는 것입니다. 결국 이스라엘 백성들이 끝까지 왕을 요구하자, 하나님은 왕을 세우는 자체가 죄가 아니므로 허락하셨지만, 그렇다고 하나님이 기뻐하시는 뜻도 아니었습니다. 그래서 사도 바울은 성도들에게 "하나님의 선하시고 기뻐하시고 온전하신 뜻이 무엇인지 분별하도록 하라"(롬 12:2)고 했습니다. 우리가 하나님의 뜻을 찾을 때 죄만 짓지 않으면 된다는 식으로 생각하지 말고 좀 더 최선의 하나님의 뜻을 찾고 기다려 보라는 것입니다.

우리가 하나님을 기다리는 것이 과연 시간낭비일까요? 전혀 그렇지 않습니다. 이미 하나님의 계획 가운데는 다윗이라는 아주 훌륭한 사람이 준비되어 있었습니다. 그러나 이스라엘 백성들이 기다리지 못하는 바람에 사울이라는 대타가 기용된 것입니다. 그 이유는 당시에 다윗은 너무 어렸기 때문입니다. 기억해야 할 것은 우리가 하나님의 때를 더 이상 기다릴 수 없을 경우가 되면 이미 하나님의 때도 다 되어가고 있다는 사실을 알아야 합니다. 하나님은 우리가 감당치 못할 시험을 결코 허락하지 않으신다고 말씀하셨습니다. 그리고 하나님을 기다리면 기다릴수록 가장 좋은 선물을 우리에게 주실 것이라고 약속하셨습니다.

우리는 교회나 국가의 지도자들을 위해 기도를 해야 합니다. 왜냐하면 결국 이 지도자들을 통하여 나라의 일이나 교회의 일이 이루어질 수밖에 없기 때문입니다. 그러나 한번 잘못된 지도자가 세워지게 되면 두고두고 어려움을 겪을 수밖에 없습니다. 지도자는 하나님이 주시는 선물입니다. 우리나라에도 바른 지도자들이 세워져서 나라가 바른 방향으로 나아갈 수 있기를 바랍니다. 교회에도 바른 지도자들이 세워져서 양떼들을 바른 길로 인도할 수 있기를 바랍니다.

이것은 백성들의 상태와도 관계가 있습니다. 백성들이 교만하여 하나님께 불순종하고 자기 멋대로 행할 때 하나님은 악한 지도자가 왕이 되는 것을 허용하십니다. 그러면 백성들은 더 하나님으로부터 멀어지게 되고 결국 함께 망하게 될 것입니다. 반대로 우리가 언제나 기도를 많이 하고 늘 말씀에 순종한다면, 하나님은 국가나 사회나 교회에 하나님의 뜻에 맞는 지도자를 주셔서 모든 것이 부흥되게 하실 것입니다.

12

하나님의 계획

>> 삼상 9:1-27

운동선수와 감독은 경기를 이겨야 한다는 마음은 같아도 안목의 차이가 있습니다. 운동선수는 경기를 자기편에 유리하게 이끌면서 결정적인 순간에 득점하려 하지만, 감독은 각 선수들의 상태를 파악하며 경기의 흐름에 따라 선수들을 교체합니다. 그들은 경기를 미시적으로 보는 것과 거시적으로 보는 것의 차이를 갖습니다.

이처럼 우리는 존재 목적을 알지 못하고 의미 없이 살아갈지라도 하나님은 모든 사람들을 다 보고 계시며 가장 적당한 사람을 발탁해서 임무를 주십니다. 그래서 우리는 길이 막히고 일이 뜻대로 되지 않다가 갑자기 모든 것이 풀리며 하나님이 우리를 사용하시는 것을 체험할 때가 있습니다. 이때 준비가 잘 된 사람은 하나님의 손에 붙들리자마자 마치 고기가 물을 만난 것처럼 활기차게 열심히 주님의 뜻을 이루어 드립니다. 그러나 준비되지 않은 사람은 교만해져서 하나님의 뜻에서 벗어나고 결국 버림을 당하게 됩니다.

하나님께 끝까지 사용되는 사람은 고난의 훈련을 받아 낮아질 대로 낮아진 사람입니다. 그런 사람은 하나님이 아무리 높이고 능력 있게 하셔도 이 모든 것이 그분의 능력이지 자신의 것이 아님을 압니다. 하나님이 그분의 종을 선택하시는 과정은 마치 양떼 가운데서 제물을 택하는 것과 같습니다. 이스라엘 백성들은 어느 양이 제물이 될지 알지 못했지만, 하나님은 그 많은 양떼들 중에서 정확히 알려 주셨습니다. 마찬가지로 하나님이 언제 누구를 부르실지 우리는 알지 못합니다. 그래서 우리는 언제든지 준비되어 있어야 하나님을 실망시키지 않고 그분의 뜻을 끝까지 이루어 드리게 됩니다.

본문은 이스라엘 백성들이 왕을 요구하자, 하나님이 베냐민 지파의 기스의 아들 사울을 왕으로 택하신 내용입니다. 여기서 우리는 두 가지 중요한 것을 보게 됩니다. 하나는 사울이 하나님의 계획을 전혀 알지 못해도 하나님은 사울에 대해 아주 좋은 계획을 가지고 계시다는 것입니다. 또 하나는 하나님은 사울이 왕이 되도록 하기 위해 사울 집의 어려운 일을 통하여 사무엘을 만나게 하셨다는 것입니다. 사울은 잃어버린 나귀들을 찾으러 갔다가 결국 사무엘이 있는 곳까지 가게 되었습니다.

우리는 위기가 반드시 나쁜 것은 아니라는 사실을 알아야 합니다. 물론 우리가 이 세상을 살아가면서 아무 어려움 없이 평안하게 살면 좋겠지만 그렇게 되면 우리는 한평생 살아도 하나님의 뜻을 깨닫지 못할 것입니다. 그래서 하나님은 우리 인생에 일어나는 여러 가지 위기들을 통하여 우리에 대한 하나님의 다른 뜻이 있으며 또 그 계획으로 우리를 인도하신다는 것을 깨닫게 하십니다.

베냐민 지파

사무엘상 9장 1-2절

"베냐민 지파에 기스라 이름하는 유력한 사람이 있으니 그는 아비엘의 아들이요 스롤의 손자요 베고랏의 증손이요 아비아의 현손이라 베냐민 사람이더라 기스가 아들이 있으니 그 이름은 사울이요 준수한 소년이라 이스라엘 자손 중에 그보다 더 준수한 자가 없고 키는 모든 백성보다 어깨 위는 더하더라"

베냐민 지파는 열두 지파 중에서 가장 큰 아픔을 당한 지파였습니다. 사사시대에 어떤 레위인이 첩을 데리고 베냐민 사람들이 사는 기브아라는 동네에 들어갔다가 베냐민 비류들에게 첩이 죽는 일을 당하게 됩니다. 이 레위인은 첩의 시체를 가지고 집으로 돌아가서는 베냐민 지파에게서 이런 일을 당했다고 하면서 시체를 토막 내서 각 지역에 보내게 됩니다. 결국 이스라엘과 베냐민 사이에 내전이 일어났고 베냐민은 크게 패배하여 도망친 남자 600명 외에는 여자와 어린 아이들까지 모두 멸절 당했습니다.

그러나 자비로우신 하나님은 한 번 잘못을 저질러서 크게 심판을 받았다 하더라도 영원히 버리지 않으십니다. 오히려 회개하고 돌아오는 자들에게는 다른 어떤 사람들보다 더 큰 은혜를 주십니다. 그래서 하나님은 놀랍게도 이스라엘의 첫 번째 왕을 베냐민 사람 중에서 뽑으셨습니다.

세상에서는 사람을 볼 때 그가 얼마나 엘리트인가를 따집니다. 사실 이 세상의 좋은 기회들은 거의 모두 소수의 엘리트들이 차지하는 것이 현실입니다. 그러나 하나님은 처음부터 우수했던 자들보다는 좀 부족하고 방황했더라도 가장 많이 변화된 사람들을 좋아하십니다. 이것은 잃은 양 한 마리를 더 기뻐하신다는 예수님의 말씀과 같습니다.

우리는 이 세상에서 실패했고 인생의 밑바닥까지 내려갔다고 해서 전혀 재기의 기회가 없는 것처럼 낙심할 필요가 없습니다. 왜냐하면 하나님은 그런 가운데서도 믿음을 지키고 열심히 사는 자들을 더 좋아하시기 때문입니다. 하나님이 이스라엘의 첫 번째 왕 후보를 베냐민 지파에서 선택하신 것은 과거에 큰 상처를 입은 베냐민 지파에게 큰 위로가 아닐 수 없었던 것입니다.

성경은 사울의 특징에 대하여 '준수하고 키가 아주 큰 사람'이라고 설명합니다. 사울은 키가 커서 다른 사람들의 어깨 위는 더 했습니다. 사실 이것이 사울의 특징이었습니다. 사울은 대단히 인간적인 사람이었습니다. 사울은 인간적으로 훌륭하고 정이 많고 의리가 있었습니다. 그리고 사울은 모든 것을 인간적으로 생각했습니다. 그래서 결국 사울은 인간적인 관계에 매여서 하나님의 뜻을 향하여 나아가지 못하고 말았습니다. 거기에 비하여 다윗은 인간미가 좀 떨어졌지만, 철저하게 하나님 중심적이었습니다. 그래서 다윗은 끝까지 하나님의 축복을 받았습니다.

인간적인 것이 처음에는 대단히 좋습니다. 그러나 우리는 결국 인간의 부패한 본성을 이길 수 없어서 반드시 변질되게 되어 있습니다. 이것이 무서운 것입니다. 그러나 하나님 중심적인 것은 처음에는 모든 것을 탁탁 잘라버리기 때문에 인간미가 없지만, 시간이 가더라도 덜 부패합니다. 그래서 사도 바울은 우리 그리스도인들의 관계에서 항상 '주 안에서'라는 말을 강조합니다. 왜냐하면 '주 안에서' 하는 것이 아니면 결국 부패하게 되어 있기 때문입니다. 교회 안에서 처음에는 좋은 의도로 시작되었지만 나중에는 부패한 것이 아주 많습니다. 그 이유가 무엇입니까? '주 안에서' 하지 않았기 때문입니다.

사울의 집에 생긴 어려움

하나님은 사울을 왕으로 세우기 위하여 그의 평범한 삶에서 불러내실 필요가 있었습니다. 그래서 하나님은 사울 집의 어려움, 즉 그의 아버지 소유의 암나귀들을 잃어버린 일을 사용하셨습니다. 당시 나귀는 가장 중요한 수송 수단이었으며, 특히 암나귀는 새끼를 낳으므로 더 중요했습니다.

> 사무엘상 9장 3절
> "사울의 아비 기스가 암나귀들을 잃고 그 아들 사울에게 이르되 너는 한 사환을 데리고 일어나 가서 암나귀들을 찾으라 하매"

암나귀를 잃어버린 것은 사울 집안의 큰 재산상의 손실로, 일종의 위기였습니다. 그런데 이 위기를 하나님이 일으키셨다는 것을 아무도 깨닫지 못했습니다. 기스는 사울에게 나귀를 찾아오게 시켰고 사울은 사환과 함께 나귀를 찾기 위해 여러 곳을 돌아다녔습니다. 본문을 보면 사울이 상당히 먼 곳까지 부지런히 찾아 다녔다는 것을 알 수 있습니다.

> 사무엘상 9장 4절
> "그가 에브라임 산지와 살리사 땅으로 두루 다니되 찾지 못하고 사알림 땅으로 두루 다니되 없고 베냐민 사람의 땅으로 두루 다니되 찾지 못하니라"

여러 곳을 다니며 도망친 나귀를 찾아도 사울은 찾을 수가 없었습니다. 이것이 사울에게는 얼마나 속상한 일인지 모릅니다. 그리고 본인은 분명히 이렇게 생각했을 것입니다. '왜 하나님께서는 우리 집에 이런 어려운 일이 일어나게 하셨을까?' 그러나 사울은 사무엘을 만나기 전까지는 절대로 나귀를 찾을 수가 없었습니다. 하나님은 사울이 사무엘을 만나도록 하기 위하여 이런 어려움이 일어나게 하셨기 때문입니다. 그때 사울의 사환에게 지혜가 떠올랐습니다. 그것은 바로 가까운 데 있는 하나님의 사람에게 가서 물어보자는 것이었습니다. 하나님의 사람은 바로 사무엘이었습니다.

사무엘상 9장 6절
"대답하되 보소서 이 성에 하나님의 사람이 있는데 존중히 여김을 받는 사람이라 그가 말한 것은 반드시 다 응하나니 그리로 가사이다 그가 혹 우리의 갈 길을 가르칠까 하나이다"

그런데 그들이 하나님의 사람을 찾는데 걸림돌이 있었습니다. 그것은 바로 체면이었습니다.

사무엘상 9장 7절
"사울이 그 사환에게 이르되 우리가 가면 그 사람에게 무엇을 드리겠느냐 우리 그릇에 식물이 다하였으니 하나님의 사람에게 드릴 예물이 없도다 무엇이 있느냐"

사울은 하나님의 사람을 만나야 하는데 아무것도 드릴 예물이 없었습니다. 아마도 사울은 빈손으로 하나님의 종을 찾아가서는 안 된다는 것을 배웠던 것 같습니다. 이것이 바로 사울의 체면이었습니다. 사실 하나님 앞에 나아오는 데도 가장 걸림돌이 되는 것이 체면입니다. 좀 더 나은 상태에서 오려고 하다가 결국 기회를 놓치는 것입니다. 하나님은 우리가 좀 더 나은 상태에서 나아오기 위해 시간을 들이는 것을 원치 않으십니다. 자존심과 체면은 마귀가 파 놓은 무서운 함정입니다. 그런데 사울의 사환은 지혜로워서 자기에게 있는 약간의 은을 빌려 주겠다고 했습니다. 드디어 그들은 하나님의 사람을 만나게 되었습니다.

사무엘과의 만남

실타래가 엉켜 있을 때에는 아무리 실을 잡아 당겨도 풀리지 않습니다. 그런데 꼬여 있는 부분을 잘 풀면 그때부터는 실타래가 술술 잘 풀리게 됩니다. 우리의 삶에도 도저히 풀리지 않을 것 같은 문제를 푸는 방법이 있습니다. 바로 모든 일을 하나님과의 관계에서 보는 것입니다. 하나님의 말씀 앞에 나아와 자신의 믿음을 새롭게 하는 데서부터 시작하면 그 엉킨 문제들이 풀리기 시작할 것입니다.

우리의 어려움도 한번 실마리가 풀리기 시작하면 일사천리로 해결되기 시작합니다. 저도 그것을 뼈저리게 경험해 본 적이 있습니다. 하나님과 주파수가 맞지 않을 때에는 아무리 문을 두드려도 열리지 않았습니다. 그런데 일단 하나님의 뜻에 맞추기만 하니까 문제가 해결되기 시작하는데 거기에 길이 있었고 거기에 해답이 있었습니다. 사울과 사환이 선지자를 찾기로 결정을 했을 때 지금까지 조금도 풀리지 않던 어려움들이 한 순간에 형통하게 풀렸습니다.

사무엘상 9장 11-12절
"그들이 성을 향한 비탈길로 올라가다가 물 길러 나오는 소녀들을 만나 그들에게 묻되 선견자가 여기 있느냐 그들이 대답하여 가로되 있나이다 보소서 그가 당신보다 앞섰으니 빨리 가소서 백성이 오늘 산당에서 제사를 드리므로 그가 오늘 성에 들어오셨나이다"

사무엘은 여기저기를 순회하면서 주의 일을 했기 때문에 대단히 만나기 어려운 사람이었습니다. 그러나 사울과 사환이 자신의 어려움을 하나님의 말씀으로 해결하려고 했을 때 놀랍게도 사무엘이 그 성에 와 있었습니다.

사무엘상 9장 14절
"그들이 성읍으로 올라가서 그리로 들어갈 때에 사무엘이 마침 산당으로 올라가려고 마주 나오더라"

여기서 모든 것이 일사천리로 해결되기 시작합니다. 물론 어떤 때에는 이렇게 잘 맞지 않을 때도 있습니다. 그러나 하나님의 뜻을 향하여 돌아서면 놀라울 정도로 모든 일들이 풀리기 시작합니다. 그러나 우리의 힘으로 위기를 해결하려고 하면 마귀의 함정에 빠질 가능성이 많습니다. 우리에게 닥친 어려움은 대부분 우리의 관심을 하나님께로 향하게 하는 부르심입니다. 하나님의 말씀으로 우리의 시선을 돌릴 때 불가능해 보이던 어려움들이 해결될 것입니다. 그러니까 모든 문제를 잠시 내려놓고 더 하나님께 나아가서 철저히 회개하고 더 하나님을 사랑하십시오. 그러면 하나님의 놀라운 은혜를 체험하게 될 것입니다.

하나님의 계획

하나님은 사울이 찾아오기 전에 먼저 사무엘에게 그가 찾아 올 것을 알려 주셨습니다. 그리고 미리 그에 대한 하나님의 계획을 설명해 주셨습니다.

사무엘상 9장 16절
"내일 이맘때에 내가 베냐민 땅에서 한 사람을 네게 보내리니 너는 그에게 기름을 부어 내 백성 이스라엘의 지도자를 삼으라 그가 내 백성을 블레셋 사람의 손에서 구원하리라 내 백성의 부르짖음이 내게 상달하였으므로 내가 그들을 돌아보았노라 하시더니"

하나님은 최초로 사무엘 선지자에게 하나님의 마음속에 감추어진 사울에 대한 계획을 알려 주십니다. 사울은 열심히 아버지의 나귀를 찾는 것을 자신의 사명으로 생각하고 있지만 하나님은 사울에 대해 너무나도 큰 계획을 갖고 계셨습니다. 이것이 지금까지 사울이 존재했던 이유인 것입니다. 그래서 우리가 하나님의 말씀 앞으로 돌아와야 우리에 대한 하나님의 뜻과 계획을 알 수 있지 세상에서는 아무리 돌아다녀도 우리의 존재 의미를 찾을 수 없습니다.

그러면 왜 하나님은 사울에 대한 계획을 사무엘에게 먼저 알려 주시고 사울은 사무엘을 통하여 알게 하셨을까요? 하나님은 놀라운 일을 행하실 때 사람을 통하여 그 일을 하십니다. 물론 하나님은 사람이 아닌 천사나 자연 현상을 통해서도 얼마든지 일을 하실 수 있으십니다. 그러나 그렇게 하실 때에는 한 번 어려움에서 벗어나게 하는 정도입니다.

하나님이 좋아하시는 방법은 그분이 준비하신 사람을 통해서 도움을 받게 하는 것입니다. 그 이유는 크게 두 가지입니다. 첫 번째로 하나님은 어떤 일에 앞서서 다른 사람의 말을 듣는 훈련을 시키심으로 일단 겸손을 배우게 하시는 것입니다. 하나님은 교만한 것을 가장 싫어하십니다. 하나님의 일을 하는 사람들 중에서 자기를 통해 신적인 능력이 나타나니까 교만해져서 다른 사람들의 말을 도대체 들으려고 하지 않는 사람이 있습니다. 그러면 결국 그는 타락해서 버림받게 됩니다. 두 번째로는 다른 사람의 말을 듣게 하심으로 그 사람이 믿음을 갖게 하십니다. 하나님의 사람을 통하여 어려움에서 벗어난 후 더욱 하나님을 신뢰하며 하나님의 말씀을 듣는 일로 돌아오게 하십니다. 그뿐 아니라 다른 사람에게 순종하는 일을 통해서 아주 실질적으로 교만을 누그러뜨리고 겸손을 배우게 하십니다.

하나님께 순종하는 것도 쉬운 일이 아니지만 사람에게 순종한다는 것도 역시 어렵습니다. '당신이나 나나 똑같은 인간인데 내가 왜 당신에게 순종해야 하느냐?' 고 하면서 순종하지 않습니다. 그때 하나님은 그에게 순종하는 것이 그분에게 순종하는 것이라고 말씀하심으로 우리를 겸손하게 하시는 것입니다. 사실 이스라엘의 왕이라고 하면 최고의 권력자가 아닙니까? 그러나 하나님은 선지자를 통하여 왕이 하나님의 기름 부으심을 받게 함으로 이스라엘의 왕 위에 하나님의 말씀이 있다는 것을 보여주셨습니다.

하나님이 사울이라는 사람을 준비하신 것은 사울이 잘나고 똑똑해서가 아닙니다. 오직 하나님이 이스라엘 백성들을 사랑하고 그들을 구원하는 것은 기뻐하시기 때문입니다. 그래서 우리는 하나님이 우리에게 어떤 큰 능력을 주셔서 성도들을 유익하게 할 때에 우리에게 그럴만한 특별한 장점이 있어서 그런 것이 아니라 오직 주의 백성들을 유익하게 하기 위해서 우리를 택하셨다는 것을 깨닫고 절대 교만하지 않아야 합니다. 반대로 우리의 허물이 크고 부족한 점이 많다 하더라도 하나님이 우리의 개인적인 능력을 보지 않으시고 이미 성도들을 축복하기로 작정하셨다는 것을 생각하고 너무 두려워하지 말아야 할 것입니다.

사무엘상 9장 18절
"사울이 성문 가운데 사무엘에게 나아가 가로되 선견자의 집이 어디인지 청컨대 내게 가르치소서"

사무엘은 선견자의 집을 묻는 사울에게 자신을 드러내면서 먼저 산당에 올라가라고 했습니다. 또한 제사가 있을 것이고 함께 식사를 할 것이며 다음 날 집으로 보낼 때 무슨 말을 할 것임을 알려 줍니다. 이렇게 미리 프로그램을 소개하는 이유가 무엇입니까? 그가 손님이나 방청객이 아니라 사무엘의 제사의 주역이며 가장 중요한 사람이라는 뜻입니다.

하나님이 우리에게 그분의 말씀을 들려주시는 것은 하나님의 웅장한 계획에 우리를 초청하시는 것입니다. 우리는 더 이상 손님이나 방청객이 아닙니다. 요한계시록에 보면, 요한이 보좌에 앉으신 이의 손에 있는데 작은 책의 인봉을 뗄 사람이 없어서 크게 통곡합니다. 그 인봉을 떼야 하나님의 구원 계획이 진행되는데 사람들이나 천사들 중에서 그 인봉을 뗄 사람이 없는 것입니다. 여기서 운다는 것은 요한이 단순한 구경꾼이 아니며, 이미 하나님의 구원 계획에 있어서 중요한 사람임을 의미합니다.

사무엘이 사울에게 알려준 것이 무엇입니까? 잃어버린 암나귀는 전혀 중요한 것이 아니라는 것입니다. 암나귀를 잃은 것은 단지 선지자를 찾게 되는 한 과정에 불과했습니다. 사울의 경우에는 암나귀를 찾았지만 우리는 찾지 못할 수도 있습니다. 그러나 그것은 중요한 것이 아닙니다.

사무엘상 9장 20절
"사흘 전에 잃은 네 암나귀들은 염려하지 말라 찾았느니라 온 이스라엘의 사모하는 자가 누구냐 너와 네 아비의 온 집이 아니냐"

중요한 것은 하나님의 계획에 우리가 포함되는 것입니다. 그것을 위하여 하나님은 우리의 것을 빼앗아 가십니다. 직장을 가져가기도 하시고 가족의 생명을 거두어 가기도 하십니다. 그러나 그것은 진정으로 빼앗아 가시는 것이 아닙니다. 하나님 앞에서 가장 귀한 것으로 보존되어 있을 뿐입니다. 사무엘은 사울과 식탁의 교제를 나누었는데 예고 없이 찾아 온 불청객을 최고의 자리와 최고의 음식으로 대접했습니다.

사무엘상 9장 22-24절

"사무엘이 사울과 그 사환을 인도하여 객실로 들어가서 청한 자 중 수석에 앉게 하였는데 객은 삼십 명 가량이었더라 사무엘이 요리인에게 이르되 내가 네게 주며 네게 두라고 말한 그 부분을 가져오라 요리인이 넓적다리와 그것에 붙은 것을 가져다가 사울 앞에 놓는지라"

사울은 도저히 이해할 수가 없었습니다. 자기가 사무엘을 찾아 온 것은 단지 잃어버린 암나귀가 어디 있는지 알기 위한 것인데 사무엘은 그에게 최고의 자리와 최고의 음식으로 대접하는 것입니다. 사무엘은 요리사에게 명하여 고기 중에서 가장 귀한 부분인 넓적다리와 거기에 붙은 것을 사울에게 주라고 했는데 이것은 그를 위하여 이미 준비된 것이라고 설명했습니다. 사울은 아무것도 모르고 있었지만 하나님은 사울을 위하여 많은 것을 준비하고 계셨습니다. 그리고 사무엘을 통하여 사울을 높여 주셨습니다. 이미 하나님은 사울이 왕이 되는 계획을 세우셨습니다. 아직 사울은 기름 부음을 받지도 않았고 또 이스라엘 백성들이 왕을 세우려고 하는 줄도 몰랐습니다. 그러나 하나님이 한번 세우신 계획은 반드시 이루어집니다.

　나는 아무것도 아닌데 다른 사람이 나를 아주 소중하게 대할 때가 있습니다. 그럴 때 우리는 당황할 수밖에 없습니다. 더욱이 하나님의 위대한 종을 통하여 인정해 주고 높여 주신다면 이것은 하나님이 우리를 격려해 주시는 때입니다. 우리에게는 이런 과정이 필요합니다. 왜냐하면 우리는 그 동안 하나님의 연단을 받느라고 너무나도 낮은 자존감을 가지고 있기 때문입니다. 그래서 갑자기 지위가 변하게 되고 사람들의 대우가 바뀌게 되었을 때 마음속으로 심한 혼란을 겪게 됩니다. 그때 하나님은 미리 우리를 높여 주셔서 그런 일을 감당하게 하시는 것입니다.

　하나님은 요셉을 감옥에서 이끌어 애굽의 총리로 사용하시기 전에 바로로 하여금 왕의 옷을 입히고 애굽 왕궁에서 퍼레이드를 하게 하셨습니다. 하나님이 바로로 하여금 그렇게 하게 하신 이유는 요셉이 지금까지 감옥에 갇혔던 노예로서 너무나도 낮은 자존심을 가지고 있기 때문입니다. 그래서 그를 높여 주셔서 변화된 지위에서도 능력 있게 일하게 하셨습니다.

　그런 경우 많은 사람들은 그 자리에서 도망을 치려고 하거나 아니면 더 잘 보이려고 노력하기 쉽습니다. 그러나 그렇게 할 필요가 없습니다. 우리는 하나님이 그렇게 하시는 것을 믿고 잘 받아들이고 겸손하게 끝까지 하나님께 충성하기만 하면 됩니다. 겸손한 자는 절대로 내어 쫓길 것을 두려워하지 않습니다. 우리에게 믿음이 필요합니다. 어떤 믿음인가 하면 하나님이 우리를 이렇게 존귀하게 하셨다는 것을 믿고 더 하나님을 신뢰하고 더 하나님께 충성하는 믿음입니다. 사무엘에게 잘 보이려고 하거나 요리사에게 고맙다고 할 필요는 없습니다. 다만 끝까지 믿음을 갖고 하나님께 자신을 맡기면 하나님의 온전하신 뜻이 이루어질 것입니다.

13

하나님이 세우신 왕

>> 삼상 10:1-27

　우리는 때때로 아주 귀한 체험을 하게 됩니다. 수준 있는 음악회에 가서 뛰어난 연주를 듣거나 존경하는 사람으로부터 귀한 식사 대접을 받게 되면 오래 그 기억이 남게 됩니다. 또한 잘 알려지지 않은 뛰어난 경치를 감상하게 되는 것도 좋은 시간으로 기억됩니다. 이런 경험이 소중한 것은 사실이지만 이와 비교할 수 없이 귀한 체험이 또한 있습니다. 그것을 대략 세 가지로 말할 수 있을 것입니다.

　첫 번째는 아주 존귀한 성도와의 만남을 통하여 위로와 축복을 받는 체험입니다. 세상의 교만한 사람을 만나면 은근히 자기 자신을 과시하고 상대방을 깎아 내려서 오랫동안 기분이 언짢은 경험을 할 때가 많습니다. 그러나 존귀한 성도는 겸손하게 우리를 세워 주고 축복과 격려를 해 줍니다. 그러한 존중을 받게 되면서 우리는 자신에 대한 자아상이 달라지고 자신감도 생기게 됩니다. 하나님은 아브라함이 전쟁을 마치고 돌아오면서 멜기세덱이라는 존귀한 사람을 만나게 하셨습니다. 사실 이 존귀한 사람을 통한 위로와 축복은 주님이 주시는 것입니다. 본문에서 사울은 사무엘을 만나 귀한 교제를 나누는데, 하나님이 사울을 그만큼 존귀하게 대해 주시는 것을 알 수 있습니다.

두 번째는 하나님의 말씀이 자신의 생애를 통해 성취되는 체험을 하는 경우인데 이것은 정말로 귀한 것입니다. 이것을 통해 하나님이 우리와 함께하시며 모든 능력으로 지켜 주시고 응답해 주심을 알 수 있습니다. 신약 성경에 왕의 신하가 예수님의 말씀을 듣고 길을 가던 중에 자기 하인의 병이 나았다는 소식을 듣는 이야기가 나옵니다. 하나님의 말씀은 죽어 있지 않고 살아있습니다. 너무나도 많은 사람들이 하나님의 말씀을 죽은 말씀으로 받아들입니다. 그러나 그가 말씀을 믿고 그의 눈앞에서 그대로 이루어지는 것을 보게 되면, 살아 계신 하나님의 능력이 그와 함께하심을 알게 될 것입니다.

세 번째는 성령의 능력으로 변화되는 체험을 하는 경우입니다. 기도하거나 말씀을 듣거나 찬송을 부르는 가운데 내면에서 변화가 일어나 너무나도 기뻐하게 되고, 성급하여 자주 화를 내던 성격이 잘 참고 감사하는 마음으로 변할 때 이것은 하나님의 성령이 임하시는 체험을 하는 것입니다.

하나님은 이스라엘의 초대 왕으로 택하신 사울이 이런 체험을 다 하게 하셨습니다. 이것은 그가 하나님 앞에서 얼마나 존귀한 사람이며 얼마나 특별한 사랑을 받는 사람인지를 깨닫고 이제부터는 세상적인 염려나 걱정을 다 벗어버리고 오직 하나님 한분만 의지하고 걸어가라는 뜻입니다.

이스라엘의 미래의 왕

사무엘상 10장 1절

"이에 사무엘이 기름병을 취하여 사울의 머리에 붓고 입맞추어 가로되 여

> 호와께서 네게 기름을 부으사 그 기업의 지도자를 삼지 아니하셨느냐"

하나님은 아버지 집의 잃어버린 암나귀를 찾기 위해 집을 나선 사울을 위해 놀라운 계획을 세우셨습니다. 사울은 이스라엘의 왕으로 세워 이스라엘 백성들을 블레셋 사람들의 속박에서 풀어 주는 것이었습니다. 이것이 우리와 하나님의 생각의 차이입니다. 우리는 자신의 나귀나 찾고 또 나귀를 번식시켜서 돈을 버는 것을 생각할지 모르지만 하나님은 우리와 차원이 다른 생각을 하십니다. 우리의 생각이 땅 바닥에서 기고 있다면 하나님의 생각은 저 산꼭대기 위를 달리는 것과 같습니다. 우리는 일단 무조건 하나님 앞에 나오기만 하면 수지가 맞게 되어 있습니다. 그 이유는 우리에 대한 하나님의 생각을 알게 되기 때문입니다. 나귀를 찾는 것과 이스라엘의 왕이 되는 것 사이에는 얼마나 엄청난 차이가 있습니까?

사무엘은 하나님을 대신해서 사울의 머리에 기름을 부었습니다. 이렇게 미리 머리에 기름을 붓는 것은 당장 왕이 되는 것은 아니지만 미래에 이스라엘의 왕으로 약속을 하는 것입니다. 그러니까 이제 사울은 미래의 왕이 된 것입니다. 사울이 진짜 이스라엘의 왕이 되기 위해서는 백성들이 제비를 뽑는 과정과 백성들의 승인이 있어야 합니다. 여기서 백성들의 승인은 주로 환호에 의해 이루어집니다. 백성들이 환호를 지른다는 것은 사울을 그들의 왕으로 영접한다는 뜻입니다.

하나님이 사울에게 이렇게 미리 기름을 부어서 왕으로 약속하시는 이유가 무엇일까요? 우선 그를 왕으로 세우는 자가 백성들이 아니요 하나님인 것을 깨닫게 하기 위해서입니다. 만약 이런 과정 없이 사울이 바로 백성들의 제비뽑기로 왕이 되면 그는 백성들이 자기를 왕으로 뽑은 줄 알 것입니다. 그러나 사울은 사무엘에게 기름 부음을 받는 과정을 통해서 자기를 왕으로 세우신 분이 하나님이시라는 것을 알게 되는 것입니다.

두 번째는 그의 마음을 준비시키는 의미가 있습니다. 이스라엘 왕에게 가장 중요한 것은 두 가지입니다. 우선 하나님의 말씀에 헌신되어 있어야 한다는 것입니다. 왜냐하면 이스라엘 왕의 사명이 백성들을 하나님의 말씀으로 데려가는 일이기 때문입니다. 우리 한 사람 한 사람의 생각으로는 말씀대로 순종하는 것이 어렵습니다. 그러나 집단의 힘은 아주 무섭습니다. 리더 한 사람이 기왕 우리는 하나님의 백성인데 말씀대로 한번 해 보자고 하면 사람들은 놀랍게도 다 따라오게 되는 것입니다.

리더의 역할은 화학 실험에서 촉매와 같습니다. 화학 실험을 하다 보면 생각만큼 반응이 잘 일어나지 않습니다. 그런데 촉매를 넣으면 성분 자체는 변하지 않으면서 반응이 잘 일어나는 것을 보게 됩니다. 이스라엘의 지도자는 바로 그런 사람이어야 하는 것입니다. 자기 멋대로 백성들을 이끌어 가는 사람은 바른 지도자가 아닙니다. 우리나라 정치가 분열되고 혼란스러운 것은 백성들이 공감할 수 있는 의견을 내지 못하고 각자의 생각대로만 나라를 이끌어 가려 하기 때문입니다.

이스라엘의 지도자가 찾아야 할 것은 국민의 의사가 아니라 하나님의 뜻입니다. 그것을 찾아서 설득하면 결국 백성들은 따라오게 되고, 하나님의 능력과 축복이 나타나게 됩니다. 그러나 하나님의 말씀을 의지하고 살아갈 경우에 세상적인 생각과 정반대일 때가 많기 때문에 말씀을 붙잡고 나아가려면 이 말씀이 모든 것이라는 확고한 믿음이 필요합니다. 하나님은 사울에게 말씀의 능력을 체험하는 시간을 주셨습니다.

말씀의 체험

사울이 기름 부음을 받은 것은 그가 이제부터 하나님의 사람이요 하나님의 손에 붙들린 사람이라는 것을 의미합니다. 하나님은 사울이 기름 부음을 받은 후에 너무나도 귀한 체험을 하게 하셨습니다. 그것도 한번이 아니라 무려 세 번씩이나 하나님의 말씀이 그대로 성취되는 체험을 하게 하셨습니다. 사울이 들은 대로 하나님의 말씀이 정확히 응답된다는 것은 살아계신 하나님의 능력이 그와 함께하는 것을 나타냅니다. 그때부터 사울은 다른 것은 아무것도 염려할 필요 없이 오직 하나님의 말씀만 붙들고 나아가면 축복을 받게 되는 것입니다.

2-6절에 그것이 소개되고 있습니다. 사무엘이 말한 징조는 세 가지였습니다. 첫 번째로 라헬의 묘실에서 만나게 될 두 사람이 암나귀들을 찾았다는 이야기를 할 것이라고 했습니다.

사무엘상 10장 2절

"네가 오늘 나를 떠나가다가 베냐민 경계 살사에 있는 라헬의 묘실 곁에서 두 사람을 만나리니 그들이 네게 이르기를 네가 찾으러 갔던 암나귀들을 찾은지라 네 아비가 암나귀들의 염려는 놓았으나 너희를 인하여 걱정하여 가로되 내 아들을 위하여 어찌하리요 하더라 할 것이요"

두 번째는 다볼 상수리 근처를 가다가 벧엘로 올라가는 세 사람이 염소 새끼 세 마리와 떡 세 덩이와 포도주 한 가죽 부대를 가졌는데 그 중에 떡 두 덩이를 줄 것이라고 했습니다.

사무엘상 10장 3-4절

"네가 거기서 더 나아가서 다볼 상수리나무에 이르면 거기서 하나님께 뵈려고 벧엘로 올라가는 세 사람이 너와 만나리니 하나는 염소 새끼 셋을 이끌었고 하나는 떡 세 덩이를 가졌고 하나는 포도주 한 가죽 부대를 가진

> 자라 그들이 네게 문안하고 떡 두 덩이를 주겠고 너는 그 손에서 받으리라"

그리고 세 번째는 블레셋 영문에서 만나는 선지자의 무리가 비파와 소고를 연주하면서 오다가 그들을 만날 때 사울도 성령의 감동을 받아서 예언을 하고 변하여 새 사람이 될 것이라고 했습니다.

> 사무엘상 10장 5-6절
> "그 후에 네가 하나님의 산에 이르리니 그곳에는 블레셋 사람의 영문이 있느니라 네가 그리로 가서 그 성읍으로 들어갈 때에 선지자의 무리가 산당에서부터 비파와 소고와 저와 수금을 앞세우고 예언하며 내려오는 것을 만날 것이요 네게는 여호와의 신이 크게 임하리니 너도 그들과 함께 예언을 하고 변하여 새 사람이 되리라"

여기서 우리는 두 가지 중요한 사실을 보게 됩니다. 하나는 점점 예언이 복잡해지고 실현 가능성이 어려운 일이라는 사실입니다. 처음에는 안부 정도였습니다. 모르는 사람들로부터 문안을 받고 암나귀를 찾았다는 소식을 듣는다는 것입니다. 이 정도만 해도 그럴 수 있을 것이라고 생각할 수 있습니다. 그런데 그 다음에는 염소 새끼 세 마리와 떡 세 덩이와 포도주 한 가죽 부대 중에 떡 두덩이만 받는다는 것으로 대단히 복잡한 내용입니다. 이것은 절대로 우연히 일어날 수 없는 내용입니다. 세 번째는 어려운 일이 아니라 불가능한 일입니다. 선지자의 무리들을 만나면서 사울이 성령 충만함을 받아서 예언하고 변하여 새 사람이 된다는 것입니다. 사울은 한 번도 성령 충만을 받아 본 적이 없고 또 그럴만한 사람도 아니었습니다.

그리고 다른 하나는 그 내용이 점점 더 본질적인 부분으로 접근하고 있다는 사실입니다. 우선 암나귀를 찾았다는 것은 그들이 가장 걱정하던 일이 해결된 것을 말합니다. 그들이 이렇게 돌아다니게 된 것은 잃어버린 암나귀를 찾기 위해서였습니다. 그들은 자기들이 걱정하던 것이 하나님의 은혜로 해결되었다는 기쁜 소식을 듣습니다. 이것이 하나님의 축복의 시작이었습니다. 그 다음에는 그들의 필요를 전혀 모르는 사람들로부터 공급받았습니다. 하나님은 사울로 하여금 전혀 알지 못하던 사람을 통해 물질적인 필요까지 채우게 하셨습니다. 그들은 사무엘을 떠난 후 먹을 것이 아무것도 없었습니다. 그런데 하나님이 그들의 먹을 것을 채워 주셨습니다. 그런데 가장 중요한 것은 세 번째였습니다. 사울이 하나님의 성령의 능력으로 완전히 변하여 새 사람이 되는 체험을 하는 것입니다.

우리는 하나님의 은혜가 아주 작은 데서부터 시작한다는 것을 알 수 있습니다. 사울은 아무리 사무엘 선지자로부터 암나귀를 걱정하지 말라는 말을 들어도 안심할 수 없었을 것입니다. 왜냐하면 암나귀를 찾았다는 증거가 없었기 때문입니다. 우리도 마찬가지입니다. 아무리 하나님이 말씀을 믿고 안심하라고 해도 그렇게 되지 않습니다. 우리는 어떤 큰 걱정거리가 있으면 그것이 해결될 때까지는 마음이 편치 않습니다. 그러나 그것이 해결되었다는 소식을 들으면 마음이 편해지면서 여유가 생깁니다. 그러나 하나님의 은혜는 그것으로 끝난 것이 아닙니다. 전혀 생각지도 못한 사람을 통하여 떡덩이를 받게 되는 것입니다. 그것도 전혀 알지 못하는 사람인데 하나님은 그 사람의 형편까지 미리 다 알고 계시는 것입니다.

그런데 가장 중요한 체험은 역시 성령의 직접적인 감동으로 변하여 새 마음이 되고 새 사람이 되는 것입니다. 우리 하나님의 백성들에게 가장 큰 축복은 언제든지 하나님의 은혜로 새 사람이 될 수 있고 새 출발을 할 수 있다는 것입니다. 여기서 예언한다는 것은 설교를 말하는 것이 아니고 성령을 감정적으로 체험하는 것을 말합니다. 요즘 표현으로 하면 큰 은혜를 받아서 정신을 차리지 못하는 것입니다. 특히 그가 성령의 큰 체험을 하는 곳은 다른 곳이 아닌 블레셋의 영문 앞이었습니다. 사울은 적을 눈앞에 두고 성령의 큰 체험을 하는 것입니다. 얼마나 놀라운 일입니까? 적 앞에서 선지자들은 오케스트라로 연주하면서 오고 사울이 성령 세례를 받는 것입니다.

하나님이 사울에게 이런 체험을 주시는 이유가 무엇입니까? 하나님의 말씀은 그대로 이루어진다는 것을 깨닫게 하기 위해서입니다. 하나님의 말씀은 절대로 막연한 것이 아니고 100% 구체적으로 실현됩니다. 엄청난 체험을 하게 된 사울은 이제 철저하게 하나님의 말씀만 의지하면 언제나 승리할 수 있는 것을 깨닫게 되었습니다. 그러나 이것이 얼마나 어려운 일인지 모릅니다. 우리는 상황이 어려워지면 낙심하게 되고 나를 괴롭히는 사람을 보면 믿음이 흔들리게 됩니다. 그러나 말씀을 한번 체험하고 나면 그런 것을 두려워해서는 안 되는 것입니다.

사무엘상 10장 7절
"이 징조가 네게 임하거든 너는 기회를 따라 행하라 하나님이 너와 함께 하시느니라"

이렇게 말씀이 성취되는 것을 보고 성령 충만한 체험을 할 때에는 어떻게 하라는 말입니까? 믿음에 따라서 담대하게 행동을 하라는 뜻입니다. 즉 자신감을 가지고 자신의 양심과 믿음에 따라서 나아가면 하나님이 다 이루어 주실 것입니다. 그런데 하나님의 말씀은 너무나도 빨리 임했습니다.

사무엘상 10장 9절
"그가 사무엘에게서 떠나려고 몸을 돌이킬 때에 하나님이 새 마음을 주셨고 그 날 그 징조도 다 응하니라"

하나님의 말씀은 너무나도 빨리 성취가 되었습니다. 이는 하나님이 그만큼 사울을 기뻐하셨고 그만큼 사랑하셨다는 뜻입니다.

사울의 어려움

이스라엘 백성들 가운데는 하나님의 성령의 능력을 믿지 않는 자들이 있었습니다. 그래서 사울이 선지자들의 무리와 함께 예언하는 것을 보고 그를 조롱하는 사람들이 있었습니다.

> 사무엘상 10장 10-12절
> "그들이 산에 이를 때에 선지자의 무리가 그를 영접하고 하나님의 신이 사울에게 크게 임하므로 그가 그들 중에서 예언을 하니 전에 사울을 알던 모든 사람이 사울의 선지자들과 함께 예언함을 보고 서로 이르되 기스의 아들의 당한 일이 무엇이뇨 사울도 선지자들 중에 있느냐 하고"

하나님의 은혜를 체험하지 못한 사람들은 성령의 일을 믿지 않습니다. 성령은 우리 안에 있는 기질을 누르셔서 딴 사람이 되게 하십니다. 말이 적은 사람이 유창한 사람이 되기도 하고 내성적이던 사람이 담대하게 말하게 하기도 합니다. 아마도 사울은 원래 내성적이고 사람들 앞에 잘 나서지 않는 성격이었던 것 같습니다. 그런데 그가 선지자들을 만났을 때 완전히 딴 사람이 되어서 함께 노래하고 담대하게 사람들에게 말을 하게 되었습니다. 그것을 보고 사람들은 사울을 조롱했습니다. 어떤 사람들은 '그들의 아비가 누구냐?' 라고 했고 '사울도 선지자 중에 있느냐?' 는 속담을 퍼뜨리기도 했습니다. 아비가 누구냐 하는 것은 그 집은 돈이나 버는 집이지 선지자와는 아무 상관이 없다는 뜻입니다. 사울이 선지자 중에 있느냐?는 말은 "해가 동쪽에서 뜨겠다"는 말과 같습니다.

오늘 이 세상의 불행은 성령의 능력을 알지 못하는 데 있습니다. 이스라엘 백성들은 성령의 축복을 알지 못했습니다. 그래서 믿는 사람들 가운데 성령의 능력이 나타날 때 조롱하거나 이상하게 생각합니다. 오순절 때에도 성령이 임하여서 믿는 사람들이 성령 충만을 받았을 때에 사람들은 그들이 새 술에 취하였다고 하면서 조롱했던 것을 보게 됩니다. 성령님은 우리를 완전히 다른 사람으로 만들어 놓습니다. 우리는 그것을 부끄러워할 필요가 없습니다. 어떤 사람은 은혜를 받고 울면 빈정대면서 비웃습니다. 그러나 그 눈물이 그 사람에게는 얼마나 귀한지 모릅니다. 우리는 다른 사람의 눈이 무서워서 은혜를 받고서도 표현을 하지 못할 때가 있는데 그럴 필요가 없습니다.

사울이 성령 충만을 받았을 때 그는 엑스터시 상태에 있었던 것 같습니다. 사람들이 그것을 가지고 조롱했을 때 사울은 욕도 하지 않고 가만히 있었습니다. 나중에 다윗이 하나님의 궤를 옮길 때 너무 기뻐서 춤을 추다가 하체가 다 드러났던 것과 같습니다. 그때 다윗은 빈정거리던 사울의 딸 미갈을 책망을 하면서 하나님 앞에서 기뻐서 그렇게 했음을 이야기했습니다. 우리가 성령 충만을 받으면 하나님 앞에 가면을 벗고 어린아이처럼 될 것입니다. 이것을 다른 사람들은 조롱하는 것입니다. 그러나 그런 조롱에 화를 낼 필요가 없습니다.

사울은 왕이 될 인간적인 조건을 갖춘 사람이 전혀 아니었습니다. 그럼에도 불구하고 하나님이 그를 이스라엘의 왕으로 내정하신 것은 그가 겸손한 사람이었기 때문입니다. 하나님은 겸손한 사람을 좋아하십니다. 그분은 사울의 겸손을 보고 가능성이 있다고 생각하셨습니다. 만일 사울이 하나님 앞에 겸손을 유지하면 그는 계속 왕으로 사용될 것입니다.

그의 숙부는 사울이 암나귀를 찾지 못해서 사무엘에게 갔다 오는 길이라고 하자 사울에게 사무엘이 무엇이라고 말하더냐고 물었습니다. 여기서 사울이 못 이기는 체 하고 사무엘이 자신을 왕으로 삼았다고 말할 수도 있었을 것입니다. 그랬더라면 온 집안에 경사가 났다고 기뻐했을 텐데 사울은 다른 말은 하지 않고 오직 암나귀를 찾았다고 하더라는 말만 했습니다.

사무엘상 10장 16절
"사울이 그 숙부에게 말하되 그가 암나귀들을 찾았다고 우리에게 분명히 말하더이다 하고 사무엘의 말하던 나라의 일은 고하지 아니하니라"

사울이 왕으로 지명된 사실을 숙부에게 숨긴 이유가 무엇일까요? 그는 자기 자신이 이스라엘의 왕으로 적합하지 않다고 생각했기 때문입니다. 아마도 천박한 사람이라면 이미 자기가 왕이나 된 것처럼 행세하고 다녔을 것입니다. 그러나 사울은 겸손한 사람이었습니다. 자신은 이스라엘의 왕으로 적합하지 않으며 다른 사람이 왕이 되었으면 좋겠다고 생각하고 있었던 것 같습니다.

신중한 사람들은 하나님으로부터 기쁜 소식을 들으면 그것이 성취될 때까지 기다립니다. 왜냐하면 자기가 발설하면 하나님을 앞설 수 있기 때문입니다. 축구에서는 공격수가 수비수보다 먼저 뛰어 들어가는 것을 오프사이드 반칙이라고 합니다. 때로는 하나님의 때가 되기 전에 내가 먼저 입으로 떠들어 대는 것도 오프사이드 반칙입니다. 이것은 내가 하나님보다 더 잘난 것이 됩니다. 그래서 믿음의 선배 되는 사람들은 하나님으로부터 너무나도 기쁜 소식을 들었을 때 그 일이 다 성취되기까지 굳게 입을 다물었습니다. 그것이 얼마나 힘든 일인지 모릅니다. 그러나 그들은 굳게 침묵을 지키는 가운데 신실하신 하나님이 약속하신 것을 어떻게 성취하시는지 조용히 지켜보았습니다.

실수가 없으신 하나님

사무엘은 이스라엘 백성들을 미스바로 모이게 했습니다. 왜냐하면 그들이 그곳에서 하나님께 철저히 회개했고 또 하나님이 그들을 도우시는 능력을 체험했기 때문입니다. 하나님의 백성들의 부흥은 반복될 수 있습니다. 하나님은 우리에게 한번만 은혜를 주고 중단하는 분이 아니십니다. 우리들의 마음이 겸허하면 몇 번씩이라도 성령의 은혜를 퍼부어 주십니다. 사무엘은 이스라엘 백성들이 하나님 앞에서 가장 가난한 마음이 되었던 장소인 미스바에 모이게 해서 왕을 요구한 것이 얼마나 큰 잘못인지 지적하고 나서 왕을 뽑았습니다.

> 사무엘상 10장 18-19절
> "이스라엘 자손에게 이르되 이스라엘 하나님 여호와께서 이같이 말씀하시기를 내가 이스라엘을 애굽에서 인도하여 내고 너희를 애굽인의 손과 너희를 압제하는 모든 나라의 손에서 건져 내었느니라 하셨거늘 너희가 너희를 모든 재난과 고통 중에서 친히 구원하여 내신 너희 하나님을 오늘날 버리고 이르기를 우리 위에 왕을 세우라 하도다 그런즉 이제 너희 지파대로 천 명씩 여호와 앞에 나아오라 하고"

하나님이 이스라엘의 왕이시기 때문에 이스라엘에는 왕이 필요가 없습니다. 하나님은 지금까지 그들을 도와주셨습니다. 그러나 이스라엘 백성들은 인간 왕이 없으면 불안하다고 하며 왕을 구했지만 이것은 하나님을 버리는 것이라고 사무엘은 말했습니다.

그리고 왕은 제비뽑기에 의해 왕을 결정했는데 처음에는 지파별로 뽑고 그 다음에는 가족별로, 그 다음에는 결국 기스의 아들 사울이 뽑혔습니다. 그것을 보면 하나님이 하시는 일은 틀림없다는 것을 알게 됩니다. 뽑는 것은 사람이지만 결국 결정은 하나님이 하셨고 하나님이 정하신 사람이 뽑히게 되었습니다. 그래서 투표를 해서 사람을 뽑을 때에도 너무 인간적인 방법을 많이 쓰지 않는 것이 좋습니다. 믿음으로 투표를 하면 하나님이 기뻐하시는 자가 되게 되어 있습니다. 또 그것을 인정하는 것이 좋습니다.

본문을 보면 사울이 왕으로 뽑혔는데 그를 찾을 수가 없었습니다. 아무리 찾아도 사울이 없어서 하나님께 여쭈어 보니까 그 키가 큰 사람이 숨어 있다는 것입니다. 사울은 행구 사이에 숨어 있었습니다.

> 사무엘상 10장 23-24절
> "그들이 달려가서 거기서 데려오매 그가 백성 중에 서니 다른 사람보다 어깨 위나 더 크더라 사무엘이 모든 백성에게 이르되 너희는 여호와의 택하신 자를 보느냐 모든 백성 중에 짝할 이가 없느니라 하니 모든 백성이 왕의 만세를 외쳐 부르니라"

사울은 참으로 겸손한 사람이었습니다. 그가 그 큰 덩치에 행구 사이에 숨었다는 것은 아마도 그가 없으면 다른 사람이 왕으로 뽑힐 줄로 생각한 것 같습니다. 마치 꿩이 포수를 피해서 작은 구멍에 머리를 박는 것과 비슷합니다. 그는 숨어 있으면 하나님의 계획을 피할 수 있을 것으로 생각했습니다. 그러나 이것은 겸손이 아닙니다. 일단 하나님의 손에 붙들리면 피할 수가 없습니다. 그때는 하나님의 뜻에 따라 과감하게 순종하고 나아가야 합니다. 이때 피하면 요나가 되는 것입니다.

이스라엘 백성들이 왕을 요구하는 것 자체는 문제가 있었지만, 일단 왕을 뽑고 난 후에 사무엘이나 대부분의 백성들은 긍정적으로 받아 들여서 환호를 질렀습니다. 이것은 자신들의 왕으로 받아들인다는 뜻입니다. 일단 사울을 왕으로 뽑으신 분은 하나님이십니다. 그럼에도 불구하고 사울이 왕 된 것을 끝까지 인정하지 않고 비아냥거리는 사람들이 있었습니다. 그러나 마음이 하나님께 감동된 자들은 사울을 따랐습니다.

사무엘상 10장 26절
"사울도 기브아 자기 집으로 갈 때에 마음이 하나님께 감동된 유력한 자들은 그와 함께 갔어도"

유력한 사람들은 사울을 왕으로 인정을 했습니다. 물론 갑자기 왕을 뽑아서 정부를 세울 처지가 되지 못했지만 그들은 자기 왕을 경호하고 보필하기 위해서 사생활을 포기하고 왕의 수종을 들었습니다. 사실 이런 사람들이 건국의 초석이 되는 것입니다. 그들은 사울이 중요한 사람이라는 것을 인정하고 받아 들였습니다. 그러나 그것을 인정하지 않는 사람들이 있었습니다.

사무엘상 10장 27절
"어떤 비류는 가로되 이 사람이 어떻게 우리를 구원하겠느냐 하고 멸시하며 예물을 드리지 아니하니라 그러나 그는 잠잠하였더라"

왜 이 사람들은 사울을 인정하지 않았을까요? 우선 사울이 큰 지파 사람이 아니었기 때문입니다. 그는 베냐민이라고 하는 가장 작은 지파 사람이었던 것입니다. 그들은 적어도 왕이라고 하면 에브라임이나 유다 지파에서 나올 줄 알았던 것입니다. 거기에다가 사울은 그들이 원하던 스타일의 사람이 아니었습니다. 그들은 자기 왕이 아주 세련되고 리더십이 있는 사람일 줄 알았는데 사울은 농사를 지으면 딱 알맞을 그런 사람이었습니다. 그래서 백성들 중에서 비류들은 사울을 멸시하고 예도 표하지 않았습니다.

사울은 이것에 대해 감정적으로 대처하지 않았습니다. 하나님이 사울을 세우신 목적이 블레셋과 싸워서 이스라엘 백성들을 구원하라는 것이지 비류들과 싸우라는 것이 아니었기 때문입니다. 원래 어떤 일을 하더라도 비류들은 있습니다. 이런 사람들과 사사건건 충돌하게 되면 정말 중요한 일을 할 수 없게 됩니다. 하나님이 우리에게 주신 사명만 붙잡고 나아가면 언젠가는 비류들이 좋은 역할을 하게 될 때도 오는 것입니다.

예수님도 가룟 유다같은 사람이 있었지만 끝까지 잘 참고 용납하셨습니다. 그 이유는 그런 사람도 필요하기 때문입니다. 사울은 참으로 겸손한 사람이었고 이런 시험을 잘 통과했습니다. 그러나 그가 끝까지 이렇게 나아가지 못한 것이 실패의 원인이었습니다. 사울은 처음은 좋았지만 나중이 좋지 못했습니다. 그 이유는 인간적인 생각에 빠져서 하나님의 말씀으로부터 멀어졌기 때문입니다.

14

사울의 첫 번째 승리

>> 삼상 11:1-15

하나님의 백성들의 가장 중요한 특징 중 하나는 어려운 일을 당했을 때 잘 참는 것입니다. 왜냐하면 하나님의 백성들은 하나님을 믿을 때 자신을 십자가에 못박고 일단 혈기를 버린 사람들이기 때문입니다. 혈기가 있어야 다른 사람과 싸울 텐데 이 혈기가 죽어버린 것입니다. 그들에게는 참고 인내하기만 하면 하나님의 때에 모든 것이 저절로 다 이루어진다는 믿음이 있습니다.

그러나 우리 믿는 자들이 아무리 참으려고 해도 한계 상황에 부딪칠 때가 있습니다. 악한 자들이 너무나도 악하게 되어서 하나님의 백성들을 너무 비참하게 하거나, 너무 심하게 충동질을 하거나, 한꺼번에 모두 멸망시키려고 할 때입니다. 이렇게 다급할 때에는 단지 하나님 앞에서 기도하면서 참고 기다릴 여유가 없지만 그래도 목숨 걸고 부르짖을 수밖에 없습니다. 우리는 성경에서 이런 경우를 여러 번 찾아 볼 수 있습니다.

삼손은 들릴라에게 속은 후 블레셋 사람들에게 끌려가 눈알을 뽑히고 재주를 부리며 비참하게 되자 목숨 걸고 부르짖어 기도하게 됩니다. 그러자 하나님의 큰 능력이 나타났습니다. 우리가 평소에 이런 식으로 기도하면 좋을 텐데 아무래도 이런 기도는 잘 나오지 않고 발등에 불이 떨어져야 다급한 기도가 나오게 됩니다.

한나도 브닌나에게 심하게 격동질을 당했습니다. 아마 브닌나가 보통으로 했다면 한나는 참았을 것입니다. 그러나 죽느냐 사느냐의 기로에 설 정도로 아주 심하게 코너에 몰아넣었던 것 같습니다. 바로 면전에서 심한 모욕을 주면서 '아이를 못 낳는 주제에 죽어버려라' 하는 식으로 몰아붙였을 것입니다. 그랬더니 한나는 하나님께 목숨 걸고 기도했습니다.

모르드개의 경우에는 하만의 계략으로 인해 죽을 날만 기다리게 됩니다. 아마 모르드개 한 사람만 공격받았다면 그도 조용히 죽으려고 했을지 모릅니다. 그러나 하만은 전세계에 있는 유대인들을 다 죽이려고 했기 때문에 온 유대인들이 금식하고 기도했고 에스더는 목숨을 걸고 아하수에로 왕 앞에 나아가게 됩니다.

본문에 보면, 암몬 족속들이 길르앗 야베스로 쳐들어와서 이스라엘 백성들에게 오른쪽 눈알을 빼면 항복을 받아 주겠다고 합니다. 아마 그들이 길르앗 야베스 사람들에게 돈이나 물건이나 다른 요구를 했다면 받을 수 있었을 것입니다. 그러나 오른쪽 눈알을 빼는 것은 죽는 것보다 더 큰 굴욕이었습니다. 이때 이스라엘 백성들은 하나님 앞에 부르짖었습니다.

이와 같이 하나님의 백성들에게 있어서 절망적인 시기는 구원을 받을 수 있는 기회가 됩니다. 특히 하나님은 어려움에서 구원할 사람들을 미리 준비해 놓으십니다. 그분이 예비하신 사람을 통하여 능히 그 어려움을 이기게 하시는 것입니다.

암몬 족속들의 굴욕적인 요구

사무엘상 11장 1-2절

"암몬 사람 나하스가 올라와서 길르앗 야베스를 대하여 진치매 야베스 모든 사람이 나하스에게 이르되 우리와 언약하자 그리하면 우리가 너를 섬기리라 암몬 사람 나하스가 그들에게 이르되 내가 너희 오른 눈을 다 빼어야 너희와 언약하리라 내가 온 이스라엘을 이같이 모욕하리라"

여기서 길르앗 야베스는 요단 동쪽에 있는 므낫세 지파에 속한 한 성읍을 말합니다. 암몬 왕 나하스가 바로 이 길르앗 야베스에 올라와서 공격을 하려고 했습니다. 이때 길르앗 야베스 사람들은 감히 나하스와 싸울 힘이 없었기 때문에 항복했습니다. 즉 조공을 달라는 대로 주겠으니 제발 해치지 말아 달라는 것입니다. 그런데 나하스의 대답은 도저히 길르앗 야베스 사람들이 받아들일 수 없는 것이었습니다. 그것은 모든 길르앗 야베스 사람들이 오른 눈을 다 빼면 항복을 받아주겠다는 것입니다. 이것은 사람을 죽이는 것보다 더 굴욕적인 것이었습니다. 길르앗 야베스 사람들은 정말 이런 것만 아니면 무엇이든지 다 바치고 전쟁을 피하려고 했습니다. 그러나 암몬 사람들은 아무리 받아들이려고 해도 받아들일 수 없는 요구를 했습니다.

이것을 통해서 알 수 있는 것이 무엇입니까? 우선 암몬 사람들은 이스라엘 백성들을 이만큼 미워하고 있었던 것입니다. 그 이유가 무엇입니까? 하나님의 백성들에 대한 열등감 때문이었습니다. 암몬 사람들은 다른 부족을 이렇게까지 미워하지 않았는데 오직 이스라엘 백성들에게만 이렇게 말도 되지도 않는 굴욕적인 요구를 하는 것은 그 동안 하나님의 은혜를 받는다고 잘난 체하는 꼴이 너무나도 보기 싫었던 것입니다. 그래서 그들은 자기들이 힘을 가지게 되었을 때 자기 자신들이 절대자인 것처럼 이스라엘 백성들을 짓밟으려고 하는 것입니다. 결국 이것은 하나님에 대한 미움입니다. 왜 하나님은 이스라엘 백성들만 더 특별히 사랑하시느냐 하는 불만인 것입니다.

이때 이스라엘 백성들이 느끼는 것이 무엇입니까? 이 방법 저 방법을 다 써 보아도 도저히 이 난관에서 빠져나갈 길이 보이지 않았습니다. 우선 사람은 이런 일이 닥치면 바로 하나님을 찾게 되지 않습니다. 인간적인 머리로 빠져나갈 수 있는 길은 다 찾아봅니다. 그래도 방법이 없으면 어쩔 수 없이 하나님을 찾는데 이때 하나님이 금방 도와주시지 않으면 좌우간 하나님 앞에서 할 수 있는 죄는 모두 다 회개를 해야 하는 것입니다. 이것이 바로 하나님이 우리의 죄를 쥐어짜시는 방법입니다.

우리에게 가장 힘들 때가 바로 이런 때입니다. 눈앞에 있는 어려움은 너무나도 다급한데 도저히 인간적인 방법으로는 빠져나갈 길이 없고 하나님의 도우심은 오지 않는 것입니다. 이럴 때 하나님 앞에서 정말 나의 심장을 짜내고 창자를 짜내는 기도를 드리게 되는 것입니다. 하나님은 때때로 우리에게 이런 기도를 드리게 하십니다. 암몬의 공격 앞에서 야베스 사람들은 참으로 놀라운 태도를 보입니다.

사무엘상 11장 3절
"야베스 장로들이 이르되 우리에게 이레 유예를 주어 우리로 이스라엘 온 지경에 사자를 보내게 하라 우리를 구원할 자가 없으면 네게 나아가리라 하니라"

보통 사람들 같으면 이런 굴욕적인 말을 들으면 흥분해서 당장 싸우려고 할 것입니다. 그렇지 않으면 울고불고 하면서 이미 한쪽 눈을 뽑은 것처럼 통곡을 할 것입니다. 그런데 야베스 장로들은 믿음이 있었습니다. 자기들에게는 방법이 없어도 하나님께는 방법이 있을 것이라는 믿음입니다. 이런 믿음이 그들을 대단히 침착하게 만들었습니다. 그래서 야베스 장로들은 나하스에게 시간을 좀 달라고 하면서 일주일 동안 우리를 도울 자가 있는지 한번 찾아보고 없으면 모두 눈알을 뽑겠다고 대답합니다.

사실 하나님의 백성들에게 이런 다급한 순간의 여유가 아주 중요합니다. 만일 야베스 사람들이 여유 없이 당장 화를 내면서 덤벼들거나 혹은 두려워서 탈출하려고 했다면 모두 몰살했을 것입니다. 그러나 야베스 장로들은 분노가 끓어오르지만 내색하지 않았고, 두렵고 불안했지만 그것도 참으며 태연하게 말하면서 일주일이라는 시간을 벌고 암몬 족속으로 하여금 방심하게 했습니다. 즉 이스라엘 백성들이 어리석고 힘이 없어서 감히 저항하지 못하고 모두 눈알을 빼고 말 것이라고 생각하게 한 것입니다.

이렇게 어려울 때에 우리가 가질 수 있는 믿음은 그 어려움 자체를 해결하는 영웅적인 행동이 아닙니다. 아무리 많이 힘들고 어려워도 그 두려움과 분노를 참고 여유를 가지는 것입니다. 그러면 그 여유를 통하여 하나님이 일하시는 것을 보게 됩니다. 그런데 이런 여유가 어디서 생깁니까? '하나님께는 무슨 수가 있겠지!' 라는 것입니다. 이스라엘 백성들이 출애굽 했을 때 눈앞에는 홍해 바다가 가로놓여 있었고 뒤에서는 바로 군대의 추격이 있었습니다. 그때 모든 이스라엘 백성들이 죽는다고 소리를 지를 때 모세는 이렇게 말했습니다. "너희는 두려워 말고 가만히 서서 오늘날 너희를 위하여 행하시는 구원을 보라!(출 14:13)

사울의 반응

길르앗 야베스 사람들이 암몬 족속의 공격을 받았을 때 이스라엘은 두 가지 상태에 있는 것을 볼 수 있습니다. 우선 하나는 사울이 왕으로 뽑혔지만 아직 왕으로 나라를 다스리지 못하고 있었던 것입니다. 사울은 왕으로 뽑힌 후 도로 집에 내려가서 농사를 짓고 있었습니다. 그렇게 된 이유는 사울이 제비를 뽑아서 왕이 되었지만 백성들 중에 사울을 반대하는 사람들도 있었고 또 막상 왕은 뽑았지만 정부를 조직할 수 있는 준비가 되어 있지 못했던 것입니다.

그리고 또 하나는 이스라엘이 여전히 열두 지파로 나누어져 있어서 다른 한 지파에 어려움이 생겼을 때 능히 도울 수 있는 힘이 없었던 것입니다. 암몬 왕 나하스는 이것을 알고 일주일의 여유를 주어도 절대로 그들이 군대를 조직할 수 없다고 생각해서 얼마든지 도울 자를 찾아보라고 큰소리를 쳤던 것입니다. 그런데 이번에는 이야기가 달랐습니다. 왜냐하면 하나님이 성령의 능력으로 사울을 사용하셨기 때문입니다.

사무엘상 11장 4-5절
"이에 사자가 사울의 기브아에 이르러 이 말을 백성에게 고하매 모든 백성이 소리를 높여 울더니 마침 사울이 밭에서 소를 몰고 오다가 가로되 백성이 무슨 일로 우느냐 그들이 야베스 사람의 말로 고하니라"

길르앗 야베스 사람들은 다른 곳으로 가지 않고 이스라엘의 왕이 있는 기브아로 왔습니다. 물론 야베스 사람들이 기브아를 찾은 것은 야베스와 기브아가 인척 관계에 있기 때문이기도 합니다. 옛날 베냐민 지파가 이스라엘 전체와 싸우다가 패하여 남자 600명만 남고 다 죽었을 때 길르앗 야베스 처녀들이 남은 베냐민 남자와 결혼하여 후손을 낳았던 것입니다. 그래서 야베스는 기브아의 외가집에 해당되었습니다.

그러나 더 중요한 것은 기브아에 사울이 있었습니다. 현재 사울은 왕으로 뽑히기는 했지만 정식 집무를 보지 못하고 있었다는 것입니다. 왕이라는 사람이 소를 몰고 밭에서 일을 하니 얼마나 한심한 일입니까? 그런데 야베스 사람들은 그가 왕인 것을 믿었습니다. 아무리 허름한 옷을 입고 농사나 지어도 이 사람은 하나님이 뽑으신 사람이라는 것입니다. 즉 사울은 한 개인이 아니고 공인이었던 것입니다.

때때로 우리는 공과 사를 잘 구별하지 못할 때가 있습니다. 야베스 사람들은 사울의 모습이 초라하고 왕 같지 않아 보였지만 사울을 왕으로 인정했습니다. 사울을 개인적인 모습으로 평가한 것이 아니라 공인으로 여겼던 것입니다. 사울은 야베스의 이야기를 듣자마자 바로 하나님의 신의 감동을 받았습니다.

> 사무엘상 11장 6-7절
> "사울이 이 말을 들을 때에 하나님의 신에게 크게 감동되매 그 노가 크게 일어나서 한 겨리 소를 취하여 각을 뜨고 사자의 손으로 그것을 이스라엘 모든 지경에 두루 보내어 가로되 누구든지 나와서 사울과 사무엘을 좇지 아니하면 그 소들도 이와 같이 하리라 하였더니 여호와의 두려움이 백성에게 임하매 그들이 한 사람같이 나온지라"

성령의 역사는 한 사람을 완전히 다른 사람으로 만들어 놓습니다. 평소의 사울은 사람들 앞에 잘 나서지도 못하는 사람이었습니다. 왕으로 뽑혔지만 짐 사이에 숨고 비류들이 그를 멸시했지만 아무 소리도 못하고 집으로 가는 사람이었습니다. 평소의 사울은 너무나도 소심하여 소 같은 것을 절대로 죽일 수 없는 성격이었습니다. 그런데 야베스 사람들의 소식을 듣고 기브아 사람들이 우는 소리를 들었을 때 사울에게 성령이 임했습니다. 그리고 갑자기 사람이 변하면서 칼로 자신의 소를 죽여서 열두 조각을 내어 급히 온 이스라엘에 보냈습니다.

이때 이 소의 조각을 본 이스라엘 백성들의 마음속에 사울에 대한 두려움이 임하게 되었습니다. 이스라엘 사람들의 눈에 사울이 크게 보이게 되었습니다. 그리고 사울의 명령을 거역하는 지파의 모든 소들을 이 소처럼 죽일 것이라는 말을 듣게 됩니다. 원래 온 이스라엘은 다 집합하되 그렇게 하지 않으면 이 소처럼 죽이겠다는 뜻이지만, 사울은 사람을 죽인다고 하지 않고 소를 죽이겠다고 했습니다. 하지만 온 이스라엘 사람들의 마음에 두려움이 임했습니다.

　결단은 사울이 내렸는데 온 이스라엘의 마음을 하나 되게 하신 분은 성령님이셨습니다. 성령님은 온 백성들의 마음속에 두려움을 주셔서 한 사람같이 나오게 하셨고 사람들의 마음을 하나 되게 하셨습니다. 특히 지도자가 하나님의 말씀에 순종할 때 모든 백성들의 마음은 하나가 됩니다. 놀라운 것은 아무리 좋은 주장이라 하더라도 사람의 말은 백성들의 마음을 분열시킵니다. 이 말을 지지하는 자가 있는가 하면 반대하는 자가 생기는 것입니다. 그러나 하나님의 말씀은 그렇지 않습니다. 모든 백성들의 마음을 하나 되게 합니다. 그래서 이스라엘 백성들은 상상할 수 없을 정도로 빨리 군대를 정비하게 되었습니다.

사무엘상 11장 8절
"사울이 베섹에서 그들을 계수하니 이스라엘 자손이 삼십만이요 유다 사람이 삼만이더라"

　33만 명은 엄청난 군대였습니다. 전혀 군대가 조직되어 있지 않았고 오히려 사울은 소로 농사를 짓고 있었는데 하나님은 한 순간에 대군을 사울에게 주셨던 것입니다. 아마 이 당시 어떤 사람이 사울에게 단 며칠 만에 하나님이 당신에게 33만 명의 군대를 주실 것이라고 했으면 아무도 믿을 사람이 없었을 것입니다. 그러나 하나님은 소 두 마리로 단 며칠 만에 삼십삼만 명의 군대가 생기게 하셨습니다. 하나님은 전혀 아무것도 없는 무에서 유를 만드는 분이십니다.

사울의 공격

사울은 전쟁을 해 본 사람이 아니었습니다. 그러나 막상 전쟁을 시작하자 전쟁을 많이 경험해 본 사람처럼 능숙하게 전쟁을 지휘했습니다.

사무엘상 11장 9절
"무리가 온 사자들에게 이르되 너희는 길르앗 야베스 사람에게 이같이 이르기를 내일 해가 더울 때에 너희가 구원을 얻으리라 하라 사자들이 돌아가서 야베스 사람들에게 고하매 그들이 기뻐하니라"

야베스 사람들이 살 수 있었던 것은 그들이 바른 사람을 찾아갔기 때문입니다. 그들은 기대도 하지 않고 사울 왕에게 사람을 보냈는데 내일 해가 더울 때에 구원을 얻게 되리라고 약속을 했습니다. 해가 더울 때면 오전을 말하는 것입니다. 그런데도 야베스 사람들은 여전히 암몬 족속에게 찾아가서 엄살을 떨었습니다.

사무엘상 11장 10절
"야베스 사람들이 이에 가로되 우리가 내일 너희에게 나아가리니 너희 소견에 좋을 대로 우리에게 다 행하라 하니라"

야베스 사람들은 사울이 치러 올 때까지 가만히 있어도 되는데 암몬에 사람을 보내어서 우리는 더 이상 살 가능성이 없으니까 내일 모두 눈알을 뽑고 항복하겠노라고 했습니다. 이 말을 들은 암몬 사람들은 얼마나 기분이 좋았겠습니까? '이제 드디어 모든 야베스 사람들의 눈알을 뽑게 되었다. 이 얼마나 형편없는 민족이냐' 고 했을 것입니다.

하나님의 백성이 어려울 때 살 수 있는 길은 자존심을 버리고 자신을 완전히 낮추는 것입니다. 왜냐하면 하나님이 우리의 교만을 버리게 하시고 우리를 낮추시기 위해 이런 어려움을 주셨기 때문입니다. 그래서 이런 어려움 가운데도 뻣뻣하게 고개를 들고 있으면 결국 적의 공격에 당할 수밖에 없습니다. 야베스 사람들은 눈을 뽑겠다고 자원함으로 더 암몬 족속을 방심하게 했습니다. 그래서 암몬 족속들은 이제 야베스 사람들의 눈알을 다 뽑은 것처럼 자만에 빠져 있었습니다. 그때 사울이 공격을 한 것입니다.

사무엘상 11장 11절
"이튿날에 사울이 백성을 삼 대에 나누고 새벽에 적진 중에 들어가서 날이 더울 때까지 암몬 사람을 치매 남은 자가 다 흩어져서 둘도 함께 한 자가 없었더라"

사울은 이스라엘 백성들이 잘 쓰는 기습 작전을 사용해서 새벽에 암몬 족속을 공격했고 그들을 멸절시켰습니다. 하나님의 백성들은 모든 것을 다 갖추고 싸우는 것이 아닙니다. 모두 자기에게 잘할 수 있는 방법이 있습니다. 그 방법을 사용해서 명분보다는 실리를 취해야 이길 수가 있습니다. 할 수 있는 대로 신속하게 그리고 실속 있게 공격해야 합니다. 여기서 이스라엘 백성들은 자기들이 무시하고 업신여겼던 사울이 큰 승리를 거두는 것을 보았습니다. 그때 이스라엘 백성들 안에서 인책론이 터졌습니다.

사무엘상 11장 12-13절
"백성이 사무엘에게 이르되 사울이 어찌 우리를 다스리겠느냐 한 자가 누구니이까 그들을 끌어내소서 우리가 죽이겠나이다 사울이 가로되 이날에는 사람을 죽이지 못하리니 여호와께서 오늘날 이스라엘 중에 구원을 베푸셨음이니라"

이스라엘 백성들은 사울이 놀라운 승리를 거두는 것을 보고 그를 반대하던 자들을 죽이자고 했습니다. 왜냐하면 하나님이 세우신 왕의 권위를 인정하지 않았기 때문입니다. 그러나 여기서도 사울의 인격이 드러났습니다. 그는 하나님이 승리를 주셨을 때 사람을 죽이면 안 된다고 하면서 막았습니다. 즉 이기게 하신 분은 하나님이신데 사람들끼리 책임을 따지면 하나님의 영광을 가로채는 것이 된다는 뜻입니다.

이것을 보면 하나님이 세우신 사울이 얼마나 하나님의 뜻에 맞는 사람인지 알 수 있습니다. 그는 겸손한 사람이었습니다. 그리고 사람들이 그를 인정해 주지 않았을 때 왕으로 뽑혔음에도 불구하고 조용히 농사나 짓고 있었습니다. 그러다가 야베스 사람들이 어려움에 빠졌을 때 책임을 회피하지 않았고 다른 사람들을 원망하지 않았습니다. 오직 성령의 능력으로 일어서서 이스라엘 백성들을 모았습니다. 그리고 전쟁이 끝난 후에도 교만하지 않고 자신을 반대하던 자들을 죽이지 못하게 했습니다. 문제는 사울이 이 초기의 겸손의 자세를 끝까지 유지하지 않은 것입니다. 그 이유는 사울의 이 성품은 성령의 열매가 아니었기 때문입니다. 사울은 단지 천성 자체가 이렇게 좋았을 뿐입니다. 그는 성령으로 변화된 인격을 가진 사람이 아니었습니다.

그 결과 그는 높아지면 높아질수록 점점 더 다른 사람으로 변하게 되었습니다. 사울이 초기에 순수할 수 있었던 것은 그가 덜 타락했기 때문입니다. 사람의 인격이 성령으로 만들어진 것과 천성적인 것은 여기서 달라집니다. 성령의 성품은 가난할 때나 부자가 되었을 때나 비슷합니다. 왜냐하면 부자가 될수록 더 철저하게 자신을 십자가에 못 박기 때문입니다. 그러나 인간적인 성품은 높아질수록 교만해지게 됩니다. 그 이유는 그 전에는 타락할 기회가 없다가 높아지고 부자가 되면서 교만할 수밖에 없기 때문입니다. 그래서 예수님은 열매로 나무를 안다고 하시면서 가시에서 포도를 딸 수 없고 엉겅퀴에서 무화과를 딸 수 없다고 말씀하셨습니다. 이것은 단지 겸손한 것처럼 흉내낸다고 해서 진짜 겸손한 것이 아니기 때문입니다. 오직 사람 자체가 변해야 늘 똑같은 열매를 맺을 수 있습니다.

우리가 사울의 첫 번째 전쟁에서 볼 수 있는 것은 성령님이 얼마나 신속하게 역사하시는가 하는 것입니다. 사울이 밭을 갈던 소를 죽여서 이스라엘에 그 조각을 보냈을 때 상상할 수 없을 정도로 빨리 군대가 모였습니다. 그리고 하나님은 사울에게 놀라운 지혜를 주셔서 첫 번째 전쟁이지만 전쟁을 많이 해 본 사람처럼 능숙하게 싸우게 하셨습니다.

하나님이 사울에게 이런 첫 번째 승리를 주신 것은 앞으로도 그가 믿음으로 나아가면 어떤 어려운 시련도 다 이길 수 있다는 약속을 주신 것입니다. 즉 사울은 지금 하나님의 손에 붙들려 있고 그가 교만하거나 죄만 짓지 않으면 계속 하나님이 축복하시겠다는 뜻입니다. 오늘 우리들은 이미 하나님의 손에 붙들려 있습니다. 우리는 굳이 하나님의 뜻이 아닌데 무리를 할 필요가 없습니다. 교만하지 않고 죄만 짓지 않으면 하나님의 축복은 다 이루어지게 되어 있습니다. 그래서 사무엘은 사울과 이스라엘 백성들이 교만하지 못하도록 하나님께 나아가서 제사를 드리게 했습니다.

사무엘상 11장 14-15절
"사무엘에 백성에게 이르되 오라 우리가 길갈로 가서 나라를 새롭게 하자 모든 백성이 길갈로 가서 거기서 여호와 앞에 사울로 왕을 삼고 거기서 여호와 앞에 화목제를 드리고 사울과 이스라엘 모든 사람이 거기서 크게 기뻐하니라"

길갈은 이스라엘 백성들이 처음 요단강을 건너서 가나안 땅에 발을 디뎠을 때 가나안 족속들 앞에서 할례를 행했던 곳입니다. 그 길갈의 각오는 목숨을 걸고 하나님의 말씀에 순종하자는 것이었습니다. 이스라엘 백성들이 목숨을 걸고 하나님의 말씀에 순종하면 반드시 사는 길이 열리게 되어 있습니다. '나라를 새롭게 하자' 는 것은 새로운 하나님의 나라로 시작을 하자는 것입니다. 이것은 사울이 왕이 되었기 때문에 새로운 것이 아닙니다. 하나님의 새로운 은혜가 임했기 때문에 새로워지는 것입니다.

사무엘은 사울의 첫 승리를 하나님께 영광 돌리게 했습니다. 이것은 그로 하여금 이 모든 승리가 철저하게 하나님의 능력임을 기억하여 자기 자신의 공로로 돌리지 못하게 한 것입니다. 이스라엘 백성들은 사울이 이기는 것을 보고 거기서 비로서 사울을 왕으로 인정하고 왕으로 세웠습니다. 이제부터 이스라엘은 사사 시대에서 왕정시대로 넘어가게 됩니다. 그 동안 사분오열로 혼란스러웠던 시대가 끝나고 단 한 사람의 왕이 통치하는 시대로 들어가게 된 것입니다. 이제부터는 왕이 이스라엘의 선장이 되어서 그가 인도하는 대로 이스라엘이라는 배는 나아가게 되었습니다. 선장이 할 일은 하나님의 말씀을 향하여 배를 인도하는 것입니다. 이것이 이스라엘이 사는 길입니다. 그러나 사울은 사무엘을 무시하고 자기 멋대로 배를 운전했습니다.

하나님은 사울이 다 된 사람이기 때문에 세우신 것이 아닙니다. 그의 가능성을 보고 믿어 주시며 이스라엘 나라 전체를 맡기셨습니다. 이것이 얼마나 엄청난 일입니까? 사울이 이스라엘에서 감당해야 하는 하나님과 이스라엘 백성의 중간 역할은 인간의 힘으로는 도저히 감당할 수 없는 일입니다. 사울의 비극은 그가 왕이 됨으로 다 되었다고 생각한 것입니다. 우리는 다 된 사람들이 아닙니다. 우리가 끝없이 하나님 앞에 겸손하게 믿음으로 나아갈 때만 하나님의 도우심으로 늘 승리할 수 있습니다.

15

사무엘의 고별 설교

>> 삼상 12:1-25

마라톤에서는 일등도 중요하지만 전 구간을 완주한다는 것이 대단히 중요합니다. 얼마 전에 어떤 암환자가 병을 극복하고 마라톤에 도전해서 완주를 해냄으로써 많은 사람들의 박수갈채를 받은 적이 있습니다. 사실 이 세상을 살아가면서 자기가 해야 할 일을 알고 끝까지 그 일을 해나가는 것은 너무나도 어렵습니다. 많은 사람들은 그냥 어쩌다 보니까 직장에 들어가고 또 처자식을 먹여 살려야 하기 때문에 어쩔 수 없이 일을 직업으로 하는 경우가 많습니다. 그래서 어떤 사람은 실컷 직장인의 길을 걷다가 갑자기 소설가가 된다든지 아니면 다른 새로운 인생의 길에 도전하기도 합니다. 이미 누군가 자신의 길을 발견하고 그 길을 끝까지 정직하게 걸어 온 사람은 참으로 존경할만한 합니다.

우리 그리스도인들이 이 세상에서 성공적인 삶을 살기 위해서는 우선 자기가 갈 길을 찾아야 합니다. 자신이 참으로 가치 있게 생각하고 평생 추구할 길을 찾는 것은 대단히 중요합니다. 그 후에는 최선을 다해 그 길을 끝까지 경주

해야 합니다. 그러면 인생길을 마칠 때에는 누구 앞에서라도 당당하게 자신의 길을 걸어 왔노라고 말할 수 있을 것입니다. 사실 자신이 달려갈 길을 찾고 그 길을 끝까지 달릴 수 있었다는 것 자체가 하나님의 은혜입니다. 왜냐하면 우리 주위에는 우리를 바른 길에서 벗어나게 하는 유혹들이 너무나도 많기 때문입니다.

본문 말씀은 사무엘이 이스라엘 백성들 앞에서 고별인사를 하는 내용입니다. 사무엘이 정식으로 은퇴를 해야겠다고 생각하게 된 것은 사울이 정식으로 이스라엘의 왕으로 임명되었기 때문입니다. 사무엘은 이스라엘 안에 리더십이 둘이 되면 안 된다고 생각했습니다. 그런데 사무엘은 완전히 은퇴한 것은 아니었습니다. 그는 이스라엘의 사사였습니다. 이스라엘을 다스리는 권한은 사울 왕에게 넘어갔지만 선지자의 직분은 은퇴할 수 있는 것이 아닙니다. 왜냐하면 선지자는 하나님의 말씀이 자기에게 임하면 언제든지 그 말씀을 전해야만 했기 때문입니다. 바로 이것이 사무엘서의 정신입니다. 즉 아무리 이스라엘의 왕이라 하더라도 그가 하나님의 말씀에 위배되는 일을 했을 때에는 선지자의 책망을 받아야 하는 것입니다.

사무엘의 은퇴 이유

사무엘이 사사로서의 직분에서 은퇴해야겠다고 생각을 한 이유는 이스라엘 백성들의 요구대로 왕이 이미 선출되었기 때문입니다.

> 사무엘상 12장 1-2절
> "사무엘이 온 이스라엘에게 이르되 보라 너희가 내게 한 말을 내가 다 듣고 너희 위에 왕을 세웠더니 이제 왕이 너희 앞에 출입하느니라"

지금까지 이스라엘을 다스려 온 것은 사사였습니다. 여기서 사사라고 하는 것은 백성들에게 하나님의 말씀을 가르치는 일종의 목회자였습니다. 더 정확히 말하면, 이스라엘을 다스리는 것은 하나님의 말씀이었다고 할 수 있습니다. 즉 사사들이 하나님의 말씀을 가르치면 백성들은 각자가 알아서 하나님의 말씀대로 순종해서 사는 것입니다. 이것은 오늘날 교회의 원리와도 같습니다. 교회는 세상적인 권위로 성도들을 지배하지 않습니다. 오직 목회자가 성도들에게 하나님의 말씀을 잘 가르치면 각자가 알아서 하나님의 말씀에 순종해서 살면 되는 것입니다.

사무엘은 선지자이면서 사사였습니다. 그러니까 지금까지 이스라엘을 다스려온 것은 사람의 생각이나 권위가 아니라 하나님의 말씀이었습니다. 그러나 이스라엘 백성들은 하나님의 말씀이 너무나도 불완전하다고 생각했기 때문에 인간들 중에서 왕을 세우려고 했습니다. 이것은 결국 이스라엘 안에서 말씀과 정치를 구별하자는 것이었습니다. 다시 말해서 말씀이 다스리는 신정국가에서 이제는 왕이 나라를 다스리는 체제로 가겠다는 것입니다.

저는 이것에 대하여 어느 정도는 일리가 있다고 생각합니다. 왜냐하면 하나님의 말씀을 좋아하는 사람에게는 하나님의 말씀이 모든 것이 될 수 있습니다. 그러나 아직까지 신앙적으로 성숙하지 않은 사람에게는 지나치게 말씀 중심적인 것이 너무나 답답할 수도 있고 불완전하게 보일 수도 있기 때문입니다. 예를 들어, 교회에서 결정하는 일들은 거의 대부분 성도들의 의견이 완전히 일치가 되어야 합니다. 만약 한 사람이라도 심하게 반대하면 일을 할 수 없는 것입니다. 그래서 어디에 땅을 하나 산다고 할 때에도 모든 사람들이 동의하지 않으면 동의할 때까지 몇 년이고 기다려야 합니다.

세상적인 관점에서는 이런 식으로 일하는 것이 너무 무책임하고 되지도 않게 보일 것입니다. 사실 하나님의 백성들이 말씀으로 성숙하여 한 사람 한 사람이 자기가 맡은 일에 최선을 다하면 마치 거대한 오케스트라가 연주되는 것처럼 합력하여 선을 이룰 수 있습니다. 그러나 신앙이 어릴 때에는 여기저기에서 불협화음이 일어나면서 상식만 가지고 일을 하는 것보다 훨씬 더 느리고 일이 안 될 수도 있는 것입니다. 그래서 어떤 의미에서 이스라엘 백성들이 모든 것을 각자가 알아서 하는 것보다는 그들이 요구했던 왕 제도 속에서 왕의 강력한 지도력 중심으로 인간적으로 일을 해 가는 것이 더 발전적일 수 있습니다.

그래서 한 나라 안에서 정치와 종교가 분리되는 것이 더 바람직할 수 있습니다. 왜냐하면 정치와 종교가 일치되어서 일이 잘 될 때는 좋지만 일이 잘 되지 않을 때에는 모든 것이 전부 멈출 수 있기 때문입니다. 어떤 일이 정치적인 문제로 끝나는 것이 아니라 종교적인 정죄까지 받아야 하기 때문에 훨씬 더 복잡하게 되는 것입니다.

그러나 하나님은 이스라엘 백성들이 말씀의 통치 체제로 들어가기를 원하셨습니다. 왜냐하면 각자가 자기 자신을 하나님의 말씀에 복종시키면 하나님의 능력이 이스라엘 백성들에게 엄청나게 공급되기 때문입니다. 그러나 이스라엘 백성들은 이 수준에 도저히 갈 수 없었기 때문에 인간 왕을 중심으로 이스라엘 정치가 안정되기를 원했습니다.

저는 국가를 통치하는 것에 있어서 어느 정도 상식적으로 문제를 해결하는 것은 일리가 있다고 생각합니다. 신앙 중심적인 사람들이 대단히 독선적일 수 있고, 간단하게 상식적으로 해결할 일을 하나님의 말씀대로 해야 한다면서 지나치게 복잡하게 만들 수 있기 때문입니다.

우리는 신앙생활하면서 상식적인 분별력을 무시해서는 안 됩니다. 그렇지 않으면 독선에 빠질 위험이 있습니다. 사무엘이 은퇴한 후 사무엘과 사울은 사사건건 충돌하게 됩니다. 사무엘과 사울 사이에 상식적인 것이 틀린 것이 아니라 성경적인 원리에 있어서 근본적인 차이가 있었기 때문입니다. 결국 사무엘은 자기가 기름 부어 세운 왕을 폐위하게 되는 비극을 겪게 됩니다. 이처럼 성경적인 데서 상식적인 것을 포용하는 것은 가능한데 상식적인 데서 성경적인 내용으로 오기는 대단히 어렵다는 것을 알게 됩니다. 우리는 먼저 성경에서 시작하는 것이 옳습니다. 그래서 더 성숙하게 되면 상식적인 수준도 포용해서 더 풍성해지게 되는 것입니다.

사무엘의 사역의 평가

사무엘은 은퇴를 선언하면서 그 동안 자기가 사역을 하면서 조금이라도 남의 것을 탈취하거나 뇌물을 받은 적이 있는지 사람들에게 말하라고 했습니다.

사무엘상 12장 3절
"내가 여기 있나니 여호와 앞과 그 기름 부음을 받은 자 앞에서 내게 대하여 증거하라 내가 뉘 소를 취하였느냐 뉘 나귀를 취하였느냐 누구를 속였느냐 누구를 압제하였느냐 내 눈을 흐리게 하는 뇌물을 뉘 손에서 취하였느냐 그리하였으면 내가 그것을 너희에게 갚으리라"

사무엘은 자신의 사역을 평가받는데 자기가 얼마나 크고 중요한 일을 행했느냐 하는 것으로 평가받으려고 하지 않고 얼마나 깨끗했느냐 하는 것으로 평가를 받고 있습니다. 이것이 하늘나라의 평가 원칙입니다. 이 세상에서는 어떤 사람을 평가할 때 그가 어떤 일을 했으며 어떤 위대한 업적을 남겼느냐 하는 치적을 두고 평가를 합니다. 그러나 하나님의 일은 그가 얼마나 깨끗했고 얼마나 죄에 오염되지 않았느냐 하는 것으로 평가를 합니다. 왜냐하면 이 세상은 죄가 들끓는 용광로이기 때문입니다. 이 용광로 속에서 죄에 물들지 않을 사람은 아무도 없습니다. 사회생활을 하면서 느끼는 것은 털어서 먼지 안 나는 사람이 없다는 것입니다. 자기가 아무리 깨끗하게 하려고 해도 사회 전체가 정직하지 않으면 자기도 모르는 사이에 죄에 물들게 되어 있습니다.

그래서 처음에는 제법 참신하게 자기가 맡은 일을 시작하던 사람도 어느 정도 시간이 흐른 후에는 오염되고 변질되어 타락하는 것입니다. 끝까지 하나님 앞에서 정직할 수 있는 사람은 하나님 앞에서 죽는 체험을 해야 합니다. 그래서 나의 힘이라고는 아무것도 없고 오직 모든 것을 하나님이 주시는 은혜로 산다는 것을 확고하게 붙들 때 끝까지 돈이나 인기에 오염되지 않고 자신의 길을 마칠 수가 있는 것입니다.

예수님은 산상설교에서 "하나님과 재물을 겸하여 섬기지 못하느니라"(마 6:24)고 말씀하셨습니다. 왜 우리 믿는 사람들은 재물을 섬기면 안 되고 하나님만 섬겨야 합니까? 재물을 목적으로 일을 하는 사람은 절대로 끝까지 순수할 수가 없기 때문입니다. 오직 하나님께 모든 것을 다 맡기고 하나님이 주시는 능력 안에서 최선을 다하는 사람은 끝까지 타락하거나 오염되지 않고 맡은 일에 충성할 수 있습니다. 사무엘은 사사의 일을 하면서 어느 누구의 소나 나귀를 가지거나 혹은 다른 사람을 압제하거나 뇌물을 받은 적이 없다고 당당하게 밝히고 있습니다. 사실 사무엘은 선지자이기 때문에 이렇게 깨끗하게 사는 것이 가능했을 것입니다.

이 세상에는 선지자형과 롯형과 누룩형이 있습니다. 선지자형은 어떤 의미에서 보면 세상에 대하여 비판적인 입장입니다. 그래서 굶어서 죽으면 죽었지 세상과는 타협하지 못하겠다는 입장입니다. 이런 사람은 주로 세례 요한 같은 스타일의 사람입니다. 세상과는 동떨어져서 약대 털옷을 입고 메뚜기와 들 꿀을 먹으면서 삽니다. 이와 달리 롯은 소돔에 살면서 소돔에 적응하려고 무척이나 애를 쓰는 사람이었습니다. 그러나 끝내 소돔 사람들을 만족시킬 수는 없었습니다. 왜냐하면 소돔 사람들은 하나님 앞에서 말로 표현할 수 없는 죄인들이었기 때문입니다. 예수님이 보여주신 것은 누룩형입니다. 이것은 자기 자신은 죄에 오염되지 않으면서 세상을 변화시키는 스타일입니다. 이렇게 할 수 있으려면 교회가 건강해야 합니다. 교회에 은혜가 넘치면 우리 성도들이 세상을 이길 수가 있고 훨씬 깨끗하게 자신의 길을 갈 수가 있습니다.

이스라엘의 안전장치

사무엘은 은퇴하면서 하나님이 지금까지 이스라엘 백성들을 어떻게 인도해 오셨는지 설명합니다.

사무엘상 12장 6절
"사무엘이 백성에게 이르되 모세와 아론을 세우시며 너희 열조를 애굽 땅에서 인도하여 내신 이는 여호와시니"

지금까지 이스라엘 백성들에게 어려움이 없었던 것은 아니었습니다. 그들은 애굽과 시스라와 모압과 블레셋 사람들에게 고통 받았습니다. 그들이 어려움을 당한 이유는 하나님을 버리고 우상을 섬겼기 때문입니다. 그런데 그들은 하나님께 부르짖었고 구원을 받게 됩니다. 본문에 보면 부르짖었다는 말이 두 번씩이나 나옵니다.

사무엘상 12장 8절
"야곱이 애굽에 들어간 후 너희 열조가 여호와께 부르짖으매"

사무엘상 12장 10절
"백성이 여호와께 부르짖어 가로되"

다시 말해서 이스라엘 백성들에게는 안전장치가 하나 있었습니다. 그것은 하나님 앞에 죄를 지으면 하나님이 다른 민족을 통하여 이스라엘을 징계하시는 것입니다. 그러니까 이스라엘 백성들은 무슨 어려운 일이 생기면 회개할 것이 있는 줄 알고 그 어려움에서 벗어나기 위해 하나님께 부르짖기만 하면 되었습니다. 요즘으로 치면 자동 경비장치가 되어 있어서 이상이 생기면 바로 벨이 울리는 것과 같습니다. 그런데 이스라엘 백성들은 왕을 세움으로 그 벨을 꺼버리려 하고 있습니다. 하나님이 기뻐하시는 일이 아니면 100% 안 되는 사람이 복된 사람입니다. 아예 일이 안 되는 사람은 나중에 일이 크게 잘못되고 난 후에 울고불고 할 필요가 없기 때문입니다. 기도하는 사람에게 안전장치가 있습니다. 우리에게 회개 거리가 있을 때 하나님이 반드시 어려움을 주시는 것입니다. 이것이 안전한 것입니다. 멋도 모르고 잘되는 줄 알고 달려들다가 나중에 큰 어려움 당하는 것보다는 훨씬 안전합니다.

> 사무엘상 12장 14-15절
> "너희가 만일 여호와를 경외하여 그를 섬기며 그 목소리를 듣고 여호와의 명령을 거역하지 아니하며 또 너희와 너희를 다스리는 왕이 너희 하나님 여호와를 좇으면 좋으니라마는 너희가 만일 여호와의 목소리를 듣지 아니하고 여호와의 명령을 거역하면 여호와의 손이 너희의 열조를 치신 것 같이 너희를 치실 것이라"

사무엘은 이스라엘 백성들이 그들 스스로 힘을 합치면 어려움을 물리칠 수 있다고 생각하기 때문에 우려하고 있습니다. 다시 말해서 하나님의 말씀을 제쳐 놓고 백성과 왕이 의견 일치하면 아무도 그들을 막을 수 없었습니다. 그러나 구원은 인간 스스로 아무리 묘안을 짜내고 계획을 세운다고 해서 이루어지지 않습니다. 이스라엘 백성들이 왕과 의견을 맞추는 것은 마치 어린아이들끼리 강도를 물리치기 위하여 의논을 하고 계획을 세우는 것과 같습니다.

사무엘은 이스라엘 백성들이 가지고 있는 힘이나 지식은 어린아이 수준밖에 되지 않는다는 것을 알려 줍니다. 왕이 있지만 그 왕도 죄인이고 어린아이밖에 되지 않습니다. 그들이 할 일은 부지런히 하나님의 말씀을 살피는 것입니다. 그러면 말씀 안에 길이 있고 말씀 안에 능력이 있습니다.

이스라엘 왕이 해야 할 것은 자기 야망이나 욕심에 따라서 백성들을 선동해서 나가는 것이 아닙니다. 만일 왕이 그렇게 한다면 이스라엘 백성들의 마음을 도둑질해서 망하는 길로 인도하는 것밖에 되지 않습니다. 이스라엘 왕이 해야 할 일은 자기 스스로가 하나님의 말씀을 깊이 묵상해서 그 하나님의 뜻을 향하여 백성들을 설득해서 데려가는 것입니다. 왕이 하나님의 말씀을 무시하고 세상 욕심으로 백성들을 끌고 가면 백성들이 하나님의 말씀에 순종하고 싶어도 왕의 명령 때문에 순종을 못하게 됩니다. 이제부터는 이스라엘의 왕이 하나님의 말씀에 얼마나 철저하게 헌신되었느냐에 따라서 이스라엘의 운명이 달리게 되는 것입니다.

건물을 건축할 때 내부에 철근과 콘크리트가 들어가지만 겉에서는 그것이 하나도 보이지 않습니다. 왜냐하면 나무나 벽지로 다 싸기 때문입니다. 마찬가지로 이 세상이 만들어질 때에도 안에 들어 있는 기초가 있습니다. 그것은 바로 하나님의 말씀입니다. 말씀이 이 세상을 붙들고 있는 철근이고 콘크리트인 것입니다. 그런데 이스라엘 백성들이 말씀을 붙들지 않는 것은 건물에서 철근을 빼내고 콘크리트를 파내는 것과 같습니다.

여기서 하나님이 치신다고 했지만, 그분이 의도적으로 치지 않고 그냥 내버려 두셔도 그 자체가 치는 것입니다. 왜냐하면 우리 주위에는 항상 우리를 공격하려고 기다리고 있는 이리나 상어 떼가 수두룩하기 때문입니다. 우리가 말씀을 멀리하는 것은 하나님의 방어막을 뚫고 밖으로 탈출하는 것과 같습니다. 그러면 하나님의 보호를 받을 수가 없게 됩니다. 이스라엘 백성들에게 중요한 것은 왕이 있느냐 없느냐 혹은 안정된 제도가 있느냐 없느냐 하는 것이 아니라 그들이 하나님의 말씀을 붙드느냐 붙들지 않느냐 하는 것입니다.

오늘도 세상이 돌아가는 것만 보면 도저히 하나님의 말씀만 붙들어서 될 것 같지가 않습니다. 세상 사람들은 먹고 살기 위하여 얼마나 머리를 쓰고 노력을 많이 합니까? 거기에다가 그들은 실력도 하나님의 백성들보다 훨씬 낫습니다. 세상의 원리는 사람의 욕망을 부추기는 방식입니다. 자기가 하고 싶은 것을 실컷 해보라는 것입니다. 그러면 사람은 의욕을 가지고 덤벼들게 됩니다.

그러나 하나님의 방식은 자기 욕망을 죽이라는 것입니다. 그러면 우리는 아무것도 할 수 없게 되는데 바로 그때 하나님이 우리의 삶을 사용하셔서 일을 하시겠다는 것입니다. 상식적으로 하나님의 말씀대로 살면 안 되게 되어 있습니다. 그런데도 이상하게 하나님의 백성들은 살아갑니다. 그것도 놀라울 정도로 능력 있게 살아갑니다. 그 이유는 이 세상에서 하나님의 백성들이 살 수 있는 길은 따로 준비되어 있기 때문입니다.

우레를 통한 하나님의 확인

아마도 이스라엘 백성들은 사무엘의 설교를 듣고서도 별로 동의하지 않았던 것 같습니다. '당신이 아무리 그렇게 말해도 우리가 보기에는 우리 생각이 더 옳다'는 식이었습니다. 그래서 사무엘은 그들에게 하늘의 표적을 보여주었습니다.

사무엘상 12장 16-18절

"너희는 이제 가만히 서서 여호와께서 너희 목전에 행하시는 이 큰 일을 보라 오늘은 밀 베는 때가 아니냐 내가 여호와께 아뢰리니 여호와께서 우레와 비를 보내사 너희가 왕을 구한 일 곧 여호와의 목전에 범한 죄악이 큼을 너희로 밝히 알게 하시리라 이에 사무엘이 여호와께 아뢰매 여호와께서 그 날에 우레와 비를 보내시니 모든 백성이 여호와와 사무엘을 크게 두려워하니라"

하나님은 이스라엘 백성들의 깨달음을 위해 음향효과를 사용하셨습니다. 이스라엘 백성들이 너무나도 자신들의 문제를 깨닫지 못하니까 사무엘이 하나님께 부탁해서 하나님의 뜻을 보여 달라고 한 것입니다. 그러니까 그 즉시 하늘에서 우레와 비가 쏟아짐으로 하나님이 이스라엘 백성들에 대하여 진노하고 계심을 보여주셨습니다. 특히 밀을 벨 때는 절대로 비가 오지 않을 때입니다. 비가 올 수 없는 때 사무엘의 기도로 비가 쏟아지는 것을 보고 이스라엘 백성들은 과연 하나님이 그들의 모든 것을 보고 계시며 듣고 계시다는 것을 깨달았습니다. 이것은 하나님이 좀처럼 사용하시지 않는 방법이었습니다.

하나님이 사용하시는 방법은 말씀으로 깨닫게 하시는 것입니다. 귀로 말씀을 듣는 것은 시간이 걸리고 효과도 없는 것 같지만 인격을 조금씩 변화시킵니다. 그러나 이런 식의 기적은 그 당시에는 당장 효과가 있는 것 같지만 오히려 면역이 생기기 때문에 그 다음에 효과가 생기게 하려면 더 심한 자극을 주어야 하는 것입니다.

이것을 보면 이스라엘 백성들의 영적인 상태가 얼마나 어린 상태에 있는지 알 수 있습니다. 그들은 우레 소리를 듣고서야 비로소 사무엘의 말이 사실이며 그들이 무엇인가 하나님 앞에서 잘못하고 있다는 것을 깨닫게 되었습니다. 그 때 그들은 하나님께 기도해서 죽지 않게 해 달라고 사무엘에게 부탁했습니다.

사무엘상 12장 19절
"모든 백성이 사무엘에게 이르되 당신의 종들을 위하여 당신의 하나님 여

> 호와께 기도하여 우리로 죽지 않게 하소서 우리가 우리의 모든 죄에 왕을
> 구하는 악을 더하였나이다"

　이스라엘 백성들은 하나님이 그들을 기뻐하시지 않는다는 것을 알았을 때 누군가가 그들을 위하여 기도해 줄 사람이 필요하다는 것을 알았습니다. 그 사람은 사무엘 밖에 없었습니다. 어떤 사람이 하나님 앞에 죄를 지었을 때 그를 위하여 하나님께 기도해 주는 사람이 얼마나 필요한지 모릅니다. 그를 위하여 기도해 주는 사람이 아무도 없다면 그는 바로 멸망할 수밖에 없습니다. 사무엘은 이스라엘 백성들의 부탁을 듣고 몇 가지를 약속했습니다.

　우선 첫 번째는 우레를 두려워하지 않아도 된다고 했습니다. 왜냐하면 이것은 이스라엘 백성들이 깨닫도록 하기 위해서 사용하시는 경보 수단에 불과한 것이지 본질은 아니기 때문입니다. 그들이 진짜 두려워해야 할 대상은 하나님이십니다. 우리가 하나님만 두려워한다면 이 세상의 어떤 재앙도 두려워할 필요가 없습니다. 그러나 하나님을 두려워하지 않으면 이 세상의 별 시시한 것들이 다 우리를 두렵게 할 것입니다. 우리 성도들이 가장 두려워해야 하는 것은 말씀을 소홀히 하고 사람들의 인정만 받으려고 하는 것입니다.

　전쟁이나 기근이나 IMF도 하나님이 사용하시는 도구일 뿐입니다. 우리는 어떤 사람입니까? 하나님의 아들입니다. 예수님을 보십시오. 그분은 이 세상에서 아무것도 두려워하지 않았습니다. 굶주림이나 질병이나 바람이나 파도나 어떤 것도 그분을 두렵게 하지 못했습니다. 왜냐하면 그분은 전능하신 하나님의 아들이시기 때문입니다. 우리가 두려워해야 할 것은 교만해지는 것입니다. 우리가 두려워해야 할 것은 말씀을 멀리하는 것이며 세상과 가까워지는 것입니다.

　두 번째로 사무엘은 자기가 이스라엘 백성들을 위하여 기도하는 것을 쉬지 않겠다고 했습니다. 사무엘은 그것을 죄라고 생각했습니다. 지금 이스라엘 백성들은 완전히 영적인 어린아이이기 때문에 사무엘이 기도하지 않으면 이스

라엘은 망할 수 있습니다. 어른이 어린아이가 위험한 데서 놀고 있는데 무관심하다면 그것은 죄를 짓는 것입니다. 우리는 신앙이 약한 사람들을 위해 항상 기도해야 합니다. 왜냐하면 언제 마귀가 덤벼들어서 그들의 영혼에 상처를 주거나 그들의 믿음을 찢어 놓을지 모르기 때문입니다. 어린 영혼들은 조금만 무관심하면 바로 영향을 받습니다. 그래서 우리의 기도의 불길은 꺼지면 안 됩니다. 조금이라도 약화되면 안 됩니다. 방심하면 마귀가 덤벼들게 되어 있습니다.

기도하던 사람이 기도하던 것을 쉬면 죄를 짓는 것입니다. 왜냐하면 기도하는 사람은 군인으로 치면 최전방에서 철조망을 지키는 군인과 같기 때문입니다. 만일 그런 군인이 피곤하다거나 귀찮다고 해서 철조망을 지키지 않으면 국경지대가 뚫릴 수가 있는 것입니다. 그러면 이것은 엄청난 죄를 짓는 것입니다. 우리가 다른 사람을 위하여 많은 일을 해 주지 않는다 하더라도 그들을 위하여 기도하면 가장 중요한 사명을 다하고 있는 것입니다. 하나님은 우리가 할 수 있는 최고의 일이 다른 사람을 위하여 기도하는 일이라고 말씀하십니다. 예컨대 하나님의 친구의 자격으로 아브라함은 조카 롯을 위해 기도함으로 그를 구원했습니다.

세 번째로 하나님은 이스라엘 백성들을 사랑하신다고 했습니다. 이스라엘 백성들은 하나님이 무섭게 징계하시고 또 우레와 소나비로 반응을 하셔서 그들을 싫어하신다고 생각했습니다. 그러나 하나님은 이스라엘 백성들을 사랑하셨습니다. 단지 그들이 너무 철이 없고 깨닫지 못해서 잠시 엄하게 하시는 것뿐이지 하나님은 이스라엘을 진심으로 사랑하셨습니다.

우리가 하나님의 사랑에 대하여 느끼는 것과 하나님이 실제로 우리를 사랑하시는 것 사이에는 많은 차이가 있습니다. 우리가 하나님은 우리를 사랑하시지 않을 것이라고 생각하는 순간에도 하나님은 우리를 사랑하십니다. 단지 우리가 그 사랑을 깨닫지 못하고 자기 욕심대로 가고 있기 때문에 사랑을 미움으로 받아들이고 있을 뿐입니다. 그들이 조금만 마음을 열고 하나님께 나아오면 하나님은 그들을 더 사랑하고 기뻐하십니다. 하나님 앞에 억지로가 아니라 기쁨으로 나아갑시다. 하나님을 사랑할 때 하나님이 얼마나 우리를 축복하시는지 모릅니다.

16

사울의 선택

>> 삼상 13:1-23

「벤허」라는 영화에 마차 경주 장면이 나옵니다. 주인공 벤허는 채찍질을 하면 말이 절대 빨리 달리지 않는다는 마차 상인의 말을 그대로 따라서 결국 우승을 했습니다. 그러나 다른 경주자들은 그 말을 따르지 않고 더욱 채찍질을 했습니다. 세상 사람들이 가진 삶의 원리는 하나님을 믿는 사람들이 가진 삶의 원리와 매우 다릅니다. 이것은 마치 기차와 레일의 폭이 서로 달라서 기차가 아무리 달리려 해도 달릴 수가 없는 것과 같습니다.

하나님을 믿지 않는 사람들은 자기가 가지고 있는 것이 전부입니다. 그래서 눈에 보이는 것을 중심으로 모든 것을 판단합니다. 그러나 하나님의 백성들은 자신이 가진 소유와 능력보다 하나님이 가지고 계신 것이 중요합니다. 눈에 보이는 인간의 세력보다는 눈에 보이지 않는 하나님의 능력이 더 중요합니다. 그런데 문제는 하나님의 도움을 받을 수 있을지 없을지 우리가 잘 알 수가 없다는 것입니다. 가진 것 없이 하나님만 믿다가 망하게 되는 것은 아닌지에 대한 위기의식이 우리에게 있습니다.

사무엘이 은퇴한 후, 사울은 이스라엘의 왕이 되었습니다. 아직 완전한 군대를 조직하지 못한 사울 왕은 할 수 있는 대로 블레셋의 성질을 건드리지 않고 시간적인 여유를 가지고 나라를 조직해 나가려고 생각했습니다. 하지만 하나님은 사울이 나라를 조직해가는 것보다, 나라를 이끌어 가는 원칙을 확고히 하기 원하셨습니다. 즉 사울은 이스라엘의 왕으로서 인간의 힘이 아니라 하나님의 능력으로 나라를 다스리기로 선택해야만 했습니다.

하나님의 백성들은 세상 사람들과 다른 길을 걸어야 합니다. 우리는 믿음의 길이 불안하다고 해서 세상 사람들의 길을 선택하면 형통할 수 없습니다. 마치 기차와 레일이 맞지 않으면 달릴 수 없는 것과 같습니다. 그런데 아무리 하나님의 백성이라 해도 인간이기 때문에 세상 사람들과 크게 다르게 생각할 수는 없습니다. 마음 한쪽은 믿음으로 달리려 해도, 다른 한쪽에서는 세상의 방식을 따르려는 유혹이 있는 것입니다.

이때 우리는 하나님 앞에 나아가서 솔직하게 고백을 드려야 합니다. '오! 하나님, 끝까지 하나님을 의지하기 원하지만, 또한 세상의 방식을 따르고 싶은 유혹을 느낍니다. 저의 믿음 없음을 용서해 주시고 끝까지 믿음으로 인내할 수 있게 해 주십시오.' 이렇게 솔직하게 기도드릴 때 하나님이 힘을 주시는 것입니다.

본문에서 사울 왕은 사무엘을 기다리지 못하고 대신 번제를 드렸다가 사무엘로부터 하나님의 마음과 맞지 않아서 오래지 않아 왕의 자리에 있지 못하고 쫓겨나게 될 것이라는 말을 듣게 됩니다.

요나단의 믿음

사무엘상 13장 1-2절
"사울이 왕이 될 때에 사십 세라 그가 이스라엘을 다스린 지 이 년에 이스라엘 사람 삼천을 택하여 그 중에서 이천은 자기와 함께 믹마스와 벧엘산에 있게 하고 일천은 요나단과 함께 베냐민 기브아에 있게 하고 남은 백성은 각기 장막으로 보내니라"

사무엘의 은퇴 후에 사울은 정식으로 이스라엘의 왕이 되었습니다. 그런데 사울은 군인으로 오직 3천 명만 뽑았습니다. 그리고 이 3천 명도 한 자리에 있게 한 것이 아니라 두 곳에 나누어 배치했습니다. 2천 명은 자기가 데리고 믹마스에 있게 하고, 나머지 천 명은 아들 요나단에게 주어서 베냐민 기브아에 있게 했습니다. 사울이 정식으로 이스라엘의 왕이 된 후에도 본격적으로 군대를 조직할 수 없었던 이유는 그만한 재원이 확보되지 않아서 그런 것도 있었겠지만 더 중요한 것은 블레셋 사람들이 이스라엘이 이런 식으로 독립하는 것을 좋아하지 않았기 때문입니다.

즉 이스라엘 백성들이 사울을 왕으로 뽑은 것은 일제 시대 때 일본의 허락도 없이 왕을 뽑아서 군대를 조직하려고 하는 것과 같았습니다. 사울은 할 수 있으면 블레셋 사람들을 건드리지 않으려고 군사도 겨우 경호할 수 있는 정도의 사람만 뽑고 그것도 한 곳에 모아 놓지 않고 양쪽에 분산시켜 놓았습니다. 사울이 이렇게 한 것은 그가 이스라엘의 왕이지만 당장 블레셋을 이길 힘이 없기 때문에 차차 시간을 두고 보면서 나라를 조직해 나갈 생각이었던 것 같습니다. 이것을 보면 사울이 나름대로 형세 판단을 잘 하고 있으며 무리하게 일을 진행시키지 않으려고 한다는 것을 알게 됩니다. 그런데 사울의 이런 생각은 그 아들 요나단 때문에 완전히 그르치고 말았습니다. 요나단은 아버지가 맡겨 주신

천 명의 군대로 블레셋 사람들에게 선제공격을 했던 것입니다.

사무엘상 13장 3-4절
"요나단이 게바에 있는 블레셋 사람의 수비대를 치매 블레셋 사람이 이를 들은지라 사울이 온 땅에 나팔을 불어 이르되 히브리 사람들은 들으라 하니 온 이스라엘이 사울의 블레셋 사람의 수비대를 친 것과 이스라엘이 블레셋 사람의 가증히 여김이 되었다 함을 듣고 길갈로 모여 사울을 좇으니라"

여기서 사울과 그 아들 요나단의 생각 차이가 나타납니다. 사울 왕은 블레셋이라는 현실적인 문제를 아주 중요하게 생각했고, 요나단은 앞뒤를 재기보다 하나님의 백성으로서 무조건 블레셋을 쳐서 하나님의 땅에서 내쫓아야 한다고 생각했습니다.

이것이 바로 어른과 아이들의 생각 차이입니다. 어른들은 어떤 일을 할 때에 많은 것을 생각해서 결정을 합니다. 그래서 어떤 일이 옳은 줄 알면서도 상황이 불리하기 때문에 행동하지 못할 때가 많습니다. 그러나 아이들은 자기가 알고 있는 그 한 가지만 생각하기 때문에 그것이 옳다고 생각하면 나중에 어떻게 되든지 간에 그 일을 하고 봅니다. 어른은 돈이 생기면 어디에 써야 할지 생각하면서 잘 쪼개서 쓰지만 아이들은 나중에 어떻게 되든지 쓰고 보는 것과 같습니다.

요나단은 그들이 하나님의 백성들이기 때문에 믿음으로 나아가면 천 명이 아니라 백 명이 싸워도 블레셋 사람들을 이길 수 있다고 생각했습니다. 나중에 요나단은 자기 부하 한 사람만 데리고 블레셋 진에 들어가서 공격을 한 적도 있습니다. 이것을 보면 요나단은 거의 무모할 정도로 행동에 옮기는 신앙인 것을 알 수 있습니다.

우리는 여기서 사울의 자세가 옳은지 요나단의 자세가 옳은지 하는 것을 한 마디로 말할 수가 없습니다. 어떻게 보면 사울의 자세는 믿음이 없는 것처럼 보이지만 신중한 자세일 수 있습니다. 그리고 요나단의 자세는 믿음이 아주 좋고 용감한 것 같지만 무모하고 위험한 자세로 볼 수 있는 것입니다. 이스라엘 백성들이 오래 침체되어 있을 때에는 한 번씩 요나단처럼 거의 무모할 정도로 행동에 옮기는 자세가 필요할 때도 있습니다. 하나님이 힘을 주시고 축복하실 때에는 과감하게 행동에 옮길 필요도 있는 것입니다.

특히 사울은 하나님이 기름을 부어서 세운 사람입니다. 하나님이 세운 사람은 죄만 짓지 않는 이상 믿음으로 나아가면 하나님이 축복을 하시게 되어 있습니다. 하나님이 그 모든 연약함과 부족함을 책임지시기 때문입니다. 그리고 사울은 이미 암몬 족속을 쳐부순 경험이 있습니다. 이것을 통해 이미 하나님이 사울을 축복하고 계시며 이스라엘에 부흥의 시기가 도래했음을 알 수 있습니다.

좌우간 사울은 왕이지만 시간적인 여유를 가지고 천천히 정부를 조직하려고 했습니다. 그러나 요나단의 무모한 공격으로 그럴 수가 없게 되었습니다. 왜냐하면 블레셋 사람들이 이스라엘의 공격을 받고 크게 분노해서 대대적으로 공격을 해 왔기 때문입니다. 결국 요나단의 공격은 블레셋이라는 벌집을 쑤셔 놓은 결과가 되고 말았습니다.

이스라엘 백성들의 반응

블레셋 사람들은 지금 이스라엘을 치지 않으면 너무 키워 주게 된다고 생각해서 대대적인 군대를 이끌고 이스라엘의 공격을 감행했습니다.

사무엘상 13장 5절

"블레셋 사람이 이스라엘과 싸우려 하여 모였는데 병거가 삼만이요 마병이 육천이요 백성은 해변의 모래같이 많더라 그들이 올라와서 벧아웬 동편 믹마스에 진치매"

우리는 블레셋의 이 공격이 요나단 때문에 일어났다고 생각해서는 안 됩니다. 그것은 오직 하나의 빌미일 뿐이었습니다. 블레셋 사람들이 바라는 것은 이스라엘을 영구적으로 지배하는 것입니다. 그렇지 않아도 이스라엘 백성들이 사울을 왕으로 뽑은 것을 아주 좋지 않게 생각하고 있어서 어떻게 해서든지 공격할 기회를 찾고 있었던 것입니다. 블레셋 사람들은 이스라엘 백성들을 종으로 삼기 원했으므로 그들이 힘을 내고 영적으로 부흥하는 것을 아주 싫어합니다.

마귀가 가장 싫어하는 것이 교회가 부흥하고 성도들이 은혜를 받고 기도하기 시작하는 것입니다. 이 세상에서 마귀가 가장 두려워하는 것이 바로 이것입니다. 교회 안에 능력의 말씀이 선포되고 성도들이 은혜를 받아서 기도하기 시작할 때 마귀는 하나님의 백성들을 더 이상 붙들어 놓을 수가 없습니다. 그래서 마귀는 하나님의 백성들이 힘을 내기 시작하면 더 강력하게 공격해서 주저앉게 만들려고 하는 것입니다. 이럴 때 이길 수 있는 방법은 더 열심히 모여서 기도하는 것 밖에 없습니다. 그러나 이스라엘 백성들은 블레셋 사람들을 너무 두려워 하여 뿔뿔이 흩어지게 되었습니다.

사무엘상 13장 6-7절

"이스라엘 사람들이 위급함을 보고 절박하여 굴과 수풀과 바위틈과 은밀한 곳과 웅덩이에 숨으며 어떤 히브리 사람들은 요단을 건너 갓과 길르앗 땅으로 가되 사울은 아직 길갈에 있고 그를 좇은 모든 백성은 떨더라"

이스라엘에는 왕이 있었지만 아직 힘이 전혀 없었습니다. 그래서 이스라엘 백성들은 하나님이 사울을 사용하셔서 암몬의 나하스를 물리쳤던 것을 다 잊어 버리고 블레셋의 공격으로부터 피하기에 급급했습니다. 이스라엘 백성들은 일단 급하니까 굴이나 수풀이나 바위틈이나 심지어는 웅덩이에까지 숨었습니다. 이스라엘 백성들은 이렇게 위험할 때 두려워하지 말고 함께 모여야 했습니다. 바위나 수풀이나 웅덩이에 숨으면 블레셋 사람들이 찾아내지 못하겠습니까?

이스라엘 백성들이 잊고 있는 것은 하나님이 한번만 능력을 행하는 분이 아니시라는 것입니다. 하나님이 사울을 통해 암몬 손에서 이스라엘을 건져 내셨다면 이번에도 블레셋의 손에서 얼마든지 건져 내실 수 있으십니다. 그런데 이스라엘 백성들은 그 동안 믿음이 없어져서 지난번에 이겼던 것은 우연히 이긴 것이고 이번에는 하나님의 도우심을 받을 수 없을 것으로 생각하고 도망치기에 급급했습니다. 그런데 사울은 어쩔 수 없이 길갈에 남아 있었습니다. 왕은 도망칠 곳이 없었기 때문입니다. 사울도 왕으로 기름 부음을 받지 않았으면 도망을 쳤을 것입니다. 그리고 사무엘이 길갈에서 하나님께 번제를 드리자고 했기 때문에 그를 기다릴 수밖에 없었습니다. 사무엘을 기다리는 사울이나 이스라엘 백성들은 두려움으로 떨고 있었습니다.

사울의 선택

사무엘은 사울에게 블레셋과 싸우기 전에 길갈에서 하나님께 번제를 드리자고 했습니다. 이것은 이스라엘과 블레셋의 싸움이 인간의 싸움이 아니고 하나님이 싸우시는 전쟁이라는 고백을 드리기 위한 것이었습니다. 사울이 알아야 했던 것은 사무엘의 제안은 사무엘의 생각이 아니고 하나님의 생각이었다는 것입니다. 하나님은 이 번제를 통해 사울의 믿음을 시험해 보기 원하셨습니다.

하나님은 우리에게 가장 좋은 것을 주시기 전에 반드시 우리의 믿음을 달아보십니다.

그때는 아무리 하나님께 기도하고 매달려도 하나님의 응답을 들을 수 없습니다. 하나님은 우리가 하나님의 축복을 구하는 의도를 알고 싶어 하시는 것입니다. 즉 자기 욕심대로 살기 위해 하나님의 축복을 구하는 것인지, 아니면 하나님의 영광을 위하여 하나님의 뜻에 자기를 바치고자 기도 응답을 구하는지 확인해 보십니다. 결국 우리가 아무리 기도해도 응답이 없을 때는 바로 하나님이 우리의 중심을 시험해 보시는 때입니다. 이때 우리는 하나님 앞에서 태도를 분명히 해야 합니다. 끝까지 인내하면서 하나님만 의지하면 시험에 합격하게 됩니다. 그런데 사울은 이 하나님의 시험에 불합격했습니다.

사무엘상 13장 8절
"사울이 사무엘의 정한 기한대로 이레를 기다리되 사무엘이 길갈로 오지 아니하매 백성이 사울에게서 흩어지는지라"

사울에게 일주일 안에 오겠다고 약속했던 사무엘은 일주일이 다 되도록 오지 않았습니다. 그 동안에 이스라엘 백성들은 더 이상 기다리지 못하고 흩어지기 시작했습니다. 이때 사울은 완전히 선택의 기로에 서게 되었습니다. 즉 늦어지는 사무엘을 기다리다가 블레셋 사람들에게 붙들려 죽임을 당하든지, 아니면 더 늦기 전에 인간적인 방법으로 제사를 드리고 백성들의 마음을 수습하는 것이었습니다. 결국 사울의 믿음에 대한 하나님의 시험이셨습니다. 하나님은 사울에게 '너는 어떤 원리로 이 나라를 다스리겠느냐' 하는 질문을 하시는 것입니다. 사울이 하나님을 의지하는 믿음이 있었더라면 눈에 보이는 블레셋의 군대보다 하나님의 말씀을 더 중요하게 생각했을 것입니다.

우리가 하나님을 의지하는데 가장 어려운 것이 '만약' 입니다. 만약 하나님이 도와주지 않으시면 꼼짝 못하고 바보같이 죽임을 당할 수밖에 없다고 생각합니다. 그런데 하나님을 의지하는 확고한 믿음을 가지고 있으면 어떻습니까? 다니엘과 그의 친구들처럼 설사 하나님이 도와주시지 않는다 할지라도 믿음을 지키고 죽으면 영광스러운 순교를 하지 않겠느냐는 것입니다. 우리가 하나님을 바로 알고 또한 기름 부음까지 받았는데 이것으로 만족하고 기름 부음 받은 자로 죽자고 결심하고 믿음을 지키면 하나님은 기름 부음 받은 자의 죽음을 절대로 허락하시지 않을 것입니다. 왜냐하면 기름 부음을 받은 자로 죽는 자는 예수님뿐이기 때문입니다.

사실 사울은 사무엘을 아주 잘 기다렸습니다. 블레셋 군대를 바로 눈앞에 두고 무려 일주일 동안이나 사무엘을 기다린 사울의 인내는 엄청난 것이었습니다. 그러나 사울은 마지막 몇 십 분을 기다리지 못해서 시험에 불합격하고 말았습니다. 대개 하나님의 시간은, 우리가 최대한으로 기다리고 거기서 조금 더 지난 후입니다. 사실 우리가 더 견딜 수 없게 되었을 때 하나님의 시간은 거의 다 된 것입니다. 사울 왕은 그것을 참지 못했습니다.

사무엘상 13장 9-10절

"사울이 가로되 번제와 화목제물을 이리로 가져오라 하여 번제를 드렸더니 번제를 드리기를 필하자 사무엘이 온지라 사울이 나가 맞으며 문안하매"

사울의 잘못은 아주 컸습니다. 왕은 하나님께 제사를 드릴 수가 없습니다. 이것은 오직 제사장만이 할 수 있는 일입니다. 그런데 사울은 백성이 흩어지는 것을 막기 위하여 제사를 드릴 수 있는 자격이 전혀 없음에도 불구하고 자기가 하나님께 제사를 드리고 말았습니다. 사울이 제사를 드린 이유가 무엇입니까? 백성들의 마음을 붙잡기 위해서였습니다. 즉 '굳이 제사장만 제사를 드리라는 법이 어디 있는가? 나도 하나님의 기름 부음을 받은 종인데 나도 드릴 수 있다' 는 것이었습니다. 그러나 하나님이 사울에게서 원하신 제사는 그런 것이 아니었습니다.

하나님은 사울이 끝까지 하나님만 의지하기를 원하셨습니다. 다른 백성들은 다 흩어지더라도 사울은 그곳에 남아 있어야 했고, 아무리 사무엘이 늦어져도 끝까지 기다려서 사무엘이 드리는 제사를 통하여 그의 연약함을 하나님께 고백드리고 전적으로 하나님의 도우심을 받아야 했습니다. 이것이 사울이 왕으로서 치러야 하는 어려운 시험이었습니다. 왕은 시험을 치지 않을 것 같은데 사실은 백성들보다 더 엄격한 시험을 쳐야 합니다. 게다가 사울이 제사를 드리도록 충동질을 하는 사람이 분명히 있었을 것입니다. 그럼에도 불구하고 자신의 자리를 지키고 사무엘을 하나님의 종으로 인정했더라면 사울은 이 시험에 합격했을 것입니다.

결국 우리가 이 세상에서 무엇을 가장 중요하게 생각하느냐 하는 것으로 시험이 판가름 납니다. 우리가 하나님도 의지하지만 하나님 때문에 모험을 하지 못하면 결국 불합격이 됩니다. 그러나 우리가 하나님을 바로 믿고 바른 은혜를 받았기 때문에 다른 것을 다 포기해도 좋다고 하면 이 시험을 통과할 수 있습니다. 그래서 우리의 신앙은 한번은 죽음을 통과해야 합니다. 즉 내가 하나님으로 인하여 죽을 수도 있다는 과정을 통과해야 하는 것입니다.

하나님의 판단

사무엘상 13장 11-12절

"사무엘이 가로되 왕의 행한 것이 무엇이뇨 사울이 가로되 백성은 나에게서 흩어지고 당신은 정한 날 안에 오지 아니하고 블레셋 사람은 믹마스에 모였음을 내가 보았으므로 이에 내가 이르기를 블레셋 사람은 나를 치러 길갈로 내려오겠거늘 내가 여호와께 은혜를 간구치 못하였다 하고 부득이 하여 번제를 드렸나이다"

제사가 끝난 후에 나타난 사무엘은 사울에게 지금 왕이 한 것이 무엇이냐고 물었습니다. 그랬더니 사울은 변명을 했습니다. "백성들은 흩어지고 당신은 정한 시간에 오지 않고 블레셋 사람들은 믹마스에 다 모였기 때문에 부득이해서 제사를 드렸습니다." 사울은 하나님이 무엇 때문에 자신에게 이런 7일간의 기다림을 주셨는지 이해하지 못했습니다. 바로 이 7일간의 기다림은 하나님이 사울의 인간 됨됨이를 시험해 보는 시간이었던 것입니다.

사람들은 하나님을 조금 기다려 보다가 소식이 없으면 금방 포기하고 세상 길로 달려가 버립니다. 왜냐하면 하나님이 도와주시지 않아도 얼마든지 살 길이 많이 있기 때문입니다. 그러나 진정으로 하나님을 믿고 의지하는 사람은 하나님이 도와주지 않으시면 다른 데 갈 곳이 없습니다. 하나님을 믿으면서 세상적인 모든 방법과 수단을 다 버렸기 때문입니다.

사무엘은 이 7일간의 기다림이 왕으로서 사울에 대한 하나님의 시험이었음을 선포합니다. 다시 말해서 하나님은 어느 선까지 사울이 그분의 명령에 순종하는지 확인하고자 하셨던 것입니다. 하나님은 사울이 마지막까지 하나님을 기다리기 원하셨습니다. 사울이 죽는 순간까지도 하나님을 의지하기 원하셨습니다. 적어도 이스라엘의 왕이 되려면 하나님을 의지하다가 죽을 각오는 해야 한다는 것입니다. 그랬더라면 왕의 나라가 영원했을 것이지만 그가 이번 시험에 불합격했기 때문에 왕의 나라가 길지 못할 것이라고 합니다.

사무엘상 13장 13-14절
"사무엘이 사울에게 이르되 왕이 망령되이 행하였도다 왕이 왕의 하나님 여호와께서 왕에게 명하신 명령을 지키지 아니하였도다 그리하였더면 여호와께서 이스라엘 위에 왕의 나라를 영영히 세우셨을 것이어늘 지금은 왕의 나라가 길지 못할 것이라 여호와께서 왕에게 명하신 바를 왕이 지키지 아니하였으므로 여호와께서 그 마음에 맞는 사람을 구하여 그 백성의 지도자를 삼으셨느니라 하고"

하나님은 사울이 백성들의 인기와 지지를 얻기 전에 하나님 앞에서 바른 목자가 되기를 원하셨습니다. 그러면 당장은 백성들이 사울을 무능하다고 조롱하고 비웃기도 하겠지만 결국 하나님이 사울을 높여 주실 것입니다. 사람은 자기가 높아지고 싶다고 해서 높아질 수 있는 것이 아닙니다. 하나님이 높여 주셔야 높아지는 것입니다. 사울은 대략 1시간이나 30분 정도의 시간을 참지 못하는 바람에 영구석으로 왕위를 잃어버리게 되었습니다. 하나님은 어려움을 통하여 우리의 믿음을 시험해 보십니다. 평소에 아무리 공부를 잘 해도 시험 때 망치면 불합격할 수밖에 없습니다. 어려울 때 우리 입에서 나오는 말이 우리의 신앙고백입니다. 하나님은 최후의 순간까지 하나님을 의지하기 원하십니다. 이것이 모험적인 신앙입니다.

블레셋 사람들에게 패하는 한이 있다 하더라도 하나님을 의지하자고 했더라면 그의 날이 길 것이라고 했습니다. 우리가 끝까지 인내하려면 나의 생각이라는 것이 없어야 합니다. 하나님은 사람의 외모를 보지 아니하시고 중심을 보십니다. 하나님은 하나님의 마음에 맞는 사람은 아무리 구석에 있어도 찾아내서 존귀한 사람으로 만드시는 것입니다. 그러나 반대로 현재는 아무리 사람들 앞에서 높은 자리에 있다 하더라도 하나님의 말씀을 업신여기는 자는 일회용으로 끝나고 맙니다.

본문을 보면 사울이 사무엘의 축복 없이 블레셋과 싸워야 하는 것을 보게 됩니다. 이미 블레셋 사람들은 3만 명이 삼대로 나누어서 이스라엘 안으로 진격해 들어오고 있습니다. 이것은 사울을 치는 것만이 목적이 아니라는 것입니다. 지금 블레셋 사람들이 하려는 것은 이스라엘 백성 전체를 응징하겠다는 것입니다. 그런데 사울과 함께한 자는 다 도망을 치고 600명 정도만 남아 있었습니다. 이것은 사울이 블레셋 사람들 앞에서 오사마 빈라덴같이 된 것을 보여줍니다. 거기에다가 블레셋 사람들은 이스라엘 사람들이 무기를 가지지 못하도록 하기 위하여 대장장이들을 없애는 바람에 이스라엘 백성들 중에서 칼을 가진 자는 사울과 그 아들 요나단 밖에 없었습니다. 그럼에도 불구하고 이스라엘에 소망이 있는 이유는 하나님이 사울을 왕으로 세우셨기 때문입니다. 그래서 사울이 잘못한 것은 그가 잘못한 것이고 하나님이 그의 전쟁에는 함께하셔서 이김을 주셨습니다.

17

요나단의 용기

>> 삼상 14:1-23

불시에 들이치는 강한 태풍으로 인해 나무가 뽑히고 전신주가 넘어지고 간판이 떨어집니다. 이때 땀 흘려 키운 곡식이나 양식장의 물고기를 모두 잃어버리는 피해를 입은 사람들은 망연자실할 수밖에 없습니다. 모든 재산을 투자해서 큰 양계장을 시작했던 한 젊은이가 홍수로 인해 닭 수천 마리를 잃게 되었습니다. 그는 절망에 빠져서 뻘 천지가 된 양계장을 팽개쳐 두었습니다. 그런데 이 소식을 들은 많은 청년들이 그의 양계장을 찾아와서 도왔고, 이 모습을 본 그는 용기를 내서 빈손으로 다시 일을 시작할 수 있었습니다.

사람은 감당할 수 없는 큰 어려움을 앞에 두면 자포자기하고 싶고 무엇을 어떻게 해야 할지 알 수 없어서 절망에 빠집니다. 그때 누군가가 작은 힘이라도 격려해 주고 도와주면 다시 일어설 수가 있습니다. 바로 이러한 일을 누군가가 해 주어야 하는데, 하나님은 우리 믿는 사람들이 이러한 일을 하게 하십니다.

폭탄은 다른 곳을 두드리면 폭발이 일어나지 않지만, 뇌관을 두드리면 터지게 되어 있습니다. 이처럼 아무리 노력해도 성과가 없던 일이 어느 순간에 갑자기 뇌관을 건드린 것처럼 엄청난 결과가 나타날 때가 있습니다. 우리 그리스도인들이 어떤 일을 할 때에 기도하면서 특히 하나님의 뜻을 따라야 하는 이유가 바로 여기에 있습니다. 우리가 하는 일이 하나님의 뜻에 일치될 때 마치 폭탄의 뇌관을 건드린 것처럼 엄청난 능력과 축복이 나타나기 때문입니다.

하나님의 일을 할 때도 이런 때가 있습니다. 아무리 애쓰고 몸부림쳐도 아무 성과가 없지만 어떤 영감을 받아서 시도했을 때 상상하지 못했던 놀라운 결과를 얻게 되는 것입니다. 사실 어려움에 처한 사람에게 도움과 용기를 주어 극복하게 하는 사람의 힘은 아주 놀랍습니다. 혼자서 의로운 일을 힘들게 감당하다가 어느 한 순간에 다른 사람들이 공감하게 되면서 큰 운동으로 발전하게 되는 일도 많습니다.

그런데 하나님의 일은 더 위대합니다. 우리가 하는 작은 일이 하나님의 뜻에 일치할 때, 그 동안 닫혀 있던 하늘 문이 열리면서 상상할 수 없는 하나님의 능력과 축복이 임하게 됩니다. 그래서 우리 그리스도인들은 언제든지 이런 하나님의 축복이 터질 수 있다는 기대를 가지고 하나님 앞에 나와야 합니다.

본문은 새카맣게 많은 군사들을 이끌고 쳐들어 온 블레셋 사람들을 요나단이 자기 부관과 함께 치는 내용입니다. 이들의 행동은 마치 폭탄의 뇌관을 건드린 것과 같은 효과를 가져왔습니다. 블레셋 군인들은 무너져 버리고 이스라엘 백성들은 기대하지도 못했던 놀라운 승리를 거두었습니다.

사울의 어려움

사울은 왕이 된 후 가장 큰 어려움을 맞이하게 되었습니다. 지금 엄청난 블레셋 군대가 이스라엘에 쳐들어온 것입니다. 암몬 사람 나하스는 기습 공격을 해서 이겼지만 블레셋은 기습 공격을 할 수도 없고, 그때는 40만 명이 넘는 이 스라엘 백성들이 몰려왔지만 지금은 겨우 600명의 사람들이 사울과 함께 있을 뿐입니다. 거기에다가 기도의 도움을 받으려고 했던 사무엘이 늦게 오는 바람에 대신 번제를 드렸다가 사무엘로부터 욕만 실컷 얻어먹었습니다. 이때 사울은 아무 대책 없이 그냥 무슨 요행이 일어나지 않을까 하는 심정으로 시간만 보내고 있었습니다.

사무엘상 14장 2-3절
"사울이 기브아 변경 미그론에 있는 석류나무 아래 머물렀고 함께한 백성은 육백 명 가량이며 아히야는 에봇을 입고 거기 있었으니 그는 이가봇의 형제 아히둡의 아들이요 비느하스의 손자요 실로에서 여호와의 제사장이 되었던 엘리의 증손이었더라"

하나님의 백성에게 가장 좋지 못한 것이 무슨 요행을 바라는 마음입니다. 이것은 마치 자기는 아무것도 하지 않고 가만히 감나무 밑에 누워서 감이 입에 떨어지기를 기다리는 것과 같습니다. 물론 하나님의 백성들에게는 기적이라는 것이 있습니다. 그러나 기적은 요행만 바라고 가만히 있는 사람에게 저절로 일어나는 것이 아니라 어려운 조건하에서도 하나님의 뜻을 찾고자 무엇인가 움직이는 사람에게 일어나는 것입니다.

우리가 높은 산을 올라가려고 할 때 처음에 꼭대기를 보면 도저히 올라가지 못할 것 같습니다. 그러나 한 걸음 한 걸음 부지런히 발을 옮기다 보면 어느 순간에 상당히 높은 부분까지 올라와 있게 되는 것입니다. 거기서 용기를 내서 조금 더 올라가면 꼭대기까지 갈 수 있습니다. 바로 그것이 기적입니다. 우리가 할 수 없는 일은 어쩔 수 없지만, 할 수 있는 범위 안에서 날마다 최선을 다할 때 그것이 모여서 기적이 되는 것입니다. 하나님은 우리를 도우신다고 해도 누워 있는 우리를 안아서 옮기지는 않으십니다. 하나님은 우리 스스로의 발로 일어서서 걷게 하십니다. 그 대신 믿음으로 걸을 때에 뒤에서 나를 붙잡아 밀고 계신 것을 느끼게 되는 것입니다.

오늘 본문을 보면 사울 왕이 600명의 이스라엘 백성들과 함께 기브아 변경에 있는 석류나무 아래 앉아 있는 것을 보게 됩니다. 이때 사울에게는 아무런 작전도 없었고 대책도 없었습니다. 단지 사무엘 선지자로부터 야단 맞은 것이 기분 나쁘고 또 이런 좋지 못한 상황을 주신 하나님께 화가 나서 씩씩거리고 있는 것입니다.

이때 사울의 사정은 완전히 부정적이지 않았습니다. 대제사장의 에봇이 거기에 있기 때문입니다. 당시 대제사장이었던 아히야가 하나님의 에봇을 입고 거기에 있었습니다. 사울이 사무엘로부터 야단을 맞았다고 해서 모든 것이 끝난 것도 아니었습니다. 사울은 지금 자기에게 있는 것을 최대한으로 활용 해야 합니다. 하나님은 아직 사울을 왕의 자리에서 폐한다고 말씀하지 않으셨습니다. 대제사장의 에봇에 있는 우림과 둠밈을 통해 하나님의 뜻을 분별해야 했습니다. 특히 이렇게 몇 명 되지도 않는 백성으로 어마어마한 적과 싸워야 할 때에는 하나님과의 통신이 가장 중요한 것입니다.

사무엘은 사울에게 그의 나라가 길지 못할 것이라고 했지 당장 그 자리에서 내려오라고 한 것은 아니었습니다. 그러면 아직까지는 사울은 엄연히 이스라엘의 왕입니다. 사울은 대제사장의 에봇을 가지고 하나님 앞에 나아가서 자신의 잘못을 먼저 회개하고 하나님의 뜻을 물으면 하나님이 금방 은혜를 회복시키시고 사울이 이길 수 있는 길을 가르쳐 주셨을 것입니다. 우리가 어려움을 이겨 내려면 마음속에 있는 분노와 실망을 극복하고 하나님 앞에 나아와서 기도해야 합니다. 이때 우리가 하나님의 은혜를 회복하는데 가장 걸림돌이 되는 것이 자존심이고 고집입니다.

사울은 제사에서는 실패했지만 에봇으로 은혜를 회복할 수 있었습니다. 다시 말해서 불같이 임하는 능력은 없을지라도 졸졸 흐르는 은혜를 모으면 되는 것입니다. 즉 에봇이 한꺼번에 모든 것을 다 말해 주지는 않으니까 자꾸 반복적으로 물어보면 되는 것입니다. '하나님 지금 전쟁을 해야 할 때입니까? 만일 전쟁을 해야 한다면 저와 제 아들 중에서 누가 먼저 싸움을 시작할까요? 아니면 돌아간 사무엘을 다시 불러올까요?' 이런 식으로 물어보면 하나님이 반드시 대답해 주십니다. 그러나 사울은 대제사장의 에봇을 옆에 두고서도 하나님께 물어보지 않습니다. 그 이유가 무엇입니까? 모든 것이 뜻대로 되지 않으니까 화가 나서 침체되어버린 것입니다. 그래서 얼마든지 하나님께 물어볼 수 있음에도 불구하고 묻지도 않고 화가 나서 석류나무 아래 그냥 있었던 것입니다.

우리에게 위기 그 자체보다 더 무서운 것이 하나님을 원망하는 마음입니다. 우리가 화를 내면 하나님이 우리를 도우실 수 없다는 것을 기억해야 합니다. 아무리 어려워도 하나님께 감사하는 마음을 가지면 우리가 하나님께 나아갈 수 있는 길을 마련해 놓으셨다는 것을 알게 될 것입니다. 그러나 영적으로 침체되면 기도하기 싫어지는 현상이 나타납니다. 그것이 바로 무서운 시험에 빠지는 것입니다. 그럴 때는 억지로 기도해야 합니다. 그러면 바로 하나님의 용서와 은혜를 회복할 수가 있습니다. 기도하기 싫어졌을 때 옆에서 누군가가 도와주어야 합니다. 억지로 끌어내서 기도하게 해야 합니다.

사울에게는 그런 동역자들이 없었습니다. 사울이 일주일을 기다린 후에 번제를 바치려고 했을 때 누군가가 옆에서 '왕이시여, 아무리 급해도 왕은 번제를 드려서는 안 됩니다' 라고 말을 하든지, 아니면 이번에라도 '왕이시여, 아무리 기분이 좋지 않아도 하나님께 물어봅시다' 라고 말할 수 있는 조언자가 있어야 합니다. 다른 사람의 일에 잘 이야기해 주는 사람조차도 막상 자기가 이런 어려움에 빠지면 아무것도 하지 못합니다.

요나단의 신앙

요나단은 아버지와 달리 하나님의 뜻을 물어 볼 수 있는 수단이 없었습니다. 요나단은 사무엘에게 가서 물어볼 수도 없고 그렇다고 해서 대제사장의 에봇의 힘을 빌릴 수도 없었습니다. 이때 요나단은 아버지처럼 침체되어서 가만히 있기만 한 것이 아니라 일단 블레셋 사람과 한번 부딪치면서 하나님의 뜻을 확인해 보기로 했습니다. 그런데 이것이 하나님의 뜻과 일치되면서 큰 능력이 나타나게 되었습니다.

사무엘상 14장 1절
"하루는 사울의 아들 요나단이 자기 병기를 든 소년에게 이르되 우리가 건너편 블레셋 사람의 부대에게로 건너가자 하고 그 아비에게는 고하지 아니하였더라"

사무엘상 14장 6절
"요나단이 자기 병기 든 소년에게 이르되 우리가 이 할례 없는 자들의 부대에게로 건너가자 여호와께서 우리를 위하여 일하실까 하노라 여호와의 구원은 사람의 많고 적음에 달리지 아니하였느니라"

여기서 우리는 요나단으로부터 두 가지 사실을 보게 됩니다. 첫 번째는 자기 부관인 부하와 둘이서 블레셋을 치러 가면서 아버지의 허락은 받지 않은 것입니다. 두 번째는 요나단이 근본적으로 가지고 있는 블레셋에 대한 신앙입니다. 그것은 할례 받은 언약의 백성을 블레셋이 결코 이기지 못한다는 것입니다. 왜냐하면 이스라엘에는 하나님의 능력이 있기 때문입니다. 그러면서 하나님의 구원은 사람이 많고 적은데 달려 있지 않다고 말합니다.

여기서 우리는 귀한 신앙을 가지고 있던 요나단이 이렇게 중요한 일을 하면서 왜 왕인 아버지의 허락을 구하지 않았는지 궁금해집니다. 아마도 아버지의 생각이 자기와는 다르기 때문에 허락을 받을 수 없다고 미리 판단을 한 것 같습니다. 사실 요나단이 이전에 아버지의 허락을 받지 않고 블레셋 군대를 선제공격한 것은 아무리 그의 신앙이 옳다고 해도 잘한 일은 아닙니다. 왜냐하면 아무리 내 생각이 옳다 해도 일단 공동체안에서는 미리 알리고 함께 공동으로 일을 해야 하기 때문입니다. 요나단은 틀림없이 바른 신앙을 가지고 있었지만 다른 사람을 설득하는 데는 어려움이 있는 좀 독불장군 같은 스타일이라는 생각이 듭니다. 물론 요나단이 부관과 단 둘이서 블레셋을 공격하겠다고 하면 아버지가 절대로 허락할 리가 없는 것은 분명합니다. 이럴 때는 어떤 의미에서 충격 요법이 필요하기도 합니다. 그러나 너무 이런 방법을 자주 사용하게 되면 신뢰성이 떨어지고 나중에는 효과도 떨어지게 됩니다.

그런데 요나단의 신앙 하나만큼은 틀림없었습니다. 요나단은 하나님의 능력이 언약의 백성들에게 있다는 것을 믿었습니다. 어떻게 이 하나님의 능력이 그들에게 임하며, 하나님의 능력을 방해하는 것을 어떻게 제거해야 하는지는 모르지만 그래도 하나님의 언약의 백성임에는 틀림없습니다.

이것은 우리에게도 중요한 것입니다. 우리는 하나님의 성전이요 왕 같은 제사장이기 때문에 우리가 모여서 기도하고 예배드릴 때에 성령의 능력이 나타나는 것이 정상이고, 오히려 성령의 능력이 나타나지 않는 것이 비정상적입니다. 하나님을 믿는다고 하면서도 제대로 순종하지 못하는 부분이 분명히 있기 때문에 악한 블레셋 사람들이나 이방인들에게 괴롭힘을 당할 수 있지만 그들이 우리를 망하게 할 수는 없습니다. 요나단이 보기에 블레셋 사람들은 자기들의 분수를 넘어서서 이스라엘을 망하게 하려 하고 있었습니다. 이것은 도저히 참을 수가 없는 것입니다.

요나단이 확인한 하나님의 뜻

우리 그리스도인들에게 가장 중요한 것은 하나님의 뜻을 발견하는 일입니다. 우리가 하나님의 백성이 된 후부터 가장 중요한 것은 나의 뜻이나 다른 사람의 뜻이 아니라 하나님의 뜻이기 때문입니다. 여기서 우리가 기억해야 할 것은 자기 혼자 주관적인 확신으로 하나님의 뜻이라고 단정해서는 안 된다는 것입니다. 또한 고기를 파는 사람들이 고기를 자를 때 처음 큰 부분을 자를 때에는 큰 칼을 사용하고 작은 부분을 자를 때에는 작은 칼을 사용하는 것처럼 적절하게 적용하고 분별하는 것이 필요합니다.

본문에서 요나단은 블레셋을 공격하기 위해 나름대로 하나님의 뜻을 찾아갔던 것을 볼 수 있습니다. 요나단은 결코 무턱대고 자기 마음에 공격하고 싶다고 해서 공격한 것이 아니었습니다. 그것을 다음의 세 가지로 정리해 볼 수 있습니다.

무엇보다 먼저, 요나단에게는 블레셋을 공격하고 싶은 간절함이 있었습니다. 이런 것이 바로 하나님의 주시는 감동입니다. 우리 믿는 사람들에게는 이런 마음의 감동이 아주 중요한 축복입니다. 즉 선한 일을 하고 싶은 욕망이 마음속에서 일어나는 것입니다. 사울에게는 이런 감동이 없었습니다. 그 이유는 그가 죄를 지음으로 성령의 감동을 소멸해 버렸기 때문입니다. 그래서 사도 바울은 "성령을 소멸치 말며"(살전 5:19)라고 했습니다. 우리가 아무리 은혜를 받고 기뻐하다가도 교만하거나 분을 내거나 음란에 빠지면 성령의 감동은 순식간에 소멸되어 버립니다. 그렇다고 해서 하나님이 우리를 완전히 버리신 것은 아닙니다. 우리가 하나님 앞에 나아가서 회개하기만 하면 얼마든지 이 감동은 회복됩니다. 물론 많은 경우 감동이 그냥 일시적인 충동으로 그치는 경우가 많이 있습니다. 또 어떤 경우에는 너무나도 무모한 마음의 충동일 때도 있기 때문에 검증을 받아야 합니다. 그러나 정상적인 그리스도인들에게는 이런 감동이 끊임없이 있어야 하고 이것이 없으면 침체된 것이며 신앙이 죽어있는 것입니다.

또한, 요나단은 그의 감동을 무엇보다 성경에 비추어 보았습니다. 이것은 우리가 하나님의 언약의 백성이므로 이방인들이 하나님의 백성을 연단할 수는 있지만 멸망시킬 수는 없다는 것입니다. 특히 하나님의 백성들이 믿음으로 나아가면 하나님이 도우실 것을 믿습니다.

세 번째로, 요나단은 환경적으로 하나님의 뜻을 한 번 더 확인해 보았습니다. 일단 요나단은 자기 생각을 부관에게 말했는데, 부관이 같은 믿음으로 동의를 했던 것입니다.

사무엘상 14장 7절
"병기 든 자가 그에게 이르되 당신의 마음에 있는 대로 다 행하여 앞서 가소서 내가 당신과 마음을 같이하여 따르리이다"

마음속에 어떤 좋은 생각이 떠올랐을 때 우선 가까운 사람과 한번 대화를 나누어 보는 것이 좋습니다. 대개 결혼한 사람의 경우에는 부부가 될 것이며, 결혼하지 않은 사람은 가까운 친구가 될 것입니다. 이것은 자신의 주관적인 생각을 객관적으로 검증하는 과정입니다. 그는 아첨하는 사람도 아니고 우리를 가장 잘 알기 때문에 가장 객관적으로 우리의 생각을 평가해 볼 수 있는 사람입니다. 일단 가장 가까운 사람이 적극적으로 동의를 하면 하나님의 뜻일 가능성이 많습니다. 요나단은 여기서 한 걸음 더 나아가서 블레셋 사람의 입을 통하여 확인하기를 원했습니다.

사무엘상 14장 8-10절
"요나단이 가로되 보라 우리가 그 사람들에게로 건너가서 그들에게 보이리니 그들이 만일 이같이 우리에게 이르기를 우리가 너희에게로 가기를 기다리라 하면 우리는 우리 곳에 가만히 서서 그들에게로 올라가지 말 것이요 그들이 만일 이같이 말하기를 우리에게로 올라오라 하면 우리가 올라갈 것은 여호와께서 그들을 우리 손에 붙이셨음이니 이것이 우리에게 표징이 되리라 하고"

바로 이것이 하나님이 기드온에게 사용하셨던 방법입니다. 즉 하나님은 밤중에 기드온과 그 부하를 미디안 적진에 가게 하셔서 적들이 나누는 대화를 듣게 하셔서 하나님이 블레셋 사람들의 마음과 입술까지 지배하신다는 것을 확인하게 하셨습니다. 그후 기드온은 300명으로 십만 명이 넘는 미디안 사람들을 공격했습니다. 이것을 보면 요나단의 공격 모델이 기드온에서 나온 것을 알 수 있습니다. 요나단은 하나님이 기드온의 300명의 용사를 사용하여 미디안 사람들을 쳤던 것처럼 요나단을 사용하셔서 블레셋을 치실 수 있다고 생각했습니다. 그런데 기드온은 한밤중에 자기 부하를 데리고 적진에 갔는데 요나단은 훤한 대낮에 자기 부관을 데리고 적진에 가려 했습니다. 이것을 보면 요나단은 자기가 기드온보다 하나라도 더 나아야 한다고 생각했는지도 모르겠습니다.

우리가 하나님의 뜻을 제대로 발견하기 위해서는 늘 성경책을 읽고 또 성경적인 설교를 들어야 합니다. 그러면 머릿속에 성경적인 신앙이 박히게 되고 또 언제든지 선한 마음의 감동이 일어나게 되는 것입니다. 이것이 기본입니다. 그래서 성경적인 신앙과 마음의 감동 이 두 가지가 없으면 잘못된 충동에 빠질 수 있고 때로는 미신적인 신앙으로 흐를 때도 있습니다.

우리는 너무 한 구절의 말씀으로 하나님의 뜻을 찾으려 해서는 안 됩니다. 일단 우리 마음에 선한 충동이 생겼을 때 먼저 내가 지금 생각하는 것이 상식적으로 말이 되는지 한번 생각 해 볼 필요가 있습니다. 그렇다고 해서 상식 자체가 하나님의 뜻이라는 것은 아닙니다. 한번 검증을 해 보며 이것이 지금까지 내가 믿어오던 성경적인 원리와 일치하는지 봐야 합니다. 그리고 가장 가까운 사람과 이 문제를 두고 한번 대화를 나누어 보는 것이 필요합니다. 대개 욕심이나 야망으로 하는 것은 이럴 때 검증이 됩니다. 그러면서 일단 한번 가볍게 시도해 보는 것입니다. 그때 상대방 쪽에서도 긍정적으로 나오면 가능성이 있지만, 처음부터 너무 완강하게 거부할 때에는 아직 때가 아니든지 아니면 하나님의 뜻을 잘못 알았을 수 있는 것입니다. 그래서 길이 열리지 않는데 무리하게 뚫고 나가려고 할 필요가 없습니다. 길이 자연스럽게 열리는 방향으로 가는 것이 중요합니다.

우리는 성경에서 모범 답안을 찾아낼 수 없습니다. 성경에는 이 사람과 결혼을 해라 혹은 유학을 떠나라 혹은 이 사업을 시작하라는 말씀이 없습니다. 결국 이것은 내가 성경 말씀에 감동해서 결단을 하는 수밖에 없습니다. 가장 중요한 것은, 내가 이 일을 하는 것을 하나님이 기뻐하시느냐 하는 것입니다. 그러면서도 마음속에 의심이 생길 때가 있습니다. 그럴 때는 가장 중요한 말씀 하나 붙들고 끝까지 믿음으로 나아가는 것입니다.

우리는 인간이기 때문에 실수할 수 있습니다. 그러나 한두 번 실수하는 것이 두려워서 가만히 있으면 아무것도 하지 못할 것입니다. 실수를 두려워하면 안 됩니다. 우리가 인간이기 때문에 아무리 확신을 가지고 일을 한다고 해도 실수할 수 있습니다. 아니면 물러서면 되는 것입니다. 한번 시작했다고 해서 끝까지 고집을 부릴 필요는 없습니다.

하나님이 요나단과 함께하심

사실 인간적으로 보면 요나단의 시도는 엄청 무모한 것이었습니다. 그러나 하나님이 보시기에 이 정도로 살아있는 신앙은 너무나도 보기 드문 귀한 것이 었습니다. 그래서 하나님은 요나단과 함께하셔서 그의 믿음대로 이루어지게 하셨습니다.

　요나단과 블레셋 사람들 사이에는 계곡이 있고 절벽이 있었던 것 같은데 요나단과 그의 부하가 나타난 것을 보고 블레셋 사람들은 조롱하며 올라오라고 했습니다. 그들은 요나단과 그의 부하를 조롱했지만 요나단은 이것이 하나님의 표적인 줄 믿고 절벽을 기어 올라가서 블레셋 사람들을 공격했습니다. 그랬더니 이상한 일이 일어났습니다. 즉 누가 블레셋 사람들의 팔을 붙들고 있는 것처럼 그들이 꼼짝을 하지 못하고 요나단의 칼에 넘어지는 것이었습니다.

사무엘상 14장 14-15절
"요나단과 그 병기 든 자가 반일경 지단 안에서 처음으로 도륙한 자가 이십 인 가량이라 들에 있는 진과 모든 백성 중에 떨림이 일어났고 부대와 노략꾼들도 떨었으며 땅도 진동하였으니 이는 큰 떨림이었더라"

　악한 자에게도 약점이 있습니다. 그것은 한번 무너지기 시작하면 걷잡을 수가 없다는 것입니다. 깡패 같은 경우를 보면 약한 자에게는 강하게 보이지만 제대로 임자를 만나서 한번 터지기 시작하면 그때부터는 정신을 차리지 못하고 한순간에 무너지게 되어 있습니다. 블레셋 사람들에게는 사무엘을 공격했다가 갑자기 하늘에서 뇌성이 치면서 무너지기 시작했던 징크스가 있습니다. 그런데 이번에는 뇌성도 없었는데 바로 그 증세가 나타났습니다. 블레셋 사람들의 마음이 불안해지면서 갑자기 싸우기가 싫어지고 지난번의 두려움이 되살아나기 시작했습니다.

　놀라운 것은 사무엘의 번제 없이도 하나님은 블레셋 사람들을 치기 시작하셨다는 것입니다. 그런데 갑자기 블레셋 진중에 큰 떨림이 일어났습니다. 이것은 기드온 때 미디안 사람들에게 나타났던 것과 같은 혼란이 블레셋 사람들 중에 일어난 것입니다.

> 사무엘상 14장 19-20절
> "사울이 제사장에게 말할 때에 블레셋 사람의 진에 소동이 점점 더한지라 사울이 제사장에게 이르되 네 손을 거두라 하고 사울과 그와 함께한 모든 백성이 모여 전장에 가서 본즉 블레셋 사람이 각각 칼로 그 동무를 치므로 혼란하였더라"

아마도 블레셋 사람들은 처음에 장난처럼 시작했던 것 같습니다. 그러나 이 장난이 큰 혼란이 되면서 나중에는 도저히 수습할 수 없는 난동이 되어 버렸습니다. 이것은 하나님이 하신 일이었습니다. 그리고 온 이스라엘 백성들이 다 힘을 합쳐서 블레셋을 치니까 큰 승리를 거두게 되었습니다. 심지어는 블레셋 편에 붙었던 이스라엘 사람들이나 블레셋 사람들까지도 사울과 요나단과 연합하는 일이 일어났습니다. 요나단의 작은 믿음은 뇌관을 건드리는 것과 같은 결과가 되어서 이스라엘에 큰 승리를 가져오게 되었습니다. 원망하고 불평하면서 가만히 있는 사람은 아무것도 거둘 것이 없습니다. 그러나 믿음으로 움직이는 자가 큰 기적을 체험하게 되는 것입니다.

18

사울의 미숙한 신앙

>> 삼상 14:24-46

여름이면 무서운 태풍이 우리나라를 할퀴고 지나가면서 많은 피해를 줍니다. 몇 년 전에는 부산의 부두에 있는 수천 톤의 크레인들이 무너지면서 큰 피해를 내기도 했습니다. 거센 바람이 거대한 크레인을 밀고 가서 한꺼번에 무너뜨렸는데 그것을 복구하는 데만 약 1년의 세월이 걸렸다고 합니다.

전혀 피해를 겪지 않은 어느 해변에 대한 소식도 있습니다. 한 공무원이 태풍이 오는 것을 알고는 여러 주민들을 설득하여 모든 배들을 미리 육지 위로 끌어 올려서 밧줄로 단단히 매어 두었던 것입니다. 그 공무원은 누가 시킨 것도 아닌데 자진해서 주민들을 설득했고, 그 결과 그 지역에는 단 한 건의 피해도 없었습니다. 이처럼 주인의식을 가지고 일하는 것과 종의 의식으로 일하는 것은 엄청난 차이가 있습니다.

민주주의는 개개인이 자기 이익을 위하여 목소리를 높이는 것이 아니라, 정반대로 성숙한 시민의식을 가지고 능동적으로 행동하는 것입니다. 공산주의 사회에 살던 사람들이 자유주의 사회에 와서는 사람들이 제멋대로 생각하고 행동하는 데도 왜 나라가 망하지 않느냐고 놀란다고 합니다. 그러나 겉으로 보기에는 질서가 없고 혼란스러운 것 같지만 그 속에는 성숙한 시민의식이 있기 때문에 자유주의 사회가 힘을 가지는 것입니다.

주인 의식을 가지고 일하는 것은 자신이 그 일의 최종 책임자라는 생각으로 위기 상황을 능동적으로 대처하는 것을 말합니다. 즉 남이 시킨 일만 하고 끝내는 것이 아니라 그 일을 성취하기 위하여 시키지 않은 일까지도 자발적으로 해내는 것입니다. 그러나 책임감이 없는 사람은 상사가 시키는 일만 하고 어떻게든 책임을 벗어나려고 합니다.

이처럼 신앙생활에서도 하나님을 인격적으로 만나지 못한 사람은 심판이 두려워 일하며 자기가 만든 룰에서 벗어나지 못한 채 기계적으로 일합니다. 그러나 인격적으로 하나님을 만난 사람은 하나님의 심판이 두려워서가 아니라 하나님의 뜻을 이루어 드리기 위해 능동적으로 일하게 됩니다. 하인이나 종은 주인이 시키는 대로 기계적으로 할 수밖에 없지만 주인의 아들은 자기 생각을 아버지께 제안하기도 하며 때로는 시키지 않은 것까지 할 수 있습니다.

본문의 성경 말씀은 요나단이 거의 무모할 정도로 블레셋 진에 뛰어 들어서 큰 승리를 거둔 후에 이스라엘의 왕인 사울이 어떻게 했느냐 하는 것을 보여줍니다. 사울은 무슨 생각인지 모르겠지만 모든 이스라엘 백성들에게 금식을 선포합니다. 그래서 그들은 배가 고파서 더 큰 승리를 거둘 수 없었습니다. 게다가 아버지의 맹세를 알지 못하고 지팡이 끝으로 꿀을 찍어 먹었던 요나단을 사울 왕은 죽이려고까지 한 것을 보게 됩니다.

하나님께 묻지 않음

사울은 블레셋 진영 안에서 큰 소동이 생겼다는 보고를 받고서 바로 자기 부하들을 점고해 보았습니다. 그랬더니 요나단과 그의 부관이 없어진 사실을 확인하게 되었습니다.

> 사무엘상 14장 16-17절
> "베냐민 기브아에 있는 사울의 파수꾼이 바라본즉 허다한 블레셋 사람이 무너져 이리저리 흩어지더라 사울이 자기와 함께한 백성에게 이르되 우리에게서 누가 나갔는지 점고하여 보라 하고 점고한즉 요나단과 그의 병기 든 자가 없어졌더라"

많은 블레셋 사람들이 쳐들어오자 싸울 용기도 없고 도망칠 수도 없었던 사울이 엉거주춤하고 있는 동안에 블레셋 진영에서 소동이 일어났습니다. 사울은 그 즉시 무엇인가 짚이는 데가 있어서 자기 부대 인원을 점고해 보았고, 역시 요나단과 그의 부관이 없어진 것을 발견하게 됩니다. 보통 같으면 블레셋 진중에 소동이 생겼으면 블레셋 진을 더 관찰하게 할 텐데 자기 부대 인원부터 점고한 이유는 요나단이 아니면 이런 짓을 할 사람이 없다는 것을 이미 사울은 알고 있었던 것입니다. 요나단은 이전에도 중요한 일을 할 때 하나님의 뜻이라고 생각되면 아버지의 허락을 받지 않고 저질렀던 것 같습니다. 그런데 이때 사울은 좀 이상한 행동을 합니다. 제사장 아히야를 불러서 하나님의 뜻을 물어보려고 하다가 블레셋의 소동이 더 커지니까 그냥 바로 전쟁으로 돌입한 것입니다.

사무엘상 14장 18-19절

"사울이 아히야에게 이르되 하나님의 궤를 이리로 가져오라 하니 그때에 하나님의 궤가 이스라엘 자손과 함께 있음이라 사울이 제사장에게 말할 때에 블레셋 사람의 진에 소동이 점점 더한지라 사울이 제사장에게 이르되 네 손을 거두라 하고"

여기서 중요한 것은 왜 사울 왕이 하나님께 물어보려고 하다가 중지시키고 전쟁으로 뛰어들었느냐 하는 것입니다. 이것은 사울 왕에게 하나님과 일 중에서 어느 것이 더 가까운지 잘 보여주는 것입니다. 사울 왕에게 중요한 것은 하나님께 물어보는 것이 아니고 일 자체였습니다. 하나님께 기도하고 하나님의 뜻을 구하는 것은 시간이 많고 한가할 때 하는 것이지 이렇게 바쁠 때는 일단 일부터 해 내는 것이 더 중요하다고 생각한 것입니다.

어떻게 보면 사울은 대단히 기동성이 있는 사람이었습니다. 그는 기회가 주어졌을 때 머뭇거리면서 시간을 지체하지 않습니다. 바로 전쟁에 뛰어 들어 큰 승리를 거두었습니다. 그럼에도 불구하고 사울이 하나님께 묻지 않았던 이유는 따로 있습니다. 그것은 혹시 이 급할 때 하나님이 더디게 응답하시면 기회를 놓치게 될지도 모른다는 생각이 들었던 것입니다. 혹은 하나님이 자신의 생각과 반대의 응답을 하실 것이 두려웠던 것입니다. 대개 신앙이 어릴 때 일을 하는 특징이 무엇인가 하면 자기 자신이 완벽한 계획을 세워 놓는 것입니다. 그 계획을 하나님도 바꿀 수 없다고 생각하면서 혹시 하나님이 그 계획을 바꾸라고 하실까봐 두려워합니다.

사울은 하나님이 얼마나 자기들을 사랑하며 깊이 생각하시는지 믿지 못했습니다. 그러나 우리가 급할 때에는 하나님도 급하게 일하십니다. 하나님은 우리를 어려움 가운데 방치해 두고 그냥 시간만 보내는 분이 아니십니다. 그런데 사울은 그것을 믿지 못했기 때문에 하나님께 물어 보려고 하다가 묻지 않고 바로 전쟁을 한 것입니다. 하나님께 기도하는 것은 시간이 오래 걸리는 일이 아닙니다. 특히 전쟁을 하는 사람에게 있어서는 통신이 절대적으로 중요합니다. 반드시 본부와 연락을 하면서 전쟁을 해야 하는데, 내 고집대로 되지 않을까 두려워서 통신을 두절시켜 놓고 작전을 하는 것은 어리석은 일입니다.

사실 옛날에 우리나라에서는 전화를 가진다는 것만 해도 대단한 일이었습니다. 그런데 지금은 거의 대부분의 청소년들이나 청년들이 자기 핸드폰을 다 가지고 있습니다. 그 이유는 이것이 그들의 중요한 문화일 뿐 아니라 부모에게도 자식이 어디 있는지 확인이 되기 때문에 안심이 되는 것입니다. 그러나 꼭 연락이 되어야 할 때에는 '전원이 꺼져 있으므로 소리샘으로 연결시켜드리겠습니다' 라고 하면서 연결이 안 될 때가 많습니다. 그 이유는 부모의 간섭을 받기 싫어서 핸드폰을 꺼 놓고 있기 때문입니다.

사울은 하나님이 얼마나 그들을 돕기 원하시며 그들을 사랑하시는지 믿지 못했기 때문에 자꾸 일만 하려고 했습니다. 예수님은 많은 음식을 준비하려고 하는 마르다를 기뻐하지 않으셨습니다. 그 대신에 예수님의 말씀을 들으려고 예수님 앞에 앉아 있는 마리아에게 "이 좋은 편을 택하였으니 빼앗기지 아니하리라"(눅 10:42)고 칭찬하셨습니다. 하나님은 우리가 많은 일을 하는 것을 좋아하시는 것이 아니라 하나님과 의사소통하면서 일하는 것을 좋아하십니다.

사울의 두 번째 특징은 그가 이스라엘 백성들에게 저녁까지 금식하게 한 것입니다.

사무엘상 14장 24절
"이 날에 이스라엘 백성이 피곤하였으니 이는 사울이 백성에게 맹세시켜 경계하여 이르기를 저녁 곧 내가 내 원수에게 보수하는 때까지 아무 식물이든지 먹는 사람은 저주를 받을지어다 하였음이라 그러므로 백성이 식물을 맛보지 못하고"

사울이 백성들에게 금식의 맹세를 시킨 이유가 어디에 있을까요? 그냥 평범하게 싸우면 하나님이 돕지 않으실 것이라는 생각 때문입니다. 그는 좀 더 하나님 앞에 간절하게 매달리고 싶었고 또 그렇게 해야 백성들도 이를 악물고 싸울 것으로 여겼습니다. 이것이 바로 사울이 하나님의 사랑을 믿지 못하고 노예근성으로 신앙생활을 하는 데서 나타난 결과였습니다. 사울은 그냥 보통으로는 안 되고 하나님이 그들을 불쌍히 보고 도와주시도록 하나님 앞에서 무엇인가 특별한 것을 해야 하는데 그렇게 하려면 전체가 금식을 하는 수밖에 없다고 생각한 것입니다. 그러나 이러한 생각은 어디까지나 사울의 것이지 하나님의 생각이 아니었습니다.

하나님은 이번에 이스라엘 백성들이 금식을 하든지 하지 않든지 그들에게 승리를 주기로 작정하셨습니다. 이것이 하나님의 일방적인 은혜입니다. 은혜라고 하는 것은 아무 대가없이 하나님이 우리를 축복하시는 것입니다. 이것은 우리가 돈으로 갚으려고 해서는 안 되고 그냥 감사하고 누리면 되는 것입니다. 그래서 하나님의 백성들은 언제나 하나님의 말씀 앞에 서야 합니다. 그렇지 않으면 우리는 하나님의 사랑과 축복을 받으면서도 불안해하거나 두려워할 수밖에 없기 때문입니다.

우리가 하나님의 말씀을 들으면 하나님은 아무 자격 없는 우리들을 사랑하며 축복하시는데 우리는 그냥 믿음으로 받아들이고 감사하는 마음으로 누리면 되는 것입니다. 그러나 그런 믿음이 없으면 왜 하나님이 나에게 이런 축복을 주실까 자꾸 고민하다가 결국은 미쳐버리게 됩니다. 그래서 믿음이 없으면 하나님이 축복을 주셔도 누리지 못합니다.

사울은 자신의 상태가 좋지 못해도 하나님이 이김을 주셨을 때 그것을 믿어야 합니다. 그리고 오히려 백성들을 격려해서 끝까지 이 전쟁에 최선을 다하도록 했어야 합니다. 그런데 그가 믿음이 부족하니까 그것을 다른 사람들에게 강요해서 많은 사람들이 힘들게 되었습니다. 종의 믿음을 가진 사람은 자기가 상태가 좋지 못하기 때문에 다른 사람에게도 뭔가 다른 것을 강요하는 경우가 많습니다. 그래서 기도를 시켜도 억지로 기도를 시켜야 은혜를 받는 것으로 생각합니다. 그러나 자신감이 있으면 다른 사람에게 강요할 필요가 없습니다. 오히려 연약할 때 하나님을 끝까지 의지하도록 격려하면 하나님이 우리의 상태와 상관없이 승리와 축복을 주십니다.

사울의 맹세의 후유증

사울의 잘못된 맹세는 큰 승리의 날에 두 가지 큰 시험거리를 백성들에게 주었습니다. 그것은 사울의 맹세를 듣지 못한 요나단이 숲에서 지팡이 끝으로 꿀을 찍어 먹고 그 맹세를 깨뜨린 것입니다.

사무엘상 14장 27절
"요나단은 그 아비가 맹세로 백성에게 명할 때에 듣지 못하였으므로 손에 가진 지팡이 끝을 내밀어 꿀을 찍어 그 손을 돌이켜 입에 대매 눈이 밝아졌더라"

요나단은 전쟁을 한 후 대단히 시장했습니다. 어느 정도로 배가 고팠느냐하면 눈이 다 감길 정도였습니다. 그래서 숲에서 꿀을 보고는 별 생각 없이 지팡이 끝으로 찍어먹었는데 얼마나 그 꿀이 영양가가 높았는지 감겼던 눈이 번쩍 뜨였습니다. 그런데 요나단은 그것을 자기도 먹을 수 없었고 백성들도 먹을 수가 없었습니다. 왜냐하면 사울이 금식을 맹세시켰기 때문입니다. 그때 요나단은 왕인 아버지를 비난합니다.

사무엘상 14장 29-30절

"요나단이 가로되 내 부친이 이 땅으로 곤란케 하셨도다 보라 내가 이 꿀 조금을 맛보고도 내 눈이 이렇게 밝았거든 하물며 백성이 오늘 그 대적에게서 탈취하여 얻은 것을 임의로 먹었더면 블레셋 사람을 살육함이 더욱 많지 아니하였겠느냐"

사실 요나단의 말이 맞습니다. 지금 하나님이 큰 승리를 주셨는데 아버지가 쓸데없이 금식을 명하는 바람에 이스라엘 백성들이 힘이 없어서 더 이상 블레셋 사람들을 추격할 수 없었습니다. 그러니까 사울 왕의 명령은 자기 나름대로는 확신을 가진 믿음의 결단이었는지 모르지만 일단 상식적으로 바른 것은 아니었습니다. 그래서 우리가 하나님의 뜻을 찾을 때 자신의 주관적인 확신으로 결단을 내릴 것이 아니라 상식적으로 그 타당성을 한번 검토해 볼 필요가 있는 것입니다. 그럼에도 불구하고 요나단이 부하들 앞에서 왕인 아버지를 비난하는 말을 한 것은 결코 옳은 일은 아니었습니다.

요나단이 불만이 있다면, '아버지의 명령이 이해되지 않는군. 아무튼 직접 만나서 여쭤봐야겠다' 하는 정도에서 끝냈어야 합니다. 아무리 왕이 잘못 맹세를 시켰다 하더라도 부하들이 보는 앞에서 요나단이 아버지를 공개적으로 비난한 것은 그가 얼마나 아버지를 불신하고 무시하고 있는지를 보여주는 것입니다. 그리고 백성들 앞에서 이스라엘의 가장 중요한 두 사람의 불화를 보인 것은 아무리 피곤한 상태였다 하더라도 잘못한 것입니다.

두 번째 후유증은 배고픈 백성들이 참고 참다가 저녁이 되자 도저히 참지 못하고 탈취한 짐승을 죽여 피도 뽑지 않고 그대로 먹은 것입니다. 이것은 하나의 율법을 지키기 위하여 또 다른 율법을 어기게 되는 것입니다.

그러니까 왕은 백성에게 명령을 내린다고 해서 다 좋은 것이 아니라 그들이 감당할 수 있는 범위 안에서 내리는 것이 중요합니다.

사무엘상 14장 31-32절

"그들이 심히 피곤한지라 백성이 이에 탈취한 물건에 달려가서 양과 소와 송아지들을 취하고 그것을 땅에서 잡아 피 있는 채 먹었더니"

하나님이 이스라엘에 너무나도 멋진 승리를 주셨으므로 온 백성들이 기뻐하고 즐거워해야 할 날에 왕의 잘못된 맹세 때문에 모든 이스라엘 백성들이 배고픔을 참아야 했습니다. 그런데 도저히 배고픔을 참을 수 없게 되었을 때에는 너무나도 허겁지겁 먹는 바람에 음식만 먹은 것이 아니라 소나 양을 죽이고 피도 뽑지 않은 채로 고기를 먹었던 것입니다.

이때 사울은 피 채 먹으면 그들에게 재앙이 내릴까 두려워서 큰 돌을 굴려 와서 소와 양을 자기 앞에서 죽여서 피를 다 빼고 먹게 했습니다. 그 후 사울은 여호와를 위하여 단을 쌓았는데 그 단이 첫 번째 단이라고 했습니다. 사울은 모든 것이 다 끝난 후에 하나님께 영광을 돌려야 한다고 생각했습니다. 그런데 그것이 기뻐서 한 것도 되겠지만 혹시 하나님이 피 채 고기를 먹은 죄를 심판하실까 두려워했기 때문인 것 같습니다.

문제를 노출시킨 하나님

이스라엘 백성들의 고통의 원인은 배고픔에 있었습니다. 왕이 금식을 명했기 때문에 그들은 너무 배가 고파서 짐승의 피를 빼지 않고 먹음으로 하나님 앞에 죄를 범했습니다. 그러나 사울이 큰 바위에 짐승을 가지고 와서 죽여서 피를 빼게 하고, 제단을 쌓고 하나님께 예배를 드리게 해서 모든 문제가 다 끝난 것 같았습니다. 그러나 하나님은 그냥 넘어가지 아니하시고 문제를 드러내셨습니다.

사울은 백성들이 든든하게 음식을 먹었기 때문에 좀 늦었지만 밤에 내려가서 블레셋 사람을 치자고 했습니다. 백성들도 신바람이 나서 왕의 뜻대로 하자고 했습니다. 그때 제사장이 이럴 때 하나님께 한번 물어보고 싸우러 나가야 한다고 제안을 했습니다. 그래서 이제 드디어 사울이 하나님의 뜻을 제사장을 통하여 하나님께 물어보게 되었습니다.

사무엘상 14장 37절

"사울이 하나님께 묻자오되 내가 블레셋 사람을 쫓아 내려가리이까 주께서 그들을 이스라엘의 손에 붙이시겠나이까 하되 그 날에 대답지 아니하시는지라"

사울이 드디어 마음을 고쳐먹고 하나님의 뜻을 구했는데 하나님은 침묵하셨습니다. 제사장의 보석이 대답을 해야 하는데 아무 반응이 없었습니다. 이것은 바로 그들 중에 범죄자가 있다는 뜻이었습니다. 하나님은 이스라엘 백성들 중에 아주 작은 죄가 있어도 그들에게 말씀을 하지 않으셨습니다. 사울은 그들 가운데 죄가 있다는 것을 알고는 백성들에게 그 죄인을 찾아내자고 했습니다. 그러면서 사울은 내 아들 요나단이 죄를 지었을지라도 죽임을 당할 것이라고 맹세했습니다.

저는 왜 하나님의 백성들이 이렇게 맹세를 쉽게 하는지 모르겠습니다. '그냥 하나님의 뜻을 알아보자'고 하면 안 됩니까? 그러나 그렇게 해 가지고는 백성들에게 먹혀 들어가지 않는 것입니다. 그러니까 자꾸 강하게 말하게 됩니다. 그래서 사울과 요나단이 한편에 서고 다른 쪽에는 이스라엘 백성들이 서니까 사울과 요나단이 뽑히고 그 다음에 제비를 뽑으니까 요나단이 뽑혔습니다. 요나단이 죄인이었습니다.

우리가 여기서 알 수 있는 것이 무엇입니까? 사울이 자신과 요나단을 한편에 두고 다른 쪽에 이스라엘 백성들을 두고 제비를 뽑은 것은 일종의 신임투표였습니다. 즉 하나님 앞에서 그와 그의 아들이 왕의 자격이 있는지 한번 확인을 받자는 것입니다. 사울이 이렇게 하는 이유는 그만큼 자신감이 없었기 때문입니다. 사울은 아무 공로 없이 이스라엘의 왕이 되었습니다. 그러니까 자꾸 자격지심이 생기는 것입니다. 사울은 누가 공연히 왕을 그만두라고 할 것 같은 불안감을 가졌던 것 같습니다. 그만큼 아무 공로 없이 은혜로 큰 축복을 받는 것은 불안할 수 있습니다. 그냥 믿으면 되지만 믿지 않으면 불안합니다. 하나님은 아직 사울에게 왕을 그만두라고 하지 않으셨고 백성 중 어느 누구도 그런 요구를 하지 않았습니다.

사울은 죄인으로 제비에 뽑힌 요나단을 심문했습니다. 그랬더니 요나단이 왕의 명령을 듣지 못해서 지팡이 끝으로 꿀을 조금 찍어 먹었는데 사실은 죽을 죄를 지었다고 자백을 했습니다.

여기서 우리는 몇 가지 문제를 생각하게 됩니다. 우선 첫째는 하나님은 요나단의 아주 작은 죄로 인해서 말씀을 하지 않으셨습니다. 요나단의 죄는 엄청나게 큰 죄가 아니었습니다. 그는 왕이 금식을 선포한 날 지팡이 끝으로 꿀을 조금 찍어 먹었을 뿐입니다. 그런데도 하나님은 죄가 있다고 보고 침묵하셨습니다. 이것을 보면 우리가 하나님 앞에서 얼마나 식언을 많이 하는지 두려워해야 합니다. 그리스도인의 신앙적인 발언은 모두 하나님의 거룩하신 이름과 관계가 됩니다. 교회 앞에서 잘못 설교한 것이나 하나님 앞에서 잘못 결정한 것 등은 모두 유죄가 되는 것입니다.

그래서 그리스도인은 거짓말하는 것을 아주 무서워해야 합니다. 거짓말이 꼭 나쁜 뜻에서 진실이 아닌 것을 말하는 것뿐 아니라 자기에게 불리한 어떤 것은 은폐시키고 유리한 것을 과장하면 거짓말이 되는 것입니다.

또 하나는 하나님의 이름으로 한 맹세는 반드시 지켜져야 한다는 구약 사람들의 정신이었습니다. 일단 그 맹세가 옳든지 틀리든지 간에 하나님의 이름으로 맹세를 했다가 지키지 못했다면 죽어야 한다는 것이 이스라엘 백성들의 믿음이었습니다. 요나단은 왕이 시킨 맹세를 어겼기 때문에 죽을 수밖에 없었습니다.

백성들의 변호

적어도 법적으로는 요나단의 죄 값은 사형이었습니다. 사울은 또 맹세를 하고 요나단에게 사형을 언도합니다.

사무엘상 14장 44절
"사울이 가로되 요나단아 네가 반드시 죽으리라 그렇지 않으면 하나님이
내게 벌을 내리시고 또 내리시기를 원하노라"

사울의 신앙은 하나님의 이름을 더럽힌 자는 누구든지 사형을 면치 못한다는 것이었습니다. 사울이 이렇게 강하게 나간 것은 초기에 국가의 기강을 바로 잡아야 한다는 생각 때문이었거나 또는 아들 요나단에 대해서 이미 위협을 느꼈기 때문인지도 모릅니다. 왜냐하면 그의 허락을 받지 않고 자꾸 작전을 세울 뿐 아니라 이번에는 그보다 더 큰 승리를 거두었기 때문입니다. 어쨌든 사울의 결정은 백성들의 반대에 부딪치게 됩니다.

사무엘상 14장 45절
"백성이 사울에게 말하되 이스라엘에 이 큰 구원을 이룬 요나단이 죽겠나
이까 결단코 그렇지 아니하니이다 여호와의 사심으로 맹세하옵나니 그의
머리털 하나도 땅에 떨어지지 아니할 것은 그가 오늘 하나님과 동사하였

음이니이다 하여 요나단을 구원하여 죽지 않게 하니라"

　백성들은 왕의 명령에 반대했습니다. 그것은 법에 우선하는 것으로 하나님과 함께 일하여 큰 구원을 이룬 사람을 그런 법으로 죽일 수 없다는 이스라엘 백성들의 믿음이었습니다. 그들은 왕의 법보다 더 우선하는 것이 하나님의 은혜라고 주장하며 하나님과 동사한 사람을 죽이면 안 된다고 했습니다.

　그러면 하나님이 요나단의 잘못을 드러내신 이유가 무엇입니까? 그것은 왕의 결정이 문제가 있었으며 이 점에 있어서 백성들이 더 옳다는 것입니다. 이것은 이스라엘 백성들이 하나님의 뜻에 따라 민의에 의하여 왕의 결정을 번복한 대단히 중요한 사건이 됩니다. 아무리 왕이 법에 따라 결정했다 하더라도 백성들 다수가 보기에 그것이 하나님의 은혜에 맞지 않다면 그를 변호하여 살릴 수 있다는 것입니다.

　하나님은 사울의 죄를 드러내지 않으시고 그 아들 요나단의 죄를 드러내심으로 사울이 얼마나 하나님을 믿지 못하고 인간의 힘으로 무리하게 이스라엘 백성들을 이끌어가고 있는지 느끼게 하셨습니다. 하나님은 사울이 완전히 그분의 뜻에 일치하는 지도자는 아니었지만 하나님이 택하여 세우신 종이기 때문에 그에게 큰 승리를 계속 주셨습니다.

사무엘상 14장 47-48절
"사울이 이스라엘 왕위에 나아간 후에 사방에 있는 모든 대적 곧 모압과 암몬 자손과 에돔과 소바의 왕들과 블레셋 사람을 쳤는데 향하는 곳마다 이기었고 용맹 있게 아말렉 사람을 치고 이스라엘을 그 약탈하는 자의 손에서 건졌더라"

　하나님은 하나님의 뜻에 잘 맞지 않아도 택한 종을 통하여 큰일을 이루게 하시고 큰 부흥을 경험하게 하십니다. 그때 그 종은 정말 하나님 앞에 무릎을 꿇고 회개하고 오로지 하나님만 신뢰하는 자리로 나아가야 합니다. 왜냐하면 하나님은 그 종을 더 겸손하게 하기 위하여 더 큰 축복을 내리시기 때문입니다.

우리가 잘못해도 하나님이 축복하실 때가 있습니다. 그럴 때는 우리의 마음을 겸손하게 하라는 것이며 이제 더 이상 사람을 의지하지 말고 오직 하나님만 의지하라는 뜻입니다. 그런데 사울은 하나님을 의지하기보다는 힘 있는 용병들을 주위에 사 모으기 시작했습니다.

사무엘상 14장 52절
"사울이 사는 날 동안에 블레셋 사람과 큰 싸움이 있었으므로 사울이 힘 있는 자나 용맹 있는 자를 보면 그들을 불러 모았더라"

결국 이것이 사울로 하여금 하나님의 말씀에 더 순종하지 못하게 만듭니다. 왜냐하면 하나님의 전쟁은 물건을 빼앗는 전쟁이 아니고 의의 전쟁입니다. 그러나 그에게 고용된 사람들은 대가를 원하기 때문에 의로운 전쟁으로 나아가지 못하게 했고 사울의 발목을 붙잡게 만들었습니다. 그래서 처음에 정책을 분명히 세우지 않으면 결국 자신의 의지와는 달리 잘못된 방향으로 나아가게 되고 맙니다.

우리는 종의 영에 사로잡혀서는 안 됩니다. 예수님은 "진리를 알지니 진리가 너희를 자유케 하리라"(요 8:32)고 말씀하셨습니다. 하나님의 말씀을 모를 때, 우리는 순종한다고 하지만 미신적으로 두려움으로 순종할 수밖에 없습니다. 그러나 하나님의 말씀을 알면 모든 것이 환히 보이기 때문에 자신감을 가지고 나아갈 수가 있는 것입니다.

19

아말렉과의 전쟁

>> 삼상 15:1-16

　믿는 사람들은 하나님 앞에서 자원봉사만 해야 할 때가 있고 또 직업을 갖고 일하며 보수를 받는 때도 있습니다. 보수를 받을 때에는 하나님이 소중한 직업을 주셨으며 우리는 세상의 노예가 아니라는 것을 기억해야 합니다. 또한 보수를 받지 않으며 자원봉사를 할 때에는, 천사의 자격으로 일하는 것이므로 하나님의 기적이 능력으로 나타날 수 있습니다.

　여호수아가 이스라엘 백성들을 이끌고 가나안 땅을 침공할 때에는 세 가지 방식이 있었습니다. 첫 번째는 여리고성을 공략하는 방식으로, 모두 파괴시키고 양이나 소나 사람까지 생명을 하나도 살려 두지 않는 것입니다. 이것은 하나님이 세상의 죄를 심판하는 원리를 보여줍니다. 철저히 파괴시키며, 어떤 물건도 욕심내면 안 됩니다. 그러나 아간은 여리고성에서 물건을 훔쳤다가 결국 죽임을 당했습니다.

　두 번째는 아이성을 공략하는 방식으로, 사람은 죽이되 소나 양이나 가축은 전리품으로 살리는 것입니다. 이 전리품은 하나님이 이스라엘 백성들에게 주시는 보수입니다. 여리고성 방식과 아이성 방식은 비슷한 것 같지만 의미가 다릅니다.

세 번째는 기브온 방식입니다. 그들을 멸망시키지 못할 뿐 아니라 오히려 그들을 지켜 주어야 하는 부담을 지는 것입니다. 여호수아는 기브온 사람들의 항복을 받아들였기 때문에 그들을 죽이지 못했고 오히려 그들이 가나안 사람들의 공격을 받게 되었을 때 도와주어야 했습니다. 하나님의 백성들은 잘 알고 했든지 아니면 잘 모르고 했든지 일단 약속을 했다면 지키는 것이 옳습니다. 그렇게 할 때 하나님은 손해 본 그 이상을 채워 주실 것입니다.

본문에서 하나님은 사울 왕에게 아말렉 사람들을 여리고성을 공략하는 방식으로 치라고 말씀하셨습니다. 즉 사람이나 소나 나귀나 아무것도 남기지 말고 전멸하라는 것입니다. 즉 이스라엘 백성들은 전리품을 하나도 얻지 못하고 오직 수고만 해야 합니다.

그런데 이것은 하나님의 시험이었습니다. 사울이 실컷 전쟁을 하고 전리품을 전혀 가지지 못하는 것은 사실 큰 손실입니다. 그러나 하나님의 말씀에 순종하기 위해서 당한 손실은 앞으로 받을 축복에 비하면 정말 아무것도 아닙니다. 사울 왕이 하나님의 말씀에 순종하기 위해 이 작은 희생을 감수했다면 하나님은 사울이 상상할 수 없는 수십 배, 수백 배의 축복을 주셨을 것입니다. 그러나 사울은 눈앞의 작은 이익을 포기할 수 없어서 여리고성 공략 방식을 자기 마음대로 아이성 공략 방식으로 바꾸어서 아말렉을 치고 이득을 챙겼습니다.

하나님의 명령

하나님은 먼저 사무엘을 보내어 하나님의 명령을 전했습니다.

사무엘상 15장 1절

"사무엘이 사울에게 이르되 여호와께서 나를 보내어 왕에게 기름을 부어 그 백성 이스라엘 위에 왕을 삼으셨은즉 이제 왕은 여호와의 말씀을 들으소서"

　여기서 우리는 특이한 구조를 보게 됩니다. 대부분의 나라에서는 왕이 맨 위에 있어서 왕이 내리는 명령을 그 밑에 있는 신하들이 복종하는 통치 구조를 가지고 있습니다. 그러나 이스라엘에서는 하나님이 사무엘을 통하여 사울에게 명령을 내리시면 사울이 그것을 복종하게 되어 있는 것입니다. 여기서 우리가 알 수 있는 것은 이스라엘의 왕은 다른 나라의 왕처럼 자기 마음대로 모든 것을 할 수 있는 것이 아니라 하나님의 명령을 받아서 집행한다는 것입니다. 그래서 이스라엘은 왕이 선지자 위에 있는 것이 아니라 선지자가 왕 위에 있는 구조를 하고 있습니다. 바로 이것이 하나님의 말씀이 이스라엘을 다스리는 방식입니다.

　하나님 나라에서 가장 중요한 것은 하나님의 말씀이 모든 것을 지배하고 다스리는 것입니다. 그래서 하나님의 백성들은 자기 자신이 하나님의 말씀을 깨닫고 그대로 순종해서 살면 되는 것입니다. 그런데 왜 굳이 이스라엘에 왕이 필요한가 하면 이스라엘 백성 한 사람 한 사람의 힘으로는 도저히 할 수 없는 것을 왕이 리더십을 발휘해서 해내기 때문입니다.

　바로 이것이 이스라엘 왕의 어려움이었습니다. 즉 이스라엘의 왕은 독립적인 왕이 아니고 단지 하나님의 한 부관에 불과했던 것입니다. 군대 장성들에게는 비서 역할을 하는 부관들이 있습니다. 이스라엘 왕은 다른 말로 표현하면 하나님의 비서였고 심부름꾼이었던 것입니다. 그런데 고맙게도 사울에게는 사무엘이 곁에 있어서 하나님의 뜻을 잘 알 수 있도록 도와 주었습니다. 그러나 사울은 자기가 하나님의 비서가 아니고 왕이라고 생각했기 때문에 하나님의 말씀을 거역하게 됩니다.

사무엘상 15장 2절
"만군의 여호와께서 이같이 말씀하시기를 아말렉이 이스라엘에게 행한 일 곧 애굽에서 나올 때에 길에서 대적한 일을 내가 추억하노니 지금 가서 아말렉을 쳐서 그들의 모든 소유를 남기지 말고 진멸하되 남녀와 소아와 젖 먹는 아이와 우양과 약대와 나귀를 죽이라 하셨나이다"

하나님은 사무엘을 통하여 두 가지를 말씀하십니다. 하나는 아말렉 사람들이 어떤 사람들이었는가 하는 것입니다. 이스라엘 백성들이 출애굽 했을 때에 다른 부족들은 모두 두려워 피했는데 오직 아말렉 부족들만 이스라엘 백성들을 공격했습니다. 하나님이 열 가지 재앙으로 애굽의 바로와 그 신하들을 치시고 홍해를 갈라서 이스라엘 백성들을 이끌어 내신 것은 성령의 큰 능력이었습니다. 하나님은 다른 부족들도 하나님의 이 위대한 능력 앞에서 좀 더 겸허해지고 정신 차리기를 원하셨습니다.

실제로 다른 부족들은 다 그렇게 했는데 오직 아말렉 사람들만 하나님을 두려워하지 않고 이스라엘 사람들을 광야에서 공격했습니다. 그러니까 이 사람들은 애초부터 하나님의 일을 대적하고 방해하기 위해 헌신한 자들이었던 것입니다. 하나님은 여호수아를 통하여 아말렉과 싸우게 하시면서 '내가 영원히 아말렉과 싸우리라' 는 뜻으로 '여호와 닛시' 로 부르게 하셨습니다.

원래 하나님의 백성들은 다른 사람들과 싸우는 것을 별로 좋아하지 않습니다. 왜냐하면 이미 정욕과 혈기를 십자가에 못 박아 버렸기 때문입니다. 그런데 악한 자들은 하나님의 성령의 능력이 나타나는 것을 보면서도 끝까지 싸우려고 합니다. 하나님의 백성들은 이런 자들과 상대하는 것이 가장 어렵습니다. 왜냐하면 이들은 대화가 잘 되지 않기 때문입니다. 그뿐만 아니라 끝까지 하나님의 백성들을 대적하고 망하게 하려고 애를 씁니다. 이런 자들은 아직 하나님의 백성들이 어리고 미숙할 때 공격해서 아예 씨를 없애고자 합니다.

하나님이 원하시는 것은 아무리 하나님의 백성들이 미약하다 하더라도 세상 사람들이 이들에게 나오면 이들을 통해서 세상 사람들에게 복을 주시겠다는 것입니다. 그런데 유달리 하나님의 백성들을 업신여기고 미워하는 자들이 있습니다. 그런 사람들은 하나님이 미워서 그렇게 하는 것입니다.

하나님은 이미 많은 세월이 흘렀지만 과거 아말렉 자손들의 죄를 잊지 않으셨습니다. 그런데 굳이 이번에 사울을 통하여 아말렉 사람들을 진멸하라고 하시는 이유가 무엇일까요? 하나님은 그 동안 아말렉 사람들을 지켜보셨지만 조금도 나아질 기미가 보이지 않기 때문입니다. 하나님은 무려 3, 4백 년의 기간 동안 아말렉이 과거의 교만을 버리고 좀 나아지길 바라셨지만 과거와 조금도 변함없이 똑같은 모습을 하고 있을 때 이제는 더 이상 기회를 주지 않고 심판하기로 작정하신 것입니다. 하나님은 아말렉의 멸망을 예고하셨지만 그들이 조금이라도 나아질까 해서 그렇게 오랫동안 기다리셨던 것입니다.

우리 악한 자들이 나쁜 짓을 한다고 해서 하나님이 바로 심판하지 않으심을 알아야 합니다. 왜냐하면 아무리 악한 자라 하더라도 인간이라는 존재는 너무나도 존귀하기 때문입니다. 그러나 하나님이 악한 자를 심판하지 않고 내버려 두시는 것은 그들을 완전히 잊고 계시기 때문이 아닙니다. 오히려 하나님은 그들이 변하기를 기다리시는 것입니다. 그래서 하나님 앞에서는 사람이 조금씩이라도 변한다는 것이 얼마나 대단한 일인지 모릅니다. 누구든지 아주 조금씩이라도 변화가 있는 동안에는 소망이 있고 하나님은 결코 그들을 버리지 아니하십니다.

두 번째로 하나님은 사울에게 아말렉을 칠 때 여리고성 공략 방식으로 하라고 하셨습니다. 즉 아말렉을 치되 사람이나 가축이나 그 어떤 것이라고 하나라도 남기지 말고 전멸시키라는 것입니다. 이것은 엄청난 하나님의 일을 하면서 전혀 보수를 받지 않고 전적으로 봉사로 그 일을 하는 것과 같습니다. 하나님이 사울에게 이렇게 하라고 하신 것은 이유는 죄의 원산지인 아말렉을 철저하게 진멸하여 죄를 원천적으로 봉쇄시키는 의미입니다. 만약 어느 지역에서 아주 무서운 전염병이 퍼지기 시작하면 국가는 그 지역을 폐쇄시켜 병의 확산을 근본적으로 차단시키게 됩니다.

마찬가지로 하나님은 하나님 나라를 훼방하는 아말렉을 진멸하여 철저하게 봉쇄시켜서 앞으로 하나님의 백성들을 대적하는 세력이 나타나지 못하게 하셨습니다. 이것이 얼마나 중요한 일입니까? 그뿐만 아니라 이스라엘 백성들은 아말렉의 재산에 전혀 손을 대지 않는 것을 통해서 이런 악과 아무 상관이 없으며, 또 이들을 공격한 목적이 전혀 물질적인 탐욕 때문이 아니며, 이스라엘 백성들은 아말렉의 신세를 지지 않고서도 오직 하나님의 도우심만으로 얼마든지 잘 사는 나라가 될 수 있다는 것을 보여주는 것입니다.

특히 전적으로 하나님의 사자로 봉사하게 되는 것이 이스라엘 사람들에게는 얼마나 큰 축복인지 모릅니다. 왜냐하면 그렇게 할 때 하나님의 기적이 일어날 때가 많기 때문입니다. 돈은 받지 못하지만 돈과 비교할 수 없는 하나님의 놀라운 능력을 경험하게 되는 것입니다.

한번은 아브라함이 그돌라오멜의 연합군을 쳐부수고 소돔과 고모라의 재산을 찾아왔을 때 고모라 왕은 아브라함에게 사람은 자기에게 주고 재물은 다 가져가라고 했습니다. 그때 아브라함은 자기가 소돔의 재물로 부자가 되었다는 말을 듣지 않기 위하여 실 하나라도 신들메 하나라도 손대지 않겠다고 했습니다. 이것은 사람들이 나에게 무엇을 주지 않아도 하나님이 나의 것을 모두 챙겨 주신다는 믿음이 있었기 때문입니다.

사울의 부족한 순종

사울은 사무엘을 통해 전달된 하나님의 명령을 거부하지 않고 순종했습니다. 사무엘이 명령을 할 때 '당신이 뭔데 이스라엘 왕인 나에게 이래라 저래라 하는 거요?' 하면서 반발하지 않았습니다. 사울은 사무엘의 명령을 하나님의 명령으로 생각해서 일단 아말렉을 공격해서 승리를 거두었습니다. 사울은 아주 계획성 있게 이 작전을 수행했습니다. 그는 가장 먼저 군인들의 수를 계수했습니다.

사무엘상 15장 4절
"사울이 백성을 소집하고 그들을 들라임에서 계수하니 보병이 이십만이요 유다 사람이 일만이라"

보통 사람들이 무분별하게 섞여 있는 것을 군중이라고 합니다. 이 군중들을 어떤 목적이 있는 집단으로 만들려면 조직을 해야 합니다. 그런데 하나님의 백성들은 일단 숫자를 헤아리게 되면 하나님의 군대로 변하게 됩니다. 하나님의 백성들의 숫자를 헤아리는 것은 그들이 주님의 지도 아래 들어와 있는 것을 의미합니다. 그래서 저희 교회는 예배를 드릴 때에 꼭 참석하신 교인들의 숫자를 헤아립니다. 그 이유는 여러분들이 지금 우리 주님의 막대기를 통과한 주님의 양이라는 뜻입니다.

그리고 사울은 아말렉을 공격하기 전에 이스라엘 군대를 복병으로 감추어 놓고 아말렉 사람들과 섞여 있는 겐 사람들에게 공격 계획을 알려 주어서 아말렉 사람들을 떠나도록 했습니다. 이것은 불필요한 희생을 막으려는 대단히 주의 깊은 행동이 아닐 수 없습니다.

사무엘상 15장 5-6절

"사울이 아말렉성에 이르러 골짜기에 복병하니라 사울이 겐 사람에게 이르되 아말렉 사람 중에서 떠나 내려가라 그들과 함께 너희를 멸하게 될까 하노라 이스라엘 모든 자손이 애굽에서 올라올 때에 너희가 그들을 선대하였느니라 이에 겐 사람이 아말렉 사람 중에서 떠나니라"

겐 사람들은 모세의 장인 이드로의 후손으로 이스라엘 자손들과는 적대적인 관계가 아니었습니다. 그래서 그들이 쓸데없는 죽임을 당하지 않도록 미리 떠나게 했습니다. 그리고 전쟁을 한 결과는 사울의 대승리였습니다.

사무엘상 15장 7-8절

"사울이 하윌라에서부터 애굽 앞 술에 이르기까지 아말렉 사람을 치고 아말렉 사람의 왕 아각을 사로잡고 칼날로 그 모든 백성을 진멸하였으되"

이스라엘 백성들이 하나님의 말씀에 순종했을 때 하나님이 약속하신대로 큰 승리를 거둘 수 있게 되었습니다. 그런데 문제는 재물을 보았을 때 사울의 생각이 바뀌게 된 것입니다.

사무엘상 15장 9절

"사울과 백성이 아각과 그 양과 소의 가장 좋은 것 또는 기름진 것과 어린 양과 모든 좋은 것을 남기고 진멸키를 즐겨 아니 하고 가치 없고 낮은 것은 진멸하니라"

적의 전리품을 챙기는데서 문제가 나타났습니다. 하나님은 모두 죽이라고 명령하셨습니다. 아말렉과 관계된 모든 것을 죄에 오염된 것으로 보고 진멸하게 하셔서 죄의 근원을 뿌리 뽑게 하셨습니다. 그러나 사울과 이스라엘 백성들은 아말렉의 많은 재물들을 보자 아까웠습니다. 그들은 아말렉 왕 아각을 죽이지 않고 산 채로 끌고 왔습니다. 사울에게 큰 명예가 되기 때문입니다. 또한 소나 양의 나쁜 것만 죽이고 좋은 것은 죽이지 않고 살려서 끌고 왔습니다.

어떻게 보면 사울이 하나님의 명령을 순종하지 못한 것은 아주 조금이라고 할 수 있습니다. 그러나 신학적으로는 완전히 다른 이야기입니다. 하나님은 그분을 대신하여 악을 심판하라고 하셨는데 이들은 돈벌이를 한 셈이었습니다. 만약 그들이 아말렉 족속으로부터 얻는 유익을 포기했더라면 하나님은 더 큰 축복을 주셨을 것입니다. 그러나 그들은 아말렉의 재산을 취하고 왕을 살려 옴으로 죄에 대한 하나님의 진노를 상업적인 것으로 격하시켜 버렸습니다. 다시 말해서 죄와 교만에 대한 하나님의 심판이 아니라 강자가 약자를 약탈하는 것으로 바꾸어 버렸습니다. 신앙의 논리를 경제의 논리로 바꾸어 놓은 것입니다.

그렇게 하는 이유가 무엇일까요? 두 가지로 생각해 볼 수 있는데 우선 하나는 사울과 이스라엘 백성들이 아말렉을 공격하다가 욕심이 생겼다고 볼 수 있습니다. 마치 여리고를 공격할 때 아간의 마음속에 탐심이 생겼듯이 이들은 순간적인 욕심 때문에 좋은 가축들을 다 죽이기가 아까운 생각이 들어서 욕심으로 챙겼다고 볼 수 있습니다. 또 하나는 사울이 자기 주위에 자꾸 불러 모았던 용병들이 결국 돈을 위하여 전쟁을 하는 사람들이었습니다. 이 용병들에게는 하나님의 뜻이 중요하지 않았습니다. 결국 사울은 이들이 원하는 대가를 주기 위해서 하나님의 말씀에 철저히 순종할 수 없었다고 볼 수 있는 것입니다.

사울은 자기 세력을 지키기 위해서 주위에 인간적으로 힘을 가진 사람들을 자꾸 고용 했습니다. 물론 이 사람들은 힘이 있었지만 하나님의 뜻을 무시했습니다. 사울이 처음부터 하나님을 의지하지 못하고 사람의 힘을 의지한 결과 아말렉을 쳐부수는 데에 하나님과 의견차이가 생기게 된 것입니다. 그런데 사울이 생각하지 못한 것이 무엇인가 하면 하나님이 철저하게 심판하라고 한 것을 심판하지 않거나 그 재물을 취하면 자기 목숨과 바꾸어야 한다는 사실입니다. 물론 하나님은 아간을 심판했듯이 사울을 심판하지는 않으셨습니다. 그러나 이 일로 사울은 하나님 앞에서 불합격의 판정을 받고 왕의 자리에서 폐위를 당하게 됩니다.

하나님의 반응

사무엘상 15장 10-11절

"여호와의 말씀이 사무엘에게 임하니라 가라사대 내가 사울을 세워 왕 삼은 것을 후회하노니 그가 돌이켜서 나를 좇지 아니하며 내 명령을 이루지 아니하였음이니라 하신지라"

하나님이 원하시는 종은 그분의 손발처럼 움직일 수 있는 사람이었습니다. 하나님은 그분의 마음을 시원하게 해 드리는 종을 원하셨습니다. 그런 하나님은 이 일로 인해 사울의 폐위를 결심하십니다. 실제로는 사울이 저주를 받아서 죽어야 하지만 왕으로 기름 부음을 받았기 때문에 그렇게까지 하지는 않으셨습니다. 그 대신 사울에게서 하나님의 성령의 은혜가 떠납니다. 사울은 하나님의 일을 하기는 하지만 성령의 능력 없이 이제부터는 인간적인 힘으로 그 일을 해야 하는 것입니다. 이 세상에서 가장 고통스러운 것이 인간의 힘으로 하나님의 일을 해야 하는 것입니다. 하나님 앞에서 가장 무서운 것이 직분은 빼앗지 않고 성령의 은혜만 거두어 가시는 것입니다. 그러면 마음이 강퍅해질 대로 강퍅해지게 됩니다. 사무엘은 하나님이 사울을 버리시는 것을 알고는 온 밤을 새워 가면서 하나님께 부르짖습니다. 그러나 사울은 하나님이 자기를 버리시는 줄도 모르고 자기 이름을 알리기 위해 갈멜로 갔습니다.

사무엘상 15장 12절

"사무엘이 사울을 만나려고 아침에 일찍이 일어났더니 혹이 사무엘에게 고하여 가로되 사울이 갈멜에 이르러 자기를 위하여 기념비를 세우고 돌이켜 행하여 길갈로 내려갔다 하는지라"

기념비라고 하는 것은 자기 힘으로 큰 승리를 거두었을 때 그것을 기념하기 위하여 세우는 것입니다. 그런데 사울은 하나님의 힘이 아니라 자기 힘으로 이겼다고 생각해서 갈멜에 자기 기념비를 세웠습니다. 그 후 사무엘은 아무것도 모르는 것처럼 하고 사울을 만났습니다.

사무엘상 15장 13절

"사무엘이 사울에게 이른즉 사울이 그에게 이르되 원컨대 당신은 여호와께 복을 받으소서 내가 여호와의 명령을 행하였나이다"

어리석게도 사울은 자기가 사무엘을 속일 수 있다고 생각했습니다. 아각 왕과 가축들을 감추어 놓고 시치미를 떼면 아무도 모를 줄 알았던 것입니다. 그러나 사무엘은 하나님이 가르쳐 주시는 것을 통해서 이미 모든 것을 다 알고 있었습니다.

사무엘상 15장 14-15절

"사무엘이 가로되 그러면 내 귀에 들려오는 이 양의 소리와 내게 들리는 소의 소리를 어찜이니이까 사울이 가로되 그것은 무리가 아말렉 사람에게서 끌어 온 것인데 백성이 당신의 하나님 여호와께 제사하려 하여 양과 소의 가장 좋은 것을 남김이요 그 외의 것은 우리가 진멸하였나이다"

사울의 생각과 하나님의 생각은 너무나도 거리가 멀었습니다. 하나님은 이스라엘의 왕이 사람이 보든지 보지 않든지 하나님 앞에서 정직하기를 원하셨습니다. 하나님의 백성들에게 가장 중요한 것은 앞뒤가 일치하는 것입니다. 사울은 앞으로는 하나님의 말씀에 순종하는 것처럼 하면서 뒤로는 엄청난 자기 이익을 챙기고 있었습니다. 사실 사울이 뒤로 챙긴 이익은 욕심낼 만한 것이 아니었습니다. 하나님이 이스라엘 왕인 사울에게 주실 축복은 이런 양이나 소나 아각 왕을 잡아온 것과는 비교될 수 없는 존귀한 것들이었습니다. 그러나 사울은 작은 욕심을 버리지 못하고 눈 가리고 아웅 하는 식으로 덮으려고 했기 때문에 이것과 비교되지 않는 엄청난 하나님의 축복을 놓치게 되는 것입니다.

이것을 보면 사울이 외형을 아주 중요시 하는 것을 알 수 있습니다. 아말렉 왕 아각을 살려서 끌고 오고 갈멜의 기념비를 세우며 또 하나님께 제사를 드린다는 명목으로 많은 양과 소를 끌고 왔던 것입니다. 그러나 하나님은 그런 외형보다는 실제적인 순종을 요구하셨습니다. 우리 마음대로 이것저것을 하지 말고 하나님이 시키시는 대로만 하라는 것입니다. 그러나 사울은 그렇게 하기에는 너무 준비가 되어 있지 않았습니다. 그는 훈련받기 전에 이미 왕이 되어 버렸기 때문에 더 이상 훈련을 받을 시간이 없었던 것입니다.

하나님은 아말렉 사건을 보고 이미 사울은 이스라엘의 왕이 될 수 없다는 판단을 하셨습니다. 그리고 실제로 사울에게 폐위의 사실을 알려 주십니다. 그러나 사울은 그냥 그대로 왕으로 계속 남아 있습니다. 그러나 이것은 자리만 지키는 것이지 진짜 성령의 능력으로 이스라엘의 왕의 직분을 행하는 것은 아니었습니다.

때로 우리는 하나님의 말씀에 순종을 해야 하기 때문에 상당한 경제적인 손실을 봐야 할 때가 있습니다. 그러나 그런 손실을 아까워해서는 안 됩니다. 왜냐하면 하나님은 그것과 비교되지 않는 엄청난 축복을 준비하고 계시기 때문입니다.

그리고 우리는 사람들에게 인정을 받는 것과 하나님 앞에 인정을 받는 것 중에서 선택의 기로에 서 있을 때가 많은데 그럴 경우 우리는 반드시 하나님께 인정받는 길을 선택해야 합니다. 그러나 사울은 사람들의 인기를 택하고 하나님의 인정을 버렸습니다. 그는 세상에서 사람들에게 인정받고 인기를 독차지하려고 노력했습니다. 그러나 사울은 하나님 앞에서 이미 가치가 없는 자로 드러났고 성령의 능력을 잃어버리고 결국 우울증 증세를 앓는 정신병 환자가 되고 맙니다. 지혜로운 하나님의 사람은 사람들의 인정을 잃어버리는 일이 있더라도 하나님의 인정을 결코 놓치지 않을 것입니다.

20

순종과 제사
>> 삼상 15:17-35

펄벅 여사가 쓴 「대지」를 보면, 성황당을 섬기는 주인공이 좋은 일이 생기면 지신(地神)에게 좋은 종이옷을 만들어 입히고 좋지 않은 일이 생기면 대놓고 욕을 하는 모습이 나옵니다. 이것이 우상을 섬기는 자들의 자세입니다. 하나님은 제2계명에서 이 세상의 어떤 것으로도 그분의 형상을 만들거나 절하지 말라고 하셨습니다. 하나님은 영이시며 무소부재한 분이십니다. 그분은 예배당 안에만 갇혀 있는 분이 아니십니다. 하나님은 온 세상을 마치 손바닥 위에 놓고 보듯이 다 알고 계십니다. 사람들은 하나님이 제사를 많이 드려야만 좋아하시는 줄로 생각하지만, 그분은 그분의 말씀 듣는 것을 가장 좋아하시며 그런 사람에게 천 대까지 복을 내리십니다.

젊은이들이 혼자서 짝사랑을 하면서 상대방을 제대로 아는 것이 아니라 한두 번 보고서는 자기 혼자 상상 속에 만들어 놓고 사랑하는 경우가 있습니다. 그래서 나중에 실제로 만나보면 자기가 생각했던 것과 너무 달라서 실망하게 됩니다. 우상 숭배는 이런 일방적인 사랑과 같습니다. 우상을 섬기면서 실제로는 자기 안에 있는 정성이나 종교적인 열정에 만족하는 것입니다. 그러다가 좋지 않은 결과가 나오면 우상을 미워하고 버립니다.

하나님은 우리가 그분의 말씀 듣는 것을 가장 좋아하십니다. 이스라엘 백성에게 제사를 드리게 하신 것은, 어디까지나 말씀을 듣는 자리로 나아오게 하기 위한 것이었습니다. 이스라엘 백성들에게 죄가 있으면 하나님은 말씀을 주지 않으십니다. 심지어 요나단이 지팡이 끝으로 꿀을 찍어 먹었다고 해서 말씀을 주지 않으셨습니다. 하물며 매일 하루도 빠짐없이 죄를 짓는 이스라엘 백성들이 어떻게 하나님의 말씀 앞에 설 수 있겠습니까? 그래서 하나님은 이스라엘 백성들이 제사로 하나님 앞에서 죄를 용서 받고 그리고 나서 말씀을 듣도록 하신 것입니다. 제사의 목적 중 하나는 하나님의 말씀을 듣기 위한 것입니다.

하나님이 사울 왕에게 아말렉을 치게 하신 것은 순종을 확인하는 중요한 시험이었습니다. 그런데 사울 왕은 철저하게 순종하지 않았습니다. 죽이라고 했던 아말렉 왕 아각을 살리고, 가축들을 산 채로 잡아오면서 하나님께 제사 드리기 위한 것이라고 했습니다. 죽여서 없애는 것보다 하나님께 바치는 것이 더 낫지 않느냐는 것입니다. 인간적으로 생각할 때 죽여서 없애버리는 것보다는 하나님께 제사로 바치는 것이 나을지도 모르겠습니다. 그러나 하나님은 짐승을 많이 바친 제사를 기뻐하시는 것이 아니라 자기 죄를 자백하고 하나님의 말씀 듣는 제사를 원하셨습니다. 그래서 사무엘은 '순종이 제사보다 낫다'라는 아주 중요한 말을 하게 됩니다.

사무엘의 책망

어느 나라든지 감히 백성이 왕을 책망할 수는 없지만, 이스라엘은 유일하게 선지자가 왕을 책망할 수 있었습니다. 신정정치 국가였기 때문에 왕 위에 하나님의 말씀이 있었던 것입니다. 하나님의 말씀이 최고로 높은 권위를 가지고 있고 그 밑에 왕이 있었습니다.

사무엘은 처음에 하나님이 사울을 왕으로 뽑으실 때 그의 인품과 신앙이 훌륭했기 때문에 뽑은 것이 아니라고 왕을 책망합니다. 하나님은 오직 사울의 가능성을 보고 뽑으신 것입니다. 그러나 사울은 마치 자기가 다 된 사람인 것처럼 자기 멋대로 행동을 했습니다.

사무엘상 15장 17절
"사무엘이 가로되 왕이 스스로 작게 여길 그때에 이스라엘 지파의 머리가 되지 아니하셨나이까 여호와께서 왕에게 기름을 부어 이스라엘 왕을 삼으시고"

하나님이 사울을 이스라엘의 왕으로 삼으신 이유는 하나밖에 없었습니다. 그것은 그가 이스라엘 열두 지파 사람들 중에서 가장 겸손한 사람이었기 때문입니다. 사울은 스스로 자기 자신을 작게 생각했습니다. 하나님은 어떤 사람을 가장 크게 생각하십니까? 자기 스스로 가장 작다고 생각하는 겸손한 사람입니다. 하나님이 사울에게 계속 기대하셨던 모습은 무엇입니까? 바로 겸손이었습니다. 그러나 지금 사울 왕은 어떻게 변해 있습니까?

사무엘상 15장 19절
"어찌하여 왕이 여호와의 목소리를 청종치 아니하고 탈취하기에만 급하여 여호와의 악하게 여기시는 것을 행하였나이까"

지금 사울은 스스로를 대단하게 여기며 하나님의 명령을 바꾸어도 되는 것처럼 생각하게 되었습니다. 하나님의 말씀을 무시하고 오직 자기 명성을 높이기에 급급했고 탈취한 물건들로 자기 욕심을 채우기에 급급했던 것입니다. 사실 이 점은 우리에게 대단히 어려운 부분입니다. 누구든지 직책이 낮을 때에는 겸손할 것입니다. 그러나 직책이 높아지면 권위가 그만큼 더 생기기 때문에 자연적으로 권한이 더 커지게 되는데 이렇게 직책이 높아지더라도 하나님과의 관계에 변화가 있어서는 안 됩니다.

하나님이 우리에게 어떤 직분을 주실 때에는 우리의 인격이 다 완성되어서가 아니라 우리 안에 있는 아주 작은 가능성을 믿고 주시는 것입니다. 그렇다면 그 직분을 제대로 수행하기 위하여 먼저 필요한 것은 신앙의 성장입니다. 왜냐하면 신앙이 자라야 지속적으로 하나님 앞에서 겸손할 수 있고 하나님의 뜻을 알아갈 수 있기 때문입니다. 그런데 사울 왕은 자기가 더 자라야 한다고 생각하지 않았기 때문에 하나님의 뜻을 알아 낼 수 없었습니다.

예수님이 가룟 유다를 열두 제자 중 한 사람으로 세우신 것은 그가 완전한 인격을 가졌기 때문이 아니었습니다. 오히려 그의 작은 가능성을 보고 믿어 주시며 그에게 열두 제자 중 한 직분을 주신 것입니다. 그렇다면 주님의 신뢰를 저버리지 않기 위하여 가룟 유다에게 가장 필요한 것 역시 신앙 성장이었습니다. 그래서 하나님의 교회에서 가장 악한 사람은 신앙적으로는 전혀 자라지 않으면서 열심만 많은 사람입니다. 그 사람은 결국 하나님의 일을 인간적인 생각으로 할 수밖에 없는 것입니다.

그래서 하나님의 종들에게 가장 중요한 것은 어떻게 하면 하나님 앞에서 계속적으로 겸손할 수 있느냐 하는 것입니다. 우리는 자신이 한 일과 성공을 생각하면서 자만에 빠져 하나님 앞에서 자기가 큰 자라고 여기게 됩니다. 그러면 그 사람은 결국 하나님께 버림받을 수밖에 없습니다.

그래서 하나님은 사랑하는 자들에게 먼저 큰 시련을 주십니다. 이 무서운 시련을 통하여 하나님 앞에서 철저하게 그가 아무것도 아니라는 것을 깨닫게 하십니다. 하나님은 나중에 이 사람을 아무리 축복하셔도 타락하지 않을 정도로 연단을 시키십니다. 모세 같은 사람은 미디안 광야에서 무려 사십 년을 썩어야만 했습니다. 다윗은 왕이 되기 전에 많은 연단을 받아서 왕이 되고 난 후에도 자기는 어디까지나 하나님의 한 마리의 양이지 목자라고 생각하지 않았습니다. 그래도 다윗은 죄에 빠져서 왕위마저 일시적으로 자식에게 빼앗길 정도로 실패를 한 적이 있었던 것입니다.

어떤 경우에는 연단만으로 부족해서 하나님이 가시를 남겨 놓으실 때가 있습니다. 사도 바울 같은 경우에는 육체의 질병이 가시였습니다. 사도 바울은 이 가시가 없어지도록 세 번이나 간절하게 기도를 드렸지만 주님은 그 병을 고쳐 주지 않으셨습니다. 왜냐하면 주님은 그것이 없으면 바울이 교만해진다는 것을 아셨기 때문입니다. 찰스 스펄전 같은 경우에는 다리의 통풍이 그의 무서운 가시였습니다. 어떤 경우에는 아주 좋지 못한 사람이 늘 괴롭힐 수 있습니다. 그것도 내가 교만하지 못하도록 주야로 나를 지켜준다고 생각하면 좋을 것입니다.

이것으로 부족해서 많은 신앙의 위인들은 큰 축복이 임한 후에 오히려 선배들의 전기를 읽곤 했습니다. 왜냐하면 믿음에 앞선 사람들의 수고와 경건에 비하면 자신의 일은 아무것도 아니라는 것을 알게 되기 때문입니다. 이것을 보면 하나님의 종들은 처음 겸손했던 자세를 끝까지 지키기 위해 사생결단해야 하는 것입니다.

하나님 앞에서는 겸손해야 큰 사람으로 인정을 받는데 교만해지면 점점 더 작아지게 되고 형편없는 사람으로 변하고 마는 것입니다. 하나님의 저울은 세상의 저울과 정반대로 되어 있습니다. 하나님의 저울은 겸손한 사람이 묵직하게 나타나고, 교만한 사람은 먼지보다 더 가볍게 나타납니다. 하나님 앞에서 중요한 사람이 되려면 계속 겸손해야 하며 하나님 앞에 일대일로 서는 시간이 있어야 합니다. 그 시간이 바로 말씀을 묵상하는 시간이고 기도하는 시간입니다.

그래서 그리스도인에게 있어서 정신없이 바쁜 것은 치명적인 결과를 가져오게 됩니다. 왜냐하면 늘 사람을 만나고 일을 생각하기 때문에 하나님의 저울에는 아주 형편없이 나타나도 스스로를 대단한 사람인 것처럼 생각하기 쉽기 때문입니다. 그래서 그리스도인들은 언제나 모순적인 존재입니다. 세상에서 담대하려면 언제나 기도하는 수밖에 없습니다.

제사와 순종

사무엘상 15장 20-21절
"사울이 사무엘에게 이르되 나는 실로 여호와의 목소리를 청종하여 여호와께서 보내신 길로 가서 아말렉 왕 아각을 끌어 왔고 아말렉 사람을 진멸하였으나 다만 백성이 그 마땅히 멸할 것 중에서 가장 좋은 것으로 길갈에서 당신의 하나님 여호와께 제사하려고 양과 소를 취하였나이다"

사무엘이 왜 하나님의 말씀에 불순종했느냐고 책망했을 때 사울은 자신이 순종했다고 대답했습니다. 아말렉 왕 아각 외에는 다 죽였고 또 소나 양도 죽이되 좋은 것은 제사를 드리러 가져 왔기 때문이라고 했습니다. 죽이는 것보다는 하나님께 바치는 것이 더 낫지 않느냐는 사울의 답이 타당성이 있는 것 같습니다. 그러나 여기에 사울과 하나님 사이에 아주 중요한 생각의 차이가 드러나고 있습니다. 사울은 전쟁에 이기면 되는 것이 아니냐고 생각했습니다. 사실 전쟁이라는 것은 이기면 되는 것이지 어떻게 이기느냐 하는 것은 중요하지 않을 수도 있습니다.

그러나 하나님은 사울에게 다른 것을 요구하셨습니다. 전쟁에 이기고 지는 것이 아니라 얼마나 철저하게 하나님의 뜻에 따라서 움직이느냐는 것을 보신 것입니다. 다시 말해서 사울이 아말렉을 친 것은 어떤 새로운 기계의 시운전에 해당됩니다. 그 기계를 움직이는 사람은 이 기계가 자신의 뜻에 따라 정확하게 움직이는지를 보려고 하는 것입니다. 그런데 사울은 자기 생각에 따라서 움직였지 하나님의 생각대로 움직이지 않았습니다. 이것에 대하여 사무엘은 하나님이 번제와 다른 제사를 하나님의 목소리 순종하는 것보다 좋아하지 않으신다고 대답했습니다. 즉 하나님이 가장 기뻐하시는 것은 제사가 아니고 말씀을 듣고 순종하는 것입니다.

여기서 제사와 순종 사이의 첨예한 대립이 나타나게 됩니다. 사실 제사와 순종은 분리할 수 없는 것입니다. 제사를 드리는 이유가 무엇입니까? 우리 안에 있는 불순종한 기질들을 씻음 받아서 온전히 하나님의 뜻에 순종하기 위해서입니다. 우리가 하나님의 말씀에 불순종했을 때에는 하나님 앞에 나아와서 불순종한 것을 고백하고 이제부터는 순종하기 위하여 제사를 드리는 것입니다. 그러니까 하나님의 말씀에 순종할 수 있는 힘은 예배에서 나오게 되어 있습니다. 예배가 죽어 있으면 믿음으로 승리하기가 너무나도 어렵습니다. 예배가 은혜로워도 우리는 수없이 넘어지는 사람들입니다. 그런데 예배가 죽어버리면 믿음으로 살기가 대단히 어렵습니다.

그런데 사울이 말하는 예배는 어떤 예배입니까? 하나님의 말씀에 순종하기 위한 힘을 얻기 위한 예배가 아닙니다. 사울의 제사는 단순히 예배를 드리기 위한 예배였던 것입니다. 즉 오늘 풍성한 제사를 드렸으니까 이제부터 내가 원하는 것을 해도 하나님은 축복해 주실 것이라는 뜻입니다. 사울에게는 예배가 일종의 거래와 같은 것이었습니다. 즉 자신이 이만큼 제사를 드렸기 때문에 하나님도 그에게 복을 주셔야만 한다는 것입니다.

하나님은 그런 거래를 원하지 않으십니다. 왜냐하면 이 세상에 있는 모든 것이 하나님의 것이기 때문에 하나님은 굳이 인간들과 거래를 할 필요가 없으십니다. 더욱이 하나님은 말씀에 대한 순종이 없는 짐승의 제사를 결코 기뻐하지 않습니다.

> 사무엘상 15장 22절
> "사무엘이 가로되 여호와께서 번제와 다른 제사를 그 목소리 순종하는 것을 좋아하심 같이 좋아하시겠나이까 순종이 제사보다 낫고 듣는 것이 수양의 기름보다 나으니"

여기서 우리가 알아야 할 것은 결코 제사와 순종은 별개가 아니라는 사실입니다. 제사 드리는 이유는 하나님의 뜻에 순종하는 믿음의 능력을 얻기 위해서입니다. 전혀 순종할 의사 없이 형식적으로 드리는 제사를 하나님은 싫어하십니다. 여기서 우리는 하나님을 가장 기쁘시게 하는 것이 그분의 말씀에 귀를 기울이며 자기 자신을 하나님의 뜻에 쳐 복종시키는 산제사라는 것을 알 수 있습니다. 우리 의지는 마치 완강한 암소와 같습니다. 하나님의 뜻이 아닌 줄 알면서도 계속하려고 고집을 부립니다. 그때 우리가 고집을 꺾고 돌이켜서 죄짓는 데서 돌아설 때 하나님은 크게 기뻐하십니다. 그렇게 했을 때 예배도 기쁨과 감격에 넘치게 됩니다.

왜 예배가 자꾸 무의미해집니까? 실제 생활 중에 순종을 하지 않고 예배를 드리기 때문입니다. 실제로 순종을 한번 해 보면 예배가 그렇게 감격스러울 수가 없습니다. 실제로 하나님의 말씀을 듣는 사람은 사울 같은 예배자에 비하여 정성도 부족하고 남을 위하여 할 수 있는 것도 너무나 부족합니다. 그러나 하나님은 이것을 더 좋아하시는 것입니다.

예수님이 베다니 나사로의 집에 계실 때 나사로의 두 누이 마르다와 마리아는 모두 예수님과 함께 있었습니다. 그런데 마르다는 예수님의 일행을 대접하기 위하여 너무나도 마음이 분주하고 바빴으며, 마리아는 자기 언니를 돕지도 않고 아무것도 하지 않고 예수님의 말씀만 열심히 들었습니다. 우리가 보기에 마르다는 책임감도 있고 남에게 봉사하는 정신도 깊은 것 같습니다. 거기에 비하여 마리아는 말씀을 듣는 것 외에는 아무것도 하는 것이 없었습니다. 그러나 예수님은 마리아를 칭찬하시면서 "마리아는 이 좋은 편을 택하였으니 빼앗기지 아니하리라"(눅 10:42)고 하셨습니다. 마리아가 무엇을 빼앗기지 않는다는 뜻일까요? 하나님으로부터 오는 가장 좋은 은사인 말씀을 지속적으로 듣는 특권을 빼앗기지 않는다는 것입니다.

사울의 폐위

우리가 얼핏 보기에 사울은 하나님의 말씀에 잘 순종한 것 같습니다. 그러나 놀랍게도 하나님은 왕이 된 지 얼마 되지 않은 사울의 폐위를 선언합니다.

사무엘상 15장 23절
"왕이 여호와의 말씀을 버렸으므로 여호와께서도 왕을 버려 왕이 되지 못하게 하셨나이다"

사무엘은 이런 말을 무려 세 번씩이나 사울에게 합니다. 26절에과 28절에 이어 29절에서는 확정적으로 말을 합니다.

사무엘상 15장 29절
"이스라엘의 지존자는 거짓이나 변개함이 없으시니 그는 사람이 아니시므로 결코 변개치 않으심이니이다"

하나님은 한번 확정하신 것을 절대로 바꾸시지 않습니다. 왜 하나님은 사울에게 좀 더 기회를 주지 않으시고 이렇게 아말렉을 공격하는 하나만으로 사울의 폐위를 결정하시는 것일까요? 그 이유는 사울이 아말렉 침공에서 하나님의 말씀에 철저하게 순종하지 않은 것은 하나님께 큰 충격이었기 때문입니다. 하나님은 이 하나의 사건을 통해 앞으로 사울이 절대로 변하지 않는다는 것을 아셨던 것입니다. 하나님은 우리의 모든 행동을 다 지켜보고 계십니다. 우리가 변할 가능성이 있는 동안에는 지속적으로 우리를 지켜보십니다. 그러나 아무리 기다려도 더 이상 변화의 가능성이 없다고 판단되면 바로 심판을 선언해 버리시는 것입니다.

그런데 여기에 보면 사울이 회개를 합니다. 그는 하나님의 말씀보다는 백성들을 두려워해서 그들의 말을 들었다는 말을 하고 지금 자기의 죄를 사하여 함께 가서 백성들 앞에서 예배를 드리게 해 달라고 간청을 합니다. 이 말은 사울이 간절히 회개하는 것처럼 들립니다. 그러나 사울의 회개는 진심이 아니었습니다. 만약 사울이 진심으로 회개를 했다면 그 즉시 아각과 소와 양을 다 죽이게 했을 것입니다. 그러면 하나님은 또 사울에게 기회를 주셨을 것입니다. 그러나 사울 왕의 회개는 말로만 하는 것이지 자신의 생각이나 가치관을 바꾸는 회개가 아니었습니다.

본문 성경을 보면 사울이 사무엘의 옷을 찢어질 정도로 잡아 당겼습니다. 사울이 사무엘의 옷을 잡고 늘어진 것은 사무엘의 존재가 정치적으로 사울에게 필요했기 때문입니다. 사울은 사무엘과 함께 예배드려 자신의 폐위 사실을 모르는 백성들이 그를 계속 이스라엘의 정식 왕으로 알게 했습니다. 이것 때문에 사울은 사무엘의 옷을 죽자고 당겼던 것입니다. 이것을 볼 때 사울은 아직까지도 신앙적이지 못한 것을 알 수 있습니다. 사울은 하나님이 그를 어떻게 보시는가보다 백성들이 자기를 어떻게 생각할지가 두려워서 사무엘을 붙들었습니다.

사무엘의 옷이 찢어지니까 사무엘은 하나님이 사울이 잡고 있는 나라를 떼어서 다른 사람에게 줄 것이라고 했습니다. 이것은 사울이 아무리 사무엘의 다리를 붙잡고 늘어져도 하나님의 뜻은 변함이 없으시다는 뜻입니다. 이것은 다리를 잡고 늘어질 문제가 아니라 바른 신앙의 결단이 필요한 일입니다.

사울이 거기서 다시 하나님께 사용되려면 사무엘의 옷을 잡고 늘어지는 것이 아니라 '제가 해야 될 것이 무엇입니까?' 라고 물어야 하는 것입니다. 그렇게 했다면 하나님은 지금이라도 아각을 죽이고 그 짐승들을 죽이라고 하셨을 것입니다. 그러나 사울은 그럴 수 없었습니다. 그렇게 하기에는 자신이 세운 전공이 너무나도 아까웠습니다. 이것을 가지고 사람들에게 자랑해야 하는데 자랑거리들이 다 없어지는 것입니다. 그렇기 때문에 너무 늦게 하나님께 돌아가려면 어렵습니다. 아무것도 가진 것이 없고 손해 볼 것이 없을 때 회개하면 좋지, 돈이 많고 사회적으로 성공한 상태에서 자기가 가진 것을 다 버리는 것은 너무나도 어려운 것입니다.

오늘 이 순간부터 사울은 명목상의 왕으로 실제로 이스라엘에는 왕이 없게 됩니다. 일시적으로 다시 사사 시대로 돌아가는 것과 같습니다. 그 동안에 하나님은 사울왕이 아닌 다윗을 사용하셔서 이스라엘 백성들을 지키시고 도우실 것입니다. 그러니까 겉으로는 왕정이지만 실제로는 다시 사사 시대로 돌아가는 것입니다. 하나님은 형식보다 실제적인 것을 더 중요하게 생각하십니다. 누가 어떤 자리에 있느냐 하는 것보다 더 중요한 것이 어떤 사람을 통하여 구원의 역사가 이루어지느냐 하는 것입니다.

3부

하나님의 선택, 다윗

21. 하나님이 준비하신 사람 22. 사울의 우울증 23. 골리앗의 등장 24. 다윗의 승리 25. 승리 그 이후 26. 도망치는 다윗 27. 다윗의 결단

21

하나님이 준비하신 사람

>> 삼상 16:1-13

사람에 대한 하나님의 뜻을 절대적으로 생각하기 쉽습니다. 그러나 유동성이 있습니다. 물론 구원하기로 작정하신 사람을 어떠한 어려움에도 포기하지 않고 끝까지 설득해서 결국 하나님의 사랑에 무릎 꿇게 하십니다. 그럼에도 불구하고 사람의 믿음이나 반응에 따라서 변할 수 있는 것입니다. 예를 들어, 출애굽 할 때 사십 일 만에 가나안 땅에 들어갈 수 있었지만 순종하지 않고 반역하는 바람에 사십 년으로 길어졌습니다. 하나님은 히스기야를 그만 살게 하기로 작정하셨지만 그가 울면서 기도했을 때 수명을 15년이나 연장시켜 주셨습니다.

하나님은 이스라엘이 먼저 그분의 백성으로 구원받도록 정해 놓으셨습니다. 그러나 그들이 하나님의 초청을 거부하고 예수님을 십자가에 못 박아 죽였을 때 그들을 버리고 많은 이방인을 부르셔서 천국을 가득 차게 하셨습니다. 이런 것을 보면 하나님은 우리에 대해 선한 계획을 가지고 계십니다. 하나님은 이스라엘의 초대 왕으로 사울을 택하셨습니다. 만일 그가 하나님의 뜻에 부응하여 믿음으로 잘 감당했다면 결코 이스라엘의 왕위에서 폐위되지 않았을 것입니다. 인간적으로 보았을 때 사울의 정책은 문제될 것이 없었지만, 하나님의 눈으로 보았을 때는 문제가 있었습니다. 그만큼 하나님의 시각과 인간의 시각은 다릅니다.

오늘날 우리에 대한 하나님의 뜻도 고정적이 아님을 알아야 합니다. 하나님의 선한 기회가 우리에게 주어졌을 때 철저히 믿음으로 나아가면 축복은 더 커지게 되어 있습니다. 그러나 인간적인 생각에 빠져서 거역하면 그 축복은 엉뚱한 사람에게 넘어가고 맙니다. 그러면 우리가 하나님의 선한 계획을 붙드는 방법이 무엇일까요?

우선 하나님이 어떤 분이신지 제대로 아는 것이 가장 중요합니다. 성경을 통해 하나님을 열심히 알 때 그만큼 믿음이 생기고 축복을 감당할 수 있습니다. 그리고 겸손해야 합니다. 사람들이 중간에 하나님께 버림받는 이유는 교만해지기 때문입니다. 우리는 겸손하기 위해 필사적으로 몸부림쳐야 합니다. 어떤 사람은 자기에게서 교만할 수 있는 것들을 모두 잘라버림으로 끝까지 하나님의 선한 뜻이 자기에게 이루어지게 하는 사람도 있습니다. 세 번째로 사람을 실망시킬 각오를 해야 합니다. 끝까지 하나님의 뜻에 충성되지 못한 사람들의 특징은 사람을 너무 좋아하는 것입니다. 사람의 기대를 저버리지 못하니까 결국 하나님의 뜻을 저버리게 됩니다. 독한 마음을 먹고 사람을 실망시키면서 무모할 정도로 하나님의 말씀을 따라갈 용기가 있어야 합니다. 사울은 이 세 가지 모두 부족했고, 결국 하나님은 사무엘로 하여금 또 다른 사람, 다윗에게 기름을 붓게 하셨습니다.

사무엘의 침체

> 사무엘상 16장 1절
>
> "여호와께서 사무엘에게 이르시되 내가 이미 사울을 버려 이스라엘 왕이 되지 못하게 하였거늘 네가 그를 위하여 언제까지 슬퍼하겠느냐 너는 기름을 뿔에 채워 가지고 가라 내가 너를 베들레헴 사람 이새에게로 보내리니 이는 내가 그 아들 중에서 한 왕을 예선하였음이니라"

사무엘은 처음 하나님의 지시에 따라서 사울을 만났을 때 참으로 사울 안에서 하나님이 기뻐하시는 선한 뜻을 발견했습니다. 사무엘이 본 사울은 겸손했고 사려가 깊었으며 철저하게 헌신적인 사람이었습니다. 사무엘은 사울을 믿었고 진심으로 축복했으며 이스라엘 나라 전체를 아무 조건 없이 사울의 손에 맡겼습니다.

그런데 사울은 일단 왕이 된 후에 그 본색을 드러내기 시작했습니다. 이스라엘을 하나님의 나라로 생각하는 것이 아니라 자기 나라로 생각해서 자기 방법대로 다스리기 시작하는 것이었습니다. 사울이 이스라엘을 잘 다스리기 위하여 필요한 것은 그의 지도력이나 업적이나 사람들의 지지가 아니었습니다. 사울에게 가장 중요한 것은 이스라엘이 도대체 누구의 나라냐 하는 것이었습니다. 사울의 나라였습니까? 아니면 하나님의 나라였습니까? 이스라엘이 사울의 나라라면 사울 마음대로 다스릴 수 있습니다. 그러나 만일 이스라엘이 하나님의 나라라면 사울이 할 수 있는 것은 아무것도 없고 사울은 그야말로 하나님의 종 밖에 되지 않는 것입니다.

하나님이 사울에게 기대하신 것은 그가 참으로 하나님의 종이 되어서 바보처럼 하나님이 시키시는 대로 하는 것입니다. 그러면 사람들은 사울에게 실망하고 그를 바보로 취급할지 몰라도 하나님은 절대로 사울은 버리지 않으셨을 것입니다. 그러나 사울은 이스라엘의 초대 왕이었고 이스라엘 백성들의 기대가 워낙 높다 보니까 바보같이 가만히 하나님의 종 노릇만 할 수가 없었습니다. 그래서 사람들의 기대를 충족시켜 주기 위해서 이 일 저 일을 하다 보니까 하나님의 뜻을 저버리게 되었습니다.

결국 사울이 한 것은 하나님의 나라를 도둑질하는 것이었습니다. 우리가 사람에게 너무 잘해 주려고 하다 보면 죄를 짓게 마련입니다. 우리는 사람의 욕망이 끝이 없다는 것을 알아야 합니다. 너무 잘해 주려고 애쓰다 보면 언제나 하나님의 선을 넘어가게 되고 그 선을 넘어가지 않으려고 하면 사람을 실망시키고 욕을 얻어먹게 되는 것입니다. 사울의 두려움은 자신이 만약 사람들의 기대를 채워 주지 못하고 그들을 실망시키면 왕의 자리를 내주어야 할지도 모른다는 것이었습니다. 결국 왕위를 빼앗기지 않으려고 사람들의 기대를 따라가다 보니까 하나님의 선을 넘게 된 것입니다.

차라리 사울이 '내가 처음부터 이스라엘의 왕이었던 것도 아니고 또 왕을 시켜달라고 했던 것도 아닌데 하나님의 뜻대로 하다가 하나님이 그만두라고 하시면 그만 두자'라는 마음으로 했으면 왕위가 길었을 것입니다. 왜냐하면 바로 이것이 하나님이 원하시는 자세였기 때문입니다. 사무엘은 하나님이 사울을 버리신 것 때문에 엄청 슬퍼하였고 또 침체되었습니다. 그래서 하나님은 사무엘에게 언제까지 슬퍼하겠느냐고 책망을 하셨습니다. 사무엘의 슬픔의 이유는 몇 가지로 생각할 수 있습니다.

우선 첫째는 믿었던 자에 대한 배신감이라고 볼 수 있습니다. 사무엘은 사울을 철저하게 믿고 자기에게 생명과도 같은 이스라엘 나라 전체를 물려주었습니다. 그런데 사울은 사무엘로부터 나라를 물려받자마자 그 나라를 자기 나라로 만들어 버렸습니다. 이것은 너무나도 큰 배신감을 주는 일이었습니다. 어떤 회사 사장이 자기 부하를 믿고 회사를 맡겼는데 그가 돈을 다 빼돌려서 달아났을 때 그 배신감을 말로 표현할 수 없을 것입니다.

두 번째는 사울에 대한 개인적인 슬픔이라고 볼 수 있습니다. 물론 세상에서 사울은 잘 나가고 있는지 모르겠지만 사무엘은 이미 사울의 비참한 최후를 너무나도 잘 알고 있습니다. 사무엘은 사울의 말로가 얼마나 비참할지 생각하면 너무나도 기가 막혔던 것입니다.

세 번째는 이제 도대체 누구를 믿어야 할지에 대한 절망감이었습니다. 사울같이 겸손하고 책임감 있는 사람도 왕이 되고 난 후에는 완전히 딴 사람으로 변하는데 이제는 누구를 믿고 기름을 부어 왕으로 세우겠느냐는 것입니다.

사람이 한번 크게 실패하면 두 가지 증세가 나타나는데 하나는 침체되어서 아무것도 하기가 싫은 것입니다. 이제는 어느 누구도 믿을 수 없고 무엇을 해도 실패할 것 같습니다. 이렇게 되는 것이 패배주의입니다. '나는 무엇을 해도 실패할 것이다' 라는 생각입니다. 그리고 또 하나는 과거에 대하여 미련이 많이 남는 것입니다. '그때 이렇게 했으면 더 좋았을 뻔했는데…' '굳이 그렇게까지 할 필요가 없었는데 내가 왜 그렇게 과격하게 나갔을까?' 하는 후회와 미련을 버리지 못하는 것입니다. 그때 하나님은 사무엘을 책망하셨습니다. 그 말씀은 '너는 언제까지 과거에 미련을 가지고 있겠느냐? 이제 과거를 털어 버리고 새로운 미래를 향하여 전진하라' 는 것입니다.

하나님은 사무엘보다 더 담대하셨습니다. 그 이유는 이미 하나님은 우리 인간들에게 너무나도 많이 배신을 당해 보셨기 때문입니다. 하나님은 이미 인류 초기 때 아담과 하와에게 에덴동산을 맡겼다가 배신을 당한 적이 있었습니다. 그러니까 하나님은 아예 우리 인간들에게 지나친 기대를 하지 않으셨고, 그분을 배반한 사울 대신 뜻을 이룰 또 다른 사람을 찾으셨습니다. 우리가 다른 사람에 대하여 너무 많이 실망하지 않는 방법은 너무 기대하지 않는 것입니다. 기대를 하지 않았는데 잘 하면 고마운 것이고, 기대도 하지 않았는데 역시 못하면 조금 실망이 될 뿐입니다. 하나님은 사무엘에게 하나님이 준비하신 사람이 있다고 말씀하셨습니다. 그는 베들레헴 사람 이새의 아들 중 한 사람이었습니다.

사울의 눈 속이기

우리는 적어도 하나님은 전혀 거짓말을 하지 않으신다는 것을 알고 있습니다. 그러나 때때로 우리가 보기에 하나님이 정직하시지 않은 것처럼 보일 때가 있습니다. 바로 하나님이 적을 속이시는 때입니다.

> 사무엘상 16장 2-3절
> "사무엘이 가로되 내가 어찌 갈 수 있으리이까 사울이 들으면 나를 죽이리이다 여호와께서 가라사대 너는 암송아지를 끌고 가서 말하기를 내가 여호와께 제사를 드리러 왔다 하고 이새를 제사에 청하라 내가 너의 행할 일을 가르치리니 내가 네게 알게 하는 자에게 나를 위하여 기름을 부을지니라"

사무엘은 아주 고지식한 사람이었습니다. 그래서 무엇인가 시키면 시킨 것만 할 뿐이지 융통성이라고는 조금도 찾아볼 수 없었습니다. 사무엘이 베들레헴에 가면 누군가가 틀림없이 '어떻게 해서 베들레헴에 오시게 되었습니까?' 라고 물을 것입니다. 그러면 사무엘은 거짓말을 못하는 사람이기 때문에 분명히 '새로운 왕에게 기름을 부으러 왔다' 라고 할 것입니다. 만약 사울에게 이것이 보고되면 그 기름 부음을 받은 자와 사무엘은 죽을 수밖에 없습니다. 사실 정직한 하나님의 종들은 도대체 거짓말이라고는 하지 못합니다. 실컷 거짓말을 하겠다고 약속을 해 놓고도 막상 누가 심문하면 사실대로 다 말하고야 마는 것입니다.

이때 하나님은 사무엘에게 거짓말하는 법을 가르쳐 주십니다. 즉 기름 부으러 왔다고 하지 말고 순회 제사를 드리러 왔다고 하라는 것입니다. 그러면 아무리 사울이라 하더라도 순회 제사까지는 막을 수 없고, 사무엘은 틈을 잘 봐서 하나님이 준비하신 사람에게 기름을 부으면 되는 것입니다. 이것을 통해서 알 수 있는 것이 무엇입니까? 하나님은 사울을 더 이상 하나님의 종으로 생각하지 않고 적으로 생각하고 있는 것입니다. 그래서 이제부터 하나님은 철저하게 사울에게 하나님의 뜻을 가리십니다. 하나님이 어떤 사람을 버리실 때 가장 먼저 말씀을 거두어 가십니다. 왜냐하면 하나님의 말씀 안에 하나님의 계획이 다 들어 있기 때문입니다.

우리가 모든 사람들에게 자기 생각을 미주알 고주알 다 이야기한다고 해서 정직하다고 볼 수는 없습니다. 때로는 많은 이야기를 하지 말아야 합니다. 특히 하나님을 대적하는 자들이 하나님의 백성들의 비밀을 많이 알면 알수록 더 심각하게 하나님의 백성들을 공격할 것입니다. 우리는 하나님의 비밀을 너무 많이 다른 사람들에게 알려 줄 필요가 없습니다. 왜냐하면 그것은 도움이 되는 것이 아니라 오히려 공격의 미끼가 되기 때문입니다.

우리는 신약 시대가 시작되면서 아기 예수 때문에 베들레헴의 많은 어린아이들이 죽임 당한 것을 알고 있습니다. 동방에서 온 박사들은 별 생각 없이 예루살렘에 들어가서 왕으로 태어나신 아기가 어디에 있느냐고 물었습니다. 그들은 당연히 유다의 왕은 예루살렘 왕궁에서 날 것이라고 생각 했던 것입니다. 그러나 이 순진한 생각이 결국 베들레헴의 많은 어린 남자 아이들의 목숨을 빼앗아가게 했습니다. 만일 사무엘이 순진하게 새 왕에게 기름을 부으러 베들레헴에 간다고 했다면 베들레헴 사람들은 반역자로 몰려서 다 죽는 것입니다.

이 세상 사람들이 하나님의 사람에 대하여 시기하고 질투하는 이유는 그들이 그렇게 존귀하기 때문입니다. 아무리 가난하고 어려워도 당당하고 하나님의 뜻대로 모든 것을 철저히 행합니다. 그들에게는 하나님이 함께하시는 증표가 있습니다. 그래서 이들에 대하여 영적인 열등감을 느낍니다.

하나님은 사울을 사람들의 요구에 따라 뽑으셨습니다. 그런데 하나님이 원래 정하신 이스라엘의 목자는 다윗이었습니다. 그러나 사울이 왕이 될 때에는 다윗이 너무 어려서 왕이 될 수 없었습니다. 아직 다윗이 왕이 되기에는 준비가 부족한데 이스라엘 백성들이 왕을 줄기차게 요구하니까 하나님은 임시변통으로 사울을 세우신 것입니다. 만약 사울이 끝까지 하나님 앞에 겸손했더라면 어떻게 되었을까요? 아마 사울은 다윗을 거의 실제적인 왕으로 인정해야 했겠지만 잘 협력했을 것입니다. 그러나 그의 시기심이 그것을 인정할 수 없게 만들었습니다.

하나님이 사무엘에게 주신 지혜는 어떻게 보면 거짓말을 가르쳐 주시는 것 같습니다. 사무엘이 베들레헴에 가는 주목적은 다음 왕에게 기름을 붓기 위해서이지만 그는 그곳에서 제사도 드릴 것이니까 완전히 거짓말이라고는 볼 수 없습니다. 하나님은 사무엘에게 암송아지를 끌고 가라고 하셨습니다. 그러니까 이 사람 저 사람에게 일일이 말하지 않아도 암송아지를 끌고 가면 제사를 드리러 갈 줄 안다는 것입니다. 그리고 자연스럽게 사울에게 보고가 될 테니까 걱정하지 말라고 하십니다.

우리는 우리의 일거수 일투족을 누군가 보고 있으며 또 다른 사람들에게 알려지고 있다는 것을 기억하고 항상 떳떳하게 행동해야 합니다. 갈비짝을 들고 다니면 벌써 어떤 사람에게 인사를 다닌다고 소문이 날 것입니다. 할 수 있는 대로 성경책을 들고 다니시기 바랍니다. 성숙한 그리스도인은 혹시라도 남이 오해할만한 행동을 아예 하지 않습니다. 사람들은 그렇게 하는 것을 위선이라고 생각하기 쉬운데 오히려 지혜로운 것입니다.

중심을 보시는 하나님

사무엘이 베들레헴에 갔을 때 베들레헴 장로들이 떨면서 사무엘을 영접했습니다. 이것을 보면 사무엘이 얼마나 백성들로부터 존경을 받았는지 알 수가 있습니다.

> 사무엘상 16장 4-5절
> "사무엘이 여호와의 말씀대로 행하여 베들레헴에 이르매 성읍 장로들이 떨며 그를 영접하여 가로되 평강을 위하여 오시나이까 가로되 평강을 위함이니라 내가 여호와께 제사하러 왔으니 스스로 성결케 하고 와서 나와 함께 제사하자 하고 이새와 그 아들들을 성결케 하고 제사에 청하니라"

베들레헴 성읍 장로들은 사무엘을 영접할 때 거의 하나님의 천사를 영접하는 것처럼 떨면서 맞이했습니다. 그들은 사무엘에게 방문한 목적이 평안이냐고 물었는데, 이는 무슨 책망할 것이 있어서 온 것인지 묻는 뜻입니다. 베들레헴 장로들은 자기들이 사무엘 앞에 서기만 하면 자신들의 모든 죄가 다 드러나게 된다고 생각한 것 같습니다. 그런데 사무엘은 평강이라고 하면서 함께 하나님께 제사를 드리자고 했습니다. 그러면서 이새의 가족들도 초청해서 함께 제사를 드리자고 했습니다.

여기서 사무엘은 이새의 아들들을 보면서 외모를 보고 왕으로 결정하려고 합니다. 그러나 하나님은 사무엘에게 외모가 아니라 중심을 보신다고 말씀하셨습니다. 사무엘은 이새의 맏아들 엘리압을 보았을 때 '아, 이 사람이 바로 이스라엘의 왕이 될 사람이구나' 라고 생각 했습니다. 왜냐하면 그만큼 잘 생겼기 때문입니다. 그러나 하나님은 그의 용모와 신장을 보지 말라고 하시면서 하나님은 그를 버렸다고 말씀하십니다. 아마도 엘리압은 하나님으로부터 버림받을 만한 짓을 하면서 살아온 것 같습니다. 사람은 외모를 보지만 하나님은 중심을 보십니다. 두 번째 아들 아비나답을 보았을 때 사무엘은 같은 생각을 했습니다. 그도 그만큼 잘 생겼습니다. 그러나 그 사람도 하나님이 택한 사람이 아니었습니다. 세 번째 삼마도 하나님은 아니라고 하셨습니다. 이것을 보면 이새의 처음 세 아들들이 얼마나 잘 생겼는지 알 수 있습니다. 이들은 모두 군인의 길을 걷고 있는 엘리트들이었습니다.

그런데 일곱 아들이 다 지나가도 하나님은 왕을 지정하지 않으셨고, 사무엘은 말째가 들판에서 양을 지키고 있다는 말을 듣게 됩니다. 이것을 보면 형들의 인간 됨됨이가 어떤지 알 수 있습니다. 그들에게 있어서 사무엘을 만나는 기회는 평생 한번 있을까 말까한 축복이었습니다. 특히 그에게 축복을 받는다는 것은 말할 수 없는 영광이었습니다. 그래서 그들은 양을 치는 모든 책임을 막내에게 밀어 놓고 자기들만 멋을 부리고 선지자 앞에 은혜 받으러 온 것입니다. 이것을 보면 마치 신데렐라와 그의 배 다른 언니들을 생각나게 합니다. 신데렐라의 언니들은 왕자의 파티에 자기들만 잔뜩 멋을 부리고 참석했고, 다윗의 형들은 양을 치는 힘든 일을 말째 동생 다윗에게 맡기고 그들만 축복의 자리에 참석했습니다.

나중에 이 형들은 다윗이 전쟁터에 왔을 때에도 양을 두고 왔다며 다윗을 야단쳤습니다. 다윗의 형들은 외모는 훌륭했는지 모르지만 실제로는 대범한 사람도 아니었고 동생을 위하는 마음도 없었습니다. 이런 사람이 이스라엘의 지도자가 될 수는 없는 것입니다. 이스라엘의 지도자는 양을 치는 목자와 같아야 했습니다. 자기는 죽어도 양들을 살리기 위해 희생할 수 있는 선한 목자가 왕이 되어야 하는 것입니다. 형들은 다윗을 업신여겼지만 하나님은 홀로 들판에서 양을 지키는 다윗을 알고 계셨습니다.

여기서 알 수 있는 것이 무엇입니까? 하나님이 사울을 왕 삼으신 것은 영구용이 아니라 일회용이었다는 것입니다. 이스라엘 백성들이 하나님의 때를 기다리지 못하고 왕을 요구했을 때 하나님은 그만큼 질이 떨어지는 임시용을 주셨습니다. 하나님이 사울을 세우신 것은 실수가 아니라 이스라엘 백성들의 요구 수준에 맞는 것이었습니다. 그러나 하나님은 아무도 알지 못하는 중심을 보고 계시며 들판에 있는 다윗을 불러 그 머리에 기름을 붓게 하셨습니다.

사무엘상 16장 12-13절

"이에 보내어 그를 데려오매 그의 빛이 붉고 눈이 빼어나고 얼굴이 아름답더라 여호와께서 가라사대 이가 그니 일어나 기름을 부으라 사무엘이 기름 뿔을 취하여 그 형제 중에서 그에게 부었더니 이 날 이후로 다윗이 여호와의 신에게 크게 감동되니라 사무엘이 떠나서 라마로 가니라"

사무엘은 형들과 같이 겉모습이 화려하고 멋있지는 않았지만 하나님과 동행하는 자의 자신감 있는 모습을 다윗에게서 보게 되었습니다. 순결한 그는 눈빛이 살아 있는 젊은이였습니다. 사무엘은 멋있게 생긴 형들을 다 제쳐 놓고 보잘 것 없는 막내 다윗에게 장차 이스라엘의 왕으로 기름을 부었습니다. 그렇게 했더니 다윗에게 하나님의 신이 임하게 되었습니다.

오늘도 하나님은 우리 중심을 보시며 정직한 영혼에 축복을 내리실 것입니다. 그런데 하나님의 눈으로 다윗을 보셨을 때 다윗은 정말 죄가 전혀 없는 사람이었을까요? 결코 그렇지 않았을 것입니다. 그는 많은 정욕과 죄성과 허물이 있었습니다. 그러나 믿음이 그의 죄를 덮었고 하나님을 사랑하는 뜨거운 열정이 하나님의 마음을 기쁘시게 한 것입니다.

특히 다윗은 하나님의 말씀에 깊이 감동된 사람이었습니다. 이 세상에서 하나님의 마음을 가장 기쁘게 하는 방법은 하나님의 말씀을 깊이 묵상하고 하나님의 말씀에 충만한 것입니다. 우리가 하나님의 말씀을 붙들면 하나님을 잡을 수 있습니다. 그래서 예수님은 등불을 켜는 것은 등경 위에 두기 위해서라고 말씀하셨습니다. 등불은 켠다는 것은 우리가 하나님의 말씀으로 변화되어 진리를 밝히는 것을 말합니다.

우리가 하나님의 말씀으로 은혜를 받고 진리로 무장되어 있으면 아무리 구석에 쳐 박혀 있어도 하나님은 그 사람을 드러내어 하나님의 귀한 종으로 사용하시는 것입니다. 그래서 중요한 것은 다른 사람이 우리를 알아주느냐 않느냐가 아니라 얼마나 우리가 하나님의 진리로 충만하며 하나님의 말씀에 붙들려 있느냐 하는 것입니다. 그것만 된다면 하나님은 우리를 사용하실 것입니다. 그래서 다른 사람들이 알아주지 않는 무명의 시절에 철저하게 하나님의 진리로 무장하고 믿음을 준비해야 합니다. 준비된 마음에 하나님의 성령이 부으니까 금방 능력이 불타오르게 되는 것입니다. 이 능력은 다른 사람들이 도저히 흉내 낼 수 없는 하나님의 능력입니다.

22

사울의 우울증

>> 삼상 16:14-23

　　오랫동안 사람들은 사람의 마음도 병들 수 있다는 것을 인정하지 않았습니다. 병이라고 하면 뼈가 부러지거나 내장에 무슨 이상이 생기는 것으로만 여기고, 사지가 멀쩡한데 정상적으로 생활하지 못하는 것은 꾀병이라고 생각하는 경향이 있었습니다. 그러나 최근에 많은 사람들은 사람의 육체가 병드는 것만큼 마음도 병들 수 있다는 것을 알게 되었습니다. 오히려 사람의 마음이 병드는 것이 육체가 병드는 것보다 훨씬 더 치료하기 어렵고 그 미치는 영향도 치명적이라는 것도 알게 되었습니다.

　　요즘 많은 사람들이 우울증으로 고통을 받고 있습니다. 우울증이라고 하는 것은 미치는 것과는 다릅니다. 사람이 미치면 자기가 누구인지 무엇을 하고 있는지 의식을 못하지만, 우울증은 자기가 누구이며 무슨 행동을 하는지 다 알고 있습니다. 그런데 문제는 감정이 통제되지 않는 데 있습니다. 불안이 통제되지 않고 분노가 통제되지 않고 의심이 통제되지 않습니다. 그 이유는 오랫동안 마음속에 분노를 담고 있었기 때문에 마음속에 감정이 다 없어져 버려서 감정을 통제할 수 있는 기능이 없어져 버렸기 때문입니다. 고무줄을 당겼다 놓으면 원상회복이 되지만 같은 고무줄을 계속해서 무리하게 잡아당기면 나중에는 원상회복이 되지 않는 것과 같습니다.

우울증은 오랫동안 분노의 감정을 품고 있거나 불안한 상태에 있을 때 자기도 모르게 저절로 불안이 일어나고 분노가 폭발하는 것입니다. 이 우울증의 문제는 피해의식에 빠져서 다른 모든 사람들을 의심하는 것입니다. 가까운 사람들에 대해서 끊임없이 분노를 터트리게 되므로 자기 자신도 고통스럽지만 무엇보다 가까운 사람들이 그 불평과 불만을 견디기가 어렵습니다. 이것은 마치 이 세상에서 지옥의 고통을 맛보는 것과 같습니다. 그런데 문제는 많은 그리스도인들도 이런 우울증으로 고통 받고 있다는 사실입니다.

본문 말씀을 보면 사울 왕에게 이런 우울증의 증세가 나타나고 있습니다. 사울에게 이런 우울증의 증세가 나타난 것에 대하여 성경은 하나님의 신이 떠나고 악신이 그를 그렇게 만들었다고 말씀하고 있습니다. 하나님의 백성들이 오랫동안 하나님의 말씀에 불순종하면 이런 우울증의 증세가 나타나게 됩니다. 그런데 사울은 이런 증세를 말씀으로 치료받지 아니하고 음악으로 치료하려고 했습니다. 요즘으로 말하면 음악치료인 것입니다. 사울의 우울증을 치료하기 위해 악기 연주를 잘 하는 한 음악사를 고용하게 되는데 그가 바로 다윗이었습니다. 사울의 우울증은 자연스럽게 다윗을 정치 무대에 등장시키는 계기가 되었습니다.

사울의 우울증

사무엘상 16장 14절
"여호와의 신이 사울에게서 떠나고 여호와의 부리신 악신이 그를 번뇌케 한지라"

사울의 우울증의 원인은 여호와의 신이 그에게서 떠난 데서 비롯되었습니다. 그런데 "여호와의 신이 사울에게서 떠나고 여호와의 부리신 악신이 그를 번뇌케 한지라"는 말씀에서, 떠난 여호와의 신은 무엇이며 여호와의 신이 부리신 악신은 도대체 무엇일까요? 여기서 떠난 여호와의 신은 성령님이십니다. 믿는 자에게서 성령의 은혜가 떠나면 바로 심한 영적인 침체가 찾아오게 됩니다. 사울은 거기에다가 악신이 들어와서 심한 히스테리 증세를 보였던 것 같습니다.

하나님의 백성들에게도 영적인 침체가 찾아옵니다. 그러나 그리스도인들이 영적인 침체에 빠졌다고 해서 우울증에 걸렸다고 말하지는 않습니다. 왜냐하면 하나님께 부르짖으면서 기도할 때 성령의 은혜가 회복되면서 얼마든지 그 침체에서 벗어날 수 있기 때문입니다. 그러나 우울증이라고 하는 것은 이미 이것이 병이 된 것입니다. 그래서 이때부터는 치료를 해야 우울증 증세가 없어지게 됩니다.

하나님의 백성들에게 영적인 침체가 오는 이유는 여러 가지가 있습니다. 그 중에서 가장 흔한 것이 하나님의 말씀을 오랫동안 듣지 못한 것입니다. 하나님의 백성들에게는 하나님의 말씀을 듣는 것이 양식을 먹는 것입니다. 그런데 사람이 오랫동안 음식을 먹지 못하면 기운이 없고 화가 나는 것처럼 하나님의 백성들이 말씀을 듣지 못하면 기쁨이 없어지고 자꾸 화가 치밀어 오르게 됩니다. 이것은 이미 영적인 침체가 온 것입니다. 이 상태에서 계속 오래 참고 있으면 육체적인 병이 올 수 있습니다. 그러나 하나님의 말씀을 듣지 못해서 영적인 침체에 빠진 경우는 말씀을 들으면 치료가 되고 육체의 병도 치료가 됩니다.

하나님의 백성들이 죄를 지으면 영적인 침체가 오게 됩니다. 그리스도인들이 음행이라든지 혹은 남의 돈을 훔친다든지 하는 죄를 짓게 되면 마음속에서 성령의 감동이 없어질 뿐 아니라 심한 양심의 가책 때문에 우울증이 생기게 됩니다. 이런 경우에는 양심의 가책이 계속되는 데도 회개하지 않고 죄를 감추기 때문에 오는 병인 것입니다. 이런 경우 병원에서도 잘 치료하지 못합니다. 왜냐하면 정신과 의사들은 우울증의 원인으로 죄를 잘 인정하지 않기 때문입니다. 이런 경우 죄를 회개하지 않고 아무리 정신 치료를 받아도 우울증은 잘 낫지 않을 것입니다.

또 하나님의 백성들이 오랫동안 말씀에 불순종해서 남을 미워하거나 자기 자신을 용납하지 못할 때에도 우울증이 오게 됩니다. 성경에서는 "항상 기뻐하라 쉬지 말고 기도하라 범사에 감사하라"(살전 5:16-18)고 말씀하셨습니다. 그러나 우리는 여러 가지 이유로 기뻐하지도 않고 감사하지도 않습니다. 성경에는 그렇게 나와 있지만 성격상 도저히 그런 것을 용납할 수 없기 때문입니다. 그러나 바로 이것이 하나님의 말씀에 불순종하는 것입니다. 특히 어렸을 때 받았던 마음의 상처라든지 사람들을 용서하지 못하고 오랫동안 마음속으로 미워했을 때 자기 자신에게 병이 생기게 되는 것입니다. 결국 우리가 다른 사람을 용서하는 것은 그 사람을 위해서라기보다는 자기가 살기 위해서라도 용서를 해야 하는 것입니다.

때로는 우리가 쉬지 않고 과중하게 하나님의 일을 할 때 일시적으로 우울증이 올 때가 있습니다. 예를 들어서 엘리야가 계속 쉬지 않고 바알의 세력들과 대결했을 때 결국 로뎀나무 아래서 심한 영적인 침체를 겪게 되었습니다. 이때 나타나는 증세는 갑자기 이유를 알 수 없는 분노가 치밀어 오르고 자꾸 울고 싶어지며 다른 사람의 결점에 예민해지고 기쁨이 없는 것입니다. 이럴 때는 무조건 일에서 놓여나서 쉬어야 합니다. 그러면 비교적 빠른 시간 안에 기쁨이 회복될 수 있습니다.

이런 현상을 볼 때 우리가 하나님을 믿는다고 하지만 얼마나 연약한 존재인지 알 수가 있습니다. 하나님의 백성들은 믿지 않는 사람들과 크게 다른 점이 없음에도 불구하고 하나님의 백성으로 완전한 삶을 살고자 합니다. 우울증은 완전할 수 없는 인간이 완전하려고 하기 때문에 자신의 부족을 용납하지 못해서 생기는 병입니다. 하나님의 백성들은 예민한 양심이 공격받지 않도록 언제나 성령의 위로와 도우심을 받아야 하며, 성령 충만한 삶을 살아야 합니다.

사울은 애당초 준비가 덜 된 상태에서 왕이 된 것이 문제였습니다. 그래서 늘 자격지심으로 불안해하면서 누군가가 자기를 왕의 자리에서 쫓아 낼 것을 두려워하면서 살았습니다. 아무런 자격도 없는데 갑자기 한 순간에 왕으로 발탁된 것이 문제였지만, 그가 믿음에 굳게 서서 자신의 불안과 두려움을 하나님께 말씀드리고 시시때때로 하나님이 주시는 위로와 도우심으로 살았더라면 우울증에 걸리지 않았을 것입니다.

그런데 사울은 하나님의 말씀을 멀리하고 인간적인 노력으로 왕의 자리를 지키려고 했습니다. 그러니까 그가 얼마나 불안했겠습니까? 거기에다가 사무엘로부터 폐위 소식을 들었을 때 그는 더 불안하게 되었습니다. 사울에게서 성령의 감동이 떠난 것은 아말렉 전투였다고 생각됩니다. 하나님의 종들은 하나님의 말씀에 불순종하면 그 즉시 기쁨이 떠나게 되어 있습니다. 그런데 사무엘로부터 하나님이 그를 버리셨다는 선언까지 듣게 되자 극도로 불안해졌고 결국 히스테리 증세까지 나타나게 되었습니다.

본문에서 '번뇌'를 저는 발작 증세로 봅니다. 하나님의 백성들에게도 히스테리 증세가 나타날 수 있습니다. 그런데 사울에게는 이런 히스테리가 습관적으로 나타나게 된 것입니다. 사울은 정서적인 불안이 너무 심해서 한 번씩 발작을 하게 되면 전혀 감정 통제가 되지 않았고 주위에 있는 사람들도 전혀 손을 쓸 수 없는 상태에 빠지곤 했던 것으로 보입니다. 그런데 '여호와의 부리신 악신'이라고 하는 것은 성령께서 그렇게 하신다는 뜻이 아닙니다. 단지 사울이 완전히 귀신이 들린 것은 아니며 자주 사탄의 충동질로 통제할 수 없는 상태에 빠지곤 했다는 것입니다.

우울증의 치료 방법

우울증의 치료 방법은 발병 원인에 따라서 다 다르다고 보아야 합니다. 우선 가장 간단하고 빨리 치료될 수 있는 경우는 너무 하나님의 일을 많이 하는 바람에 쉬지 못해서 나타난 우울증입니다. 이런 경우에는 무조건 휴가를 가고 쉬어야 합니다. 그러면 우울증 증세는 비교적 쉽게 치료될 수 있습니다. 하나님의 종들이 대개 너무 열심히 일하는 스타일이어서 놀거나 쉬면 죄를 짓는 것 같이 생각하는 경우가 많습니다. 그러나 쉬지 않으면 결국 주위 사람들을 너무 괴롭게 만들게 될 것입니다.

또한 하나님의 말씀을 오랫동안 듣지 못해서 우울증이 생긴 경우도 있습니다. 이럴 때에는 염치나 체면을 물리치고 말씀이 있는 곳을 찾아가서 들어야 살 수 있습니다. 그러나 한두 번 듣는다고 해서 당장 다 낫는 것은 아니고 상당한 기간 동안 말씀으로 회복이 되어야 합니다.

죄를 지어서 우울증이 생긴 경우에는 비록 증세가 우울증이라 해도 그 원인은 죄에 있기 때문에 하나님 앞에 분명하게 고백하고 그 죄를 버려야 합니다. 그런데 이런 경우 죄를 밝힐 수 없는 신분일 때가 많아서 양심이 오랫동안 눌려 있었기 때문에 좀처럼 고백하기가 쉽지 않습니다.

나다니엘 호손의 소설「주홍글씨」를 보면 딤즈데일이라는 목사가 음행을 저지르고는 고백을 하지 못해서 죽어갑니다. 결국 그는 죽으면서 자기의 죄를 자백하게 됩니다. 하나님의 백성들은 죄가 어떻다는 것을 알기 때문에 죄를 오랫동안 눌러 놓아서 나중에 너무 늦어서 속으로 곪아서 터지는 경우가 많습니다. 다윗의 경우에도 너무 늦을 뻔 했습니다. 오랫동안 죄를 감추어 놓는 바람에 죄가 점점 더 곪아가서 처음에는 음행이었던 것이 나중에는 청부 살인까지 가게 되었습니다. 그러나 하나님은 다윗이 멸망하지 않도록 선지자를 보내어 회개하게 하셨습니다.

혹은 성경 말씀대로 하나님께 감사하지 않고 다른 사람을 미워하고 원망함으로 우울증이 생긴 경우도 있습니다. 그리고 성장 과정에서 부모님에 대하여 심한 콤플렉스가 있는 경우에 조울증이 올 수도 있습니다. 이것은 감정이 조증과 울증의 극과 극을 왔다 갔다 하는 것인데 계절이 변할 때 공격적으로 변하기도 합니다.

사울의 경우는 좀 복합적인 것으로 생각이 됩니다. 일단 사울의 증세는 조울증인 것 같습니다. 사울은 깊은 침체와 공격적인 히스테리가 함께 나타나고 있습니다. 성경에 보면 사울은 다윗을 죽이려고 몇 번씩 시도하는데 심지어는 다윗이 악기를 연주할 때 창을 던져 죽이려고도 했습니다. 이것은 심한 조울증 증세인 것입니다. 그리고 음악을 들으면 금방 괜찮아지기도 했습니다. 사울의 우울증의 가장 중요한 원인은 그가 아말렉 전투에서 하나님의 말씀에 불순종함으로 성령의 감동이 떠난 것이었습니다. 거기에다가 사무엘로부터 폐위 선언을 듣고 누군가가 왕위를 빼앗아 갈 것이라는 불안이 오래 계속 되었고 누구와도 이 문제로 상담할 수가 없었던 것입니다. 사울은 특히 사무엘과의 관계가 악화되는 바람에 말씀을 들을 수도 없었고 또 상담할 수도 없었습니다. 결국 이런 상태가 지속되는 바람에 사울은 습관적인 히스테리에 빠지고 말았던 것입니다.

가끔 다른 사람들에게 자기 문제를 내어 놓기 어려운 분들이 목사를 만나서 자신의 문제를 털어 놓는 것을 보게 됩니다. 유명한 정치인이라든지 교수라든지 목회자들은 결국 자기가 살기 위해서라도 상담을 받아야 하는 것입니다. 이런 분들은 용기가 있는 사람들이며 결국 치료가 됩니다. 사울이 치료받을 수 있는 길은 억지로라도 사무엘과의 상담을 시도하는 것입니다. 이것이 불가능하면 성전에 가서 혼자 실컷 울면서 하나님 앞에 자신의 불안을 소리 내서 고백해야 하는 것입니다. 그러나 사울의 자존심이 허락을 하지 않았고, 결국 그는 참기만 하면서 병을 점점 더 키웠습니다. 사울의 신하들은 왕에게 일어나는 발작을 음악 치료 방법으로 해결하려고 했습니다.

사무엘상 16장 15-16절

"사울의 신하들이 그에게 이르되 보소서 하나님의 부리신 악신이 왕을 번뇌케 하온즉 원컨대 우리 주는 주의 앞에 모시는 신하에게 명하여 수금 잘 탈 줄 아는 사람을 구하게 하소서 하나님이 부리신 악신이 왕에게 이를 때에 그가 손으로 타면 왕이 나으시리이다"

사실 이 음악 치료라고 하는 것은 요즘 겨우 사람들에게 인식되고 있는 우울증 치료 방법 중 하나인데 사울의 신하들은 그 옛날에 이 방법을 생각해 냈습니다. 우울증은 감정이 문제가 되는 병이므로 우울증이 치료되려면 정상적인 감정이 되살아나야 합니다. 그래서 기쁨이 회복되고 행복한 느낌이 회복되는 것이 중요한데 이럴 때 음악은 그런 효과를 줄 수 있습니다. 그런데 사실 이런 음악 치료는 증세를 누그러트리는 한 방법은 될 수 있을지 몰라도 완전한 치료 방법이 되지 못합니다. 우울증이 치료되려면 상처를 입은 자기 자신을 용서하고 사랑할 수 있어야 합니다. 이때 음악이 도움이 될 수 있겠지만, 사울처럼 믿는 사람이 은혜를 잃어 버렸기 때문에 심한 불안의 증세가 나타났을 때에는 이런 방법을 쓰는 것이 옳지 않습니다. 이런 음악 치료는 마치 몸 안에 근본적인 병이 있는데 진통제로 해결하려고 하는 것과 같습니다. 하나님의 백성들에게는 이런 증세를 치료하는 탁월한 방법이 있습니다.

요한일서 1장 9절

"만일 우리가 우리 죄를 자백하면 저는 미쁘시고 의로우사 우리 죄를 사하시며 모든 불의에서 우리를 깨끗케 하실 것이요"

우리가 있는 모습 그대로 하나님께 나아가서 그 모습을 그대로 고백하면 하나님은 반드시 우리 죄를 용서하고 치료해 주십니다. 그러면 그 마음속에 성령의 은혜가 회복되면서 다시 눈물이 흐르고 자신의 소중함이 회복됩니다. 우리에게 감당하기 어려운 큰 어려움이 오면 엄청난 불안이 마음속에 생기고 하나님에 대해서도 원망하는 마음이 생기게 됩니다. 이때 우리는 대단히 불안한 증세가 일어나게 되는데 발작으로 갈 수도 있습니다. 그때 괜히 옆에서 위로하려고 했다가 공격을 당하는 사람들도 있습니다. 우리의 상태가 좋지 못할 때 세상 사람들이 하듯이 다른 사람을 원망하거나 영화나 텔레비전을 보면서 시간을 보내는 것은 도움이 되지 않습니다. 상한 심령 그대로 하나님께 나아가서 도움을 구하면 하나님이 치료해 주십니다. 이 방법 밖에 없습니다.

신하들이 다윗을 불러옴

사무엘상 16장 17-18절

"사울이 신하에게 이르되 나를 위하여 잘 타는 사람을 구하여 내게로 데려오라 소년 중 한 사람이 대답하여 가로되 내가 베들레헴 사람 이새의 아들을 본즉 탈 줄을 알고 호기와 무용과 구변이 있는 준수한 자라 여호와께서 그와 함께 계시더이다"

우리는 보통 다윗이 정계에 데뷔하게 된 것이 골리앗을 쳐 죽인 때라고 생각합니다. 그런데 다윗이 골리앗을 죽인 때는 아주 어렸을 때는 아니었습니다. 그런데 그 훨씬 전에 이미 다윗은 악사로서 사울의 왕궁에 들어왔던 적이 있었습니다. 그런데 이때는 다윗이 어렸고 또 악사에 불과했기 때문에 주목을 받지 못하고 금방 잊혔던 것 같습니다.

여기서 우리가 알 수 있는 것 하나는 하나님은 사울의 우울증을 통하여 자연스럽게 시골에 묻혀 있는 다윗을 정치계에 데뷔시키시는 것입니다. 사울의 우울증이 아니었더라면 다윗은 중요한 사람들의 주목을 받기 어려웠을 것입니다. 그런데 하나님은 생각지도 못한 일을 통하여 다윗을 사람들 앞에 드러내셨습니다. 이것은 앞으로 다윗이 하나님의 손에 훌륭하게 사용될 가능성이 있다는 것을 보여주는 것입니다.

사실 다윗의 은사는 여러 가지였습니다. 찬양에도 은사가 있었고 전쟁에도 소질이 있었습니다. 그리고 그는 말씀도 능했습니다. 그러니까 다윗은 설교도 잘하고 찬양도 잘하고 전쟁도 잘하는 사람이었다는 뜻입니다. 그런데 다윗이 처음에 사람들에게 주목을 받기 시작한 것은 전쟁이나 말씀이 아니라 찬양의 은사였습니다. 그러니까 처음부터 자신의 은사대로 인정받는 경우는 드뭅니다. 대개는 덜 중요한 은사로 사용되다가 점점 자기 몫을 찾는 경우가 많이 있습니다. 특히 요즘 세상에서 처음부터 자기 능력을 인정받기는 어렵습니다. 어떻게 보면 전혀 자기가 잘 하는 영역이 아니지만 적은 일에 충성했을 때 좀 더 큰일을 맡을 수 있는 것입니다.

영화배우들을 보면 처음부터 주연으로 발탁되기는 너무나도 어렵습니다. 처음에 겨우 단역을 얻었는데 거기에서 열심히 하다보니까 점점 더 인정을 받아서 더 중요한 배역을 맡게 되는 것입니다. 스데반 같은 경우는 처음에는 집사로 뽑혔는데 나중에는 설교자로 사용되었습니다. 빌립의 경우도 집사로 발탁이 되었는데 나중에 사마리아 부흥에 큰 역할을 감당하는 유명한 설교자가 되었던 것입니다. 우리는 처음에는 내 뜻대로 잘 되지 않아도 잘 순종하면서 인내할 필요가 있습니다.

본문에서 사울의 병을 다윗이 치료해 주는 것을 통해 벌써 우리는 영적인 명암을 느끼게 됩니다. 하나는 깊이 병들어 가는 주의 종입니다. 그는 다윗의 도움으로 한 순간 한 순간을 견디고 있습니다. 마치 주사의 힘으로 하루하루를 지탱해 가고 있는 병든 주인을 생각하게 됩니다. 그리고 다른 하나는 이제 막 떠오르는 싱싱한 태양과 같은 젊은이입니다. 그에게는 생명력과 영감이 넘치고 있습니다. 사울은 다윗의 그 싱싱한 모습을 사랑하지 않을 수가 없었습니다. 아니, 다윗 같은 사람은 어느 누가 봐도 사랑하게 되어 있습니다.

사무엘상 16장 21절

"다윗이 사울에게 이르러 그 앞에 모셔 서매 사울이 그를 크게 사랑하여 자기의 병기 든 자를 삼고"

성령의 사람은 다른 사람들에게 사랑받게 되어 있습니다. 늘 긍정적이며 기쁨과 은혜가 넘치기 때문입니다. 우리는 이 싱싱함을 잃어버리지 말아야겠습니다. 그 방법은 언제나 하나님 앞에서 겸손하고 의에 주리고 목마른 자가 되는 수밖에 없습니다. 처음에는 사울도 매력적인 사람이었습니다. 그러나 교만했을 때 그에게서 신선함은 없어지게 되었고 금방 시든 낙엽 같은 인생이 되고 말았습니다.

사무엘상 16장 22-23절

"이새에게 사람을 보내어 이르되 청컨대 다윗으로 내 앞에 모셔 서게 하라 그가 내게 은총을 얻었느니라 하니라 하나님의 부리신 악신이 사울에게 이를 때에 다윗이 수금을 취하여 손으로 탄즉 사울이 상쾌하여 낫고 악

신은 그에게서 떠나더라"

요즘 식으로 말하면 다윗은 처음에는 파트타임 연주자였다가 나중에 사울의 전속 연주자가 되었습니다. 즉 차츰 사울의 히스테리를 치료하는 능력이 있는 것이 드러나면서 아예 사울의 옆에 붙들어 두고 히스테리가 일어날 때마다 연주를 하게 했던 것입니다. 다윗은 당시에 악사로서 가장 크게 출세하여 사울의 궁중 악사가 되었습니다. 사울의 정신병에 다윗의 연주가 효과가 있었던 이유는 우선 다윗의 음악의 리듬이 신앙적이었기 때문이라고 봅니다. 우리 주위에 많은 음악이 있지만 그 리듬이 가지는 영성이 모두 같지는 않습니다. 그런데 그 리듬 중에서 최고의 리듬은 역시 하나님을 찬송하는 리듬이었던 것입니다. 다윗의 음악은 모두 하나님을 찬송하는 것이었기 때문에 성령의 감동이 있었고 악신이 떠나게 되어 있었습니다.

그리고 성경에는 나와 있지 않지만 또 하나 보게 되는 것은 다윗은 이 전속 악사의 일을 계속 하지 않고 집으로 돌아오게 되었던 것입니다. 우선 가장 중요한 이유는 악사가 다윗의 길이 아니었던 것입니다. 다윗이 그렇게 음악을 좋아했고 명 연주자였지만 음악은 다윗의 길이 아니었습니다. 다윗의 길은 군인의 길이었고 나중에는 이스라엘의 왕이 되는 것이었습니다. 그래서 다윗은 연주자로서 상당히 성공적인 길이 열린 것 같지만 더 이상 뻗어나가지 못했습니다.

그리고 또 하나는 시간이 흐를수록 다윗의 음악도 사울의 치료에 효과가 점점 떨어졌던 것 같습니다. 즉 음악 치료의 효과가 오래 가지 않았던 것입니다. 그 이유는 사울과 그 신하들이 사울의 우울증을 근본적인 방법으로 치료하려고 하지 않고 임시방편으로만 치료하려고 했기 때문입니다. 결국 사울이 하나님 앞에 정직하게 나와서 자기 죄를 자백하고 회개하기 전까지는 이 병이 근본적으로 치료가 되지 않았던 것입니다.

23

골리앗의 등장

>> 삼상 17:1-30

팔레스타인 소년이 이스라엘에 대한 적개심을 드러내며 탱크를 향하여 돌을 던지는 사진을 신문에서 가끔 보게 됩니다. 사실 그 돌로 탱크가 부서지거나 군인이 위협받지 않습니다. 우리 속담에 '계란으로 바위를 치듯 한다'라는 말이 있습니다. 사실 바위에 던져지는 계란만 깨질 뿐 바위는 꿈쩍도 하지 않습니다. 이처럼 강한 자가 보기에 약한 자는 아주 우습게 여겨집니다. 또한 그들이 자기 욕심대로 밀어 붙이면 약한 자들은 도저히 이 세상에서 살 곳이 없어집니다. 예를 들어 강한 자가 약한 자에게 강제 집행을 하거나 집을 임의대로 철거할 때 약자는 꼼짝없이 당할 수밖에 없습니다.

그런데 때로는 몇 백 년에 한 번 나타날까 말까 하는 악한 자가 이 세상에 등장해서 결국 그리스도인과 대결하게 됩니다. 왜냐하면 이 탁월한 악한 자 앞에서 모든 사람이 다 굴복하는데 오직 그리스도인만 굴복하지 않기 때문입니다. 또한 이런 악한 자는 다른 것으로는 만족하지 못하고 오직 하나님의 백성들을 꺾어야만 직성이 풀리기 때문입니다.

　하나님의 백성들은 절대로 이런 악한 자에게 무릎을 꿇을 수 없습니다. 그래서 이 교만한 자로부터 무지막지한 말로 욕을 얻어먹고 그 다음에는 서서히 악한 자의 손에 망할 날만 기다릴 수밖에 없습니다. 그런데 악한 자를 쳐서 망하게 하는 전문가인 그리스도께서는 우리 연약한 자들을 사용하여 그들을 꺾으십니다. 20세기에 이런 악한 자들이 자주 등장했습니다. 제2차 세계대전 때 독일의 히틀러, 일본의 천황, 소련의 스탈린 같은 사람은 몇 백 년에 하나 나올까 말까한 악한 자들이었습니다. 하나님의 백성들은 이런 악한 자를 상대로 싸워야 합니다.

　사울 당시 이스라엘과 블레셋과의 싸움은, 맨 주먹으로 탱크와 싸우는 것과 같은 형편이었습니다. 블레셋 사람들은 가장 훌륭한 무기로 무장된 반면 이스라엘 백성들은 칼 하나 제대로 가지고 있지 않았습니다. 게다가 블레셋에는 몇 백 년에 하나 나올까 말까한 골리앗이라는 장수가 있었습니다. 그는 거인이었고 힘이 장사였습니다. 이스라엘 백성들에게는 그와 대항하여 싸울 힘이 전혀 없었습니다.

　그러나 이스라엘에는 다윗이라는 아주 작은 소년이 있었습니다. 그는 우연히 아버지의 심부름으로 전쟁터에 왔다가 하나님의 백성들을 모욕하는 골리앗과 싸워서 이기게 됩니다. 이것은 다윗이 골리앗과의 싸움을 힘의 대결로 보지 않고 신앙의 대결로 보았기 때문입니다. 우리는 이 세상의 싸움을 힘의 대결로 보면 이길 수가 없습니다. 그러나 신앙의 대결로 보고 용감하게 나설 때, 하나님의 도우심을 받아 이기게 됩니다.

블레셋과 이스라엘의 싸움

지금까지 블레셋의 식민지였던 이스라엘이 한 나라로 서기 위해서는 왕만 뽑는다고 되는 것이 아니었습니다. 다른 나라들의 인정을 받아야 했고 블레셋을 이길 수 있는 군사력이 있어야 했습니다. 사울로서는 이스라엘의 완전한 왕이 되기 위해서 블레셋을 꺾어야만 했던 것입니다. 그러나 블레셋은 너무나도 강한 나라였기 때문에 이스라엘로서는 꺾을 수가 없었습니다.

> 사무엘상 17장 1-2절
> "블레셋 사람들이 그 군대를 모으고 싸우고자 하여 유다에 속한 소고에 모여 소고와 아세가 사이의 에베스담밈에 진치매 사울과 이스라엘 사람들이 모여서 엘라 골짜기에 진치고 블레셋 사람을 대하여 항오를 벌였으니"

블레셋 사람들은 이스라엘을 영원히 그들의 식민지로 만들기 위해 전쟁을 시작했습니다. 깡패 조직에는 들어갈 때는 그냥 들어갈 수 있지만 탈퇴하기 위해서는 무시무시한 보복을 당해야 합니다. 그래서 깡패 부하들은 보복이 무서워서 평생 악의 소굴에서 벗어나지 못하고 종노릇을 합니다. 애굽에서 바로의 종노릇을 하던 이스라엘 백성들은 진정한 자유인이 되기 위해서 열 가지 재앙이 필요했습니다. 그리고 갈라진 홍해를 건너고 불타는 광야를 걸어서 40년 만에 여기까지 오게 되었습니다. 그런데 이 가나안 땅에서 이스라엘 백성들은 다시 블레셋 사람들의 종이 되었습니다. 이것을 보면 이스라엘 백성들이 얼마나 주변 세력에 매이기 쉬운 연약한 사람들인가 하는 것을 알 수 있습니다.

이것을 친화성이 있다고 합니다. 예를 들어 술에 약한 사람은 술을 끊은 것 같은데 어느 정도 세월이 지난 후에 보면 또 다시 술을 마시고 있고 도박에 한

번 빠졌던 사람은 도박을 끊은 후에 자기도 모르는 사이에 다시 도박에 끌려들기 쉽습니다. 이스라엘 백성들처럼 한번 노예가 되었던 사람들은 자기도 모르는 사이에 다른 사람들의 노예가 되기 쉽습니다.

다시 말해서 우리 인간에게는 죄 친화성이라는 것이 있습니다. 우리가 죄의 세력에서 해방되기 위해 엄청난 일들이 있었습니다. 하나님의 아들은 십자가에 못 박혀 죽으셨고, 우리 안의 성령님은 우리에게 죄를 깨닫게 하셔서 그 죄에서 벗어나도록 부르짖게 하십니다. 그리고 우리는 하나님의 큰 능력으로 죄에서 해방되는 것입니다. 그러나 어느 정도 시간이 지난 후에 보면 우리는 또 다른 죄의 세력에 매여서 비겁하고 수치스러운 삶을 살고 있는 모습을 발견합니다. 심지어 어떤 경우는 그 죄에서 벗어나려고 해도 보복이 두려워서 벗어나지 못하는 경우도 있습니다.

그런데 이번에 이스라엘 백성들이 블레셋 군대가 쳐들어오는 것을 보고서도 도망을 치지 않고 모여 있는 것은 어떻게 해서든지 나라를 세워야 하겠다는 마음이었습니다. 그러나 그들은 마치 탱크 부대 앞에서 동네 사람들이 데모하는 수준을 벗어나지 못했습니다. 지금까지 블레셋 사람들은 이스라엘 백성들을 무참하게 탄압하고 죽이는 식으로 진압을 해 왔습니다. 그런데 블레셋은 이번에 전략을 좀 바꿔서 골리앗이라고 하는 '싸움을 돋우는 자'를 사용했습니다.

> 사무엘상 17장 4절
> "블레셋 사람의 진에서 싸움을 돋우는 자가 왔는데 그 이름은 골리앗이요 가드 사람이라 그 신장은 여섯 규빗 한 뼘이요"

블레셋 사람들은 이스라엘 사람들 한 명 한 명을 추격해서 빠짐없이 죽이는 것이 좋은 방법이 아니라고 생각했습니다. 또한 이스라엘 사람들을 다 죽일 이유도 없었습니다. 그래서 그들은 그들의 세력을 과시하여 이스라엘이 스스로 얼마나 보잘 것 없는지 깨닫게 하여 항복을 받자는 전략을 세웠습니다. 그들이 이스라엘 백성들의 기를 꺾기 위해 내어 놓은 사람은 무려 키가 3m에 달하는 거인이었습니다.

본문에는 그의 갑옷과 무장이 자세히 소개되고 있습니다. 이것은 극적인 효과를 높이기 위한 것입니다. 옛날에는 이야기꾼들이 있었습니다. 그들은 이야기를 바로 결론으로 끌어가지 않고 주변적인 사항을 자세하게 설명함으로 사람들의 궁금증을 더하면서 이야기의 효과를 높이곤 했습니다. 본문에서도 청중들은 골리앗의 무장을 자세히 소개하는 소리를 들으며 자기도 모르게 이야기 속으로 끌려 들어가게 되었습니다. 그리고 해설자가 내리는 결론은 이 골리앗이라는 장수를 이스라엘의 능력으로는 도저히 이길 수 없으므로 결국 이스라엘이 블레셋의 종이 될 수밖에 없다는 것입니다.

사무엘상 17장 5-7절
"머리에는 놋 투구를 썼고 몸에는 어린갑을 입었으니 그 갑옷의 중수는 놋 오천 세겔이며 그 다리에는 놋 경갑을 쳤고 어깨 사이에는 놋 단창을 메었으니 그 창 자루는 베틀 채 같고 창날은 철 육백 세겔이며 방패 든 자는 앞서 행하더라"

골리앗이 쓴 투구며 입은 갑옷의 종류와 무게, 심지어는 그가 쓰는 창 자루의 굵기와 무게까지 자세하게 알려 주는 이유는 이 골리앗이라는 장수가 보통 사람과는 비교가 되지 않는 덩치와 힘을 가졌다는 것을 드러내기 위한 것입니다. 골리앗 앞에서는 웬만한 장수도 어린애 밖에 되지 않고 그의 투구를 쓰거나 갑옷을 입거나 창을 잡을 수조차 없었습니다.

블레셋은 몇 백 년에 나올까 말까 한 이런 엄청난 장수를 내세워서 '너희가 도대체 생각이나 제대로 하고 나라를 세우려 하느냐?' 면서 이스라엘 백성들의 기를 꺾으려 했습니다. 마귀는 우리 그리스도인들로 하여금 현실의 높은 벽을 느끼게 만듭니다. 하나님을 믿고 의지한다는 것이 이 세상 현실에서 무의미하다고 생각하게 하려는 것입니다. 아브라함이 가나안 땅의 기근을 피하여 애굽으로 내려갔을 때 바로는 아브라함의 아내 사라를 빼앗아 갔습니다. 그때 바로 앞에서 아브라함은 부인을 빼앗기고도 말 한 마디 하지 못하는 연약하고 비겁한 사람이었습니다. 그러나 하나님은 아브라함을 버리지 않으시고 바로를 병으로 치셔서 결국 사라를 손끝 하나 건드리지 못하게 하여 돌려보내게 하셨습니다.

참소하는 자

골리앗이 한 것은 하나님과 그의 백성들을 모욕하는 것이었습니다.

사무엘상 17장 8-9절
"그가 서서 이스라엘 군대를 향하여 외쳐 가로되 너희가 어찌하여 나와서 항오를 벌였느냐 나는 블레셋 사람이 아니며 너희는 사울의 신복이 아니냐 너희는 한 사람을 택하여 내게로 내려 보내라 그가 능히 싸워서 나를 죽이면 우리가 너희의 종이 되겠고 만일 내가 이기어 그를 죽이면 너희가 우리의 종이 되어 우리를 섬길 것이니라"

골리앗은 이스라엘 백성들의 기만 죽인 것이 아니라 무지막지한 말로 욕을 했습니다. 이처럼 참소하는 일은 본래 마귀의 일입니다. '사탄'이라는 말에 해당하는 헬라어 '사타나'는 '참소하는 자'라는 뜻입니다. 사탄은 자주 '너희가 하나님의 백성이면 복을 받아야 하는데 너희들이 하나님을 잘못 믿고 하나님께 버림받았기 때문에 이렇게 못 사는 것이다'라고 공격합니다. 그래서 하나님의 백성으로 하여금 기도할 용기를 잃고 자포자기하도록 만듭니다. 사탄은 없는 것을 마치 있는 것처럼 지어 내기도 하고 있는 것을 과대포장하거나 자기 마음대로 해석해서 공격합니다.

이때 이것을 이길 수 있는 방법은 오직 기도밖에 없습니다. 같이 맞상대를 하면서 욕을 하면 오히려 불에 기름을 붓는 격이 됩니다. 그 입을 막을 수 있는 분은 오직 하나님 밖에 없습니다. 그러니까 하나님이 그 입을 틀어막으실 때까지 실컷 그 욕을 얻어먹어야 하는 것입니다. 그렇다고 절대로 그 말을 믿으면 안 됩니다. 왜냐하면 그 말을 다 들으면 마음속에 분노가 가득하게 되어서 기도가 나오지 않게 되기 때문입니다.

히스기야 때에도 앗수르 군대의 랍사게라는 신하가 예루살렘에 쳐들어와서 무지하게 욕을 퍼부었습니다. 그때 히스기야는 예루살렘 사람들에게 직접 랍사게를 상대하지 말라고 하면서 하나님께 나아가 부르짖었습니다. 하나님의 백성들은 누구든지 자존심이 아주 강하기 때문에 이런 악한 자로부터 무지막지한 욕을 얻어먹었을 때 견딜 수 없는 치욕을 느끼게 됩니다. 이것이 바로 하나님이 한편으로 하나님의 백성들을 낮추시며 다른 한편으로는 기도하게 하시는 방식입니다.

하나님의 백성들은 어떻게 보면 하나님의 사랑의 보호만 받아왔기 때문에 현실적인 감각이 부족한 경우가 많습니다. 좀 어려운 일이 있어도 하나님께 기도하기만 하면 다 들어주시니까 어떤 의미에서는 철이 좀 없는 것입니다. 그러다가 이렇게 악한 자를 만나서 엄청난 욕을 얻어먹고 현실이 어떤 것인지 깨닫게 됩니다. 그때 그 악한 자를 맞설 힘이 자신에게 없는 것을 깨닫고 하나님 앞에 겸손하게 되어서 부르짖게 되는 것입니다.

다윗의 등장

다윗은 형들과 달리 엘리트 코스인 군인의 길을 가지 못했습니다. 당시에는 군인이 되는 것이 최고의 출셋길이었습니다. 그런데도 다윗은 생각지도 못한 기회에 전쟁터에 뛰어 들게 되었습니다. 이것은 마치 엑스트라 배우가 감독의 눈에 들어서 한 순간에 그 쟁쟁한 배우들을 다 물리치고 주연이 되는 것과 같습니다.

하나님이 사무엘을 보내어 다윗의 머리에 기름을 부으신 것은 단지 그를 앞으로 이스라엘의 왕으로 삼겠다는 약속의 의미만 있는 것이 아니었습니다. 다윗은 기름 부음을 받은 순간부터 성령이 그에게 임했으며 그는 실제적으로 이스라엘의 구원자로 하나님의 택함을 받았던 것입니다. 단지 공식적으로 임명 받지 않았기 때문에 사람들이 그 사실을 몰랐을 뿐입니다.

그러나 하나님은 생각지도 못한 일을 통하여 다윗을 전쟁터에 보내어 이스라엘 백성들을 곤경에서 구원하게 하십니다. 하나님의 종에게는 비밀이 하나 있습니다. 그것은 그가 아무리 연약하고 부족하다 하더라도 성령이 임하시면 완전히 다른 사람으로 변한다는 사실입니다. 그는 담대한 사람이 될 뿐 아니라 어떤 적도 그를 이길 수 없게 되는 것입니다. 우리는 성령의 능력이 우리만 강하게 한다고 생각하면 안 됩니다. 성령님은 적을 약하게 하시고 우리를 강하게 하십니다. 그러니까 언제라도 이길 수 있습니다.

이새의 여덟 아들 중에 키가 크고 인물이 좋은 세 아들은 사울에게 뽑혀 전쟁터에 나갔습니다. 그들은 사무엘이 왕으로 기름 부을 뻔했을 정도로 인물이 대단해서 이미 사울의 신하로 뽑혔습니다. 그런 아들 걱정에 이새는 아무래도 불안해서 다윗을 보내 형들이 잘 있다는 증표를 가져 오도록 심부름을 보냈습니다.

사무엘상 17장 17-18절

"이새가 그 아들 다윗에게 이르되 네 형들을 위하여 이 볶은 곡식 한 에바와 이 떡 열 덩이를 가지고 진으로 속히 가서 네 형들에게 주고 이 치스 열 덩이를 가져다가 그들의 천부장에게 주고 네 형들의 안부를 살피고 증표를 가져오라"

하나님은 다윗을 이스라엘의 구원자로 삼으셨지만 사람들은 아무도 그렇게 생각하지 않았습니다. 그 이유는 그가 어렸고 왜소했기 때문인 것 같습니다. 여전히 주인공은 사울이었고 다윗의 세 명의 형들이었습니다. 다윗의 아버지는 다윗을 심부름꾼 정도로 생각했습니다. 특히 형들이 잘 있다는 증표까지 가져오라고 한 것은 다윗이 전쟁터가 무서워서 가지도 않고 돌아와서 형들이 잘 있다고 거짓말할 것으로 생각했기 때문입니다.

그러니까 하나님이 준비하신 사람이라도 그의 가족들이 보기에는 장난이나 치고 심부름이나 할 정도의 악동으로 보였던 것입니다. 이새는 전쟁터에 가는 다윗의 안전에 대해서는 별로 중요하게 생각하지 않고 오로지 형들의 안부만 걱정합니다. 이것은 하나님의 기름 부음을 받은 다윗이 집에서 얼마나 무시를 당하고 있으며 덜 중요한 사람으로 여겨졌는지 잘 알 수 있습니다.

우리는 하나님이 준비하신 사람이 가족들로부터 인정을 받지 못하는 것을 자주 보게 됩니다. 그 이유는 다른 데 있지 않습니다. 우선적으로 그가 하나님의 사람이 되기까지 반드시 낮아지는 과정이 있어야 하기 때문입니다. 사람들은 그가 낮아지는 과정만 보고 그를 너무나도 업신여깁니다. 또 다른 이유는 하나님의 사람은 겸손하기 때문에 아무렇게나 자신의 힘을 과시하려고 하지 않는 것입니다. 오히려 자기 힘을 감추어 놓고 있다가 반드시 써야 할 때만 쓰기 때문에 가까운 사람들은 그를 별 볼일 없는 사람으로 생각합니다.

이는 마치 올림픽 금메달리스트인 레슬링 선수가 자기 동네 깡패들 앞에서는 전혀 힘을 쓰지 않고 피하는 것과 같습니다. 그렇게 하는 이유는 이런 동네 깡패를 이겨봐야 아무 소용이 없기 때문입니다. 이 선수의 적은 세계적인 실력을 갖춘 국제적인 레슬링 선수이지 동네에서 술이나 마시고 까불거리는 깡패가 아닙니다. 그래서 하나님의 종들은 아주 온유합니다. 여기서 온유하다는 것은 진짜 적이 아니면 싸우지 않고 비겁한 사람처럼 피해버리는 것입니다. 그러다가 진짜 자기 적이 나타났을 때에는 인정사정없이 사력을 다해 싸워서 이겨버리는 것입니다.

골리앗에 대한 다윗의 반응

골리앗은 이스라엘 백성들을 욕하며 자기 자신을 자랑하는 일을 무려 40일 동안 해 오고 있었습니다. 그러니까 이스라엘 백성들은 무려 40일 동안 아무 대꾸도 하지 못하고 욕을 바가지로 얻어먹고 있었습니다. 그 결과 이스라엘 백성들은 심한 두려움과 좌절에 빠졌습니다.

사무엘상 17장 24절
"이스라엘 모든 사람이 그 사람을 보고 심히 두려워하여 그 앞에서 도망하며"

골리앗이 무려 40일 동안 아침저녁으로 이스라엘 군대를 모욕했다는 것은 이제 더 이상 이스라엘 백성들은 희망이 없다는 것을 의미합니다. 옛날 전쟁은 명예가 대단히 중요했습니다. 상대방에서 누군가가 나와서 싸움을 걸면 이쪽에서도 한 명이 나가서 왕의 이름을 걸고 싸워야 합니다. 그러나 이스라엘 진중에는 아무도 골리앗과 대결할 용사가 없었습니다. '네가 한번 나가면 어떻겠느냐?'고 물으면 갑자기 배탈이 나서 싸울 수 없다고 하든지 아니면 갑자기 어지럼증이 생겨서 갈 수가 없다는 식으로 모두 골리앗과의 싸움을 피했다는 것입니다. 그 동안에 이스라엘 백성들은 욕이라는 욕은 다 듣고 사기는 바닥으로 떨어져서 '블레셋 때문에 포기해야 하는 것이 아닌가?' 하는 지경까지 갔던 것 같습니다.

그런데 40일이라는 숫자가 좀 의미가 있습니다. 왜냐하면 40일이라는 수는 인간의 힘으로 견딜 수 있는 최고의 한계인 것 같습니다. 모세도 시내산에 40일 동안 올라가 있었고 예수님도 40일 동안 광야에서 굶으시면서 시험을 받으셨습니다. 이스라엘 백성들이 40일을 욕을 얻어먹은 후에 이제는 무슨 방법이 있어도 있어야 될 때가 되었습니다.

그때 다윗이 나타났습니다. 그는 두 가지 말을 들었습니다. 하나는 골리앗이 이스라엘 백성들을 모욕하는 말이었고, 다른 하나는 누구든지 이 블레셋 장수를 죽이는 자는 왕의 사위를 삼고 큰 상을 준다는 것이었습니다. 다윗은 주위 사람들에게 '도대체 누가 하나님의 군대를 욕할 수 있느냐고' 하면서 저 사람을 죽이면 어떤 상을 줄 것인지 물으며 그가 관심이 있다는 것을 보이기 시작했습니다.

사무엘상 17장 26절
"다윗이 곁에 섰는 사람들에게 말하여 가로되 이 블레셋 사람을 죽여 이스라엘의 치욕을 제하는 사람에게는 어떠한 대우를 하겠느냐 이 할례 없는 블레셋 사람이 누구관대 사시는 하나님의 군대를 모욕하겠느냐"

블레셋 사람이 이스라엘 군대를 모욕하는 말을 듣게 된 다윗이 두려워하기는커녕 오히려 더 담대해지는 것을 보게 됩니다. 이것은 그의 안에 계신 성령님이 다윗에게 감동과 이길 수 있다는 자신감을 주셨기 때문입니다. 그래서 하나님이 함께하시는 사람은 자신감이 있습니다. 이는 성령님이 주시는 자신감입니다. 이것이 중요합니다. 그리스도인들은 이미 답을 알고 문제를 푸는 것처럼 자신감이 있습니다. 그런데 다윗이 당장 싸우러 나가지 않고 자꾸 그의 관심을 주위에 있는 사람들에게 말로 흘린 이유가 무엇일까요?

다윗은 그의 말이 왕의 귀에 들어가기를 원했던 것입니다. 왕의 허락을 받고 이 전쟁에 뛰어들어 왕이 주는 상을 받기 원했습니다. 다윗에게 있어서 왕의 사위가 되고 많은 상을 받는다는 것은 아마도 그가 이 세상에 태어나서 처음으로 인정받는 일이 될 것입니다. 다윗은 그 상을 받고 싶었습니다. 그런데 과연 하나님이 택하신 사람이 이런 식의 신분 상승을 기대해도 되느냐가 문제였습니다. 저는 이 부분에 있어서 다윗이 순수하지 못했다고 생각합니다. 하나님이 택한 사람이라면 성령의 능력만으로도 모든 것을 할 수 있는데 굳이 왕의 사위의 신분을 탐할 필요가 있느냐는 것입니다. 제가 보기에, 다윗은 자신이 워낙 시골 출신이고 내세울 것이 없으니까 사울이 제시한 조건에 귀가 솔깃했던 것 같습니다.

그러나 그것은 그렇게 중요한 것이 아닙니다. 주의 일을 하는데 학벌이나 외모나 출신 지역은 그렇게 중요한 것은 아닙니다. 그가 얼마나 성경을 바르게 정확하게 아느냐 하는 것은 중요하지만, 인간적인 조건은 그렇게 중요한 역할을 하지 못합니다. 그러나 가진 것이 아무것도 없을 때에는 그런 것까지도 크게 보일 수 있습니다. 아마도 다윗은 기름 부음을 받은 후에 자신에게 성령님이 큰 능력을 주실 줄은 미처 생각하지 못하고 있었던 것 같습니다.

다윗이 골리앗과 싸울 마음이 있다는 말을 주위에 자꾸 흘리자 결국 형의 귀에도 들어가게 되었습니다. 왜냐하면 모두 골리앗을 두려워하는데 두려워하지 않는 사람이 있다는 것 자체가 사람들에게는 반가운 일이었기 때문입니다.

사무엘상 17장 28절

"장형 엘리압이 다윗의 사람들에게 하는 말을 들은지라 그가 다윗에게 노를 발하여 가로되 네가 어찌하여 이리로 내려왔느냐 들에 있는 몇 양을 뉘게 맡겼느냐 나는 네 교만과 네 마음의 완악함을 아노니 네가 전쟁을 구경하러 왔도다"

여기서 다윗의 형들의 신앙이 드러납니다. 다윗의 형들은 키나 용모가 뛰어난 사람들이었습니다. 그러나 그 안에 들어 있는 것은 결코 신앙적이지 않았습니다. 그들은 전쟁터에 나와 있는 것을 대단하게 생각하면서도 골리앗과 싸울 생각을 전혀 하지 않았습니다.

진정한 용사는 적을 가리지 않는 법입니다. 오히려 가장 힘든 곳에 배치되어 치열하게 싸우는 것을 영광으로 알아야 합니다. 그런데 그들은 싸우고자 하는 동생을 책망하면서 일하기 싫으니까 양떼를 팽개치고 전쟁을 구경하러 왔다고 비난했습니다. 형들은 이스라엘이 이기고 지는 것보다 동생이 나서는 것 자체가 못마땅했던 것 같습니다. 마음속에 시기와 질투가 있었고 자기들이 못하는 것을 동생이 하려고 하는 것에 대해 분노를 가졌습니다. 그것에 대한 다윗의 대답이 무엇입니까?

사무엘상 17장 29절

"다윗이 가로되 내가 무엇을 하였나이까 어찌 이유가 없으리이까 하고"

여기서 다윗은 두 가지 대답을 했습니다. 하나는 아직 자기는 아무것도 하지 않았다는 것입니다. 그는 심부름 때문에 이곳에 왔고 아직 전쟁의 허락도 받지 못했다는 것입니다. 그러면서도 자기가 그런 말을 한 것은 그냥 해 본 소리가 아니고 다 이유가 있어서 한 말이라고 하면서 형의 도움을 구했습니다. 다윗의 이 용기는 어디에서 왔을까요? 전쟁은 사람의 수나 능력에 있지 않고 하나님의 도우심에 있다는 믿음이 있었기 때문입니다. 만약 하나님이 함께하시고 하나님의 도우심만 끌어올 수 있다면 저 블레셋 사람을 이길 수 있다는 것입니다.

그런데 다윗이 이 순간에 하나님이 자기와 함께하실 것이라고 생각하는 이유가 무엇이겠습니까? 그가 이스라엘을 위해 기름 부음을 받았고 그 이스라엘 백성들이 지금 곤경에 처해 있다는 사실 때문이었습니다. 그는 아버지의 심부름으로 이곳에 왔지만 결국 하나님이 보내신 것이라고 생각했고, 이것을 왕의 허락으로 확인받고 싶었던 것입니다. 만약 하나님의 기름 부음을 받은 왕이 허락한다면 그가 여기에 온 것이 기름 부음을 받은 자로서 하나님의 백성을 구원하기 위한 것임을 믿겠다는 것입니다. 그래서 자기 생각을 흘리고 다녔습니다. 이러한 것은 우리가 목회나 선교사로 나가는데 아주 중요합니다. 하나님은 먼저 기름 부음을 받은 자를 통하여 부르심을 확인해 주실 때가 많기 때문입니다.

골리앗은 몇 백 년에 한번 나올까 말까 한 악한 장수였습니다. 그는 이스라엘의 기를 꺾으며 무려 40일 동안 무지막지한 말로 이스라엘 백성들에게 욕을 퍼부었습니다. 그런데 다윗만은 골리앗을 두려워하지 않았습니다. 왜냐하면 그의 마음속에 성령이 주시는 확신이 있었기 때문입니다.

24

다윗의 승리
>> 삼상 17:31-58

　이 세상에는 여러 종류의 싸움이 있습니다. 더 많은 것을 차지하기 위하여 혹은 강한 자가 약한 자를 멸망시키기 위하여 싸웁니다. 여기서 한 걸음 더 나아가서 악한 자가 의로운 자를 상대로 하여 싸우기도 합니다. 이때 대부분의 사람들은 의로운 자가 이길 것을 기대합니다. 왜냐하면 아무리 하나님을 믿지 않는 사람도 마음속으로는 하나님이 도우셔서 의로운 자가 이길 것이라는 막연한 믿음이 있기 때문입니다.

　제2차 세계대전 때 독일의 히틀러는 악한 자로서 평화롭게 사는 주위 나라들을 침략하는 전쟁을 일으켰습니다. 그런 과정에서 히틀러의 군대는 무고한 유대인들을 6백만 명 이상 가스실에 보내서 죽게 하는 악한 짓을 했습니다. 당시에 워낙 독일 군대의 무기가 뛰어나고 머리가 좋아서 연합군이 독일을 이기는 것이 결코 쉬워 보이지가 않았습니다. 그런데 결과적으로는 연합군이 이기고 독일군은 패하였으며 히틀러는 자살을 하고 말았습니다. 이것은 이 세상에서 악한 자가 아무리 강해도 하나님을 이길 수 없으며 결국 살아계신 하나님이 악한 자를 망하게 하시는 것을 온 세상에 보여주시는 것입니다.

인류 역사를 보면 악한 자의 말로가 좋았던 예가 거의 없습니다. 악한 자들은 언제나 일시적으로 온 세상을 정복하는 것 같다가 결국에는 의로운 자들에게 패배하고 망했습니다.

우리가 성경에서 보게 되는 다윗과 골리앗의 전투도 바로 이러한 성격을 가지고 있습니다. 상식적으로 다윗은 골리앗을 절대로 이길 수 없어 보였고 백 번 싸우면 백 번 다 다윗이 골리앗에게 깔려서 죽어야만 했습니다. 그러나 골리앗은 자기 힘만 믿고 교만했지만 다윗은 만군의 하나님 여호와의 이름을 걸고 싸웠습니다. 아무리 골리앗이 강하다 하더라도 다윗이 골리앗에게 죽으면 하나님의 영광에 엄청난 손상이 오게 되는 것입니다.

우리는 이 세상 사람들의 싸움은 힘의 대결인 것을 알 수 있습니다. 결국은 힘이 센 사람이 이기는 양육강식인 것입니다. 그러나 하나님의 백성들에게는 자기가 가진 힘은 중요하지 않고 '플러스 알파'가 중요합니다. 여기서 '플러스 알파'라고 하는 것은 얼마나 하나님의 능력을 자기 힘으로 끌어올 수 있느냐 하는 것입니다. 이 세상에서 아무리 강한 자라 하더라도 하나님을 이길 수는 없습니다. 그래서 아무리 약한 자라 하더라도 하나님의 능력을 끌어오는 자가 세상의 강한 자를 이기게 되는 것입니다.

사울과 다윗의 만남

골리앗과 싸울 의사가 있다고 여기저기에 말을 흘렸던 다윗은 결국 사울 왕을 만나게 됩니다. 다윗은 사울 왕을 만나자 위로부터 했습니다.

사무엘상 17장 32절

"다윗이 사울에게 고하되 그를 인하여 사람이 낙담하지 말 것이라 주의 종이 가서 저 블레셋 사람과 싸우리이다"

    보통은 왕이 백성들을 위로하는데 다윗은 아무것도 아닌 평민 주제에 지금 이스라엘의 왕을 위로하고 있습니다. 왜냐하면 그는 하나님의 기름 부음을 받은 자이기 때문에 누구든지 위로하고 축복할 수 있기 때문입니다. 성령의 사람을 만나면 벌써 문제를 접근하는 방식부터 틀립니다. 다윗이 보기에 이 문제는 아무것도 아니라고 생각했습니다. 그래서 골리앗을 이기는 자에게 큰 상을 준다고 하는데 '그것이 사실이냐?'고 물었던 것입니다. 그러나 먼저 하나님의 사람들은 다른 사람들을 위로부터 합니다. 그 이유는 모든 것을 인간의 눈으로 보지 않고 하나님의 눈으로 보기 때문입니다. 보통 사람의 눈으로 보면 이스라엘 왕은 권력도 있고 돈도 많기 때문에 누구의 위로와 도움이 필요없을 것이라고 생각합니다. 그러나 하나님의 눈으로 보면 이스라엘 왕도 한 인간이며 지금 너무나도 지치고 상한 심령임을 압니다. 그래서 하나님의 사람은 왕이나 지위가 높은 사람들에게도 위로와 격려가 필요함을 압니다.

    지금까지 사울 왕은 단 한 번도 위로다운 위로를 받아 본 적이 없었습니다. 사울은 지금까지 주위 사람들로부터 잘못했다는 공격과 지적만 받아왔지, 어느 누구로부터도 따뜻한 격려와 위로를 받지 못했습니다. 그런데 시골에서 올라온 이 무명의 목동은 사울 왕을 위로하면서 낙심하지 말라고 위로했습니다.

    이것이 하나님의 사람들이 문제를 접근하는 방식입니다. 보통 사람들은 다른 사람들이 아무리 잘해도 잘한 부분은 말하지 않습니다. 오직 잘못한 부분만 가지고 말을 하기 때문에 도무지 마음이 열리지 않는 것입니다. 그러나 하나님의 사람들은 언제나 상대방의 잘한 부분을 먼저 찾습니다. 그 사람에게 인정해 줄 것은 인정해 주고 칭찬해 줄 것은 먼저 칭찬해 줍니다. 그래야 상대방이 마음 문을 열고 대화가 이루어지게 됩니다.

　사울은 일단 다윗을 걱정합니다. 다윗의 용기는 가상하지만 상대방은 거인이고 어렸을 때 싸움판에서 자란 전문적인 싸움꾼이기 때문에 다윗이 이기지 못할 것이라고 하면서 전쟁에 나가는 것을 허락하지 않으려 합니다. 여기서 사울은 다윗의 겉모습만 보고 실망하고 있는 것입니다. 사울의 생각에 적어도 골리앗이라는 장수와 싸우려면 체격도 커야 하고 싸워본 경험도 많아야 하는데 다윗은 그런 조건을 하나도 갖추지 못하고 있었습니다. 다윗은 소년이었고 체격도 왜소했으며 전투를 해 본 경험도 전혀 없었습니다. 예를 들어, 우리나라가 브라질과 월드컵 경기를 하고 있는데 한 무명의 선수가 와서 자기가 호나우두를 꺾고 반드시 우승을 차지하겠다고 하면서 내보내 달라고 하면 감독이 그 무명의 선수를 내어 보낼 수 있겠습니까? 요즘 우리나라 정치에 대해 이런 말을 많이 하고 있습니다. 갑자기 대통령에 당선된 사람이 정치 경험이 없는 참모들을 대거 청와대에 기용해서 아마추어들이 정치를 망치고 있다는 것입니다. 전혀 경험이 없는 사람들이 의욕과 이상만 가지고 현실 정치에 뛰어드니까 너무나도 불필요한 시행착오가 많게 되고 그만큼 정치는 큰 혼란에 빠진다는 것입니다.

　우리는 여기서 전혀 경험도 없이 의욕이나 이상만 가지고 덤벼드는 것과 사람이 알지 못하는 어두운 곳에서 많은 연단을 받은 사람과는 근본적인 차이가 있다는 것을 알 필요가 있습니다. 의욕이나 이상만 가지고 덤벼드는 사람은 현실 문제가 부딪치면 실패할 수밖에 없습니다. 이와 비슷한 예가 모세가 아무 경험 없이 이스라엘 백성들을 도우려다가 애굽 감독관 한 사람만 죽이고 도망친 일입니다.

　하나님의 백성들은 연단을 겪으면서 자기가 아무것도 아니라는 것을 깨닫게 됩니다. 그리고 교만이 얼마나 무서운 것이며 어떻게 하면 현실에서 하나님의 도움을 받을 수 있는지 믿음의 비밀을 가지게 됩니다. 이런 사람은 다른 사람들이 알아주는 경험이 적어서 그렇지 실제로는 많은 경험을 쌓은 것입니다. 그래서 바로 실전에 투입해도 얼마든지 이길 수 있습니다. 다윗은 자기가 나름대로 많은 경험을 했다고 하면서 왕을 설득합니다.

> 사무엘상 17장 34-36절
> "다윗이 사울에게 고하되 주의 종이 아비의 양을 지킬 때에 사자나 곰이 와서 양 떼에서 새끼를 움키면 내가 따라가서 그것을 치고 그 입에서 새끼를 건져 내었고 그것이 일어나 나를 해하고자 하면 내가 그 수염을 잡고 그것을 쳐 죽였었나이다"

다윗은 갑옷을 입고 싸우는 전쟁만 하지 않았을 뿐이지 아버지의 양떼를 치면서 사자나 곰과 싸우는 경험을 많이 했던 것입니다. 다윗은 사자나 곰이 양을 물어 가면 따라가서 사자나 곰을 치고 그 입에서 양을 빼내었고 덤벼들면 수염을 잡고 사자나 곰을 쳐 죽였습니다. 이 이야기는 사울 왕의 흥미를 불러 일으켰습니다. 아마도 사울의 마음속에 골리앗을 장수라고 생각하지 말고 사자나 곰이라고 생각하면 되겠다는 생각이 들었던 것 같습니다.

사실 다윗의 이 말은 다윗 자신에게는 아주 중요한 것이었습니다. 왜냐하면 다윗은 형들과 달리 다른 사람들의 인정을 받지 못했기 때문입니다. 그래서 그는 아무도 알아주지 않는 양을 치는 일을 하면서 그것을 게으르게 한 것이 아니고 최선을 다해서 했습니다. 다윗은 양의 수가 줄어드는 것이 사자나 곰 같은 맹수의 공격이라는 것을 알았고 사자나 곰과 대결해서 이기는 법을 배웠던 것입니다. 그래서 다윗의 몸에는 야생의 생리가 배여 있었습니다. 다윗은 야생동물의 생리를 잘 알았고 그들이 어떻게 움직이며 어떤 식으로 행동을 하는지 잘 알고 있었습니다. 특히 야생동물들은 상대방이 자기를 두려워하는지 또 자신감을 가지고 덤벼드는지 본능적으로 압니다. 다윗은 전문적인 싸움꾼이 아니라서 그렇지 양을 치면서 자신과 양을 지키는 훈련이 잘 되어 있었던 것입니다.

나중에 사울이 다윗을 잡을 수 없었던 이유도 다윗이 야생동물처럼 움직였기 때문입니다. 다른 나라와 전쟁할 때에도 다윗은 야생동물처럼 공격하며 승리를 거뒀습니다. 즉 다윗이 사용하는 방법은 전쟁 교과서에 없는 것이었습니다. 그러니까 우리가 이 세상에서 어떤 일을 가지고 싸울 때 교과서에 나오는 방식으로 하면 절대로 이길 수가 없습니다. 그런 방법은 누구든지 다 알고 있고 얼마든지 대비가 되어 있기 때문에 하나님의 백성들은 어느 누구도 해 보지 않은 창의적인 방법을 써야 이길 수 있습니다. 하나님은 우리가 연단받을 때 어느 누구도 알지 못하는 내 자신만의 방법을 터득하게 하십니다. 이것은 하나의 이론이 아니라 많은 실습을 거쳤기 때문에 틀림없이 적중하는 방법입니다. 단지 대상만 다를 뿐입니다. 이때 다윗은 골리앗을 야생 동물이라고 생각하고 싸우면 되는 것입니다. 다윗은 실제로 사울 왕에게 '그가 짐승의 하나같이 되리이다' 라고 말합니다. 이것은 다윗이 실제로 어떤 식으로 골리앗과 싸울 것인지 그 개념을 잘 보여주는 것입니다. 사람들은 보는 각도에 따라서 문제를 너무나도 다르게 해석합니다. 어떤 사람에게는 이길 수 없는 이유가 다른 사람에게는 놀라운 해결 방법이 됩니다.

다윗의 무장

사울은 다윗이 맹수와 싸워서 이겼다는 말에 흥미가 생겼습니다. 왜냐하면 다윗의 이야기는 너무나도 새롭고 신선한 것이었기 때문입니다. 지금까지 사울이 들었던 이야기는 너무나도 진부한 이야기들이었고 믿음이 가지 않았습니다. 그런데 다윗이 하는 이야기는 한 번도 들어본 적이 없어서 일단은 흥미가 생겼습니다. 바로 이것이 하나님의 사람들이 가지는 특징입니다. 사실 사울에게는 다른 대안이 없었습니다. 40일을 기다렸지만 골리앗과 싸우려고 나서는 사람이 아무도 없었습니다. 상황이 이러니까 승산이 없는 줄은 알지만 스스로 나서서 싸우겠다는 사람을 안 보낼 수도 없었습니다.

사울은 다윗을 무장시키려 했습니다. 사울이 생각하는 무장은 다윗도 골리앗만큼 중무장을 하는 것이었습니다. 사울은 항상 하던 대로 군복을 입고 놋 투구를 쓰고 그 위에 갑옷을 입는 정규전의 방식으로 다윗을 무장하려 했습니다. 그러나 다윗이 사울의 군복을 입고 투구를 썼을 때 도저히 익숙하지 않아서 싸우러 나갈 수가 없었습니다.

사무엘상 17장 38-39절
"이에 사울이 자기 군복을 다윗에게 입히고 놋 투구를 그 머리에 씌우고 또 그에게 갑옷을 입히매 다윗이 칼을 군복 위에 차고는 익숙치 못하므로 시험적으로 걸어 보다가 사울에게 고하되 익숙치 못하니 이것을 입고 가지 못하겠나이다 하고 곧 벗고"

여기서 다윗의 훌륭한 면은 사울의 방식을 흉내 내지 않고 자기에게 익숙한 방식을 택했다는 것입니다. 보통 사람들에게는 왕의 투구를 써보고 왕의 갑옷을 입고 왕의 칼을 차고 싸워보는 것이 얼마나 큰 영광입니까? 다른 사람들 같으면 죽는 한이 있어도 왕의 이 배려를 거절하지 못할 것입니다. 얼마나 많은 사람들이 체면이나 다른 사람들의 기대 때문에 자기 방식보다는 다른 사람들의 방식을 따름으로 무리를 하게 되는지 모릅니다. 그러나 다윗은 사울의 방식이 자기에게는 전혀 맞지 않는다는 것을 깨닫고 왕의 방식을 거절했습니다. 다윗은 전쟁에 나가는 것까지만 사울의 허락을 받고 그 다음에 싸우는 방식은 자신의 방식을 택했습니다. 바로 이것이 다윗이 이기는 방식이었습니다.

우리는 여기서 두 가지를 생각해 볼 수 있습니다. 하나는 하나님의 백성들에게는 자기가 잘 할 수 있는 고유한 방식이 있다는 것입니다. 이것은 하나님이 연단 가운데 그에게 주신 은사입니다. 그래서 하나님의 백성들은 쉽게 다른 사람을 모방하지 않고 남들이 성공한 것을 흉내 내려고 하지 않습니다. 이미 남들이 성공한 방식은 한물 간 것이기 때문에 어느 정도 따라갈지는 몰라도 크게 성공하기는 어렵습니다. 그래서 하나님의 백성들은 하나님이 그에게 주신 고유한 것을 잘 알고 있어야 하고 남들이 아무리 뭐라고 하더라도 흔들릴 필요가 없습니다. 그래서 다윗은 왕의 제안을 거절했습니다. 왜냐하면 싸움터로 나가는 것은 왕이 아니고 바로 자기 자신이기 때문입니다.

두 번째는 명분이냐 실리냐 하는 싸움에서 실리가 더 중요하다는 것입니다. 많은 사람들이 인정을 받기 위해 명분을 추구하는데 많은 에너지를 사용합니다. 그러나 하나님의 백성들은 그가 지금 어떤 일을 해야 하는지 아는 사람들입니다. 그래서 사람들의 말이나 인정에 휘말리지 않습니다.

사무엘상 17장 40절
"손에 막대기를 가지고 시내에서 매끄러운 돌 다섯을 골라서 자기 목자의 제구 곧 주머니에 넣고 손에 물매를 가지고 블레셋 사람에게로 나아가니라"

다윗의 무장은 다른 사람들이 보기에는 창피한 모습이었습니다. 그는 갑옷도 없이 평범한 목동의 옷을 입었고 무기도 없이 물맷돌만 주머니에 넣어서 골리앗과 싸우려고 나섰습니다. 그러나 이것이 다윗에게는 가장 정확한 방법이었습니다. 다윗의 물맷돌은 실패하는 법이 없었고 오히려 골리앗의 손에 잡히지 않고 거리를 두고 싸울 수 있는 방법이었습니다.

골리앗과의 대결

골리앗은 갑옷도 입지 않고 무기도 제대로 준비되지 않은 소년 다윗이 자기와 싸우러 나오는 것을 보고 그를 무시했습니다. 이것은 골리앗이 아닌 누구라도 무시할 수밖에 없는 행색이었습니다. 골리앗은 자기가 이 세상에서 자타가 공인하는 싸움꾼이요, 거인인데, 상대방은 나이도 어리고 제대로 무장도 갖추지 못한 민간인이었던 것입니다. 골리앗은 다윗을 보고 업신여기며 저주했지만 결국 그의 교만 때문에 망했습니다.

> 사무엘상 17장 43절
> "블레셋 사람이 다윗에게 이르되 네가 나를 개로 여기고 막대기를 가지고 내게 나아왔느냐 하고 그 신들의 이름으로 다윗을 저주하고 또 이르되 내게로 오라 내가 네 고기를 공중의 새들과 들짐승들에게 주리라"

골리앗은 다윗의 허술한 모습을 보고 너무나도 가소로워서 욕을 하는데 실제로는 그것이 자기 자신을 저주하는 것이 되었습니다. 골리앗은 다윗에게 '네가 나를 개로 여기느냐' 고 했는데 이것은 사실이었습니다. 다윗의 눈에는 골리앗이 한 마리의 짐승으로밖에는 보이지 않았는데 골리앗은 자기 자신의 입으로 자기를 한 마리 개라고 말을 하는 것입니다.

악한 자들의 저주를 하나님이 들으시고 반대로 그들에게 그대로 이루어 주신다고 앞에서 말했습니다. 즉 '너 같은 것이 시험에 합격하면 손가락에 장을 지진다' 라는 악담을 들은 성도가 시험에 합격해서 악한 자의 손가락에 장을 지지고, '이번 집회가 성공하면 내가 벌거벗고 춤을 추겠다' 라고 하면 그 집회는 보기 좋게 성공을 해서 그는 벌거벗고 춤을 추어야만 하는 것입니다.

하나님은 악한 자들이 하나님의 백성들에게 하는 저주를 들으시고 그대로 그들의 머리에 돌리시기 때문에 악한 자들은 그들이 했던 말 그대로 저주를 받게 됩니다. 골리앗은 자기가 다윗을 죽여서 그 고기를 공중의 새와 들짐승이 먹게 하겠다고 했는데 결국 자기 자신의 시체를 공중의 새와 들짐승의 먹이가 되게 했습니다.

그때 다윗이 골리앗에게 무엇이라고 말을 해야 하겠습니까? 다윗이 막상 골리앗을 보았을 때 머리로 생각하던 것과는 많이 다를 수 있고 또 순간적으로 자신감을 잃을 수도 있었습니다. 그러나 다윗은 골리앗의 신장이나 무기나 갑옷을 보지 않았습니다. 이 모든 것을 하나님의 눈으로 보았습니다. 그렇게 했을 때 모든 것이 분명하게 되었습니다.

사무엘상 17장 45절
"다윗이 블레셋 사람에게 이르되 너는 칼과 창과 단창으로 내게 오거니와 나는 만군의 여호와의 이름 곧 네가 모욕하는 이스라엘 군대의 하나님의 이름으로 네게 가노라"

여기서 다윗은 자신의 싸움이 무기의 싸움도 아니요 힘의 대결도 아니고 오직 인간의 힘이 이기느냐 하나님의 능력이 이기느냐 하는 것임을 선포합니다. 다윗이 골리앗에게 한 말은 자신의 신앙 고백일 뿐 아니라 전능하신 하나님께 대한 찬양이었습니다.

여기서 중요한 것은 과연 다윗의 능력이 어디서 나오느냐 하는 것이었습니다. 다윗은 형들과 아버지로부터 무시당할 정도로 대수롭지 않은 사람이었습니다. 그런데 그에게는 놀라운 능력이 하나 있었습니다. 그것이 무엇인가 하면 어려운 일이 있을 때마다 하나님의 능력을 끌어올 수 있는 능력이었습니다. 다윗은 미련하게 자기 힘으로 싸우려고 하지 않았습니다. 다윗은 자기에게 발생한 어려움을 하나님께로 가져가고 하나님의 능력을 끌고 와서 어려움을 해결하는데 비상한 능력을 가지고 있었습니다.

　예를 들면 어떤 사람에게 유능하고 인정받는 삼촌이 하나 있다고 합시다. 그 조카는 별로 힘도 없고 돈도 없는데 그 삼촌의 힘을 끌어오는 능력이 있다면 그는 자기 힘이 없어도 이기는 것이었습니다. 조지 물러의 능력도 그런 것이었습니다. 조지 물러는 능력이 없었습니다. 그러나 그는 하나님의 능력을 끌어오는 힘이 있었습니다.

　다윗이 골리앗에게 소리를 친 것은 두 가지 의미가 있습니다. 하나는 말씀의 능력으로 골리앗을 제압하는 것입니다. 아무리 악한 자라 하더라도 이렇게 확신에 차서 나올 때에는 약간 두려워하게 되어 있습니다. 악하고 교만한 자는 하나님의 말씀으로 이겨야 합니다. 무기는 둘째 문제이고 먼저 말씀으로 그를 이겨야 합니다. 다른 하나 하나님께 드리는 신앙 고백이자 기도였습니다. '하나님 저는 이런 믿음을 가지고 싸우러 나갑니다. 하나님, 절대로 저를 혼자 두지 마십시오' 라는 기도였던 것입니다.

사무엘상 17장 46-47절
"오늘 여호와께서 너를 내 손에 붙이시리니 내가 너를 쳐서 네 머리를 베고 블레셋 군대의 시체로 오늘날 공중의 새와 땅의 들짐승에게 주어 온 땅으로 이스라엘에 하나님이 계신 줄 알게 하겠고 또 여호와의 구원하심이 칼과 창에 있지 아니함을 이 무리로 알게 하리라 전쟁은 여호와께 속한 것인즉 그가 너희를 우리 손에 붙이시리라"

　여기서 다윗은 하나님의 백성들과 블레셋 사람들을 앞에 두고 너무나도 능력 있는 하나님의 말씀을 쏟아 냅니다. 바로 이것이 성령님이 하시는 말씀입니다. 우리는 하나님의 뜻대로 이루어진다는 것을 알아야 합니다. 즉 사람의 눈으로 보면 골리앗이 이기는 것이 당연하지만 하나님의 눈으로 보면 이스라엘을 저주한 자는 반드시 죽어야 하는 것입니다. 시체를 공중의 새와 들짐승에게 먹게 한다는 것은 저주의 죽음을 의미합니다. 이것은 그가 하나님의 백성들을 두렵게 하고 저주한 죄 때문입니다.

다윗은 분명한 진리를 선포합니다. 그것은 하나님의 구원이 칼과 창에 있지 않다는 것입니다. 왜냐하면 하나님은 칼과 창 없이도 얼마든지 싸우실 수 있기 때문입니다. 다윗은 전쟁이 하나님께 속하였다는 것을 분명히 선포합니다. 사람이 아무리 준비를 완벽하게 했다고 해도 하나님의 허락 없이는 전쟁을 이길 수가 없는 것입니다.

영국의 크롬웰 장군은 '완벽하게 준비하십시오. 그러나 우리는 하나님을 의지합시다' 라고 말했습니다. 우리가 인간적으로 할 수 있는 준비는 다 해야 하지만 결국 일을 이루시는 분은 하나님이십니다. 우리는 하나님을 우리 계획에 집어넣으려고 해서는 안 됩니다. 언제나 하나님의 주권을 인정해야 합니다.

사무엘상 17장 49절

"손을 주머니에 넣어 돌을 취하여 물매로 던져 블레셋 사람의 이마를 치매 돌이 그 이마에 박히니 땅에 엎드러지니라"

골리앗은 완벽하게 준비를 하고 있었습니다. 완전 무장을 한 데다가 앞에는 방패까지 들고 있었습니다. 그러나 그것은 어디까지나 사람을 상대로 싸우는 것에 대비한 것이지 맹수를 물리치는 목동과의 싸움을 위한 대비는 아니었습니다. 골리앗의 이마는 아무런 무장이 되어 있지 않았고 다윗이 물매를 던지자 그 돌이 이마에 가서 박혀 버렸습니다. 골리앗은 전혀 다윗이라는 사람을 몰랐습니다. 그러니 그를 업신여길 수밖에 없었고 결국 칼이나 창이 아닌 돌에 맞아 죽어 버렸습니다. 바로 이것이 하나님이 악한 자를 응징하시는 방법이며 완전 무장을 해제하시는 하나님의 지혜입니다.

이스라엘의 승리

악한 자의 특징은 한 번 무너지기 시작하면 걷잡을 수 없이 무너지는 것입니다. 블레셋 사람들은 골리앗이라는 장수를 믿고 있다가 그가 한 소년에 의하여 어이없이 쓰러지자 정신없이 달아나기 시작했습니다.

사무엘상 17장 50-51절

"다윗이 이같이 물매와 돌로 블레셋 사람을 이기고 그를 쳐 죽였으나 자기 손에는 칼이 없었더라 다윗이 달려가서 블레셋 사람을 밟고 그의 칼을 그 집에서 빼어 내어 그 칼로 그를 죽이고 그 머리를 베니 블레셋 사람이 자기 용사의 죽음을 보고 도망하는지라"

다윗은 골리앗이 돌에 맞고 쓰러졌을 때 자기가 어떻게 해야 할지 잘 알고 있었습니다. 그는 바로 골리앗에게 달려들어서 골리앗의 칼로 그의 머리를 베었습니다. 그러자 블레셋 사람들이 달아나기 시작했습니다. 이것은 모두 하나님이 다윗과 함께하셨기 때문에 나타난 결과입니다. 하나님은 다윗이 해야 할 일을 정확하게 지시하셨습니다. 다윗은 골리앗의 칼로 그를 죽였습니다. 다윗은 칼이 없었지만 다른 사람에게 빌릴 필요가 없었습니다. 만약 그랬다면 블레셋 사람들에게 정신 차릴 시간을 주었을 것입니다. 하나님은 그들에게 두려움을 주셔서 정신없이 달아나게 하셨고, 이스라엘 백성들은 이것을 보고 다시 용기를 얻게 되었습니다.

사무엘상 17장 52절

"이스라엘과 유다 사람들이 일어나서 소리를 지르며 블레셋 사람을 쫓아 가이와 에그론 성문까지 이르렀고 블레셋 사람의 상한 자들은 사아라임

가는 길에서부터 가드와 에그론까지 엎드러졌더라"

평소에 이스라엘 백성들은 절대 블레셋을 이기지 못한다고 생각했습니다. 그러나 하나님의 능력으로 나가니까 블레셋도 무너지더라는 것입니다. 우리는 우리의 능력으로는 절대로 하지 못한다고 생각하는 것들이 있습니다. 그러나 하나님이 주시는 능력으로 얼마든지 할 수 있습니다. 고시도 합격할 수 있고, 박사 논문도 쓸 수 있고, 전교에서 1등도 할 수 있습니다.

25

승리 그 이후

>> 삼상 18:1-30

아무 이름도 없는 무명의 용사는 다른 사람들이 그의 존재를 위협으로 느끼지 않기 때문에 별로 신경을 쓰지 않습니다. 그러나 일단 그가 일약 유명해지고 나면 그 후부터는 다른 사람들이 그 사람을 견제하기 시작합니다. 그 이유는 이제 그의 존재가 자기들에게 위협이 되기 시작했기 때문입니다. 이것은 모든 면에서 마찬가지입니다.

예컨대, 운동 경기에서 어떤 선수가 무명으로 있을 때에는 다른 선수들이 견제를 하지 않기 때문에 좋은 성적을 내게 됩니다. 그러나 일단 유명해지게 되면 주위에 있는 선수들이 지능적으로 방해를 하기 때문에 경기를 잘 못하게 되고 때로는 부상을 입기도 합니다. 심지어는 관중들이나 신문에서도 아주 좋지 않은 기사를 써서 공격을 하기도 하는데 실력으로 이것을 극복하지 못하면 그는 다시 이류 선수로 내려앉게 되는 것입니다. 그러므로 갑자기 유명하게 된 사람은 주위에 있는 많은 사람들이 자기에게 시기심을 가지며 자기가 무너지기를 바라고 있음을 알고 더 여유를 가지고 실력으로 이겨야 합니다. 그러면 결국 그런 견제나 방해가 없어지면서 진정한 스타로 탄생하게 되는 것입니다.

이것은 오늘날 우리 그리스도인들에게도 마찬가지입니다. 우리가 아무도 알아주지 않는 무명인으로 있을 때에는 사생활이 별로 문제될 것이 없습니다. 그런데 일단 유명해지게 되면 우리에 대하여 거짓된 소문이 많이 퍼지게 됩니다. 이런 악성 루머들은 거의 근거가 없는 것들입니다. 그럼에도 불구하고 사람들은 악성 루머를 더 잘 믿습니다. 또한 이런 좋지 못한 소문들은 발 없는 말이 천리를 가듯 아주 빠르게 퍼집니다.

이럴 때 우리 하나님의 백성들이 속이 좁게 그런 소문 하나하나와 싸우려고 한다면 틀림없이 큰 손해를 보게 될 것입니다. 우리는 하나님께 중요한 사람들이 되었기 때문에 얼마든지 이러한 사탄의 공격이 있을 수 있다는 것을 각오해야 합니다. 그리고 여유를 가지고 지내면 어느 정도 시간이 지났을 때 이런 악성 루머들이 거짓이었으며 하나님의 종의 진실성이 다른 모든 사람들로부터 받아들여지게 되는 것입니다.

다윗이 무명의 목동이었을 때 아무도 그에게 신경을 써주는 사람이 없었습니다. 그런데 그가 블레셋 장수 골리앗을 쳐 죽임으로써 일약 이스라엘의 영웅이 되었을 때 그는 주위 사람들로부터 본격적인 견제를 당하기 시작합니다. 특히 다윗을 가장 견제한 사람은 처음 전쟁을 할 때 다윗에게 자신의 갑옷을 입히고 칼을 주려고 했던 사울 왕이었습니다.

요나단과 다윗의 교제

낭만파 시인 중 한 사람인 바이런은 "아침에 잠에서 깨어 일어나 보니 유명해져 있더라"라는 말을 했습니다. 이 말처럼 다윗은 문자 그대로 한 순간에 이스라엘의 영웅이 되었습니다. 그러나 사람들은 다윗이 어떤 사람인지 잘 알지 못했습니다. 심지어는 다윗에 대해 좀 알아보라는 사울 왕의 말에 그의 신하였던 아브넬조차도 아는 것이 없다고 대답할 정도였습니다.

예를 들면, 보통 올림픽이나 세계적인 큰 경기를 할 때 언론사마다 1등 후보에 대해서는 대략적인 자료를 갖고 있습니다. 그러나 전혀 생각지도 못한 사람이 금메달을 땄을 때에는 그 사람에 대한 자료가 없어서 큰 애를 먹게 되는 것입니다. 마찬가지로 다윗은 주목을 받던 사람이 아니었기 때문에 다윗이 한 순간에 골리앗을 죽이고 이스라엘의 영웅이 되었을 때 아무도 그를 아는 사람이 없었습니다. 다윗은 예전에 궁중 악사로 왕궁을 출입한 적이 있었지만 이 당시에는 악사를 별로 중요하게 생각하지 않았던 것 같습니다. 그래서 설마 옛날의 그 악사 소년이 이 훌륭한 청년일 줄은 아무도 생각하지 못했던 것입니다. 그러나 요나단은 다윗을 보자마자 바로 그의 신앙과 하나님의 기름 부으심을 알았습니다. 그래서 요나단은 다윗을 깊이 사랑하게 되었습니다.

사무엘상 18장 1절
"다윗이 사울에게 말하기를 마치매 요나단의 마음이 다윗의 마음과 연락되어 요나단이 그를 자기 생명같이 사랑하니라"

하나님의 백성들이 가장 사모하는 것이 무엇입니까? 하나님의 성령이 사람들을 통하여 나타나는 것입니다. 이것은 금방 알 수 있습니다. 왜냐하면 성령이 역사할 때에는 그 능력이 보통 사람의 수십 배로 나타나기 때문에 이것은 결코 사람의 능력이라고 볼 수 없기 때문입니다. 보통 성공적인 일을 수행하는 사람은 다른 사람들보다 두세 배의 집중력이 있습니다. 그러나 성령의 사람은 한 순간에 몇 십 배 혹은 몇 백 배의 능력이 집중되기 때문에 누가 봐도 이 능력은 특별하다는 것을 알게 되는 것입니다.

사람들이 스타들을 좋아하는 이유는 그들이 다른 사람들의 서너 배 정도의 능력을 가지고 남들이 하지 못하는 것을 하면서 기쁨을 주기 때문입니다. 스타 한 사람만 있어도 분위기가 얼마나 달라지는지 모릅니다. 그러나 성령의 사람은 스타들이 따라올 수 없는 신적인 능력을 드러냅니다. 그래서 사람들은 이것이 아무나 흉내 낼 수 없는 하나님의 능력임을 깨닫고 하나님의 말할 수 없는 구원을 기뻐하게 되는 것입니다.

그래서 성령의 역사가 나타날 때 사람들의 반응이 나누어지는 것을 보게 됩니다. 주의 은혜를 사모하는 자들은 누군가를 통해서 성령의 능력이 나타날 때 지나칠 정도로 기뻐하고 좋아합니다. 왜냐하면 이것이 하나님이 우리에게 주실 수 있는 최고의 축복이기 때문입니다. 그리고 그렇게 귀하게 사용된 사람을 얼마나 좋아하는지 모릅니다. 그러나 성령의 역사를 모르는 사람들은 그 사람을 시기하고 질투하며 빈정거리게 됩니다. 왜냐하면 자기들은 죽어도 그 사람을 따라갈 수 없다는 것을 알기 때문입니다. 그리고 이미 그 사람의 존재는 자기들에게 큰 위협이 되기 때문입니다.

성령의 역사는 예외적이고 강력합니다. 하나님의 백성들은 그런 축복에 오랫동안 목말랐습니다. 그러다가 그런 역사가 드디어 터져 나왔을 때 마치 혼인집에 온 것처럼 기뻐합니다. 이럴 때 그런 은혜를 주신 주님도 귀하지만 그렇게 사용된 사람도 귀하게 생각하게 되는데, 이처럼 요나단은 다윗을 아주 좋아하게 됩니다. 이것은 단순히 요나단이 다윗과 의기투합한 것이 아니라 다윗을 통해서 성령의 나타나심을 보았기 때문입니다. 그리고 더 놀라운 것은 성령의 역사는 한번 터져 나오면 그 사람을 통해 계속 터져 나오게 되어 있습니다.

요나단은 다윗을 집으로 가지 못하게 하고 자기 생명처럼 사랑하고 언약을 맺었습니다. 이것은 성령의 역사가 소멸되지 않고 이스라엘 안에 계속 나타나기를 원했기 때문입니다. 이는 마치 시어머니가 임신한 며느리를 애지중지하는 것과 같습니다. 시어머니는 자손을 잉태하고 있는 며느리를 아주 소중하게 대하고 사랑해 줍니다. 시어머니는 며느리가 아이를 잘 낳아 주기를 바라는 마음에서 잘 대해 주는 것입니다.

요나단이 다윗에게 잘 대해 준 것은 혹시 다윗이 시골로 내려감으로 그의 은사가 죽어버리고 이스라엘에 성령의 기름 부음이 그칠까 두려워했던 것입니다. 요나단은 다윗을 자기 옆에 머물게 함으로써 계속해서 다윗을 통해 성령의 축복을 모든 이스라엘 사람들과 함께 나누기를 원했습니다. 이것이 제대로 성령의 은혜를 아는 사람이 하는 일입니다. 성령의 은혜가 굳이 자신을 통해서 나타나지 않는다고 해서 시기하거나 질투할 필요가 없습니다. 주님께 잘 사용되는 사람이 있다면 오히려 그를 도와주어 계속적으로 성령의 능력이 넘쳐흘러서 모든 사람이 풍성하게 되도록 해야 합니다.

교회는 황금알을 낳는 거위입니다. 강단에서 흘러나오는 은혜로 단 하루 만에 모든 사람이 다 부자가 되는 것은 아니지만 모두 참고 기다리면 그 은혜와 축복이 쌓여서 결국 모든 사람들이 다 복을 받게 되는 것입니다. 그러나 내 마음대로 지금 당장 부자가 되지 않는다고 해서 그 거위를 죽여 버리면 하나님의 은혜는 끝나고 맙니다.

백성들의 훤화

이스라엘 나라에서 중요한 깃은 일빈 백성들의 여론이었습니다. 그리고 이런 여론들은 대개 여인들이 부르는 노래를 통해 표현되었습니다. 하나님 나라의 백성들은 가르쳐 주지 않아도 누가 진정한 이스라엘의 지도자가 누구인지 알고 있었습니다.

사무엘상 18장 6-7절

"무리가 돌아올 때 곧 다윗이 블레셋 사람을 죽이고 돌아올 때에 여인들이 이스라엘 모든 성에서 나와서 노래하며 춤추며 소고와 경쇠를 가지고 왕 사울을 환영하는데 여인들이 뛰놀며 창화하여 가로되 사울의 죽인 자는 천천이요 다윗은 만만이로다 한지라"

하나님의 사람들이 아무리 부인하고 싶어도 일반인들은 그들을 말없이 다 평가하고 있습니다. 그런데 말없는 국민들의 평가가 그 사람에 대한 정확한 평가인 경우가 너무나도 많습니다. 사실 사울은 그 동안 블레셋 사람들과 싸우느라 수고를 많이 했습니다. 그리고 그는 이스라엘의 왕입니다. 그러면 당연히 백성들이 사울 왕에게 최고의 칭찬과 영예를 돌려야 했는데 그렇지가 않았습니다.

다윗이 블레셋 장수를 죽이고 돌아왔을 때 사람들은 사울 왕에게는 천 점을 주고 다윗에게는 만 점을 주었습니다. 그러자 사울도 인간인지라 다른 사람이 자기보다 더 주목받고 칭찬받으니 불쾌하기도 하고 시기심도 생겼습니다. 다른 사람이 자기보다 더 칭찬을 받는데 처음부터 시기심이 생기지 않는 사람은 거의 없을 것입니다. 인간인 이상 누구나 다 자기가 최고의 칭찬과 영예를 받고 싶은 마음이 있습니다. 그러나 좋지 못한 생각이 드는 순간 '저 사람은 나보다 더 훌륭한 사람이며 하나님께서 나보다 더 귀하게 쓰셔' 라고 인정해 버리면 마음으로 죄를 짓지 않고 오히려 더 큰 하나님의 은혜를 받을 수 있습니다. 사울은 여인들이 자기보다 다윗에게 더 높은 점수를 주게 되자 마음이 상했고, 그 상한 마음을 풀지 않고 있다가 결국 영혼이 병들고 맙니다.

사울은 그가 왕이기 때문에 이스라엘 안에서 최고의 점수를 받아야 한다고 생각했습니다. 그러나 이것은 분명히 주님이 주시는 마음은 아니었습니다. 왜냐하면 우리는 모두 하나님의 능력을 빌려 쓰고 있는 자들이기 때문에 하나님은 나 아닌 다른 사람을 통해서도 얼마든지 큰 능력을 행하실 수 있기 때문입니다. 그런데 사울은 계속해서 다윗을 미워했습니다.

사무엘상 18장 9절
"그 날 후로 사울이 다윗을 주목하였더라"

여기서 '주목하였더라'는 것은 좋지 않은 생각을 가지고 다윗의 행동을 계속 지켜보았다는 것입니다. 사람은 처음 좋지 않은 생각이 들었을 때 털어 버리면 되는데 계속 나쁜 마음을 가지고 있으면 나쁜 확신을 가지게 되어서 죄를 짓게 됩니다. 다윗은 골리앗을 죽이고 유명해지면 모든 것이 잘 될 줄 알았지만 사람 일이라는 것은 그렇게 간단하지 않습니다. 어떤 사람에게서 하나님의 능력이 나타나고 축복이 나타나면 반드시 그것을 시기하고 미워하는 사람들이 있는데 이것을 극복하지 못하면 오히려 더 크게 망하게 되는 것입니다.

사울의 살인 시도

블레셋 장수 골리앗을 이기고 돌아온 것은 얼마나 기쁜 일입니까? 그런데 사울은 그 후로 훨씬 더 발작 증세가 심해지게 되었습니다. 그 이유는 그가 하나님이 주신 은혜를 잘 감당하지 못했기 때문입니다. 하나님이 우리에게 은혜와 축복을 주시면 우리는 신앙이 더 깊어지고 더 감사하는 생활을 해야 하는데 그렇지 못하고 더 심한 미움과 나쁜 마음을 가질 때가 있습니다. 그 이유는 하나님의 은혜를 헛되이 받았기 때문입니다.

사무엘상 18장 10-11절

"그 이튿날 하나님의 부리신 악신이 사울에게 힘 있게 내리매 그가 집 가운데서 야료하는 고로 다윗이 평일과 같이 손으로 수금을 타는데 때에 사울의 손에 창이 있는지라 그가 스스로 이르기를 내가 다윗을 벽에 박으리라 하고 그 창을 던졌으나 다윗이 그 앞에서 두 번 피하였더라"

사울이 다윗을 미워하게 된 후로 그의 발작은 더 심해지게 되었습니다. "하나님의 부르신 악신이 사울에게 힘 있게 내리매"라는 것은 사울에게서 아주 심한 히스테리 증세가 나타난 것을 말합니다. 또한 "야료하는" 것은 발작 증세를 말합니다. 발작의 증세는 사람에 따라서 여러 가지가 있을 수 있습니다. 어떤 사람은 땅이 꺼지라고 한숨을 쉬는 사람이 있는가 하면 이유 없이 우는 사람도 있습니다. 증세가 심할 때에는 알아들을 수 없는 말을 중얼거리기도 합니다.

여기서 "하나님의 부리신 악신"이 무엇입니까? 하나님의 성령이 떠남으로 해서 생긴 후유증이라는 뜻입니다. 사울에게 이미 성령이 떠나신 자체가 엄청난 정신적인 고통이 아닐 수 없습니다. 이런 경우 하나님 앞에 자신의 교만과 불순종을 자복함으로 치료받을 수 있습니다. 그런데 이미 이런 일이 여러 번 반복이 되니까 신하들은 벌써 사울이 발작 증세가 있는 것을 보고 다윗으로 하여금 음악을 연주하게 했습니다. 그때 사울은 다윗에게 창을 던져서 죽이려고 했지만 다윗은 두 번이나 피했다고 합니다. 이것은 사울이 창을 두 번 던졌다는 것이고 실수나 우연이 아니라 의도적으로 발작을 핑계로 죽이려고 했던 것입니다. 그러나 술 취한 상태에서 사람을 때리거나 죽인다고 해서 책임이 없어지지 않습니다. 그는 기억이 없다고 하지만 이미 술에 만취된 것 자체만으로도 살인을 할 수도 있는 상태에 자기를 방치한 것이 됩니다.

사울은 어떻게 자기를 위하여 악기를 연주하는 자에게 창을 던져서 죽이려고 했을까요? 사람이 일단 누군가를 미워하게 되면 그 사람이 아무리 좋은 음악을 연주해도 죽이고 싶은 것입니다. 다윗은 전쟁에서는 승리했지만 그 후부터 사울 왕과 끝없이 쫓고 쫓기는 새로운 전쟁을 시작해야만 했습니다. 사실 이 과정은 다윗을 하나님의 사람으로 만드는 연단 과정이었습니다. 이때부터 다윗은 얄미울 정도로 모든 일을 지혜롭게 감당했습니다. 왜냐하면 성령님이 형통케 하셨기 때문에 그렇습니다. 그러나 그러면 그럴수록 사울의 미움은 더 심해졌습니다.

여기서 우리가 알 수 있는 것이 무엇입니까? 모든 사람들이 다 성령의 역사를 기뻐하거나 좋아하는 것은 아니라는 것입니다. 사람들 중에는 시기하고 질투하는 사람들도 있습니다. 그것을 지혜롭게 대처하지 않으면 큰 전투에서는 이기고서도 작은 싸움에서는 오히려 실패하게 됩니다. 다윗은 골리앗과의 싸움으로 모든 것이 끝난 것이 아니었습니다. 오히려 다윗은 골리앗을 죽인 후에 더 어려운 싸움을 해야만 했습니다. 언제나 깨어 있어야 하고 언제나 정신을 차리고 있어야 하는 것입니다. 왜냐하면 사탄은 언제 누구를 통해서 공격을 할지 모르기 때문입니다. 그런데 대개는 아주 가까운 사람들을 통해서 공격을 해 옵니다. 더구나 그 중에는 혈기나 혹은 마음에 분노가 있는 사람들이 많습니다.

다윗이 빠진 함정

다윗은 블레셋 장수와 대결하기 전에 사람들로부터 블레셋 장수를 이기는 자는 왕이 자기 딸을 주어 사위를 삼게 하겠다는 소문을 이미 들었습니다. 또한 다윗은 그 말을 여러 사람들에게 확인했습니다. 다윗이 그 말에 솔깃했던 것은 너무나도 자기에게는 내어 놓을만한 것이 없다고 생각했기 때문인 것 같습니다. 집에서도 별로 인정받지 못하는 막내 주제에 왕으로부터 많은 상을 받고 또 왕의 사위가 된다는 것은 다른 사람들로부터 크게 인정받을 만한 좋은 기회였던 것입니다.

그러나 그것은 유혹일 수가 있습니다. 왜냐하면 하나님의 사람은 다른 사람으로부터 칭찬받는 것보다 자기에게 주어진 임무를 충실하게 다 하면 되는 것입니다. "너희는 먼저 그의 나라와 그의 의를 구하라 그리하면 이 모든 것을 너희에게 더하시리라"(마 6:33)고 말씀하셨습니다. 다윗은 자기가 하나님으로부터 기름 부음을 받은 목적에 충실해서 이스라엘의 적과 싸우는데 최선을 다했더라면 함정에 빠지지 않았을 것입니다. 다윗이 사울의 사위가 되는 것은 전혀 본질적인 문제가 아니었습니다. 그런데 다윗은 이것에 집착하게 되었습니다. 그 이유는 우리가 인간이기 때문인 것 같습니다. 사람이라고 하는 존재는 처음부터 끝까지 하나님의 뜻만 가지고 살 수 없는 것 같습니다. 그에게는 인간적인 인정도 필요하고 현실적인 입장도 필요한 것입니다. 다윗이 사울의 사위가 되기를 원한 것은 이것이 출세가 완전히 보장된 길이라는 생각 때문이었습니다. 그러나 이것은 무서운 사탄의 유혹이었습니다.

사울은 다윗에게 맏딸 메랍을 아내로 주겠다고 말했습니다. 그래서 다윗으로 하여금 잔뜩 기대하게 해 놓고서는 므홀랏 사람 아드리엘에게 줘버렸습니다. 이것은 사울이 다윗을 기만한 것입니다.

> 사무엘상 18장 17절
>
> "사울이 다윗에게 이르되 내 맏딸 메랍을 네게 아내로 주리니 오직 너는 나를 위하여 용맹을 내어 여호와의 싸움을 싸우라 하니 이는 그가 생각하기를 내 손을 그에게 대지 말고 블레셋 사람의 손으로 그에게 대게 하리라 함이라"

사울은 다윗이 골리앗을 죽인 후에도 딸을 다윗에게 주지 않았습니다. 그 이유가 무엇인지는 알 수가 없습니다. 단지 왕으로 자기가 한 약속을 지키지 않은 것은 분명합니다. 그러면서 다윗에게 다시 맏딸 메랍을 아내로 주겠다고 약속했습니다. 이것은 이렇게 해석할 수 있습니다. "네가 골리앗을 죽여서 이스라엘에 큰 승리를 가져다 준 것은 대단히 고마운 일이다. 그러나 그 정도 가지고 내 사위가 되는 것은 조금 부족하다. 그러니까 좀 더 많은 노력을 해 주기 바란다. 그러면 내가 적당한 시기에 그 공적을 봐서 내 사위로 삼겠다"라는 말입니다. 이것은 어떤 사람에게 무한의 충성을 요구하는 것입니다. 그의 마음에 드는 수준까지 노력하라고 하지만 실제로 그런 노력을 했을 때에는 다른 것을 가지고 트집을 잡고 다른 것으로 핑계를 대서 약속을 지키지 않는 것입니다.

어떤 부모는 자식에게 공부를 더 열심히 하라고 합니다. 그래서 공부를 열심히 하면 다른 것을 또 요구합니다. 나중에 그것도 열심히 하면 이번에는 딴 것을 가지고 핑계를 대면서 야단을 칩니다. 이것은 사랑이 아닙니다. 조건을 제시하면서 이러저러한 일을 하면 사랑하겠다고 말하는 것은 사랑하지 않는다는 뜻입니다. 그런 사람의 요구 사항은 한 평생 노력을 해도 절대로 따라잡지 못합니다. 그런데 순진한 사람들은 그 말만 믿고 그를 만족시키기 위하여 노력을 하게 됩니다. 다윗은 사울의 말을 듣고 감격했습니다.

사무엘상 18장 18절

"다윗이 사울에게 이르되 내가 누구며 이스라엘 중에 내 친속이나 내 아비의 집이 무엇이관대 내가 왕의 사위가 되리이까 하였더니"

다윗은 사울이 무슨 의도로 이런 조건을 제시하는지 모르고 순진하게 사울의 말만 믿고 충성을 다짐합니다. "내가 누구며 이스라엘 중에 내 친속이나 내 아비의 집이 무엇이관대 내가 왕의 사위가 되리이까"라는 말은 결코 겸손의 표현이 아닙니다. 다윗은 이 말을 하나님 앞에서 해야 마땅했습니다. 다윗이 하나님 앞에서 '제가 누구입니까? 이스라엘 중에서 제 친속이나 제 아비의 집이 무엇입니까?'라는 생각을 가지는 것이 겸손입니다. 하나님은 다윗이 하나님 앞에서 한 평생 이런 마음을 가지기를 원하셨습니다. 그러나 다윗이 지금 사울 앞에서 이런 말을 하는 것은 겸손이 아니라 자기 비하이며 아첨이며 무조건적인 충성을 약속하는 것이었습니다. 이것은 사울이 자기를 사위로 삼아 주기만 하면 무슨 짓이든지 다 하겠다는 뜻입니다. 그런데 사울은 다윗에게 맏딸 메랍을 줄 것처럼 실컷 약을 올려놓은 후에 다른 사람에게 주어 버렸습니다.

사무엘상 18장 19절
"사울의 딸 메랍을 다윗에게 줄 시기에 므홀랏 사람 아드리엘에게 아내로 준바 되었더라"

이것은 사울이 다윗의 약을 너무나도 올리는 것입니다. 우리가 이것을 통해 다윗에 대한 사울의 태도가 진실하지 못했음을 알 수 있습니다. 사울이 다윗에게 기대하는 것은 어떻게든 왕의 사위가 되는 카드를 사용하여 실컷 이용한 후에는 버리자는 것입니다. 사울의 배신이 다윗에게 얼마나 실망과 충격이 되었는지 성경에 언급이 없습니다. 그러나 다윗은 바로 이때 사울의 집안을 통해 출세할 생각을 포기했어야 합니다. 그리고 하나님의 다른 계획이 있다고 믿었어야 합니다. 그러나 다윗은 그 미련을 버릴 수가 없었습니다. 다윗은 자기가 그 기회를 잃은 것을 너무나도 아쉬워하면서 자기 충성심이 부족해서 이런 일이 일어난 것으로 생각했습니다.

우리가 원하던 직책이나 직장을 다른 사람의 기만에 의해 잃게 되었을 때 너무 그 것에 미련을 가질 필요가 없습니다. 왜냐하면 그 사람이 바라는 것은 나를 실컷 이용한 후에 버리려는 것이기 때문입니다.

다시 찾아온 유혹

다윗을 블레셋 사람의 손에 죽게 하려는 사울의 계획은 메랍을 다른 사람에게 줌으로 끝나 버렸습니다. 그 이유는 아마도 사울이 큰딸을 사랑했으며 다윗에게 주기는 싫었던 모양입니다. 그런데 사울에게 다시 한 번 기회가 찾아왔습니다. 그것은 작은 딸 미갈이 다윗을 사랑한다는 것입니다. 사울은 다윗이 큰 사위가 되는 것은 그가 너무 큰 인물이 되는 것이라고 생각 했던 것 같습니다. 그런데 작은 딸이 다윗을 사랑한다고 하니까 그 사랑을 이용해서 다윗을 죽여야 되겠다고 마음먹게 되었습니다.

사무엘상 18장 21절
"스스로 이르되 내가 딸을 그에게 주어서 그에게 올무가 되게 하고 블레셋 사람의 손으로 그를 치게 하리라 하고 이에 다윗에게 이르되 네가 오늘 다시 내 사위가 되리라 하니라"

사울은 다윗을 실컷 약올려서 실망시킨 후 다시 그에게 기대를 심어주었습니다. 그리고는 무엇이라고 말을 흘리는가 하면 사울 왕이 아무런 신부대금을 원하지 않고 블레셋 사람의 성기 100개를 원한다는 말을 흘렸습니다. 이것은 다윗으로 하여금 사울의 사위가 되고 싶은 욕망을 충동질하여 결국 블레셋 사람의 손에 죽게 하려는 계략이었습니다. 다윗은 돈에는 자신이 없지만 블레셋 사람을 죽이는 것은 자신이 있었습니다. 그래서 종자와 함께 가서 블레셋 사람 200명을 죽여서 그 성기를 사울 왕에게 바치니까 사울이 어쩔 수 없어서 작은 딸 미갈을 다윗의 아내로 주었습니다.

여기서 알 수 있는 것은 다윗이 사울의 사위가 되려고 하는 것은 욕심이요 무서운 유혹이었다는 것입니다. 다윗은 그 욕심 때문에 함정 안으로 뛰어 들었습니다. 이것이 얼마나 무모한 짓인지 모릅니다. 사실 하나님이 다윗을 지켜주셔서 오히려 화가 복이 되게 하셨지만 실제로는 너무나도 무모한 짓이었습니다. 하나님이 그를 이스라엘의 지도자로 기름을 부으셨다면 결혼의 길도 인도하실 줄을 믿어야 합니다. 그리고 그는 정말 자기 개인의 욕망을 위하여 위험한 모험을 할 것이 아니라 이스라엘 백성들을 위하여 더 안전하게 자기 자신을 지킬 필요가 있었습니다.

아마도 요나단이 이 사실을 알았더라면 깜짝 놀랐을 것입니다. 왜냐하면 이 중요한 사람이 결혼을 위하여 이런 일에 뛰어든다는 것은 너무나도 무모한 일이기 때문입니다. 사실 하나님의 사람들이 자신의 소중함을 몰라서 너무나도 위험한 일에 뛰어 들 때가 많습니다. 삼손 같은 사람은 역사상 한 명 나올까 말까한 특별한 성령의 사람이었습니다. 그런데 그는 육체의 정욕 때문에 가사 성의 기생집에 들어갔다가 포위되는 수모를 겪습니다. 물론 하나님이 모든 것을 합력하여 선을 이루셔서 나중에 큰 능력을 행했지만 실제로 삼손은 사탄의 올무에 걸려든 것이었습니다. 하나님의 사람들은 행동을 조심해서 오로지 성령님께 전폭적으로 사용되도록 해야 합니다.

하나님은 다윗이 사울의 딸과 결혼하는 것을 기뻐하지 않으셨습니다. 왜냐하면 사울은 이미 하나님이 버리기로 작정하신 사람이기 때문입니다. 그러나 다윗은 지금 하나님이 버리실 사람의 덕을 봐서 성공 하겠다는 것입니다. 하나님은 사울이 첫 번째 약속을 어겼을 때 다윗이 그것을 통해서 홀로 서기를 원하셨을 것입니다. 그런데도 다윗은 끝까지 사울의 덕을 보려고 했습니다. 왜냐하면 그만큼 그는 내세울 만한 것이 없었기 때문입니다. 하나님은 다윗이 하나님의 뜻을 모르고 잘못 행하고 있지만 그를 도와주시고 모든 것이 좋은 결과로 나타나게 하셨습니다. 그 이유는 하나님이 그에게 기름을 부어 그를 전적으로 책임지시기로 약속하셨기 때문입니다.

그러나 다윗은 미갈과의 결혼으로 결코 행복하지 않았습니다. 제 생각으로는 다윗이 사울의 사위가 됨으로 덕을 본 것은 없었고 결국 손해만 보았습니다. 그는 이 첫 결혼이 잘못됨으로 그 후 계속 여러 명의 부인을 얻게 된 것 같습니다. 그의 첫사랑이 아름다웠다면 다른 부인을 필요로 하지 않았을 것입니다. 그러나 하나님이 기뻐하시지 않는 결혼을 억지로 함으로 다윗은 영적으로 많은 손해만 보고 위기만 경험하게 됩니다. 그런데 다윗이 실수를 해도 하나님은 그를 지켜 주시고 아름답게 인도하셨습니다. 우리는 늘 실수하는 어린 아이들과 같습니다. 그래서 하나님이 일일이 챙겨 주시고 간섭해 주셔야 합니다. 그러나 너무 고집스럽게 나가면 하나님께서도 악한 일을 해도 내버려 두십니다. 그러나 그 결과는 좋은 것이 아닙니다. 그래서 하나님이 늘 우리 생활에 간섭하시도록 마음을 더 열어 놓는 것이 좋습니다.

26

도망치는 다윗

>> 삼상 19:1-24

모든 사람 안에는 「지킬 박사와 하이드 씨」라는 소설의 주인공처럼, 선량한 면과 사악한 면이 동시에 있습니다. 이것은 '다중 인격 증후군'이라고도 하는데, 한 사람 안에 두 개의 자아가 존재하면서 어떤 때에는 이런 모습이 나타나고 다른 때에는 저런 모습이 나타나는 것입니다. 그러나 아무리 한 사람 속에 두 상반된 성향이 있다 하더라도 인격으로 그것들을 통제할 수 있습니다. 그런데 상황에 따라 본인이 전혀 통제할 수 없을 정도로 이런 성격도 나타나고 저런 성격도 나타나서 이상한 행동을 할 때에는 이미 정신이상이 된 것입니다. 하나님을 믿지 않는 사람이라 해도 일반 은총이 있어서 함부로 미치지 않지만, 누구든지 자기를 지나치게 학대하거나 극한 감정으로 몰아붙이면 그때부터는 스스로도 통제할 수 없는 정신이상자가 되어 버립니다.

이처럼 통제가 안 되는 사람들을 상대하는 것은 매우 어려운 일입니다. 이런 사람들은 이상하게도 하나님의 백성들을 그렇게 미워하면서 무차별적인 공격을 퍼붓습니다. 이런 정신이상자가 모르는 사람이라면 상관없겠지만, 혹시 가족 중에 있다면 무한정으로 고통 받을 것입니다. 전에 술만 마시면 미친 사람이 되어서 어머니를 때리는 아버지를 둔 어떤 고등학생은 아버지가 다시 폭력을 행사하자 분노를 참지 못하고 순간적으로 칼로 아버지를 찔러 죽이게 되었습니다. 아버지의 악이 자신의 인생만 망친 것이 아니라 아들까지 살인자로 만들고 말았던 것입니다.

본문 말씀을 보면 사울 왕이 바로 이런 정신분열증 증세로 히스테리를 부리는 것을 알 수 있습니다. 그는 하나님의 기름 부음 받은 다윗을 극도로 미워했습니다. 다윗은 사울 왕이 자기를 죽이려 한다는 것을 분명히 알고는 모든 것을 다 포기하고 도망자의 길을 떠나게 됩니다. 다윗은 사울 왕이 이스라엘의 왕이었고 장인이었기 때문에 도저히 그의 분노를 피할 길이 없었습니다. 다윗이 살 수 있는 길은 계속 도망 치는 수밖에 없었습니다.

왜 하나님은 다윗에게 이런 고난의 길을 준비시키셨을까요? 우리가 그 의미를 다 알 수는 없습니다. 그러나 하나님은 다윗을 가장 상대하기 어려운 사람을 통하여 연단시키심으로 이스라엘의 왕의 길을 준비하게 하셨습니다. 사실 다윗은 어렸을 때부터 맹수들과 싸우며 훈련받았습니다. 그런데 그 맹수들은 그냥 쳐 죽이기만 하면 되었습니다. 그러나 지금 상대해야 하는 맹수는 죽여서도 안 되며 머리도 무척 좋았습니다. 다윗은 이 어려운 상대를 통하여 연단을 받으면서 많이 기도하게 되었고 겸손하고 순결한 사람이 되었습니다.

사울의 위협

사람은 자기가 다른 사람을 미워하지 않으면 다른 사람도 자기를 좋아할 줄로 생각합니다. 이럴 때 쓰는 표현이 '모든 사람들의 마음이 자기 마음 같은 줄 안다' 입니다. 그래서 내가 미워하지 않아도 상대방이 굳이 나를 죽이려고 할 정도로 미워하는 일을 당할 때 우리는 그것을 이해하지 못합니다.

사무엘상 19장 1-2절
"사울이 그 아들 요나단과 그 모든 신하에게 다윗을 죽이라 말하였더니 사울의 아들 요나단이 다윗을 심히 기뻐하므로 그가 다윗에게 고하여 가로되 내 부친 사울이 너를 죽이기를 꾀하시느니라 그러므로 이제 청하노니 아침에 조심하여 은밀한 곳에 숨어 있으라"

다윗과 요나단은 사울이 왜 그토록 다윗을 죽이고 싶어 하는지 이해할 수가 없었습니다. 왜냐하면 다윗과 요나단은 사울을 미워하지 않았기 때문입니다. 사실 이것은 대단히 중요한 것입니다. 사람들 사이에 갈등이나 미움이 생길 때 일시적인 오해의 가능성이 많습니다. 그럴 때 상대방이 나를 미워하든지 좋아하든지 간에 내가 미워하지 않고 있으면 조금 있다가 그런 갈등이 없어져 버리게 됩니다. 손바닥도 마주쳐야 소리가 나는 법입니다. 그러나 사울은 이미 다시 돌이킬 수 없을 정도로 다윗을 미워하고 있습니다. 사울은 이미 정신병의 상태에 있었고 사탄의 종이 되어서 하나님의 기름 부음을 받은 다윗을 죽이고 싶도록 미워했던 것입니다.

이미 앞에서 원래의 모습으로 돌아가려는 탄성에 대한 이야기를 했습니다. 탄성이 있는 고무줄을 당겼다가 놓으면 본래 모양으로 회복됩니다. 하지만 너무 세게 당기면 나중에는 늘어나서 회복이 되지 않습니다. 거기서 더 잡아당기면 고무줄은 끊어져 버리고 맙니다. 이와 마찬가지로 처음에는 다른 사람을 미워하고 의심을 해도 대개는 시간이 지나거나 한숨 자고 일어나면 없어집니다. 그러나 계속 그 마음을 품으면 없어지지 않고 나중에 이것이 병으로 발전해서 상대방이 죽지 않으면 내가 견디지 못하는 상태까지 가게 되는 것입니다. 이것을 보면 남을 미워하고 의심하는 것은 자기 자신에게도 얼마나 큰 고통이 되는지 모릅니다. 요나단은 이미 아버지의 증세를 어느 정도 알고 있기 때문에 다윗에게 주의를 주고 아버지의 의도를 직접 물어 보았습니다.

4, 5절을 보면 요나단은 아버지에게 아무 죄도 범치 않고 오직 목숨을 걸고 블레셋 사람과 싸워 이스라엘을 구원한 다윗에게 범죄 하지 말라고 하면서 무죄한 피를 흘리면 안 된다고 했습니다. 그때 놀랍게도 사울은 절대로 다윗을 죽이지 않겠다고 순순히 맹세를 합니다. 요나단은 아버지의 상태를 제대로 알지 못했습니다. 사울은 그 당시에 흥분한 상태가 아니라 일시적으로 정상적인 상태였습니다. 광기는 정상적인 상태에서는 드러나지 않습니다. 그러나 흥분이 되고 자극을 받으면 숨어 있는 광기가 발작을 하게 되는 것입니다.

사람의 문제는 여기에 있습니다. 정상적일 때에는 전혀 문제가 없습니다. 교도소에 있는 사람들도 정상적일 때에는 다른 사람들과 별반 다를 바가 없어서 도대체 저렇게 착하게 생긴 사람이 어떻게 사람을 죽일 수 있었느냐고 생각합니다. 그러나 자극을 받게 되면 광기가 생기면서 눈빛이 달라지고 완전히 딴 사람이 되어 버립니다.

요나단은 다윗을 죽일 의사가 없다고 하면서 그것을 맹세하는 아버지의 말만 믿고 안심하고 다윗을 데리고 왔습니다. 그래서 요나단은 다윗을 사울 앞에 앉게 했는데 실제로는 다윗을 가장 위험한 자리에 있게 한 것입니다. 그때까지만 해도 다윗이나 요나단은 사람들을 별로 경험해 보지 않아서 누구나 다 믿는 편이었습니다. 그러다가 다시 블레셋과 전쟁이 일어났는데 다윗은 전쟁터에서 큰 공을 세웠습니다. 그때 또 사울에게 발작이 일어났습니다. 사울의 발작은 다윗이 잘 할 때마다 나타났던 것입니다. 다윗이 잘 하면 시기하는 마음이 일어나면서 갑자기 발작 증세를 일으키는 것입니다.

사무엘상 19장 9-10절

"사울이 손에 단창을 가지고 그 집에 앉았을 때에 여호와의 부리신 악신이 사울에게 접하였으므로 다윗이 손으로 수금을 탈 때에 사울이 단창으로 다윗을 벽에 박으려 하였으나 그는 사울의 앞을 피하고 사울의 창은 벽에 박힌지라 다윗이 그 밤에 도피하매"

어떤 사람이 발작을 할 때 가장 좋은 방법은 그 곳을 피하는 것입니다. 감당할 수 없는 사탄의 역사가 일어날 때에는 일단 그 자리를 피하고 봐야 합니다. 예를 들어, 믿지 않는 남편이 술에 만취되어 행패를 부릴 때 감당할 수 없으면 그곳을 빨리 피해야 합니다. 거기에 붙어서 설득을 하려고 해 봐야 되지 않습니다. 이미 그의 눈에는 보이는 것이 없기 때문입니다. 따라서 우리는 감당할 수 없는 문제를 책임지려고 하지 않는 것이 좋습니다. 가족이나 가까운 친구 중에서 심한 정신분열증의 증세를 보이고 있는 사람이 있을 때 섣불리 책임지려고 하기보다는 전문가에게 맡기는 것이 좋습니다. 병세가 심각했던 사울은 다윗이 수금을 탈 때 손에 있는 단창을 던져서 다윗을 벽에 박아 죽이려고 했고, 다윗은 사울을 피하여 밤에 도망을 쳤습니다.

집으로 도망 친 다윗

다윗은 사울을 피함으로 일단 위기는 모면했지만 아직 사태의 심각성을 잘 모르고 있었습니다. 그래서 어디로 피했느냐 하면 자기 집으로 피했습니다. 그는 사울의 이런 증세가 단순한 병이라고 생각했습니다. 다시 말해서 원래 사울의 본심은 아주 좋은데 몹쓸 정신적인 병이 생겨서 자기도 모르게 이런 발작을 일으킨다고 생각한 것입니다. 그럼에도 불구하고 그의 아내는 훨씬 현실을 잘 파악했습니다. 미갈은 아버지가 다윗을 반드시 죽이려 한다는 것을 알아채고 오늘밤에 피하지 않으면 반드시 죽게 될 것이라고 알려 줍니다.

> 사무엘상 19장 11절
> "사울이 사자들을 다윗의 집에 보내어 그를 지키다가 아침에 그를 죽이게 하려 한지라 다윗의 아내 미갈이 다윗에게 일러 가로되 당신이 이 밤에 당신의 생명을 구하지 아니하면 내일에는 죽임을 당하리라 하고"

여기서 다윗은 왜 자신은 사울을 미워하지 않는데 사울은 자기를 미워하고 죽이려고 하는지 이해할 수 없었습니다. 이는 다윗이 영적인 전쟁을 이해하지 못했기 때문입니다. 사탄은 아무나 공격하지 않고, 세상 사람들이 하나님의 사람에게 이유를 알 수 없는 시기심과 미움을 가지게 해서 공격하게 합니다. 왜냐하면 그리스도인은 존재 그 자체가 밉기 때문입니다. 하나님이 그들에게 특별한 지식을 주시고 은혜를 주신 자체가 미운 것입니다. 왜 그들은 평범하지 않느냐 하는 것이 미움의 이유인 것입니다. 그러니까 하나님의 사람들은 언제나 사탄의 총구가 눈에 보이지 않는 곳에서 자신을 노리고 있다는 것을 알아야 합니다. 언제나 방탄조끼를 입고 있어야 합니다. 잠시라도 방심을 하면 실수를 하든지 아니면 다른 사람으로부터 무시무시한 공격을 당하게 될 것입니다.

본문을 보면 다윗이나 요나단이 미련한 짓을 골라서 합니다. 처음에는 약간 경계를 하는 것처럼 하더니 곧 사울의 말만 믿고 다윗을 가장 위험한 지리에 있게 했습니다. 다윗은 요나단의 말만 믿고 사울을 위하여 악기를 연주했고 도망을 쳐도 자기 집으로 도망을 쳤습니다. 그러나 하나님은 다윗을 사울의 단창에서 지켜 주셨고 미갈의 입을 통하여 다윗으로 하여금 위험을 감지하고 도망치게 하셨습니다. 이런 것을 '간발의 차이' 라고 합니다. 이때부터 다윗은 지속적인 싸움의 위협을 받게 되고, 힘든 도망자의 길을 가게 됩니다. 그는 단 한 순간이라도 하나님이 지켜 주시지 않으면 죽은 목숨이었습니다. 이런 모진 훈련을 통해서 다윗은 하나님과 동행하는 법을 배우게 됩니다. 훈련이라는 것은 일단 여유가 있으면 제대로 되질 않습니다. 아슬아슬하게 위험을 피하면서 하나님의 신호를 느끼고 하나님의 숨소리를 느끼게 되는 것입니다.

미갈은 아버지 사울이 사람을 보내어 다윗을 죽일 것을 알고 있었습니다. 때로는 여자들이 남자들보다 훨씬 더 현실적인 판단을 잘하는 것입니다. 그런데 미갈은 지금 이스라엘 왕과 남편인 다윗 사이에 싸움이 생겼는데 둘 중의 어느 한편을 택해야 할 입장에 처하게 되었습니다. 이때 미갈은 남편을 따라가지는 않고 거짓말로 남편을 도망치게 하는 길을 선택합니다.

사무엘상 19장 12-13절
"미갈이 다윗을 창에서 달아 내리우매 그가 도망하여 피하니라 미갈이 우상을 취하여 침상에 뉘고 염소 털로 엮는 것을 그 머리에 씌우고 의복으로 그것을 덮었더니"

이미 다윗을 창문으로 도망치게 한 미갈은 아버지의 군인들이 다윗을 잡으러 오기 전에 다윗이 아파서 자리에 누워 있는 것처럼 이불 안에 우상을 넣고 염소 털을 씌워서 다윗이 도망치는 시간을 벌어 주었습니다. 남편이 이렇게 쫓기는 신세가 되었을 때는 부인도 함께 달아날 것 같은데 미갈은 그렇게 하지 않았습니다. 남편을 죽이려는 사람이 자신의 아버지이므로 도망칠 필요가 없기도 했지만, 사실은 고생하는 것이 싫었기 때문입니다. 미갈은 그녀의 남편이 죽는 것도, 남편을 따라다니면서 고생하는 것도 원치 않았습니다. 그래서 남편만 도망치게 하고 자기는 집에 남았습니다. 그 대신 남편이 도망치는 시간을 벌기 위해 우상을 침상에 눕히고 다윗인 것처럼 꾸몄습니다. 이것을 보면 미갈이 한편으로는 대단히 지혜로운 것 같기도 합니다. 둘이 도망치는 것보다는 다윗 혼자 도망치는 것이 용이했을 것입니다.

그런데 문제는 다윗의 집에 우상이 있었다는 것입니다. 여기 이 우상은 '테라빔' 이라고 해서 각 집을 지키는 수호신을 의미하는 것 같습니다. 물론 비록 숭배하는 목적은 아니었다고 하더라도 다윗의 집에 이런 우상이 있는 것을 보면 우상이 얼마나 이스라엘 백성들의 집 구석구석에 깊이 스며들었는지 알게 됩니다. 물론 이 우상은 미갈이 시집을 오면서 가지고 온 것으로 생각됩니다. 이스라엘 백성들은 하나님을 믿는다고 하면서도 실제로는 또 다른 수호신이 있어야 가정의 행복이 지켜진다고 생각한 것입니다. 이것을 보면 하나님의 백성들이 얼마나 하나님 한 분만 의지하는 것이 힘든 일인가 하는 것을 잘 알 수 있습니다.

사울이 다윗을 잡으러 사람을 보내었을 때 미갈은 다윗이 병들었다고 했습니다. 사자들이 그 말을 전하자 사울은 침상 채로 다윗을 끌고 오라고 했고 빈 침상을 보며 그들이 속았다는 것을 알게 되었습니다. 사울은 미갈에게 어떻게 아버지인 자신을 속여서 대적을 도망치게 하였는지 책망했고, 미갈은 도망치게 하지 않으면 죽이겠다는 다윗의 위협 때문에 할 수 없이 그렇게 했다고 말했습니다. 이것은 사실이 아닙니다. 미갈은 남편을 잃기 싫어서 도망을 치게 했습니다. 그런데 다른 한편으로는 아버지 사울의 사랑도 잃기 싫어서 그의 신뢰를 얻고자 다윗에게 대하여 아주 나쁜 말로 거짓말을 했습니다.

그러니까 미갈이 다윗을 좋아한 것은 그의 신앙이나 성령의 기름 부으심보다는 세상적인 인기와 용맹 때문에 좋아한 것입니다. 그러면서 아버지의 사랑이 주는 부귀와 영화를 잃기 싫어했습니다. 미갈은 하나님의 손에 붙들려 사용되는 다윗에게 시집을 왔으면서도 처녀 때의 우상을 여전히 버리지 못하고 있습니다. 물론 우상을 침상에 눕혀 사람처럼 보이게 한 것은 대단한 임기응변이었지만 미갈은 믿음이 없는 여자였습니다.

사무엘에게로 도망을 침

가까스로 도망을 치게 된 다윗은 이제 문제의 심각성을 깨닫게 됩니다. 그의 대적은 블레셋 사람 이전에 사울 왕이었습니다. 이스라엘 안에는 사울 왕의 감시를 피할 만한 곳이 없었으므로 다윗은 이번에는 자기 아버지 이새가 있는 곳으로 가지 않았습니다. 왜냐하면 베들레헴으로 가면 식구들과 그곳 사람들이 다 죽는다는 것을 알았기 때문입니다. 그래서 다윗이 선택한 곳은 사무엘이 있는 곳이었습니다.

사무엘상 19장 18절
"다윗이 도피하여 라마로 가서 사무엘에게로 나아가서 사울이 자기에게 행한 일을 다 고하였고 다윗과 사무엘이 나욧으로 가서 거하였더라"

어려운 일이 있을 때 말씀을 찾는다고 하는 것은 해결의 지름길을 찾은 것과 다를 바 없습니다. 왜냐하면 현재의 어려움에 대해 말씀의 진단이 가능하기 때문입니다. 치료를 하는데 있어서 가장 중요한 것이 바른 진단입니다. 고생을 한다고 해서 다 같은 것이 아닙니다. 하나님의 심판으로 고생하는 것도 있고 하나님이 연단하시기 위해서 고생하는 경우도 있습니다. 심판으로 고생하는 것은 맞아야 싼 것이지만 믿음으로 고생하는 것은 가장 고귀한 것이며 그 어려움 끝에 반드시 하나님의 상급이 있습니다.

다윗은 자기에게 기름 부은 사무엘을 찾아갔는데 사무엘이야말로 왜 사울이 다윗을 미워하고 시기하는지 가장 정확하게 아는 사람이었습니다. 다윗의 연단은 진리로 인하여 고생하는 것이며 열매가 약속된 것이었습니다. 다윗이 깨달은 것은 무엇일까요? 다윗은 사울이 자기를 미워하는 것이 너무도 당연하게 여겨지며 이해가 되었습니다. 이것은 어려움을 극복하는데 아주 중요합니다.

나를 미워하고 힘들게 하는 사람이 이해가 되고 불쌍한 마음이 들 때에 이미 그는 그 어려움을 반 이상 이긴 것입니다.

만약 어떤 사람이 나를 아무런 이유도 없이 미워하고 힘들게 할 때 나 혼자 아무리 생각을 하고 머리를 쥐어짜도 소용이 없습니다. 그러나 하나님의 말씀 앞에 가보면 그 사람도 자기가 원해서 미워하는 것이 아니라는 것을 알게 됩니다. 즉 우리 안에 있는 성령님의 능력 때문에 사탄이 그 사람에게 나를 미워하도록 만드는 것입니다. 이것은 사람의 힘으로는 어떻게 할 수 없는 영적인 문제입니다. 이것을 제대로 깨달으면 나를 미워하는 것이 내가 굳이 잘못해서 그런 것이 아니며 영적인 시기심이나 질투심에서 나왔다는 것을 알게 됩니다. 그러면 어려움을 당하면서도 마음에 여유가 생기게 되는 것입니다. 하나님의 말씀이 있는 곳에는 하나님의 특별한 보호하심이 있었습니다. 사울은 다윗이 사무엘과 함께 있다는 정보를 듣고는 자객을 보내어 다윗을 죽이려고 했습니다. 그런데 성령의 간섭하심으로 그들은 다윗을 해치지 못했습니다.

사무엘상 19장 19-20절
"혹이 사울에게 고하여 가로되 다윗이 라마 나욧에 있더이다 하매 사울이 다윗을 잡으려 사자들을 보내었더니 그들이 선지자 무리의 예언하는 것과 사무엘이 그들의 수령으로 선 것을 볼 때에 하나님의 신이 사울의 사자들에게도 임하매 그들도 예언을 한지라"

여기서 '예언을 했다'는 것은 영적인 황홀경에 빠지는 것을 말합니다. 입신의 경지에 드는 것으로 볼 수 있습니다. 그러니까 살기가 등등해서 다윗을 죽이려고 왔던 사울의 자객들이 은혜를 받아서 손뼉을 치고 하나님을 찬양하다가 영적인 흥분 상태에 빠져서 울고 웃고 했습니다. 이러한 것을 보면 하나님의 말씀이 있는 곳이 얼마나 안전한지 알 수 있습니다. 하나님의 말씀이 있는 곳에는 눈에 보이지 않는 하나님의 방어막이 있어서 그 안에 들어오는 자는 아무리 악한 자라도 억지로 은혜를 받게 되어 있는 것입니다. 하물며 그 악한 자들이 어떻게 이 안에서 하나님의 기름 부은 사람을 해칠 수 있겠습니까? 그래서 우리가 신실한 공동체에 포함되어 있으면 마귀의 많은 시험을 피할 수가 있습니다. 그런데 이런 하나님의 성령의 역사는 한번으로 그친 것이 아니라 그 후에도 반복적으로 일어났습니다.

사무엘상 19장 21절
"혹이 그것을 사울에게 고하매 사울이 다른 사자들을 보내었더니 그들도 예언을 한고로 사울이 세 번째 다시 사자들을 보내었더니 그들도 예언을 한지라"

하나님의 성령의 능력을 인정하지 않던 사울은 처음에 보낸 자객들이 너무 의지가 약해서 사무엘의 최면에 걸렸다고 생각해서 다른 자객들을 보내었습니다. 그런데 두 번째 자객들에게도 성령이 임했고, 세 번째로 보낸 자객에게도 성령의 은혜가 임해서 다윗을 죽일 수가 없었습니다. 성령의 은혜를 최면이라고 하는 사람들이 있습니다. 그러나 이것은 최면이 아닙니다. 성령님이 우리의 악한 의지를 굴복시키셔서 악한 짓을 하지 못하게 하는 것입니다. 성령 충만이 무엇입니까? 성령께서 우리를 강하게 지배해서 우리 마음대로 말이나 행동을 하지 못하도록 할 뿐 아니라 하나님의 말씀과 행동이 우리를 통하여 나타나게 하는 것입니다.

하나님의 말씀이 있는 곳에 성령의 넘치는 역사가 있었고 악한 자들조차 굴복시키는 능력이 나타났습니다. 이것은 놀라운 부흥의 표시입니다. 교회에 부흥이 일어나고 성령의 능력이 나타날 때에는 거기에 우연히 오게 된 악한 자들조차 회개하고 변하여 새 사람이 되는 역사가 나타납니다. 사울은 결국 참지 못하고 직접 다윗을 죽이기 위해서 갔는데 그에게도 역시 성령이 임했고 그는 옷을 벗고 예언을 했습니다.

> 사무엘상 19장 24절
> "그가 또 그 옷을 벗고 사무엘 앞에서 예언을 하며 종일종야에 벌거벗은 몸으로 누웠었더라 그러므로 속담에 이르기를 사울도 선지자 중에 있느냐 하니라"

사울은 성령이 임하시면 옷을 벗는 습관이 있습니다. 아마 열이 났던 것 같습니다. 여기서 나온 것이 '벌거벗은 임금님' 입니다. 살기등등하던 사울이 사무엘 앞에서 유순한 아이처럼 되어 은혜 충만해서 하나님을 찬양하게 되었습니다. 사울은 다윗을 죽이러 갔다가 예전에 잃어버렸던 은혜를 다시 체험하는 경험을 했습니다. 그리고 옛날의 속담도 다시 듣게 되었습니다. 바로 사울이 선지자 중에 있느냐는 것입니다. 이것이 사울의 첫 열심이었고 처음으로 하나님의 은혜를 받았던 때의 모습이었습니다. 사울은 이 은혜를 지켰어야만 했습니다. 그랬더라면 그는 결코 비극적인 죽임을 당하지 않았을 것입니다. 그러나 사울은 성령이 이렇게 나타나시는 것도 무시하고 계속 마음속에 미움과 시기심을 가짐으로 비참한 멸망을 당하고 말았습니다.

우리는 아주 드물게 도저히 우리 머리로는 이해할 수 없는 성격을 가진 자로부터 미움과 고통을 당할 때가 있습니다. 사실 이런 사람은 사탄의 마음을 가지고 우리를 해치려고 하는 것입니다. 이때 우리는 결코 이 일을 사소하게 생각해서는 안 됩니다. 할 수 있으면 그런 사람을 자극하지 않는 것이 좋고 그가 나의 목숨까지 노릴 때에는 도망치는 것이 좋습니다.

여기서 우리는 다윗이 두 번씩이나 중요한 실수를 하는 것을 보았습니다. 그는 사울을 믿고 그 앞에서 수금을 탔고, 또한 자신의 집으로 도망을 쳤습니다.

그러나 하나님은 그때마다 놀랍게도 사울의 두 자녀들을 통하여 다윗을 피하게 하셨습니다. 이것은 바로 우리는 실수하지만 하나님은 절대로 실수하지 않으신다는 것을 보여주는 것입니다. 우리는 때때로 죽음의 자리인데도 모르고 찾아 들어가지만, 하나님은 그때마다 우리를 지키고 인도해 주십니다.

어떻게 해서 다윗은 한창 인기 절정의 상승 무드를 타다가 한 순간에 세상적인 지위나 재산과 심지어는 가정까지 다 포기하고 도망을 쳐야 했습니까? 바로 이것이 다윗이 통과해야 했던 믿음의 연단이었습니다. 다윗은 세상적인 것을 다 잃고 순간적으로 임하는 하나님의 말씀을 깨닫는 능력을 배웠던 것입니다. 따라서 다윗이 잃어버렸던 것은 하나님의 감각을 배우는 수업료였습니다. 우리 하나님의 백성들에게는 신앙적인 감을 잡는 것이 대단히 중요합니다. 우리는 신앙적인 감각이 있어야 순간적으로 많은 일들을 감당할 수 있습니다.

어떤 분이 사업에 실패하고 하나님께 돌아와서 신앙을 되찾았다면 그는 비싼 수업료를 내고 영원한 진리를 배우게 된 것입니다. 우리에게 영원한 진리는 충분히 투자할 가치가 있는 것입니다. 우리가 때때로 감당할 수 없는 상대를 만났거나 혹은 그런 일을 당했을 때 일시적으로 피하는 것은 비겁한 일이 아니라 지혜로운 일일 수 있습니다. 그러나 다른 데로 도망을 쳐서는 안 되고 반드시 하나님의 말씀 앞으로 도망을 쳐서 그 말씀 앞에서 자신의 위치를 발견해야 합니다.

27

다윗의 결단

>> 삼상 20:1-34

우리의 인생 중에는 지금까지 살아온 삶의 방향을 완전히 바꾸는 어려운 결단을 해야 할 때가 있습니다. 한평생 다녔던 직장이나 사업을 그만두고 전혀 알지 못하는 새로운 일을 해야 할 때에 그 결단을 내리기가 결코 쉬운 일이 아닙니다. 사람들이 특별한 계기가 없는 한 현 상태를 유지하려고 하는 것은 위험 없이 최소한의 생활을 유지하려는 마음 때문입니다.

그러나 하나님은 우리의 믿음을 더 자라게 하기 위하여 우리의 삶에 큰 변화를 일으키십니다. 그래서 어떤 때에는 지금까지 우리가 의지하고 있던 것을 다 버리도록, 전혀 알지 못하는 새로운 환경에 내동댕이치시는 것입니다. 그때 우리는 필사적으로 하나님을 붙들 수밖에 없고 그만큼 우리의 신앙은 더 자라게 되는 것입니다. 예컨대 배를 부두에 정박시켜 놓고 편안히 축제를 벌이려는 우리와 달리, 하나님은 배를 망망대해로 나가게 하시는 것과 같습니다. 그때 우리는 매순간 간절히 하나님 앞에 매달리면서 기도할 수밖에 없습니다. 이런 과정을 통해 믿음이 성장합니다.

본문에서 다윗은, 자신의 인생에서 가장 중요한 결단을 해야 하는 시점에 와 있는 것을 보게 됩니다. 그것은 사울 왕의 위협을 무릅쓰고 왕의 사위로서 그리고 이스라엘의 군대 장관으로서의 자리를 지켜야 하느냐, 아니면 목숨을 건지기 위하여 지금까지 이스라엘에서 구축해 놓은 모든 것을 다 포기하고 달아나야 하느냐를 선택해야 했습니다. 다윗의 결정은 사느냐 죽느냐의 문제였습니다. 그리고 그것 못지않게 중요한 문제는 예배를 포기해야 하는 것이었습니다. "주의 집을 위하는 열성이 나를 삼키고"(시 69:9). 다윗은 이처럼 성전 예배를 사모하였습니다. 그런데 죄인으로 더 이상 예배의 자리에 나아가지 못하게 되는 것은 다윗에게는 가장 싫은 일이었습니다.

다윗은 기득권을 포기하기 전에 사울 왕의 의사를 한 번 더 확인하기로 했습니다. 다윗에게 주어진 시간은 예배가 있는 월삭까지 밖에 없었습니다. 월삭은 월초를 말하는데 그때 지휘관들은 왕의 식탁에서 음식을 먹어야만 했습니다. 이것은 일종의 지휘관 회의이기도 하지만 왕에 대한 충성의 표시이기도 했습니다. 다윗은 요나단에게 그때 자기가 가지 않을 테니까 왕이 다윗에 대하여 어떻게 생각하는지 알려 달라고 했습니다. 다윗은 그것을 통하여 사울의 태도를 확인하고 끝까지 사울이 자기를 죽이기로 하면 도망치는 길을 택하기로 결심한 것입니다.

다윗의 부탁

사무엘상 20장 1-2절

"다윗이 라마 나욧에서 도망하여 와서 요나단에게 이르되 내가 무엇을 하였으며 내 죄악이 무엇이며 네 부친 앞에서 나의 죄가 무엇이관대 그가 내 생명을 찾느뇨 요나단이 그에게 이르되 결단코 아니라 네가 죽지 아니하리라 내 부친이 대소사를 내게 알게 아니 하고는 행함이 없나니 내 부친이 어찌하여 이 일은 내게 숨기리요 그렇지 아니하리라"

다윗은 사울 왕이 자기를 죽이려고 하기 때문에 일단 사무엘에게 피해 있었습니다. 그러나 다윗은 언제까지나 자신이 그렇게 숨어 있을 수 없다는 것을 알았습니다. 왜냐하면 사무엘은 이미 늙었으며 다윗이 그곳에 피해 있으면 사무엘까지도 위험할 수 있었기 때문입니다. 그래서 다윗은 사울과의 문제를 정면으로 뚫고 나아가야 했습니다. 다윗은 적대적인 사울에게 대항하여 싸우거나 도망치는 수밖에 없었습니다. 어떻게 보면 다윗이 사울에 대항하여 싸우는 것이 좋을 수도 있었습니다. 왜냐하면 하나님이 다윗에게 기름 부어 주셨고 사울은 이유도 없이 미워하며 죽이려 하기 때문입니다. 그래서 다윗이 자기중심적으로 생각하면 얼마든지 사울을 대적할 수 있었지만 좀 더 멀리 내다보면 이것은 결국 이스라엘 안에 분열을 일으키는 일이었습니다. 그리고 자신은 하나님의 기름 부음 받은 자를 대적하는 셈이 됩니다.

결국 다윗은 하나님만 믿고 끝없이 도망치는 길을 선택합니다. 다윗은 만약 하나님이 자기에게 기름 부으셨다면 자기가 애를 쓰지 않아도 때가 되면 자연스럽게 모든 것이 해결될 것을 믿었습니다. 그러나 다윗은 무작정 도망을 치기 전에 마지막으로 다시 한 번 요나단을 통하여 사울의 진심을 확인해 보기로 합니다. 디윗이 대단히 신중해진 것올 알 수 있습니다.

사울 왕은 다윗을 죽이려는 이유가 무엇이냐는 요나단의 질문에, "절대로 아버지가 너를 죽이지 않을 것이다"라고 대답했습니다. 왜냐하면 사울은 요나단이 편드는 것을 알고 그에게 다윗에 대한 좋지 않은 이야기를 하지 않았던 것입니다. 그래서 요나단은 아버지가 다윗을 그렇게까지 미워하는 줄 알지 못했습니다. 우리는 중요한 결정을 할 때 단 한 사람의 생각만 듣고 따르는 것은 위험함을 알 수 있습니다. 어떤 사람들은 자신이 중병에 걸린 것으로 진단이 나왔을 때 더 큰 병원 몇 군데서 더 진찰을 받아봅니다. 그 이유는 아무리 유능한 의사라도 오진을 할 수 있기 때문입니다. 몇 개의 큰 병원에서 진찰을 했는데도 같은 결과가 나오면 그때는 인정을 하는 것입니다.

우리는 자주 막연한 추측을 가지고 미리 두려워하며 불안해 합니다. 이러한 염려는 우리 영혼에 독처럼 퍼져서 한번 빠지면 믿음을 작동하지 못하게 합니다. 그러므로 우리는 막연하게 염려만 할 것이 아니라 사실을 한 번 확인해 볼 필요가 있습니다. 사실을 확인한 후에는 그때부터 새로운 방법을 냉정하게 찾으면 되는 것입니다. 하나님은 우리가 감당치 못할 시험 당하는 것을 허락지 않으시고 시험 당할 때에는 피할 길을 주시는 분이십니다(고전 10:13). 타고 있던 배의 줄이 풀어져서 점점 강으로 떠내려가고 있다고 합시다. 어떻게 해야 하겠습니까? 빨리 배를 강가로 이끌 수 있는 모든 조치를 취해야 할 것입니다. 그런데 이미 너무 늦어서 배가 낭떠러지를 향하여 가고 있다면 배에서 뛰어내리는 결정도 해야 합니다.

지금까지 다윗은 이스라엘이라는 배가 안전한 줄 알고 안심하고 타고 왔습니다. 그러나 이 이스라엘이라는 배가 그에게 더 이상 안전하지 않으며 계속 타고 있으면 죽을 수도 있다는 것을 알게 되었습니다. 그래서 다윗은 그 배에서 뛰어 내리기로 결정했지만, 어쩌면 헤엄을 치다가 물에 빠져 죽을지도 모릅니다. 그러나 이제는 더 이상 다윗이 이스라엘이라는 배를 타고 있을 수 없다는 것도 분명해졌습니다. 다윗은 모든 것을 버리고 방랑의 길을 떠나기 전에 마지막으로 사울의 진심을 확인해 보기 원했습니다. 왜냐하면 이 확인을 하지 않으면 그가 두고두고 아쉬워하면서 후회하게 될지도 모르기 때문입니다.

성도가 교회를 선택하는 것은 자기 영혼을 맡기는 것과 같습니다. 그런데 도저히 영혼을 맡길 수 없는 것이 분명해졌을 때는 어떻게 해야 할까요? 그때는 결정을 해야 하는 것입니다. 예컨대 병원에 입원하는 것은 생명을 맡기는 것과 같으므로 도저히 그 병원의 의사를 믿을 수 없게 되었을 때에는 퇴원을 해야 할 것입니다. 그런데 병원은 계약 관계이기 때문에 각서를 쓰고 퇴원하면 그만이지만 교회는 신뢰와 사랑으로 맺어져 있기 때문에 마치 팔이나 다리를 자르는 심정이 됩니다. 그러나 내 영혼을 맡겨 가지고는 죽을 것이 분명할 때에는 팔 다리를 자르고 떠나야 합니다. 교회사에는 이런 때가 가끔 있었습니다. 로마 가톨릭이 완전히 하나님의 말씀을 거역할 때 결국 믿는 자들은 목숨을 걸고 가톨릭을 포기할 수밖에 없었습니다. 그것이 바로 사는 길이었던 것입니다.

다윗의 사실 인식

다윗이 요 며칠 사이에 놀라울 정도로 영적으로 성숙한 것을 보게 됩니다. 그 전에는 사울에게 잘 보이는 것이 성공하는 길이라고 생각했는데 그것이 얼마나 미련한 것이었는지 깨닫게 되었습니다. 악한 자가 왕성히 세력을 잡고 있는 시기에는 죽은 체 하고 엎드려서 잘 견디는 것이 현명한데 다윗은 너무 모르고 날뛰는 바람에 모든 것을 다 잃어버리고 도망치는 신세가 된 것입니다. 사울은 다윗이 자기보다 뭐든지 더 잘하기 때문에 그것을 시기해서 죽이려고 하는데 다윗은 그것도 모르고 너무 잘하니까 더욱 미움을 받을 수밖에 없었습니다. 독재자의 특징은 절대로 후계자를 키우지 않는 것입니다. 그것도 모르고 날뛰다가는 결국 제거되고 맙니다. 그래서 그리스도인들은 하나님이 우리에게 완전한 기회를 주시기까지 엎드려서 자신의 실력을 꾸준히 닦아나가는 것이 중요합니다. 때가 되지도 않았는데 너무 잘난 체 하는 바람에 다른 사람의 시기로 제거되는 사람들이 많습니다.

이제 다윗은 아주 신중하게 모든 일을 처리합니다. 특히 사울 왕의 진의를 파악하는데 있어서 절대로 자기 자신이 나서지 않고 사울의 아들 요나단을 정보 제공자로 사용합니다. 이것은 상황을 정확하게 파악하기 위한 것입니다. 결국 우리의 싸움은 악한 자와의 머리싸움인 것을 알게 됩니다. 즉 누가 얼마나 정확하게 상황을 파악하느냐에 따라서 전략이나 작전이 바뀌게 되는 것입니다. 결국 이런 지혜는 하나님의 뜻을 찾는 데서 주로 얻게 됩니다. 우리에게 가장 어려운 것은 하나님의 뜻을 아는 것입니다. 이것은 마치 지도만을 가지고 한 번도 못 가본 새로운 곳을 찾아가는 것과 같습니다. 그러나 이 훈련이 계속되면 하나님의 뜻에 대한 놀라운 지각을 가지게 되어 이것으로 사탄의 전략을 꿰뚫게 됩니다. 특히 신앙생활을 하는데 감(sense)은 아주 중요합니다.

　다윗은 요나단에게 자신과 사망 사이는 한 걸음이라고 말합니다. 이것은 지금 자기가 너무나도 어려운 처지여서 발을 한 걸음만 잘못 움직이면 완전히 죽음의 구렁텅이에 굴러 떨어지게 된다는 것입니다. 다윗은 사울이 여러 곳에 함정을 파고 노리고 있기 때문에 대단히 지혜롭게 행동해야 했습니다. 실로 당시 다윗의 상황은 매우 위험했습니다. 다윗의 형편이 마치 경찰과 군인이 쫙 깔려 있는 틈 사이로 도망다니는 탈영병과 같았습니다.

　요나단은 다윗의 처지를 인정했습니다. 왜냐하면 지난번에도 아버지의 맹세를 믿고 다윗을 데려갔다가 아버지가 창으로 다윗을 죽이려고 했던 적이 있었기 때문입니다. 요나단은 다윗에게 자신이 무엇을 해 주기 바라는지 물었습니다. 이 말은 은신처를 원하든지 탈주 자금을 원하든지 간에 무엇이든지 다 해 주겠다는 뜻입니다. 그때 다윗은 요나단에게 사울의 의사를 알아 달라는 부탁을 했습니다. 다윗은 결국 사울의 뜻을 하나님의 뜻으로 생각하기로 했습니다. 즉 사울이 자기를 죽이려고 한다면 하나님이 자신에게 모든 것을 버리고 고생길을 택하라고 하신 뜻으로 받아들이겠다는 것입니다.

　다윗은 요나단에게 내일이 월삭인데 그때 왕을 보면 자신에 대한 태도를 알게 될 것이라고 했습니다. 즉 다윗이 올 것에 대비하여 함정을 파 놓고 기다리던 사울은 다윗이 도망 쳤다는 것을 알면 무지무지하게 화를 낼 것입니다. 그런데 화를 내지 않고 관대하게 넘어가면 죽일 의사가 없는 것이고 일시적인 정신병적 발작이었던 것입니다.

여기서 다윗이 생각한 것이 무엇입니까? 다른 사람의 마음속에 들어가 보지 않은 이상 도저히 알 수 없는 그 사람의 생각을 끄집어내서 확인해 보겠다는 것입니다. 다윗이 이것을 생각하기까지 얼마나 머리가 아팠겠습니까? 그러나 일단 이렇게 생각을 정리하고 나면 하나님의 뜻이 드러나게 되어 있습니다. 우리가 믿음으로 이 세상을 살아간다고 해서 고민을 하지 않는 것이 아닙니다. 그러나 믿음으로 하는 고민은 후회 없는 열매를 맺게 하는 것입니다.

하나님의 백성의 인애

하나님의 사람에게 생명처럼 중요한 것이 있습니다. 그것은 책임지는 사랑, 곧을 인애입니다. 다윗은 요나단이 미갈과 같을 수도 있다고 생각했습니다. 미갈은 아버지와 다윗 사이를 왔다 갔다 했습니다. 다윗은 요나단이 아무리 자기를 사랑한다고 하지만 아버지를 속일 수 있는지 걱정을 한 것 같습니다. 그래서 요나단에게 인자를 보이라고 합니다.

> 사무엘상 20장 8절
> "그런즉 원컨대 네 종에게 인자히 행하라 네가 네 종으로 여호와 앞에서 너와 맹약케 하였음이니라"

다시 말해서 다윗은 요나단에게 자신이 없으면 지금 죽이든지 잡아서 끌고 가라고 하면서 맹세를 더럽히지 말라고 요구합니다. 즉 하나님을 경외하는 사람으로서 약속한 것을 반드시 지키라는 것입니다. 요나단은 아버지가 다윗을 죽일 결심을 했으면 반드시 다윗에게 알리겠다고 약속합니다. 그때 다윗은 그것을 누가 자기에게 와서 알리겠느냐고 묻습니다. 요나단이 사람을 시키면 반드시 탄로가 날 것이고 그렇다고 해서 그가 직접 오면 의심을 받을 텐데 어떻게 자기에게 알리겠냐는 뜻입니다. 그때 요나단은 다윗을 데리고 빈들에 나가서 활의 약속을 합니다. 다시 말해서 직접 말을 하지 않아도 활 쏘는 방향으로 위험을 알려주겠다는 것입니다. 여기서 우리는 다윗이 요나단도 의지하지 않고 철저하게 홀로 서는 준비를 하는 것을 보게 됩니다.

다윗은 의를 위하여 핍박받는 길을 택했습니다. 이것이 세상적으로는 몰락하는 길이지만 사실은 하나님과 동행하는 법을 배우는 길이었습니다. 그리고 다윗은 이미 성령을 거역하고 훼방하는 사울의 배를 버리기로 담대하게 결단했고 요나단으로부터도 홀로 서기를 합니다. 요나단은 아버지를 떠나지 않고 아버지와 운명을 함께하지만, 다윗과의 언약도 지킵니다. 이것은 아마 역할의 차이라고 볼 수 있습니다. 요나단의 임무는 세례 요한처럼 지난 시대를 잘 매듭짓는 것이라면, 다윗의 임무는 새로운 나라를 세우는 준비를 하는 것입니다.

만약 여러분이 혈육과 신앙적인 관계 사이에 어느 한 편을 선택해야 한다면 어느 쪽을 택하겠습니까? 가족들이 교회와 어려운 관계에 처하게 되었을 때 어느 쪽을 택하겠습니까? 요나단은 가장 사랑하는 두 사람인 아버지 사울 왕과 신앙의 동지 다윗 사이에서 둘 중 하나를 선택해야 했습니다. 이때 다윗의 부인 미갈은 사울 편에 섰습니다. 미갈은 도망 다니면서 고생하는 것을 원치 않았기 때문에 일단 다윗을 도망치게 한 후 다윗을 비난했습니다. 그런데 요나단은 혈육의 관계보다 신앙적인 관계를 더 중요시했습니다. 그래서 다윗과 언약을 맺어 아버지의 계획을 알아내고 그 사실을 아버지에게는 철저하게 비밀로 하겠다고 약속했습니다. 요나단의 선택이 절대로 쉬운 결정이었다고 생각해서는 안 됩니다. 이것은 아버지를 속이는 것이며 아버지의 원수와 언약을 맺는 것이었습니다.

사무엘상 20장 12-13절

"요나단이 다윗에게 이르되 이스라엘의 하나님 여호와께서 증거하시거니와 내가 내일이나 모레 이맘때에 내 부친을 살펴서 너 다윗에게 대한 의향이 선하면 내가 보내어 네게 알게 하지 않겠느냐 그러나 만일 내 부친이 너를 해하려 하거든 내가 이 일을 네게 알게 하여 너를 보내어 평안히 가게 하지 아니하면 여호와께서 나 요나단에게 벌을 내리시고 또 내리시기를 원하노라 여호와께서 내 부친과 함께하신 것같이 너와 함께하시기를 원하노니"

여기서 요나단은 정말 어려운 결정을 합니다. 그것은 아버지의 뜻을 거역하고 아버지의 원수를 돕는 위치에 서는 것입니다. 요나단이 그렇게 하는 이유가 무엇일까요? 바로 하나님의 뜻이 다윗에게 있으며 자신의 아버지인 사울 왕이 하나님의 뜻을 거역하고 있다는 믿음 때문입니다. 우리가 부모님이나 상관의 뜻에 순종하는 이유는 그들 뒤에 하나님이 계심을 믿기 때문입니다. 그러나 우리에게 더 중요한 것은 우리가 하나님의 뜻에 순종하는 것입니다. 만약 나보다 위에 있는 사람이 하나님의 뜻을 너무나도 분명하게 거역할 때에는 그 사람의 명령을 거부하는 것이 오히려 그 사람을 도와주는 것입니다. 군대에서도 잘못된 상사의 명령에는 불복종할 의무가 있어서, 특히 민간인을 정당한 이유 없이 학살하라는 명령은 따르지 않아야 합니다.

요나단이 아버지의 뜻을 불순종하는 것은 정당한 이유 없이 다윗을 죽이러 하기 때문입니다. 그뿐 아니라 다윗은 이스라엘을 위해 수고했고 그에게는 성령의 기름 부음이 있었기 때문입니다. 그는 다윗을 죽게 내버려 두는 것은 하나님의 뜻에 불순종하는 것이라고 생각했습니다. 다윗에게서 성령의 능력을 보았고 그를 보호하여 그런 성령의 역사가 계속 나타나게 하는 것이 자신의 사명이라고 생각했습니다. 요나단은 다윗과 언약을 맺으면서 자기를 죽이지 말

것을 부탁합니다. 이것은 너무나도 겸손한 태도입니다. 그는 다윗이 자기보다 더 크게 될 줄 알았습니다. 왜냐하면 자기보다 더 큰 성령의 능력이 그에게 나타나고 있었기 때문입니다. 요나단은 기꺼이 다윗의 부하가 되고자 했습니다.

요나단의 계획

지금 가장 중요한 것은 사울의 진심이 어디에 있느냐 하는 것입니다. 만일 요나단이 사울에게 진짜 다윗을 죽이겠느냐고 물으면 사울이 뭐라고 대답하겠습니까? 사울은 죽이지 않겠다고 대답할 것입니다. 왜냐하면 그래야 요나단이 다윗을 불러 올 것이기 때문입니다. 그래서 이제는 직접 묻지 않고 아버지의 태도를 지켜보기로 했습니다.

중요한 것은 바로 내일 월삭 때의 식탁이었습니다. 그때 다윗이 없으면 분명히 사울이 다윗에 대해서 물을 것입니다. 다윗이 없는데도 가만히 있으면 아무 상관이 없는 것이고, 무지하게 화를 낸다면 분명히 죽일 의도를 가지고 있는 것이었습니다.

바로 이것이 적군의 말을 통해서 하나님의 뜻을 찾는 방식입니다. 요나단은 이 방법을 즐겨 사용하였습니다. 전에 그가 블레셋 사람들을 칠 때, 블레셋 사람들이 올라오라고 하면 올라가라고 하는 하나님의 뜻이고 자기들이 내려가겠다고 거기에 있으라고 하면 가지 말라고 하는 하나님의 뜻으로 생각을 했습니다. 이번에도 가만히 있으면 다윗이 월삭의 식탁에 오지 않은 사실에 대해 이야기하면서 아버지 사울이 자신의 속뜻을 보여줄 것입니다. 요나단이 이런 방식을 택한 이유는 하나님이 사울의 입을 통하여 그 뜻을 보여주실 것이며 이 모든 일이 인간에게 달려 있지 않고 하나님의 손에 있다는 것을 믿었기 때문입니다.

사실 우리 주위에서 일어나는 모든 일들에 하나님의 뜻이 나타나고 있습니다. 단지 우리가 그것을 보지 못하고 있을 뿐입니다. 요나단은 하나님의 중요한 뜻이 자기들에게 나타날 것을 믿었습니다. 이것은 우리에게 아주 중요한 것입니다. 하나님은 어떻게 해서든지 우리에게 그분의 뜻을 보여주시며, 우리는 이것 때문에 모든 상황을 주장하시는 분은 하나님이시라는 것을 알고 사람을 두려워하지 않게 되는 것입니다. 요나단은 이제 아버지의 뜻을 다윗에게 알려야 했습니다. 요나단은 눈치 없이 그냥 나오면 아버지가 미행을 붙일 것을 염려해서 의심받지 않기 위해 다른 사람을 데리고 나가면서 활을 쏘러 간다고 했습니다.

요나단과 다윗 사이의 활의 언약은 종의 앞쪽에 활을 쏘고 '이쪽이니까 가지고 오라' 고 말하면 이는 돌아오라는 뜻이며, 머리 위로 활을 쏘고 '가서 찾으라' 고 하면 도망치라는 뜻이라고 암호를 정했습니다. 그러니까 그 종에게 활을 가지고 오라고 말하면 되돌아오라는 뜻이며, 가서 찾으라고 말하면 멀리 도망가라는 뜻이었던 것입니다. 사람은 나타나지 않고 활만 가지고 암호를 표시한 이것은 용사끼리의 언약이었습니다. 우리는 요나단에게서 가족 관계를 뛰어넘는 사랑을 보게 됩니다. 사실 예수님은 새로운 가족 관계를 말씀하셨습니다. 어떤 사람이 예수님께 와서 모친과 형제들이 찾는다고 말했을 때 하나님의 말씀대로 행하는 자라야 하나님 나라의 가족이라고 말씀하셨습니다.

드디어 월삭이 되었을 때 왕은 벽 곁의 자기 자리에 앉아 여러 용사들과 둘러잇아 식사를 하는데, 다윗의 자리는 비었습니다. 그런데 사울은 애써 다윗에게 관심이 없는 것처럼 아무 질문도 하지 않았습니다. 요나단이 신중하지 못했더라면 아마 그 태도에 넘어갔을지도 모릅니다. '아, 다윗이 너무 예민하게 생각했구나. 저 봐라, 아버지는 다윗에 대하여 한 마디도 묻지 않고 있지 않은가? 그러나 요나단은 절대로 먼저 말하지 않고 끝까지 지켜보았습니다. 그랬더니 둘째 날이 되자, 사울은 관심없는 체하면서 이새의 아들이 오늘 식사에 나오지 않았느냐고 물었습니다. 그때 요나단은 다윗이 자기 아버지 집에 제사가 있어서 특별 휴가를 청했기 때문에 휴가를 주었다고 대답했습니다. 그때 사울의 입에서 나온 말은 도저히 이스라엘의 왕으로서, 하나님의 백성으로서 입에 담을 수 없는 말이었습니다.

사무엘상 20장 30-31절
"사울이 요나단에게 노를 발하고 그에게 이르기를 패역부도의 계집의 소생아 네가 이새의 아들을 택한 것이 네 수치와 네 어미의 벌거벗은 수치됨을 내가 어찌 알지 못하랴 이새의 아들이 땅에 사는 동안은 너와 네 나라가 든든히 서지 못하리라 그런즉 이제 보내어 그를 내게로 끌어 오라 그는 죽어야 할 자니라"

이런 욕은 완전히 뒷골목의 깡패들이 쓰는 말입니다. 사울은 다윗이 멋도 모르고 오면 죽이려고 기다리고 있었는데 이미 눈치 채고 도망친 것을 알고는 입에 담을 수 없는 욕설을 퍼부었습니다. 요나단은 다윗을 위하여 기꺼이 욕을 먹었습니다. 그리고 다윗을 배반하지 않고 그에 대한 약속을 굳게 지켰습니다. 요나단이 다윗을 두둔하려고 했을 때 사울은 단창으로 요나단을 찔러 죽이려고까지 했습니다. 이것을 보면 그가 얼마나 다윗을 증오하고 있었는지 알 수 있습니다. 사실 사울은 이스라엘의 왕이었지만 이스라엘을 위하여 한 일은 없었습니다. 이스라엘은 하나님의 것인데 마치 자기 나라인 것처럼 영구적으로 차지하려고 하고 있습니다. 교회는 어느 누구의 것도 아닙니다. 그리스도의 것이요 하나님의 것입니다. 이것을 자기 소유처럼 생각하면 죄를 짓는 것입니다.

 사울은 그 다음 날 종을 하나 데리고 들로 나가서 활을 머리 위로 멀리 쏘고는 가서 활을 찾아오라고 하면서 지체 말고 빨리 달아나라고 소리를 칩니다. 그러나 다윗은 바로 도망치지 않고 계속 바위에 엎드리고 있다가 종이 돌아간 후 요나단을 만나 땅에 세 번 엎드려 그에게 감사의 절을 하고 껴안고 울고 입 맞춘 후 헤어졌습니다. 이렇게 해서 다윗은 정처 없는 도망자의 길을 떠나게 되는 것입니다. 이들의 우정은 성경에서 가장 아름다운 우정으로 기록되어 있습니다. 오늘날 너무나도 많은 사람들이 서로를 이용하려고만 합니다. 그러나 그런 우정은 오래 갈 수 없습니다. 서로 끝까지 상대방을 지켜 주고 책임져 주는 인애의 사랑이 바로 진정한 의미에서 아름다운 사랑인 것입니다.

4부

고난, 하나님의 준비

28. 다윗과 제사장 29. 사울의 복수 30. 그일라 사람들의 배신 31. 원수를 살려줌 32. 다윗의 분노 33. 두 번째 복수 기회 34. 다윗의 망명 생활 35. 무당을 찾아간 사울 36. 피할 길을 주신 하나님 37. 가족을 되찾는 다윗 38. 사울의 최후

28

다윗과 제사장

>> 삼상 21:1-15

　이 넓은 세상에서 갈 곳이 한 군데도 없는 기분을 느낀 적이 있습니까? 때때로 하나님의 백성들은 죄를 짓지 않아도 평안을 누릴 수 없는 궁지에 몰릴 때가 있습니다. 성경은 하나님이 세상을 창조하셨고 지금도 다스리신다고 말씀하십니다. 그런데 실제로 이 세상에서는 악한 자가 믿는 사람들에게 '떠나버려라' 하고 큰소리를 칩니다. 예수님을 믿지 않는 부모가 믿는 자녀에게 '예수를 믿으려면 호적을 파 가지고 집에서 나가라' 고 합니다. 실제로 이처럼 예수님을 믿는다는 이유로 집에서 돈 한 푼 받지 못하고 쫓겨나서 고생하는 사람들이 있습니다.

　하나님은 믿음으로 이 세상을 살라고 하시지만 실제로는 그렇게 살 수 없는 세상 속에서 우리는 커다란 모순을 느낍니다. 우리는 믿음으로 살기 위해 인생 밑바닥으로 내려가든지 아니면 이 세상을 떠날 수밖에 없는 절망적인 처지에 빠지게 되는 것입니다. 이때 하나님의 백성들은 선택할 수밖에 없습니다. 믿음을 양보하고 악한 자와 타협하든지, 아니면 고집스럽게 믿음을 붙들고 인생 밑바닥에서 고생을 하든지 해야 하는 것입니다. 여기서 우리가 알아야 하는 중요한 사실은, 믿음을 붙든다고 해서 하나님이 즉시 한꺼번에 모든 어려움을 해결하지 않으신다는 것입니다. 하나님은 악한 자가 우리를 해치지 않을 정도로만 아슬아슬하게 지켜 주십니다. 그리고 밑바닥부터 오직 믿음 하나로 정상까지 올라가게 하십니다.

그런데 이런 과정이 중요한 이유가 무엇입니까? 이 세상 사람들은 어떤 일을 하다가 인간관계에 얽혀서 바른 일을 하지 못합니다. 머리로는 잘못된 것을 알아도 실제로는 올바르게 행하지 못합니다. 그러나 하나님의 사람들은 밑바닥부터 순수하게 믿음 하나로 일어섰기 때문에 다른 사람에게 신세진 것도, 다른 사람의 눈치 볼 일도 없으므로 담대하게 모든 것을 행할 수 있습니다. 결국 우리는 도저히 믿음으로는 살아갈 수 없는 이 세상의 현실을, 믿음으로 해결하게 되는 것입니다.

본문 말씀은 다윗이 사울 왕을 피하여 필사적으로 도망치는 내용입니다. 먼저, 놉 땅에 있는 성전으로 도망하여 제사장 아히멜렉의 도움을 받습니다. 그러나 아히멜렉은 사울 왕에 의하여 모든 가족들이 몰살 당하는 비극을 겪게 됩니다. 그 후, 다윗은 원수인 가드 땅 아기스 왕에게로 피하게 됩니다. 그러나 그의 신하들은 골리앗을 죽인 다윗을 죽이려 했습니다. 결국 다윗은 거기서 미친 사람 흉내를 내서 가까스로 위기를 탈출하게 됩니다. 그에게는 이스라엘에도 그리고 블레셋 땅에도 안전한 곳이 없었습니다. 결국 다윗에게 가장 안전한 곳은 어디일까요?

다윗이 놉 땅의 성전으로 도망함

다윗의 어려운 점은 단순히 상대가 그를 미워하기 때문이 아닙니다. 상대가 이스라엘에서 가장 힘이 세고 절대적인 권력을 가졌으며 다윗을 꼭 죽여야겠다고 생각했기 때문이었습니다. 그런 사람으로부터 다윗이 피하여 살 수 있는 곳이 어디겠습니까? 그런데 다윗은 그곳이 바로 성전이라고 생각했습니다. 옛날에는 성전이 사람들의 억울함을 풀어줄 수 있는 곳이어서 누구든지 죄를 지은 사람이 성전 제단의 뿔을 잡고 있으면 죽이지 못하게 되어 있었습니다.

> 사무엘상 21장 1절
> "다윗이 놉에 가서 제사장 아히멜렉에게 이르니 아히멜렉이 떨며 다윗을 영접하며 그에게 이르되 어찌하여 네가 홀로 있고 함께하는 자가 아무도 없느냐"

그런데 막상 다윗은 놉 땅의 제사장에게 가서 자기가 그곳을 간 목적을 말하지 않았습니다. 그 대신에 불시의 방문에 놀란 아히멜렉 오히려 떨면서 그에게 혼자 이곳에 오게 된 이유를 묻습니다. 아주 중요한 장수인 다윗이 어떻게 예고도 없이 돌아다니느냐는 것입니다. 다윗은 해고된 국가 요원으로 아직 신분증이 살아 있는 동안 그 사실을 말하지 않고 다른 주요 기관에 들어간 것과 같습니다. 사실 다윗이 혼자 그곳에 간 것은 왕으로부터 해고되어 쫓기고 있기 때문입니다. 그런데 그 당시만 해도 교통과 통신이 발달되지 않아서 제사장 아히멜렉은 그 사실을 새까맣게 모르고 있었습니다. 이때 다윗은 제사장에게 정직하게 말하지 않습니다.

사무엘상 21장 2절

"다윗이 제사장 아히멜렉에게 이르되 왕이 내게 일을 명하고 이르시기를 내가 너를 보내는 바와 네게 명한 바 일의 아무것이라도 사람에게 알게 하지 말라 하시기로 내가 나의 소년들을 여차여차한 곳으로 약정하였나이다"

여기서 우리는 왜 다윗이 제사장을 속였는지 이해할 수 있습니다. 다윗은 처음에는 성전의 제단 뿔을 잡음으로 자기 의로움을 나타내려고 했지만 생각이 변한 것 같습니다. 그 이유는 만일 사울이 하나님의 율법을 지키는 자이면 성전 제단의 뿔이 의미가 있지만, 하나님의 법을 무시하는 자라면 아무리 제단 뿔을 잡고 있어도 끌어 내려서 죽이면 그만인 것입니다. 아마도 이 중요한 시점에서 하나님의 성령께서 다윗에게 그런 암시를 주신 것 같습니다. 즉 방문 목적을 이곳에서 말해서는 안 되고 이곳도 안전하지 못하기 때문에 다시 도망쳐야 한다는 것이었습니다. 그래서 다윗은 성전 제단의 뿔도 믿지 않고 제사장도 믿지 않고 자신이 그곳에 온 목적을 감추게 됩니다. 만일 다윗이 그곳의 뿔을 잡고 있으면 사울에게 '내가 여기 있으니까 어서 나를 잡아 가세요' 라고 말하는 것밖에 되지 않는 것입니다.

지금 하나님 안에서 다윗이 믿을 수 있는 유일한 것이 무엇입니까? 그것은 제단 뿔이나 제사장이 아니고, 자신의 동물적인 감각이었습니다. 원래 다윗은 목동으로 있으면서 곰이라든지 사자와 같은 야생동물들과 싸움을 했기 때문에 몸에 야생 본능이 배여 있었습니다. 다윗은 본능적으로 위험을 느꼈고 그 성전을 믿어서는 안 된다는 생각을 했습니다. 그러나 더 정확하게 말하면 이것은 하나님의 말씀이 주는 감각이라고 봐야 합니다. 우리가 결정적으로 중요한 문제는 순간적인 판단이나 감각에 의지해야 할 때가 많습니다. 그런데 우리가 지속적으로 하나님의 말씀을 묵상하고 가까이 할 때 이런 신앙적인 감각이 생기게 됩니다.

28. 다윗과 제사장

다윗이 제사장에게 모든 것을 사실대로 말하지 않은 것은 거짓일까요, 지혜일까요? 우리에게는 이런 분별이 어렵습니다. 그러나 정직하다고 하는 것이 모든 것을 미주알고주알 다 말해야 하는 것은 아니라는 것을 알 필요가 있습니다. 우리는 때때로 어떤 사실을 본인의 유익을 위해 말하지 않을 수도 있습니다. 사실 다윗은 아히멜렉에게 해가 될까봐 자신이 도망친 사실을 말하지 않았는데 결과는 별 차이가 없게 되었습니다. 왜냐하면 사울 왕은 아히멜렉이 다윗을 도왔다고 해서 그의 모든 일족을 다 죽여 버렸기 때문입니다.

다윗의 배고픔

다윗이 도망치면서 양식을 제대로 준비할 수가 없었던 제사장을 찾아간 때에는 너무나도 시장해서 견딜 수 없는 상태였습니다. 그래서 다윗은 제사장에게 먹을 것이 있으면 좀 달라고 부탁을 했습니다.

사무엘상 21장 3절
"이제 당신의 수중에 무엇이 있나이까 떡 다섯 덩이나 무엇이든지 있는 대로 내 손에 주소서"

그런데 제사장에게도 따로 먹을 것은 없었습니다. 단지 있는 것이라고는 성전에서 가져온 '진설병' 밖에 없었습니다.

사무엘상 21장 4절
"제사장이 다윗에게 대답하여 가로되 항용 떡은 내 수중에 없으나 거룩한 떡은 있나니 소년들이 부녀를 가까이만 아니했으면 주리라"

여기서 진설병이라고 하는 것은 성소에 진열해 놓는 열두 개의 떡을 말합니다. 이 떡은 제사장만 먹을 수 있는데 다윗이 너무나도 배고파하니까 다윗과 그의 일행이 여인과 접촉했는지 묻고는 이 떡을 먹게 했습니다. 이것은 신학적으로 아주 중요한 것입니다. 율법에 의하면, 거룩한 떡인 진설병은 일반인이 먹을 수 없었습니다. 그러나 배고파 죽을 사람들에게 율법은 양보의 규정이 있는 것입니다. 즉 율법은 생명보다 더 우선할 수 없습니다. 배고픈 사람은 먹게 하고 병든 사람은 치료해서 고통을 줄여 줘야합니다. 사람을 내팽개치고 기계적으로 율법만 지키면 안 됩니다.

예수님은 율법의 정신을 사랑이라고 말씀하셨습니다. 즉 율법에서 '하지 말라' 고 한 많은 것들은 결국 '이웃을 내 몸처럼 사랑하라' 는 말씀 속에 다 들어 있는 것입니다. '살인하지 말라, 간음하지 말라, 도적질하지 말라' 고 한 것들은 모두 다른 사람들을 내 형제나 자매로 생각해서 감히 자신의 행복만을 위해 남을 고통스럽게 하지 않도록 하는 것입니다. 내 인격이 중요한 만큼 다른 사람의 인격도 중요하고, 나의 정조가 중요한 만큼 다른 사람의 정조도 중요합니다. 내가 행복하게 살기를 원하는 만큼 다른 사람들도 행복할 수 있는 권리를 인정해야 합니다. 여기서 아히멜렉이 잘한 것은 배고파 헐떡거리는 사람에게 율법의 조항을 강요하지 않은 것입니다.

다윗이 성전에서 제사장 외에는 먹을 수 없는 진설병을 먹은 것은 나중에 예수님이 안식일 제도에 대하여 말씀하시는데 아주 중요하게 사용됩니다. 즉 예수님은 안식일이 사람을 위하여 있는 것이지 사람이 안식일을 위하여 있는 것이 아니라고 말씀하셨습니다. 규정이라는 것은 어떤 일을 잘 하도록 만든 것이므로 규정에 매여서 아무것도 하지 못한다면 그 규정은 죽은 규정일 뿐입니다. 그러니까 어떤 법도 사랑보다 우선하지 못합니다. 규정에 매여서 당장 눈앞에 굶어 죽어가는 사람이 있는 데도 못 본 체 하는 것은 하나님의 뜻이 아닙니다. 일단 죽어가는 사람을 살리고 보는 것이 율법의 정신입니다. 우리가 선을 알고도 행치 않는 것은 죄입니다.

도엑이라는 사람

다윗은 제사장의 도움으로 모처럼 허기진 배를 채울 수 있었습니다. 그는 다른 백성들에게 피해를 주지 않기 위해서 굶을 수밖에 없었던 것입니다. 다윗은 당시에 정보 전달이 늦었기 때문에 제사장의 도움을 받을 수 있었지만, 그런데 거기에 눈빛이 심상치 않은 사울의 사람이 있었습니다.

사무엘상 21장 7절
"그 날에 사울의 신하 한 사람이 여호와 앞에 머물러 있었는데 그는 도엑이라 이름하는 에돔 사람이요 사울의 목자장이었더라"

다윗이 제사장을 찾아 간 이유는 모든 이스라엘 백성들이 제사장은 해치지 않는다는 것을 알았기 때문이었습니다. 그런데 그곳에는 이스라엘 사람이 아닌, 도엑이라는 사울의 심복이있었습니다. 그때 다윗이 어떻게 해야 합니까? 다윗이 그곳을 떠나는 것이 제사장을 돕는 길이었을 것입니다. 그러나 다윗은 뭔가 수상쩍다고 생각하면서도 계속 일을 진행했습니다. 다윗은 제사장에게 칼이 없느냐고 묻습니다. 세사장은 의심하시 않고 옛날에 다윗이 숙여서 빼앗았던 골리앗의 칼을 주었습니다. 무언가 마음에 걸리는 느낌일 때 어떻게 해야 합니까? 노련한 사람은 일을 진행하지 않고 중단할 것입니다. 왜냐하면 좋지 않는 시각을 가진 사람은 상황을 조작하여 공격할 것이 분명하기 때문입니다. 이것이 바로 사탄이 늘 쓰는 방식입니다. 사탄은 하나님의 백성들의 티끌만한 약점이라도 찾아내서 엄청난 비난거리로 만들어 냅니다.

때로는 그런 사람들이 필요할 때도 있습니다. 하나님의 백성들은 처음에는 다른 사람들도 모두 자기처럼 생각한다는 어리석음이 있습니다. 그러나 실제로 사람들마다 생각이 다 다른 법이고 자신이 하는 일을 곱지 않은 시각으로 보는 사람이 반드시 있는 법임을 알게 됩니다. 하나님의 백성들은 종종 이런 것을 생각하지 못하고 자기 생각만 하면서 일을 밀어붙이다가 나중에 엄청난 오해를 뒤집어쓰게 됩니다.

그래서 이런 일을 한두 번 겪고 나면 '내가 괜찮으면' 이 아니라 다른 사람들이 어떻게 보는지를 따로 생각하게 됩니다. 그리고 나서는 어떤 사람이 보든지 간에 오해하지 않는 방식으로 일을 하게 됩니다. 자신에게 괜찮으려면 다른 사람에게도 괜찮아야 하는 것입니다. '괜찮겠지' 하면서 편법을 쓰면 나중에 언제나 그런 것들이 엄청난 비난거리로 되돌아오게 됩니다. 그래서 우리는 항상 '다 내 마음 같겠지' 라는 생각을 조심해야 합니다.

사실 우리에게는 언제나 도엑 같은 사람이 있다는 것을 생각해야 합니다. 교회 안에도 도엑 같은 사람이 반드시 있게 마련입니다. 저는 이것이 나쁜 일은 아니라고 생각합니다. 우리는 항상 모든 일을 결정할 때 떳떳하게 공개적으로 처리하면 되는 것입니다. 한편 제사장은 다윗을 믿고 적극적으로 도와주게 됩니다.

사무엘상 21장 9절
"제사장이 가로되 네가 엘라 골짜기에서 죽인 블레셋 사람 골리앗의 칼이 보자기에 싸여 에봇 뒤에 있으니 네가 그것을 가지려거든 가지라 여기는 그 밖에 다른 것이 없느니라 다윗이 가로되 그 같은 것이 또 없나니 내게 주소서"

다윗이 제사장에게 무기를 요구한 것이 과연 잘한 일일까요? 제사장은 하나님께 기도하는 것이 무기이기 때문에 칼이나 창이 필요치 않습니다. 그런데 성전에는 다윗이 골리앗을 죽이고 빼앗았던 칼이 있었습니다. 아마도 다윗은 골리앗의 칼을 하나님께 바쳤던 것 같습니다. 그런데 제사장은 다윗이 그 칼을 바쳤으므로 그가 주인이니 가져가라고 했습니다. 그러나 하나님께 바쳐졌던 것이 형편이 어려워졌다고 해서 도로 받을 수 있는 것입니까? 일단 무엇이든지 하나님께 바쳐진 것은 나의 것이 아니기 때문에 도로 달라고 할 수 없습니다. 헌금을 내가 바쳤다고 해서 나중에 돌려 달라고 할 수 없습니다. 다윗에게는 골리앗을 죽인 그 칼이 과거 하나님의 능력을 회상하는 데 큰 도움을 주었을 것입니다. 그러나 과거의 은혜는 과거의 은혜이고 지금 다윗은 하나님께 새로운 은혜를 구했어야 한다고 생각합니다.

제사장은 다윗을 너무 친절하게 돕다가 나중에 사울의 진노를 사서 영문도 모르고 떼죽음을 당하게 됩니다. 후에 이 사실을 알게 된 다윗은 자신 때문에 많은 제사장들이 죽게 되었다고 생각하고 자신의 책임을 통감했습니다. 그런데 이 사건은 그들의 조상 홉니와 비느하스가 범죄할 때 엘리 가계에 경고한 예언이 하나님의 섭리 속에 이루어지는 것을 볼 수 있습니다(삼상 2:31-33).

가드로 도망을 침

다윗은 결국 이스라엘 인에시는 사울 왕을 피할 수 없다고 생각해서 원수의 땅인 블레셋 가드로 피신을 합니다. 그러나 다윗이 그곳으로 피한 것은 곰을 피하려다가 오히려 사자 굴로 뛰어든 것과 같았습니다.

사무엘상 21장 10-11절
"그 날에 다윗이 사울을 두려워하여 일어나 도망하여 가드 왕 아기스에게로 가니 아기스의 신하들이 아기스에게 고하되 이는 그 땅의 왕 다윗이 아니니이까 무리가 춤추며 이 사람의 일을 창화하여 가로되 사울의 죽인 자는 천천이요 다윗은 만만이로다 하지 아니하였나이까 한지라"

사람이 궁지에 몰리면 여러 가지 변수들을 제대로 생각하지 못하게 됩니다. 그래서 나름대로 잘 생각하고 내린 결론이 최악의 결정인 경우도 있습니다. 다윗은 도저히 이스라엘 안에서는 사울 왕을 피할 수 없다고 생각하고 사울이 따라올 수 없는 블레셋 땅 가드로 도망쳤습니다. 옛날에는 전쟁이 잦았기 때문에 용병들을 끌어 모으는 일이 많았습니다. 그래서 건강하고 전쟁을 잘 하는 사람이 몸을 의탁하면 받아주었습니다. 이는 마치 한때 보험 회사에서 다른 회사 직원을 빼내기를 할 때 누구든지 오기만 하면 받아 주고 또 다른 사람까지 데려오면 더 좋아했던 것과 같습니다.

그러나 다윗이 가드로 피한 것은 실수였습니다. 아기스 왕의 신하들은 다윗에 대해 너무나도 잘 알고 있었기 때문입니다. 그들은 다윗이 골리앗을 죽였으며, 이스라엘의 여자들이 부르던 노래의 주인공임을 알았습니다. 이미 그들은 다윗을 '그 땅의 왕'으로 보았습니다. 이것은 다윗이 사울보다 더 이스라엘의 실제적인 지도자라는 뜻입니다. 다윗은 그를 가장 무서운 적으로 알고있는 아기스의 용병이 되려고 했습니다. 이스라엘 사람들에게 피해를 주지 않으려고 피한 곳이 결국 원수의 집안으로 피한 셈이었습니다. 그때 생명의 위협을 느낀 다윗에게 하나님은 위기에서 빠져나갈 수 있도록 순간적인 지혜를 주셨습니다.

사무엘상 21장 12-14절
"다윗이 이 말을 그 마음에 두고 가드 왕 아기스를 심히 두려워하여 그들의 앞에서 그 행동을 변하여 미친 체하고 대문짝에 그적거리며 침을 수염

> 에 흘리매 아기스가 그 신하에게 이르되 너희가 보거니와 이 사람이 미치 광이로다 어찌하여 그를 내게로 데려왔느냐"

다윗은 순간적으로 여기서 살아나려면 미친 척 하는 수밖에 없다고 생각했습니다. 그래서 입에 침을 흘리며 대문을 긁었습니다. 참으로 다윗의 생명이 위험한 순간이었습니다. 그때 아기스는 다윗이 하는 행동에 속게 됩니다. 다윗을 진짜 정신 나간 사람으로 생각해서 신하들에게 화를 내면서 이 미친 사람을 쫓아내라고 했습니다. 그래서 다윗은 다행히 목숨을 건져서 그곳을 빠져 나오게 되었습니다. 다윗은 위험을 느끼자 자존심을 다 버렸습니다.

유혹이나 시험에 빠졌을 때 체면을 차리면 안 됩니다. 수단과 방법을 가리지 말고 빠져 나와야 합니다. 다윗의 환란을 보면, 하나님이 함께하신다고 해서 어려움이 전혀 없는 것이 아님을 알 수 있습니다. 다윗은 매 순간 최선을 다해야 겨우 살아남을 수 있습니다. 하나님은 어려울 때 우리를 도와주시지만 모든 것을 거저 해 주지는 않습니다. 하나님이 우리를 침대에 가만히 누워 있는 채로 나르지 않으십니다. 우리 스스로가 하나님이 주시는 지혜로 하나씩 해결해 나가야 합니다. 결국 가만히 앉아 있으면 되는 일은 아무것도 없습니다. 움직여야 하고 순발력 있게 결단해야 살아남을 수가 있습니다.

본문을 통해 우리는 하나님이 살게 하신 이 세상에서 도저히 살 수 없을 때 어떻게 해야 할지 생각해 볼 수 있습니다. 이때 우리에게 보장된 것은 하나도 없이 오로지 하나님이 주시는 말씀에 대한 감각과 스스로의 판단력으로 하나님의 뜻을 찾아가야 하는 것입니다. 이때 다윗은 자꾸 사람을 의지하려고 하는 실수를 했습니다. 그러나 사람을 의지하려고 하면 할수록 점점 더 어려운 처지에 빠졌습니다. 이것이 바로 다윗의 시행착오였습니다. 사람들은 아무도 다윗을 도와줄 수 없었습니다. 왜냐하면 다윗을 이 시험에 빠뜨리신 분이 하나님이시기 때문입니다. 이제 다윗은 하나님이 주신 말씀의 감각으로 살아갈 수밖에 없습니다.

　또한 다윗에게 안전한 곳이 하나 있었습니다. 그곳은 이스라엘도 아니고 블레셋도 아니었습니다. 오직 하나님의 말씀을 붙드는 공동체 즉 성도들의 모임 안에 안전한 피난처가 있었습니다. 오늘도 이 세상이 우리를 거부할 때 형식적인 성전이 우리를 지켜 주지 못합니다. 그것은 아히멜렉의 성전밖에 되지 않습니다. 그러나 하나님의 말씀이 살아 있는 교회는 우리를 모든 적의 공격으로부터 안전하게 지켜 주는 산성이 될 것입니다.

29

사울의 복수

>> 삼상 22:1-23

　제가 서울에서 여러 동네로 이사 다니면서 보니까 동네마다 특징이 있었습니다. 예를 들면, 어느 동네에 살 때는 살림 형편이 최악이었으며, 어느 아파트에 살 때는 견딜 만했으며, 어느 집에 살 때부터 하나님의 뜻을 깨닫고 일이 풀리기 시작했다고 말할 수 있는 것입니다.

　이와 마찬가지로 이스라엘이 출애굽 할 때, 애굽에 있을 때, 광야에 있을 때, 가나안 땅에 도착했을 때마다 이스라엘 백성들의 환경은 모든 것이 다 달랐습니다. 특히 그들이 애굽에서 노예 생활을 할 때가 육체적·정신적으로 가장 힘들었을 것입니다. 그래서 그들은 나중에는 '저 불 풀무 같던 애굽'이라고 추억하기도 합니다.

　이스라엘 백성들이 광야에서 헤매며 고생하는 동안, 하나님은 많은 마음고생을 하셨습니다. 그들이 하나님을 믿지 못해서 므리바 반석을 자꾸 만들었기 때문입니다. 그들은 자주 하나님을 원망하고 불평했습니다. 사실 그들은 광야에서 육체적으로 힘든 시기를 보냈지만 정신적으로는 가장 풍성했음을 알 수 있습니다. 그러나 가나안 땅에 들어가서는 물질적으로 풍성했던 만큼 정신적으로 썩어 들어가기 시작했습니다.

사람들이 자기가 살았던 곳에 따라서 정신적으로나 육체적으로 어떤 특징을 가지게 되므로 그 지역을 생각하면 그 당시의 영적·물질적 상태를 알 수 있습니다. 다윗은 도망자로서 그의 생애에서 가장 비참하고 힘든 시기를 보냈던 아둘람굴에서 더 이상 사람을 의지하지 않는 바른 믿음을 갖기 시작합니다. 왜냐하면 다윗은 그곳에서 하나님을 바르게 믿으려고 하는 사람들과 함께 신앙의 공동체를 만들었기 때문입니다. 이것이 다윗에게는 고생길이었지만 결국엔 사는 길이었습니다.

본문에서, 우리는 다윗이 아둘람으로 피했을 때 일어났던 몇 가지 사건을 볼 수 있습니다. 우선 아둘람까지 다윗을 찾아와서 함께 하려 했던 사람들이 있었습니다. 다윗이 살 수 있는 길이며 하나님이 다윗에게 원하신 뜻은, 하나님의 말씀대로 살려고 하는 신앙인들과 공동체로 사는 것이었습니다. 두 번째는 다윗을 도와준 제사장을 사울이 모두 죽인 사건입니다. 제사장들은 사울을 위해 기도해 줄 수 있는 사람들이었는데, 이제 한 명도 남지 않게 되었습니다. 결국 이 사건으로 사울은 하나님 앞에서 용서받을 수 없는 죄인이 되었습니다. 이전까지 저지른 사울의 불순종은 용서받지 못할 정도까지는 아니었습니다. 하지만 하나님의 기름 부음 받은 자를 죽였을 때 사울은 영원히 하나님 앞에서 용서받을 수 없는 죄인이 되고 말았습니다.

다윗 주위에 몰려든 사람들

다윗은 가드 왕 아기스에게로 피하였다가 사람들이 자기를 알아보는 바람에 미친 사람 행세를 해서 겨우 위기를 빠져 나왔습니다. 그런데 다윗은 이제 갈 곳이 없었습니다. 이스라엘 백성들 안으로 들어가자니 도적질로 피해를 줄 것 같고 이방인들에게 피하자니 이미 그의 명성이 알려져서 받아들여지지가 않았습니다. 그래서 다윗이 임시로 피한 곳이 아둘람굴이었습니다. 아둘람이라는 곳은 블레셋과 유다 사이의 광야에 있는 곳인데 다윗이 일시적으로는 숨어 있을 수 있었지만 양식을 공급받을 수 없는 그야말로 삭막한 황무지였습니다. 다윗은 이 아둘람굴에서 그의 인생의 가장 힘들고 비참한 기간을 보내게 됩니다.

그런데 다윗이 아둘람굴에 피해 있을 때 아주 의미 있는 일이 그에게 일어나게 됩니다. 우선 첫 번째는 억울한 일을 당한 많은 이스라엘 백성들이 찾아와서 다윗과 함께 있게 된 것입니다.

사무엘상 22장 2절
"환난 당한 모든 자와 빚진 자와 마음이 원통한 자가 다 그에게로 모였고 그는 그 장관이 되었는데 그와 함께한 자가 사백 명 가량이었더라"

여기서 환난 당하고 빚지고 원통한 자들은 사울 왕의 통치에 도저히 적응을 할 수 없었던 사람들을 말합니다. 이미 사울은 이스라엘의 왕이 되면서 인간적인 방법을 많이 썼습니다. 이것은 자기 주위에 용병들을 많이 모으고 자기중심적으로 판결을 굽게 한 것을 말합니다. 그렇게 하다 보니까 하나님의 말씀대로 살려고 하는 사들은 도저히 견딜 수가 없있습니다. 그래시 진리로 인하여 환난을 당하기도 하고 빚을 지기도 하고 원통한 일을 당하기도 한 것입니다. 결국 이 사람들은 도망을 쳐서 다윗이 있는 곳으로 찾아오게 되었습니다.

하나님의 백성들은 하나님의 진리를 듣지 못하면 힘을 잃게 되어 있습니다. 특히 교회가 하나님의 방법이 아닌 인간적인 방법으로 돌아갈 때 얼마나 마음이 답답해지는지 모릅니다. 그래서 결국은 견디다 못해서 그곳에서 쫓겨나든지 아니면 도망쳐 나오게 되는 것입니다. 이들은 세상과 타협해서 잘 사는 것보다는 모든 것을 잃고서라도 바른 믿음으로 살고 싶어 하는 사람들입니다.

다윗이 이 어려운 시기를 보낼 때 하나님은 그를 혼자 버려두지 않으시고 그와 함께할 수 있는 사람들을 보내 주셨습니다. 어떻게 보면 다윗 한 사람도 어려운데 다른 사람들까지 몰려오면 더 힘들 수도 있습니다. 다윗과 함께한 사람들이 400명이나 되었다고 했는데 결코 적은 수가 아닙니다. 그런데 이들은 다윗을 도우려고 재산을 가지고 도망친 사람들이 아니고 쫓겨나거나 도망쳐서 완전히 맨 손으로 입만 가지고 온 사람들이었습니다. 이 400명이나 되는 사람들이 먹을 양식을 거친 황무지에서 도대체 어떻게 공급을 받습니까? 그런데 하나님의 백성들의 신비는 바로 신앙의 공동체 안에 있습니다.

그 동안 다윗은 사람을 의지하려고 했습니다. 그래서 제사장 아히멜렉을 찾아가기도 하고 심지어는 가드 왕 아기스를 찾아가기도 했습니다. 이상하게도 다윗이 사람을 찾아가서 의지하려고 하면 할수록 일은 풀리지 않고 점점 더 어려워져 갔습니다. 그런데 다윗이 인간을 의지하려는 생각을 포기하고 갈 데 없이 도망쳐 나온 사람들과 함께 있게 되었을 때 비로소 다윗은 바른 길을 찾아가게 된 것입니다. 그들은 다윗에게 경제적으로는 전혀 도움이 되지 않았지만 결과적으로 다윗을 살리는 축복이 되었습니다.

다윗은 이들과 함께 있는 바람에 자기 자신을 생각할 시간이 없었습니다. 다윗은 자기를 찾아온 사람들의 이런저런 사정을 들어 주느라 정작 자기 자신의 신세에 대해서는 생각할 시간이 없었던 것입니다. 이것이 다윗에게는 아주 다행한 일이었습니다. 왜냐하면 다윗은 사울 밑에서 군대 장관까지 올라갔던 사람입니다. 그는 이 세상에서 그야말로 출세의 길을 달렸습니다. 그런데 한 순간 장인인 사울에게 숙청될 위기를 겪고 도망자가 되어 아내도 빼앗기고 사회적인 지위도 빼앗기고 완전히 빈손이 되었습니다. 다윗이 이것을 생각하고 또 생각하면 할수록 결국 사울에 대한 분노 때문에 정신적으로 건강할 수가 없게 됩니다. 다윗은 하나님의 연단을 받는 사람이 아니라 사울 한 사람에게 복수하려고 하는 옹졸한 사람밖에 되지 못하는 것입니다.

사실 큰 안목에서 볼 때 사울은 다윗을 연단시키는 수단에 불과했습니다. 그래서 사람에게는 무엇인가 할 일이 있다는 것이 아주 중요합니다. 왜냐하면 그 일을 통해서 미워할 사람을 생각하거나 자신의 비참한 신세를 돌아볼 시간을 갖지 않게 되는 것입니다. 이런 사람들은 정신적으로 아주 건강해질 수밖에 없습니다.

그러면 그 가난한 400명은 도대체 누가 먹입니까? 그것은 다윗이 먹이는 것이 아닙니다. 하나님이 도저히 다윗이 생각하지 못했던 방법으로 이들을 먹이시는 것입니다. 어느 날은 생각하지도 못한 귀족이 먹을 것을 가져오기도 하고 어떤 때에는 짐승들을 많이 사냥하게 되어 포식을 하기도 합니다. 하나님은 하나님만 의지하는 이들을 결코 잊으시는 법이 없으십니다. 조지 뮬러가 경험했던 고백을 들어보면 하나님은 그의 고아원에 있는 고아들을 결코 잊지 아니하시더라는 것입니다. 하나님은 무려 5만 번이나 조지 뮬러의 기도에 응답해 주셨습니다.

또한 다윗은 그들에게 하나님의 말씀을 가르쳤습니다. 그 400명의 사람들은 모두 어려움을 가지고 다윗을 찾아왔습니다. 다윗은 하나님의 말씀으로 그들의 문제에 조언하고 권면할 수밖에 없었습니다. 그것이 바로 다윗의 설교였습니다. 하나님은 우리들에게 어마어마한 보물을 주셨는데 그것은 바로 하나님의 말씀입니다. 그런데 이 하나님의 말씀은 마치 깊은 땅 속에 있는 금맥과 같은 것입니다. 이 보물을 캐내려면 금맥의 입구를 찾아야 하고 그 속을 파고 들어가야 합니다.

그런데 그 금맥의 입구가 바로 하나님의 백성들의 공동체입니다. 하나님의 백성들이 모이면 하나님의 진리 속으로 파고 들어갈 수 있습니다. 다윗은 실제로 세상적인 영광과 권세를 잃어버렸지만 그 대신에 하늘의 엄청난 보화를 캐

내는 축복을 얻게 된 것입니다. 이것은 다윗이 계획한 것이 아니었습니다. 어떻게 하다 보니까 이렇게 되게 되었는데 결국 이것이 노다지를 캐는 것이었습니다.

오늘 우리들은 세상적인 출세를 위해 열심히 달려갑니다. 저도 예전에 그 길을 부지런히 달렸습니다. 그러나 하나님의 말씀대로 살려고 하니까 더 이상 그 길을 갈 수 없었습니다. 이상하게도 그 길에서 미끄러져서 엉뚱한 곳으로 떨어지게 되었습니다. 그곳에는 세상적으로 별로 가진 것이 없는 사람들이 모여들었는데, 그들을 가르치다 보니까 진리의 보고가 조금씩 열리게 되었습니다.

이스라엘을 살릴 수 있는 힘은 사울의 권력에 있는 것이 아니라 다윗이 연구하는 하나님의 진리에 있었던 것입니다. 하나님은 다윗을 세상의 권력의 자리에서는 쫓겨나게 하셨지만 그것과 비교할 수 없는 하나님의 보물을 주셨습니다. 과연 이것을 손해라고 볼 수 있을까요? 세상에서 실패하고 사업에 실패해서 하나님 앞에 나와서 하늘의 진리를 가지게 되었을 때 과연 이것이 손해입니까? 물론 미시적인 안목으로 보면 세상적으로 많은 것을 잃었기 때문에 엄청난 손실이라고 볼 수도 있겠지만 거시적인 안목으로 보면 말할 수 없는 축복인 것입니다.

우리가 이 험한 세상을 살아가는 비결이 바로 믿음의 공동체에 있고 하나님의 말씀에 있다는 것을 알아야 합니다. 이스라엘 백성들이 출애굽 한 후 광야 40년 동안 굶거나 병들어 죽지 않았던 것은 그들이 공동체로 모였고 하나님이 그 가운데 계셔서 그들을 지키고 인도하여 주셨기 때문입니다. 아마 어떤 분은 지금 아둘람굴 시절의 다윗처럼 힘든 시기를 겪고 있는 분도 있을 것입니다. 그럴 때 살아남을 수 있는 방법은 교회에서 함께 하나님의 진리를 붙드는 것입니다. 그러면 이 세상에서 잃어버린 것 그 이상을 얻게 될 것입니다. 저는 억울한 분, 빚진 분, 차압당한 분, 실직자 등 어려운 일을 당한 분들이 우리 교회에 오는 것을 아주 좋아합니다. 왜냐하면 주님이 우리 안에 계셔서 그들의 어려움들을 해결해 주실 것이기 때문입니다.

겉으로는 다윗이 이끌었지만 실제로는 하나님이 이끌어 주셨습니다. 우리는 다른 사람들의 어려움을 다 책임질 수 없습니다. 그런데 우리 그리스도인들이 겪는 어려움의 90% 이상은 설교를 듣고 스스로 다 해결할 수 있고 그래도 어려운 것은 상담을 하거나 함께 기도하면 다 해결이 됩니다.

두 번째로는 다윗이 자기 부모와 가족을 모압 왕에게 부탁한 것입니다.

사무엘상 22장 3절
"다윗이 거기서 모압 미스베로 가서 모압 왕에게 이르되 하나님이 나를 위하여 어떻게 하실 것을 내가 알기까지 나의 부모로 나와서 당신들과 함께 있게 하기를 청하나이다 하고"

다윗은 부모를 그냥 베들레헴에 두면 반드시 사울이 와서 죽이거나 잡아 갈 것을 알았습니다. 그렇다고 해서 쫓겨 다니면서 부모나 형제들을 데리고 다닐 수도 없었습니다. 그래서 이스라엘과 관계가 별로 좋지 않던 모압 왕에게 가서 부모를 부탁했는데 놀랍게도 선선히 맡아 주겠다고 했습니다. 이것이 바로 하나님이 말씀하신 '피할 길'이었습니다. 아마도 다윗이 이리 쫓겨 다니면서 부모나 형제들까지 책임져야 했다면 너무나도 마음이 무겁고 고통스러웠을 것입니다. 부모나 형제를 안전하게 맡길 수 있다는 것 자체가 다윗에게는 은혜였습니다.

그리고 세 번째는 갓 선지자의 말이었습니다.

사무엘상 22장 5절
"선지자 갓이 다윗에게 이르되 이 요새에 있지 말고 떠나 유다 땅으로 들어가라 다윗이 떠나 헤렛 수풀에 이르니라"

하나님은 다윗이 안전한 이방 땅에 피하여 있는 것을 원치 않으셨습니다. 다윗이 도망을 다니더라도 이스라엘 땅 안에서 도망 다니기를 원하셨습니다. 그 이유는 이스라엘의 기름 부음 받은 왕으로서 다윗이 이스라엘 안에서 고통 받아야 했기 때문입니다. 다윗이 외국 땅에 가서 몸을 의탁하고 있으면 이스라엘의 골치 아픈 모든 일들을 잊을 수 있을지 모릅니다. 그러나 하나님은 다윗이 계속 이스라엘 문제에 관심을 갖기 원하셨고 어려움을 회피하는 것을 원치 않으셨습니다.

다윗은 인간적인 생각으로 이스라엘 안에서 계속 사울로부터 생명의 위협을 받게 될 것을 두려워했습니다. 그러나 이제 다윗은 더 이상 두려워하지 않아야 한다는 선지자의 말을 듣고 바른 해결 방향을 찾았습니다. 어떤 분은 가정의 어려운 일이 생겼는데 나 몰라라 하고 밖으로 나돌아 다닙니다. 그리스도인들은 자기에게 닥친 어려움을 외면하거나 다른 사람에게 밀어 버리면 안 됩니다. 자기가 감당할 수 있는 것은 감당을 해야 합니다. 저는 노숙자들에게 가정으로 돌아가라고 말을 합니다. 왜 밖에 와서 노숙을 합니까? 집에 있으면 빚쟁이들이 찾아와서 괴롭히기도 하고 또 식구들 보기도 민망하니까 그 모든 것에서 도피하려고 하는 것입니다. 그러나 남은 식구들은 가장이 떠난 고통을 겪어야 합니다. 자기 혼자 피해 있다고 해서 어려움이 해결되는 것이 아닙니다. 믿음을 가진 사람은 어려움에 직면한다 해도 하나님의 도우심으로 해결할 수 있는 것입니다.

도엑의 밀고

사울은 다윗이 나타났다는 정보를 듣자 군대를 이끌고 출동했습니다. 그리고 기브아 사람들에게 일장의 연설을 했습니다. "너희 베냐민 사람들아 들으라"(삼상 22:7)라고 시작되는 이 연설은 기브아 사람들의 부족 감정을 부추겨서 다윗을 배척하게 하는 것이 목적이었습니다. 그의 아들 요나단이 다윗과 맹약해도 알려 주는 자가 없고 도망해도 신고하는 사람이 없으니 어떻게 된 것이냐고 따졌습니다.

사실 어떤 의미에서 이스라엘 백성들은 다윗과 사울 사이에 선택을 해야 할 이유가 없습니다. 왜냐하면 사울은 왕이고 다윗은 그 신하이기 때문에 왕은 왕으로 받아들이고 신하는 신하로 받아들이면 됩니다. 그러나 사울은 다윗을 적으로 여기고 때문에 사울 자신이냐 다윗이냐를 선택하라는 것입니다. 이럴 때 백성들은 혼란을 느끼게 됩니다.

언제는 충신이라고 하더니 어느 한 순간에 태도를 바꿔서 적이라고 하니 말입니다. 사울이 이런 식으로 백성들을 몰아붙일 때 이것은 아무리 왕의 명령이라 하더라도 하나님의 뜻이 아니고 개인적인 감정에서 나온 것이기 때문에 그냥 가만히 있어야 합니다. 기브아 사람들은 사울이 다윗을 비난하는 말을 듣고 이것은 왕의 개인적인 감정이지 자기들이 관여할 것이 아니라고 생각해서 모두 입을 다물고 가만히 있었습니다. 이것은 대단히 잘 한 것입니다. 때로는 밑에 있는 사람들이 상관들끼리 싸우는 일에 끼어들 때가 있는데, 절대 그렇게 할 필요가 없습니다. 예전에 저는 기독교 대학 안에서 교수들끼리 워낙 사이가 좋지 않으니까 밑에 있는 대학원생들까지 덩달아 싸우는 것을 본 적이 있습니다. 그러나 이런 감정 싸움에는 개입할 필요가 전혀 없습니다.

하지만 바로 이럴 때 출세의 기회를 노리는 자들이 있습니다. 기브아에는 사울의 과잉 충성파가 있었습니다. 그는 에돔 사람인 도엑이었습니다. 그는 신앙이 없는 사람이었기 때문에 이럴 때 사울 편에 서서 충성하면 인정받을 것이라고 생각하고 아히멜렉이 다윗을 도운 사실을 고발했습니다.

사실 모든 이스라엘 백성들은 제사장과 적대적인 관계에 있는 것을 원치 않습니다. 그 이유는 제사장은 그들을 위해 중보기도를 해주는 사람이기 때문입니다. 자기를 위해 기도해 주는 사람이 가장 가까운 친구인 것입니다. 제사장과 좋은 관계에 있으면 그가 기도를 한 번이라도 더 해 줄 것입니다. 그러나 도엑은 에돔 사람이기 때문에 기도의 능력을 믿지 않았고 하나님을 두려워하지 않았기에, 다른 사람들은 감히 하려고 하지 않는 짓을 했습니다. 바로 제사장들이 상황을 제대로 모르고 다윗을 도운 것을 밀고해서 사울의 인정을 받은 것입니다.

사무엘상 22장 9-10절

"때에 에돔 사람 도엑이 사울의 신하 중에 섰더니 대답하여 가로되 이새의 아들이 놉에 와서 아히둡의 아들 아히멜렉에게 이른 것을 내가 보았었는데 아히멜렉이 그를 위하여 여호와께 묻고 그에게 식물도 주고 블레셋 사람 골리앗의 칼도 주더이다"

   이스라엘 사람들은 모두 하나님의 제사장을 밀고하는 것을 두려워했습니다. 그들은 제사장이 하나님의 사람이기 때문에 그가 가령 잘못을 하더라도 하나님이 처리하신다는 것을 굳게 믿었습니다. 그리고 제사장은 다른 사람의 죄를 다루기 때문에 남들에게 다 말할 수 없는 사정들이 많이 있었습니다. 그래서 사람들이 자기 생각만 가지고 제사장을 판단한다면 제사장은 남의 죄를 뒤집어 쓸 수가 있습니다. 가톨릭에서는 신부가 다른 사람이 고해성사한 것을 말하지 못하게 되어 있습니다. 그런데 어떤 사람이 자신의 중요한 범죄 사실을 고해성사에서 말해 놓고 결국 신부가 말을 못하기 때문에 죄를 뒤집어쓰게 할 수도 있는 것입니다.

   아히멜렉은 어려움을 겪는 다윗이라는 양 한 마리를 나름대로 최선을 다해서 도우려고 했을 뿐이었습니다. 그래서 제사장에게 중요한 것은 양심입니다. 자기 양심에 부끄럽지 않으면 그것은 죄가 성립되지 않는 것입니다. 그러나 도엑은 하나님을 두려워하지 않았기 때문에 제사장을 고발했습니다. 이것은 도엑이 자기 야망 때문에 하나님을 대적한 것입니다. 이것이 바로 성령을 훼방하는 것입니다.

사울의 복수

다윗은 사울에게 쫓기면서도 주위에 있는 어려운 사람들 때문에 자기 문제에 빠질 시간이 없었습니다. 그러나 사울은 오로지 다윗만 생각했습니다. 다윗에 대한 깊은 증오감을 가졌기 때문에 다른 것은 아무것도 생각할 수가 없었습니다. 그래서 결국 하나님 앞에서 도저히 용서받을 수 없는 죄를 저지르게 됩니다.

> 사무엘상 22장 11절
> "왕이 보내어 아히둡의 아들 제사장 아히멜렉과 그 아비의 온 집 곧 놉에 있는 제사장들을 부르매 그들이 다 왕께 이른지라"

사울은 아히멜렉을 심문했습니다. 왜 자신의 대적 이새의 아들과 공모하여 하나님께 기도드리고 먹을 것을 주고 칼도 주었느냐고 했습니다. 아히멜렉은 다윗이 사울 왕의 충성된 신하요 사위였으며 전에도 기도했었기 때문에 모르고 그렇게 했다고 대답했습니다. 이것은 사실이었습니다. 그러나 사울은 아히멜렉이 거짓말하고 있다고 생각했습니다. 그 이유는 이미 성령이 그의 마음을 떠났기 때문입니다. 사울은 제사장이 자기를 위하여 기도해 줄 사람인데 믿지 않았습니다. 기도를 믿어야 기도로 어려움이 해결되는데 기도를 믿지 않는 사람들이 있습니다. 예배를 드려야 사탄의 역사가 물러날 텐데 예배의 능력을 믿지 않는 사람들이 있습니다. 결국 그런 사람들은 어쩔 수 없이 사탄의 속임수에 빠져서 멸망할 수밖에 없습니다.

우리가 사람에 대해 깊이 생각하는 것이 얼마나 우리의 속을 좁게 만들며 머리를 복잡하게 만드는지 모릅니다. 우리가 정신이 건강할 때 하는 아름다운 생각은 하나님에 대한 것들입니다. 그런데 다른 사람을 미워하게 되면 그럴수록 더욱 미움에 사로잡혀서 다른 것을 생각하지 못하게 됩니다.

우리는 다른 사람의 속을 그 사람이 표현한 말로 판단할 수밖에 없는데 그 말이라는 것도 결국은 정확하지 않기 때문에 정확한 진의를 파악하기가 너무나도 어렵습니다. 그런데 그 말에 대해 혼자서 공상에 공상을 거듭하기 때문에 너무나도 불필요한 생각을 많이 하게 되는 것입니다. 우리가 자신에 대해 깊이 생각해도 침체가 되는데 하물며 다른 사람에 대해 깊이 생각하는 것이 무엇이 유익하겠습니까? 결국 자기 자신의 정신이 병들게 되는 것입니다. 그래서 예수님은 차라리 공중의 새를 보고 들의 백합화를 보라고 말씀하셨습니다(마 6:25-34 참고). 그러면 차라리 불필요한 공상에 덜 빠질 수 있습니다.

사울이 조금만 상식적으로 생각해 보면 다윗과의 싸움이 감정적인 싸움에 불과하며 다른 사람들을 끌어들일 필요가 없음을 알았을 것입니다. 제사장들은 자기를 위하여 기도해 줄 사람들이므로 설사 이들이 자기가 싫어하는 사람을 도왔다 하더라도 다시 자기편으로 만들어야 하는 것입니다.

그런데 사울은 시기심에 가득 차서 신하들에게 제사장들을 죽이라고 명령했습니다. 그러나 아무도 왕의 명령에 복종하지 않았습니다. 왜냐하면 그 명령이 잘못된 명령이라는 것을 다 알았기 때문입니다. 그러나 에돔 사람 도엑이 나서서 제사장 85명을 죽이고 그의 모든 가족들을 다 죽였습니다. 그것 때문에 그 후로는 제사장들 중에서 사울을 위해 기도해 주는 사람이 없어지게 되었습니다. 결국 기도해 주는 사람이 없는데 무슨 재주로 이길 수 있습니까? 기도의 능력 없이 어떻게 이스라엘을 끌고 갈 수 있겠습니까? 사울은 시기심 때문에 결국 자기가 망하는 짓을 하고 말았습니다.

아무것도 모르는 채 선의로 다윗을 도왔던 아히멜렉이 하나님의 도움을 받지 못하고 온 가족과 함께 몰살당했습니다. 그러나 이 사건은 앞서 언급한 바대로 궁극적으로는 하나님의 섭리 하에 엘리 가계에 이루어질 예언이 성취되는 것을 보게 됩니다(삼상 2:31-33). 죄는 공동체성과 역사성이 있습니다. 그러므로 우리는 죄짓지 않도록 목숨을 걸고 싸워야 하며, 범죄 했을 때 반드시 회개해서 그 심판이 자손에게까지 영향을 미치지 않도록 해야 합니다. 하나님과 화해하고 죄 용서받는 것이 우리에게 가장 중요합니다. 그래야 어떤 어려움이나 환란 가운데서도 당당하게 하나님의 도우심을 받을 수 있습니다.

30

그일라 사람들의 배신

>> 삼상 23:1-29

예전에 일본 사람들을 깜짝 놀라게 한 한국인 유학생이 있었습니다. 그는 술 취한 채 지하철 선로로 뛰어든 한 일본인을 건지려다가 열차에 치어 죽었던 것입니다. 허무주의적인 일본인들은 죽는 것을 대수롭지 않게 여깁니다. 하지만 자기 나라 사람이 아닌 다른 나라 사람을 위하여 기꺼이 목숨을 버린 이 한국인에게는 큰 충격을 받았습니다.

우리는 가끔 이 세상에서 다른 사람의 어려움을 돕다가 희생당하는 사람을 보게 됩니다. 물에 빠진 사람을 구하려다가 오히려 죽임을 당하는 경우가 그렇습니다. 그러나 이런 죽음을 의로운 죽음이라고 여기기도 하지만, 한편으로는 어리석은 죽음이라고 여기기도 합니다. 수영에 자신이 없으면 물에 뛰어들지 말고 본인이라도 살아야 지혜롭다는 것입니다. 여기서 휴머니즘과 신앙의 차이를 보게 됩니다. 휴머니스트들은 어려움에 빠진 모든 사람을 건져야 한다고 생각합니다. 그러나 믿는 사람들은 이 세상의 모든 어려운 사람들을 다 도울 수 있다고 생각하지 않습니다.

그러나 때로는 마음에 감동이 오기도 합니다. 하나님의 큰 은혜로 사랑이 넘칠 때 자기희생을 감수하면서 다른 사람을 돕게 되는 것입니다. 그때 하나님의 도우심과 하나님의 능력이 나타납니다. 우리의 힘으로 다른 사람을 도우려 하면 금방 한계가 드러나고 돕고 난 후에는 자기 뜻대로 되지 않은 것에 화를 내거나 원망합니다. 그러나 은혜가 넘쳐서 다른 사람을 도울 경우에는 빚진 자의 심정으로 하기 때문에 결과가 좋지 않아도 섭섭하지 않고 또 지속적으로 그런 일을 할 수 있게 됩니다.

아둘람굴에 살던 때 다윗은 개인적으로 가장 어렵고 궁핍한 시기를 보냈습니다. 그런데 놀랍게도 정신적으로는 오히려 기쁨이 충만하고 풍성한 시간이었습니다. 그 이유는 다윗은 아둘람굴에서 하나님의 놀라운 비밀을 발견했기 때문입니다. 그것은 바로 하나님의 말씀을 함께 나누는 신앙의 공동체였습니다. 우리 믿는 사람들이 말씀을 중심으로 모인다면, 하늘에서는 축복의 문이 열리게 됩니다. 다윗은 하나님의 넘치는 은혜로 인해, 자기도 힘든 처지 가운데서 어려움에 처한 다른 이스라엘 사람들을 구할 수 있었습니다.

우리가 다른 사람을 도울 수 있는 조건은 경제적 여유가 아닙니다. 비록 힘들고 어려운 상황에 있더라도 그에게 하나님의 은혜가 넘친다면 다른 사람을 능히 도울 수 있습니다. 다윗은 자신이 도와주었던 그일라 사람들에게 배신을 당해 도망치게 되지만 그래도 그들을 원망하지 않았습니다. 그 이유는 그만큼 하나님의 은혜가 넘쳤기 때문입니다.

다윗이 그일라 사람들을 도움

그일라는 유다에서 가장 블레셋 쪽에 있는 마을로 이스라엘의 최전방과 같

은 곳이었습니다. 그런 그일라 사람들의 타작마당이 블레셋 사람들에 의하여
약탈을 당하게 되었습니다.

사무엘상 23장 1절

"혹이 다윗에게 고하여 가로되 보소서 블레셋 사람이 그일라를 쳐서 그
타작마당을 탈취하더이다"

나라가 내전 상태에 있으면 가장 불쌍한 사람들이 바로 이렇게 어려운 처지
에 있는 사람들입니다. 이들은 어느 쪽으로부터도 도움을 받지 못하게 됩니다.
지금 사울은 다윗과 힘을 합하여 블레셋 사람들을 몰아내야 하는데, 다윗을 잡
는 일에 혈안이 되어서 백성들의 어려움을 돌아보지 않았습니다. 이때 다윗은
자기가 그일라 사람들을 도와야 되는지를 하나님께 물어보았습니다.

사무엘상 23장 2절

"이에 다윗이 여호와께 묻자와 가로되 내가 가서 이 블레셋 사람을 치리
이까 여호와께서 다윗에게 이르시되 가서 블레셋 사람을 치고 그일라를
구원하라 하시니"

다윗의 입장에서 보면 그는 지금 사울을 피해 숨어 있는 것이 신변에 더 안
전합니다. 만약 그가 그일라를 돕기 위해 나타나면 사울에게 위치를 노출시키
는 위험이 있습니다. 다윗은 갈등했지만 자기 생각대로 행동하지 않고 하나님
께 물어보았습니다. 이것은 우리가 순간순간 해야 하는 아주 중요한 일입니다.
우리는 지금 내리는 결정이 어떤 결과를 가져오게 될지 알 수 없습니다. 그래
서 전혀 쓸 데 없는 일에 말려들어서 일이 어렵게 되는 수가 있고 아니면 꼭 해
야 할 일을 하지 않고 외면하는 결과를 얻을 수 있습니다. 이럴 때 하나님은 우

리가 하나님께 질문하는 기도를 드리는 것을 아주 좋아하십니다.' 하나님, 저는 이런 일을 겪고 있는데 어떻게 하면 좋습니까? 하나님의 길을 보여주시옵소서!' 물론 이렇게 기도했을 때 하나님은 이렇게 혹은 저렇게 하라는 식으로 대답하시지 않습니다. 그러나 잠시 후에 상황의 변화나 내면적인 확신을 통해 할 일이 생각나게 하십니다.

인간적인 생각으로는 약탈당하고 있는 그일라 사람들을 도울지 아니면 그냥 무시해 버릴 지에 대한 생각은 반반이라고 보아야 합니다. 동족이 물건이나 사람을 빼앗기는 것을 뻔히 보고만 있을 수도 없고 괜히 이런 일에 말려들었다가 숨어 있던 곳이 노출될 수도 있습니다. 이때 다윗과 함께 있던 무리들은 다윗에게 그일라로 가는 것은 위험하다고 반대했습니다.

사무엘상 23장 3절
"다윗의 사람들이 그에게 이르되 보소서 우리가 유다에 있기도 두렵거든 하물며 그일라에 가서 블레셋 사람의 군대를 치는 일이리이까"

다윗의 사람들은 다윗에게 그일라로 가는 것은 두 가지 점에서 불리하다고 말했습니다. 하나는 괜히 블레셋 사람들을 거기까지 가서 건드릴 필요가 없고 다른 하나는 사울에게 자신들의 위치를 노출시키게 된다는 것입니다. 이때 다윗은 다시 한 번 하나님께 물어보았습니다.

사무엘상 23장 4절
"다윗이 여호와께 다시 묻자온대 여호와께서 대답하여 가라사대 일어나 그일라로 내려가라 내가 블레셋 사람을 네 손에 붙이리라 하신지라"

하나님은 다윗이 아주 위험한 일을 하게 하셨습니다. 숨어 있는 곳에서 나가 블레셋을 치고 또 사울에게 자신의 위치를 알게 하는 것입니다. 이것은 대단히 위험한 모험과 같습니다. 그러나 하나님은 그 쪽을 택하게 하십니다. 그 이유가 어디에 있을까요? 하나님은 다윗에게 아무리 어려운 위기에 처하더라도 하나님이 함께하시면 얼마든지 살아남을 수 있다는 것을 가르쳐 주시려는 것입니다. 지금 다윗에게는 한 쪽에 블레셋이라는 사자가 있고 다른 한 쪽에는 사울이라는 호랑이가 있습니다. 그런데 다윗이 하나님과 동행하면 그 둘 사이를 교묘하게 빠져 나갈 수 있다는 것입니다.

어떻게 보면 숲 속이나 동굴 속에 가만히 숨어 있는 것이 가장 안전할 수 있습니다. 사람들은 그런 식으로 안전을 찾습니다. 그러나 하나님의 백성들에게는 모험적인 안전이 있습니다. 배를 육지에 묶어 놓고 안전을 찾는 것이 아니라 거친 바다를 항해하면서 파도와 바람과 싸우면서 안전할 수 있는 것입니다. 하나님은 얼마든지 사자의 눈도 멀게 하시고 호랑이의 입도 막으셔서 다윗을 안전하게 인도하실 수 있습니다. 그래서 이 세상에서 가장 스릴 있는 길은 하나님과 함께 모험을 나서는 것입니다. 그 뿐만 아니라 하나님은 다윗으로 하여금 그가 살 수 있는 길이 현실을 두려워하며 피하는 것이 아니라 적극적으로 남을 돕는 것임을 보여주시는 것입니다. 더욱이 다윗은 이스라엘의 기름 부음을 받은 자이므로 남들이 인정해 주든지 아니든지 간에 자기 사명을 다해야 하는 것입니다. 지금 그일라 사람들을 지키는 것은 사울의 책임이었지만 다윗은 그것을 핑계로 회피하지 않습니다.

다윗은 하나님께 두 번째 물은 후 자기 일행을 설득해서 그일라에 가서 블레셋 사람들을 치고 그들의 가축을 되찾아왔습니다. 우리는 모든 가능성을 다 계산하면 아무것도 할 수 없습니다. 왜냐하면 모든 일에 장단점이 있기 때문입니다. 그럴 때에는 이 일이 하나님을 기쁘시게 하느냐를 물어 보아야 합니다. 만약 하나님을 기쁘시게 한다는 확신이 든다면 위험이 있어도 해야 합니다. 반대가 있어도 설득하고 해야 합니다. 그렇게 하는 것은 독재가 아닙니다.

어차피 사람들은 아무것도 하지 않는 것을 좋아합니다. 그래서 하나님이 기뻐하시는 뜻이라면 반대가 있어도 시도해야 합니다. 그러나 무모한 일은 해서는 안 됩니다.

사울의 계략을 아심

다윗이 그일라 사람들을 도울 때 가장 우려했던 일이 일어납니다. 역시 다윗이 그일라에 나타났다는 정보가 사울의 귀에 들어간 것입니다. 사울은 기뻐했습니다. 왜냐하면 그곳은 한번 들어가면 빠져 나올 수 없는 지형이기 때문입니다. 사울은 전략가였습니다. 다윗이 그일라를 도왔다는 말을 듣자 말자 그가 문과 빗장이 있는 성에 들어가서 갇혔다고 하면서 좋아했습니다.

> 사무엘상 23장 7-8절
> "다윗이 그일라에 온 것을 혹이 사울에게 고하매 사울이 가로되 하나님이 그를 내 손에 붙이셨도다 그가 문과 문빗장이 있는 성에 들어갔으니 갇혔도다 사울이 모든 백성을 군사로 불러 모으고 그일라로 내려가서 다윗과 그의 사람들을 에워싸려 하더니"

다윗이 구해 주니까 그일라 사람들은 당연히 다윗을 붙잡고 같이 있자고 했습니다. 다윗의 일행에게도 그곳은 좋은 곳이었습니다. 그런데 어떤 사람이 다윗에게 사울 왕이 그를 치러올 계획을 하고 있다고 알려 줍니다. 모든 것이 정보전이었습니다. 누가 더 정확하게 상대방의 의도를 파악하느냐 하는 것으로 목숨이 왔다 갔다 하는 것입니다.

이때 다윗은 복잡하게 자기 머리를 굴린 것이 아니라 하나님께 물어보았습니다. 아히멜렉의 가족이 몰살당할 때 그 아들 아비아달이 제사장의 에봇을 가지고 도망쳤던 것입니다. 이 제사장의 에봇으로 하나님의 뜻을 알 수가 있었습니다. 제사장이 에봇을 입고 기도하면 하나님이 에봇의 우림과 둠밈이라는 보석으로 대답을 하셨습니다.

사무엘상 23장 10절

"다윗이 가로되 이스라엘 하나님 여호와여 사울이 나의 연고로 이 성을 멸하려고 그일라로 내려오기를 꾀한다 함을 주의 종이 분명히 들었나이다 그일라 사람들이 나를 그의 손에 붙이겠나이까 주의 종이 들은 대로 사울이 내려오겠나이까 이스라엘의 하나님 여호와여 원컨대 주의 종에게 일러 주옵소서 여호와께서 가라사대 그가 내려오리라"

여기서 우리는 다윗이 광야 생활을 하면서 하나님과 더욱 가까워졌음을 알 수 있습니다. 다윗은 광야에서 기도하는 재미를 톡톡히 맛보고 있습니다. 다윗은 하나님께 물었습니다. '사울이 우리를 치러 온다는데 정말 오겠습니까?' 이렇게 질문한 이유는 다윗이 그일라는 떠나기 싫다는 것입니다. 할 수 있으면 다윗은 더 이상 쫓기는 생활을 하지 않고 여기에 정착하고 싶었습니다. 그러나 하나님은 사울이 온다고 대답하셨습니다. 그 말씀은 이곳이 정착할 곳이 아니며 좀 더 쫓기는 생활을 해야 한다는 뜻입니다. 또한 그일라 사람들이 그를 배반할 것도 알려 주셨습니다.

사무엘상 23장 12절

"다윗이 가로되 그일라 사람들이 나와 내 사람들을 사울의 손에 붙이겠나이까 여호와께서 가라사대 그들이 너를 붙이리라"

아마도 그일라 사람들은 다윗이 자기들을 위기에서 건져 주었기 때문에 극진하게 대했던 것 같습니다. 그러나 다윗은 이들의 인간적인 친절을 믿지 않고 하나님께 직접 물어 봅니다. 그랬더니 하나님은 이들이 그를 배반할 것이라고 대답해 주십니다. 곧 다윗은 그일라에서 도망쳤습니다. 우리가 다른 사람에게 배신감을 느끼는 것은 그들을 너무 지나치게 믿기 때문입니다. 그러나 하나님은 다윗에게 그일라 사람들을 믿기에는 그들이 너무 연약하다고 말씀하셨습니다. 사람들이 배반하는 것은 악해서 그럴 수도 있지만 한편으로는 그들이 너무 약한 존재이기 때문에 자기들이 살아남기 위해서 그렇게 합니다. 그것을 이해해 주면 서운하거나 밉지가 않습니다.

사무엘상 23장 13절
"다윗과 그의 사람 육백 명 가량이 일어나 그일라를 떠나서 갈 수 있는 곳으로 갔더니 다윗이 그일라에서 피한 것을 혹이 사울에게 고하매 사울이 가기를 그치니라"

여기서 '갈 수 있는 곳으로 갔다' 는 말은 정처 없이 도망을 쳤다는 뜻입니다. 다윗은 그일라 사람들을 도왔지만 그들의 도움을 받을 수는 없었습니다. 왜냐하면 아직 그럴 때가 되지 못했기 때문입니다. 여기서 우리가 알 수 있는 것은 우림과 둠밈이 많은 군대보다도 더 나았다는 것입니다. 꼭 피를 흘려서 이기는 것이 잘하는 것이 아닙니다. 할 수 있으면 같은 이스라엘 백성늘끼리는 전쟁을 피하는 것이 지혜였습니다. 하나님은 다윗이 같은 이스라엘 백성들끼리 싸우지 못하게 하셨습니다. 왜냐하면 그를 부르신 것은 이스라엘 백성과 싸워서 이기라고 부르신 것이 아니기 때문입니다.

이렇게 하는 것을 온유라고 합니다. 레슬링 선수는 오직 다른 선수와 경기를 하기 위해서 레슬링을 하는 것이므로, 어린 아이나 깡패들과 싸워서는 안 됩니다. 온유한 사람은 이처럼 자신의 목표를 분명히 압니다. 그는 주된 목표가 아닌 것에 목숨을 걸지 않습니다. 우리가 사소한 것에 목숨을 걸면 중요한 일을 해낼 수가 없습니다. 오늘 우리가 무엇 때문에 사는지 생각할 필요가 있습니다. 우리의 적은 식구가 아닙니다. 교인과 싸우는 것이 우리의 임무가 아닙니다. 사람과 싸워서 이기는 것도 우리의 목표가 아닙니다. 우리의 목표는 눈에 보이지 않는 마귀와 싸우는 것입니다(엡 6:12). 그리고 그렇게 하려면 하나님의 뜻을 정확하게 알아야 하며 전진과 후퇴를 분명히 해야 합니다.

하나님께서 지켜 주심

다윗에 대한 사울의 추격은 잠시 멈칫하는 것 같더니 계속되었습니다.

> 사무엘상 23장 14절
> "다윗이 황무지 요새에도 있었고 또 십 황무지 산골에도 유하였으므로 사울이 매일 찾되 하나님이 그를 그의 손에 붙이지 아니하시니라"

이것은 빨치산을 잡던 토벌대의 모습과 비슷하지만, 팔레스타인 땅은 우리나라처럼 나무가 많지 않기 때문에 숨기가 대단히 어렵습니다. 게다가 600명이 한꺼번에 도망치는 것은 대단히 어려운 일이었습니다. 그럼에도 불구하고 다윗의 일행은 사울의 군대에 아무도 붙들리지 않았습니다. 그것은 그들이 잘해서 그런 것이 아니라 하나님이 지켜 주셨기 때문입니다.

이런 것을 악과의 싸움이라고 합니다. 모든 권력을 다 가진 자가 자기 힘만 믿고 의로운 자를 없애기 위하여 추격을 하는 것입니다. 이론적으로는 다윗이 망해야 합니다. 그러나 다윗은 그 어려움 가운데도 여러 번 위기를 넘기면서 끝까지 붙들리지 않습니다. 그것은 하나님이 지켜 주셨기 때문입니다. 이때 다윗은 가장 많은 시를 지을 수가 있었습니다. 다윗은 매 순간 매 순간이 하나님을 의지하지 않으면 견딜 수 없는 어려움의 연속이었습니다. 따라서 다윗에게 십 황무지의 시기는 하나님과 가장 가까이 지낸 기간이었고 하나님이 그를 업고 다니셨던 기간이었습니다.

우리가 가장 힘든 때는 하나님이 우리를 업고 다니십니다. 그래서 악한 자가 우리의 머리털 하나 상하지 못하게 지켜 주십니다. 그리고 가장 감격도 많고 은혜도 넘치는 기간입니다. 그 마음을 연장할 수만 있으면 어떤 어려움 가운데도 지속적으로 하나님의 축복을 누릴 수 있습니다. 다윗이 십 황무지에 있을 때에는 본격적으로 사울 왕의 추격을 받을 때였습니다. 거기서 다윗은 세 가지 경험을 하게 됩니다.

첫 번째로 생각해 볼 것은 추격당하는 중에도 요나단이 몰래 그 추격대에서 빠져 나와서 다윗을 격려해 준 것입니다. 이것은 고난 중의 하나님의 음성이었고 다윗을 낙담하지 않게 붙들어 주시는 하나님의 음성이었습니다. 이런 음성을 들으면 당장은 또 견딜 수가 있습니다. 다윗이 사울에게 추격을 당할 때에는 정말 목숨 하나 건지기 위해서 아슬아슬하게 도피를 할 때였습니다. 그럴 때는 계속 이렇게 쫓기는 것보다는 차라리 자포자기해 버리고 붙들려 죽는 것이 더 낫다는 생각이 들기 쉽습니다.

옛날에 검찰에 붙들려서 조사를 받을 때 주로 쓰는 방법이 밤에 잠을 재우지 않는 밤샘 조사를 하는 것입니다. 수사관들은 번갈아 가면서 자고, 소사받는 사람은 밤을 꼬박 새우게 만들면 어지간한 사람은 모두 불게 되어 있다는 것입니다. 사람에게 있어서 불안한 생활이 지속되는 것보다 더 견디기 어려운 것이 없습니다.

다윗이 그런 시련을 겪고 있을 때 요나단은 일행을 몰래 빠져 나와서 다윗을 만나 그를 격려해 주었습니다. 요나단은 다윗으로 하여금 하나님을 힘 있게 의지하게 만들었습니다. 겨울에 조난을 당하면 가장 무서운 것이 졸음을 참지 못하는 것입니다. 졸면 체온이 떨어져서 죽게 됩니다. 그때 자기를 기다리고 있는 가족을 생각하고 어떻게 해서든지 졸음을 이겨야 합니다. 만일 밧줄을 붙들고 있다면 시간이 지나면서 밧줄을 잡고 있는 손에 점점 힘이 빠지기 쉽습니다. 그런데 요나단은 다윗으로 하여금 자포자기의 졸음을 이기게 만들고 하나님이라는 밧줄을 더 힘껏 붙잡게 했습니다. 어떤 말로 그런 힘을 주었습니까?

사무엘상 23장 17절
"곧 요나단이 그에게 이르기를 두려워 말라 내 부친 사울의 손이 네게 미치지 못할 것이요 너는 이스라엘 왕이 되고 나는 네 다음이 될 것을 내 부친 사울도 안다 하니라"

요나단은 다윗이 너무나도 존귀한 사람이라고 했습니다. 지금 온 이스라엘이 바라는 것은 오직 다윗이 지금의 환란을 이기고 돌아와서 이스라엘 백성들을 곤경에서 건져 주는 것입니다. 다윗은 지금 도망치고 있는 거지가 아니라 그 어깨에 이스라엘 민족 전체의 운명을 지고 있는 이스라엘의 가장 존귀한 자라는 뜻입니다. 고난 가운데 있는 성도들에게 마귀는 무엇이라고 속삭입니까? 우리는 아무 가치가 없다고 합니다. 그리고 우리 때문에 너무나도 많은 사람들이 고생하고 있으니 우리 하나만 없어지면 온 세상이 편안해진다고 합니다.

그러나 하나님은 우리가 절대 혼자가 아니며 시련을 이겨 낼 때 모든 사람들이 기뻐할 것이라고 말씀하십니다. 결국 우리는 하나님의 시련 자체는 바꿀 수가 없습니다. 이 시련은 하나님이 친히 주장하시는 것입니다. 우리가 시련 가운데 하나님의 말씀을 들으면 견디기가 훨씬 쉬워집니다. 그런 가운데 감격이 있고 행복이 있습니다. 그래서 어려운 시기를 견디는 것입니다.

두 번째는 같은 동족인 십 사람들이 다윗을 배신해서 사울에게 가서 다윗의 은신처를 밀고하는 것입니다. 사실 같은 동족이면 다른 때 같으면 몰라도 이렇게 어려울 때에는 좀 도움이 되어 주면 좋을 텐데 오히려 한 술 더 떠서 사울에게 밀고를 했습니다. 십 사람들은 유다 족속으로서 다윗을 도와야 할 위치에 있었습니다. 이 문제가 민족 감정이나 지역감정이 아닌 이유는 하나님이 다윗을 이스라엘의 왕으로 세운 것을 이미 많은 이스라엘 백성들이 알고 있었기 때문입니다. 그럼에도 불구하고 십 사람들은 일부러 기브아에 있는 사울을 찾아가서 다윗의 은신처를 알려주었습니다.

사무엘상 23장 19-20절

"때에 십 사람들이 기브아에 이르러 사울에게 나아와 가로되 다윗이 우리와 함께 광야 남편 하길라산 수풀 요새에 숨지 아니하였나이까 그러하온즉 왕은 내려오시기를 원하시는 대로 내려 오소서 그를 왕의 손에 붙일 것이 우리의 의무니이다"

우리는 이것을 볼 때 하나님이 세우신 종이 자기 동족으로부터 인정받기가 참으로 어렵다는 것을 알게 됩니다. 요셉을 노예로 판 사람은 자기 형들이었습니다. 삼손을 블레셋 사람들에게 넘겨준 사람도 유다 족속들이었습니다. 예수님을 로마인들에게 넘겨준 자들도 유대인들이었습니다. 십 사람들은 유대 족속이었습니다. 그런데 자기 족속 중 하나님의 기름 부음을 받은 종을 배신하고 넘겨주기로 했습니다. 의를 인하여 고난 받기 싫어서입니다. 사울이 아히멜렉 일가를 죽이는 것을 보고 혹시 자기들도 그런 꼴이 될까봐 아예 찾아 가서 일러 주었습니다. 여기에서 우리는 과연 의에 있어서 중립 지대가 있을 수 있는지 생각해 보게 됩니다. 사울과 다윗의 사이에 중립 지대가 있을까요?

요나단은 참으로 지혜롭게 행했습니다. 그는 다윗의 편이었지만 그래도 사울을 쫓아 다녔습니다. 하나님은 의를 위하여 핍박을 받고자 하는 자에게 반드시 피할 길을 주십니다. 그런데 십 사람들은 그것을 믿지 못해서 누가 시키지도 않았는데 사울 왕을 찾아가서 다윗을 밀고하였습니다. 아합 왕 때 오바댜라는 신하가 있었습니다. 그는 악한 아합의 신하였지만, 바알에게 무릎을 꿇지 않은 의인 50명씩 100명을 굴에 숨기고 떡과 물을 공급했습니다.

사실 가장 큰 유혹은 악한 자가 절대적인 권력을 잡고 모든 것을 자기 마음대로 휘두르며 마치 신처럼 군림하는 것입니다. 그의 주위에 많은 간사하고 정직하지 못한 자들이 모여서 아첨을 하지만, 이것은 하나님의 무서운 시험인 것을 알아야 합니다. 하나님은 이 과정을 통하여 사람들의 중심을 드러내십니다. 이미 십 사람들은 그 시험에 실패했고, 역사에 두고두고 정직하지 못한 아첨꾼이라는 오명이 남게 되었습니다. 사울은 그들의 밀고를 받고 여호와의 이름으로 축복을 합니다.

사무엘상 23장 21절
"사울이 가로되 너희가 나를 긍휼히 여겼으니 여호와께 복 받기를 원하노라"

그러나 이것이 여호와의 복일 수가 없습니다. 여호와의 복을 받으려면 복을 받을 짓을 해야 합니다. 하나님이 기뻐하시는 일이 아니라 그와 정반대되는 일을 하면서 복을 비는데, 그때 복이 임할 리가 없습니다.

세 번째는 가장 다급할 때 하나님이 블레셋 군대를 사용하셔서 사울을 철수하게 하신 것입니다. 사울은 다윗이 대단히 교묘하게 행동을 하기 때문에 보다 확실한 증거를 잡은 후에 덜미를 잡을 생각으로 좀 더 신중하게 추격하기로 했습니다. 그런데 십 사람들의 밀고는 다윗에게 거의 결정타를 입히는 것이었습니다.

사무엘상 23장 24-26절

"그들이 일어나 사울보다 먼저 십으로 가니라 다윗과 그의 사람들이 광야 남편 마온 황무지 아라바에 있더니 사울과 그의 사람들이 찾으러 온 것을 혹이 다윗에게 고하매 이에 다윗이 바위로 내려 마온 황무지에 있더니 사울이 듣고 마온 황무지로 다윗을 따라가서는 사울이 산 이편으로 가매 다윗과 그의 사람들은 산 저편으로 가며 다윗이 사울을 두려워하여 급히 피하려 하였으니 이는 사울과 그의 사람들이 다윗과 그의 사람들을 에워싸고 잡으려 함이었더라"

우리가 이것을 보면 손에 진땀이 흐르게 하는 추격전이라고 말할 수 있습니다. 그야말로 아슬아슬하게 다윗은 도망치고 있었고 사울은 거의 다윗을 다 잡은 것이나 마찬가지였습니다. 이럴 때 다윗은 정말 정신이 하나도 없었습니다. 정신없이 환란이 몰아치는 때에는 도저히 살아날 것 같지가 않습니다. 이럴 때는 생각할 시간도 없고 정리할 수도 없습니다. 한 순간 한 순간 죽지 않고 살아남는 것이 최선의 과제입니다.

그런데 놀라운 일이 일어났습니다. 다윗이 거의 잡혀서 죽게 되었는데 사울이 자발적으로 퇴각을 하는 것입니다. 나중에 알아보니 블레셋 사람들이 쳐들어 왔기 때문에 사울이 어쩔 수 없어서 물러가게 된 것입니다. 바로 이것이 하나님의 간섭입니다. 하나님은 결정적인 순간에 블레셋 사람들을 끌어 들여서 사울을 돌아가게 하셨습니다. 이와 마찬가지로 하나님은 우리로 하여금 어려운 시험을 당하게 하십니다. 그래야 우리 안에 있는 교만과 거짓의 본성이 빠져 나오기 때문입니다. 그러나 결정적인 순간에 반드시 피할 길을 주십니다. 그러므로 십 사람들처럼 지레 겁을 집어먹고 굴복할 것이 아니라 끝까지 여호와를 의지해야 할 것입니다.

31

원수를 살려줌

>> 삼상 24:1-22

믿고 보증을 서 주었더라도 만약 그가 문제를 일으키게 된다면 대신 손해를 물어줘야 합니다. 게다가 재산을 날리고 경제적 어려움을 겪는 고통 속에서 결국 그와는 원수가 되기도 합니다. 우리는 살면서 다양한 상황 속에서 다른 사람으로부터 정신적으로나 물질적으로 큰 피해를 입을 때가 있습니다. 그럴 때 우리는 자신이 받은 고통을 그대로 되갚아 주고 싶은 마음이 들게 됩니다. 이러한 사람을 대하는 우리의 태도를 두 가지로 구분할 수 있습니다.

하나는 그 사람과 자신과의 관계만 보는 것입니다. 그러면 그는 가해자이고 우리는 피해자이기 때문에 우리의 고통을 그대로 갚아 주려고 하게 됩니다. 그런데 실제로는 상대가 이미 보복할 필요가 없을 정도로 몰락해 있을 때가 많습니다. 그제야 우리는 잃어버린 재산이나 고통의 시간을 보상받을 수 없으며 마귀에게 완전히 사기당한 것을 알게 됩니다.

또 하나는 하나님과 우리와의 관계에서 보는 것입니다. 그러면 하나님이 주시는 신앙적 유익을 깨닫게 되면서 그 사람 때문에 손해 본 돈이나 시간을 수업료로 생각하게 됩니다. 우리는 하나님을 의지하는 법과 하나님 앞에서 낮아지는 법을 배우며 너무나도 소중한 인생 공부를 했기 때문에 원수에게 직접 보복할 필요를 느끼지 않게 됩니다. 하나님은 우리가 원수에게 이런 자세를 취하는 것을 매우 기뻐하십니다.

우리가 보통 원수를 갚으려고 할 때 그 원수가 망하거나 죽는 것을 생각하기 쉽습니다. 그러나 그것은 제대로 원수를 갚는 것이 아닙니다. 진짜 원수를 갚는 것은 원수가 변화되어 완전히 새 사람이 되는 것입니다. 이것보다 더 멋진 복수는 없습니다. 아니면 그 사람이 어려울 때 너그럽게 용서해 줌으로 우리가 이미 그를 극복했다는 것을 보여주는 것입니다.

본문 말씀을 보면, 다윗을 잡기 위해 추격하던 사울이 오히려 다윗이 숨어 있는 굴에 무방비 상태로 들어가는 모습이 나옵니다. 그런데 다윗은 사울을 지금 죽이는 것이 하나님의 뜻이라고 하는 부하들의 말을 듣지 않고 오히려 살려 줌으로, 자신이 사울보다 위에 있는 사람임을 보여주었습니다.

우리가 아무리 원수에게 쫓길 때에도 하나님과 동행하기만 하면 위기에서 벗어날 뿐 아니라 오히려 원수의 목줄을 잡을 수 있는 기회가 생기기도 하는 것입니다. 어떤 때에는 원수를 용서해 줄 수 있는 마음의 여유가 생기기도 합니다. 그래서 아무리 어려울 때에도 침체되지 말고 기도하면서 끝까지 정신을 차려야 하는 것입니다.

결사적으로 다윗을 쫓는 사울 왕

어떤 사람이 우리를 결사적으로 쫓는다면 우리의 형편은 너무나도 어려울 것입니다. 이럴 때 우리는 하나님을 원망하거나 불평하기 쉽습니다. 그러나 아무리 다급한 위기 가운데 처하게 되더라도 정신만 잘 차리고 있으면 상대방을 이길 수 있는 기회가 주어집니다.

> 사무엘상 24장 1-2절
> "사울이 블레셋 사람을 따르다가 돌아오매 혹이 그에게 고하여 가로되 보소서 다윗이 엔게디 황무지에 있더이다 사울이 온 이스라엘에서 택한 사람 삼천을 거느리고 다윗과 그의 사람들을 찾으러 들염소 바위로 갈쌔"

하나님은 다윗에게 다른 나라로 가지 말고 이스라엘 안에 있으라고 말씀하셨습니다. 그렇게 하면 다윗은 계속 사울에게 쫓겨 다녀야 합니다. 사울은 블레셋 사람들을 물리치기 위해 잠시 추격을 멈추었지만 다시 돌아오면서 아예 3천명의 수색대를 데리고 와서 다윗을 본격적으로 찾기 시작했습니다. 그때 사울은 또 누군가로부터 다윗이 엔게디 황무지에 있다는 정보를 듣고 들염소 바위라는 데까지 오게 되었습니다. 사실 이 들염소 바위는 다윗이 숨어 있는 곳이었습니다.

그런데 사울의 문제는 다윗이 정확하게 어디에 있는지 알지 못하고 있다는 것입니다. 바로 이것이 말씀과 성령님의 인도하심을 받는 사람과 그렇지 않는 사람의 차이입니다. 하나님의 말씀으로 인도받지 않는 사람은 대충 감을 잡고 행동을 합니다. 그러니까 어떻게 하다가 그것이 맞으면 크게 성공하는 것이고 맞지 않으면 모든 것을 다 잃고 마는 것입니다. 이것은 마치 도박을 할 때 '올인' 하는 것과 같습니다. 그래서 이 세상 사람들은 마치 도박을 하는 심정으로 살아가는 것입니다. 한번 대박이 터지면 떼돈을 벌고 맞지 않으면 모든 것을 다 잃습니다.

그러나 하나님은 그분의 백성들을 말씀으로 아주 섬세하게 인도하십니다. 그래서 아주 구체적인 상황을 알게 하시고 그 과정 중에도 성령님이 계속 마음속에 말씀하여 주셔서 아주 정확한 행동을 하게 하십니다. 어떤 사람과 만났을 때, 그 사람이 진실하지 못하니까 조심하라는 경고를 주시며 때로는 어떤 상황에 대해 별 것 아니니 두려워하지 말라고 말씀하십니다. 그리고 어떤 때에는 위험이 닥쳐오니 빨리 빠져 나가라는 신호를 주십니다.

프로 세계의 시합에서는 감정에 흥분해서 날뛰면 빨리 무너져 버리게 됩니다. 프로들은 한번 붙어보면 상대방의 작은 약점을 금방 알아차리기 때문에 그 약점 때문에 금방 무너지고 마는 것입니다. 이처럼 모든 상황을 정확히 아는 일은 아주 중요합니다.

사울은 다윗이 있는 곳까지 갔지만 다윗이 어디에 있는지 몰랐습니다. 그 이유는 하나님이 사울의 판단력을 흐리게 하셨기 때문입니다. 그래서 사울은 다윗이 숨어 있는 동굴 속에 잠을 자러 들어가게 됩니다.

사무엘상 24장 3절

"길가 양의 우리에 이른즉 굴이 있는지라 사울이 그 발을 가리우러 들어가니라 다윗과 그의 사람들이 그 굴 깊은 곳에 있더니"

인가에서 먼 곳에 가면 양의 우리가 있습니다. 이것은 양들이 그곳까지 풀을 뜯으러 왔다가 하루 만에 돌아갈 수 없기 때문에 만들어 놓은 것으로 평소에는 사람이 없는 곳입니다. 사울은 그 우리에 굴이 있는 것을 보고 아무 의심 없이 그 우리 속으로 잠을 자러 들어갔습니다. 여기에 '발을 가리운다'라는 것은 일반적으로 용변을 보거나 낮잠을 잔다는 두 가지 의미로 사용이 됩니다. 팔레스타인은 낮이 너무 덥기 때문에 정오가 되면 반드시 낮잠을 자야 합니다.

그렇다면 사울은 왜 부하를 시켜서 굴 속을 한 번 조사해 보지도 않고 혼자서 들어가서 잠을 잤을까요? 아마도 그들은 다윗이 그렇게 가까운 곳에 숨어 있을 줄은 몰랐던 것 같습니다. 그렇지 않으면 하나님이 순간적으로 사울과 그

부하들의 판단을 흐리게 하셨을 것입니다. 다윗과 그 일행들은 사울이 낮잠을 자고 있는 굴 속에 숨어서 사울이 하는 것을 다 지켜보고 있었습니다.

사무엘상 24장 4절
"다윗의 사람들이 가로되 보소서 여호와께서 당신에게 이르시기를 내가 원수를 네 손에 붙이리니 네 소견에 선한대로 그에게 행하라 하시더니 이것이 그 날이니이다 다윗이 일어나서 사울의 겉옷 자락을 가만히 베니라"

지금 다윗의 눈앞에 자신을 죽이기 위하여 밤낮으로 쫓아다니는 원수가 세상 모르고 잠을 자고 있습니다. 이때 부하들은 다윗이 얼마든지 사울을 죽일 수 있고 하나님이 사울을 그의 손에 붙이셨다고 주장했습니다. 이때 다윗으로 하여금 사울을 죽이지 못하게 막는 것이 있었습니다. 그것은 사울이 비록 자신의 원수이긴 하지만 하나님의 기름 부음을 받은 자라는 사실이었습니다. 다윗의 믿음은 하나님이 세우신 사람은 하나님이 폐하셔야지, 사람이 폐할 수 없다는 것이었습니다.

사무엘상 24장 6절
"자기 사람에게 이르되 내가 손을 들어 여호와의 기름 부음을 받은 내 주를 치는 것은 여호와의 금하시는 것이니 그는 여호와의 기름 부음을 받는 자가 됨이니라 하고"

여기서 우리는 다윗이 아주 섬세하게 하나님의 뜻을 찾는 것을 보게 됩니다. 보통 사람들은 아주 작은 것만 가지고 생각하기 때문에 주위 사람들의 말에 흔들릴 수밖에 없습니다. 그러나 믿음의 사람들은 하나님의 말씀으로 중요한 것을 먼저 분별합니다. 즉 이것이 자신에게 유익이냐 아니냐 하는 것보다는, 죄냐 아니냐 하는 것을 먼저 생각하는 것입니다. 다윗은 하나님의 기름 부음 받은 자를 죽이는 것을 죄라고 생각했습니다. 그래서 주위의 사람들이 어떻게 말하든지 흔들리지 않고 사울을 죽이지 않았고 또 죽이지도 못하게 했습니다.

어떻게 보면 다윗이 거기서 사울을 죽이면 더 이상 쫓겨 다니지도 않고 바로 왕이 될 수 있을지도 모릅니다. 그리고 더 효과적으로 이스라엘 백성들을 도울 수 있을 것입니다. 그러나 다윗은 그런 단 기간의 유익보다는 하나님의 뜻을 찾았습니다. 즉 약간의 유익 때문에 하나님의 뜻을 저버릴 수 없다는 것입니다. 다윗이 이렇게 하는 것을 볼 때 그가 얼마나 하나님 앞에서 큰 그릇인지 알 수 있습니다. 다윗은 자기가 좀 더 고생하고 쫓겨 다니게 되도 하나님의 큰 뜻을 좇았습니다. 그는 자기가 왕이 될 것이 분명하다면 하나님이 자기를 지켜 주시고 사울도 처리하실 것이라는 믿음이 있었습니다. 신앙생활을 제대로 하려면 이런 배짱이 있어야 합니다. 다윗은 내가 얼마나 잘하느냐 하는 것이 아니라 내가 하지 말아야 할 것을 하지 않는 것이 중요하며, 내가 하지 말아야 할 것만 하지 않으면 나의 모든 것은 하나님이 챙겨 주신다는 것을 믿었습니다.

다윗의 결백 주장

여기서 중요한 것은 다윗이 굴속에서 가만히 숨어만 있지 않았다는 사실입니다. 다윗은 좋은 기회가 생겼다고 해서 사울을 죽이지도 않았지만 그렇다고 해서 벌벌 떨면서 굴속에 숨어만 있지도 않았습니다. 다윗은 조용히 가서 사울의 겉옷 자락을 베었습니다. 이것은 그의 의로움을 나타내는 표시였습니다. 그런데 여기에 보면 다윗이 사울의 옷자락을 베면서 마음이 찔렸다고 말씀하고 있습니다.

사무엘상 24장 5절

"그러한 후에 사울의 옷자락 벰을 인하여 다윗의 마음이 찔려"

여기서 왜 다윗이 사울의 옷자락을 베었는데 그의 마음이 찔렸을까요? 두 가지로 생각해 볼 수 있습니다. 하나는 감히 왕의 옷자락을 베는 것도 반역이라고 생각한 것입니다. 특히 옛날에 옷자락은 자비나 은총을 의미했습니다. 다윗은 자기가 감히 왕의 옷자락을 베는 자체도 죄로 생각한 것입니다. 또는 다윗이 사울의 옷자락을 베면서 마음속으로는 사울을 죽이고 싶은 충동을 느꼈다고 볼 수도 있습니다. 다른 사람은 몰라도 다윗의 마음속에는 사울에 대한 깊은 증오심과 원망이 있었고 마음 한 구석으로는 사울을 죽이고 싶은 생각도 있었을 것입니다. 그는 그런 생각만으로도 하나님을 대적하는 것으로 여겼습니다. 다시 말해서 비록 행동으로 옮겨지지는 않았지만 다윗의 마음이 하나님의 다스림을 거부하던 순간이 있었으며 충동이 자신을 멋대로 끌고 가려고 한 때가 있었다는 것입니다. 다윗은 그 자체를 죄스럽게 생각했습니다.

다윗은 한 순간 일어나는 생각도 하나님 앞에서는 부정한 것이 될 수 있다는 신앙을 가졌습니다. 이것은 다윗의 영성이 아주 건강한 것을 나타냅니다. 다윗은 쫓겨 다니고 있었지만 신앙적으로는 아주 건강한 상태에 있었습니다. 그래서 한 순간이라도 그의 마음이 악한 충동에 움직여지는 것을 아주 마음 아파했습니다. 다윗은 자기 마음에 일어나는 작은 유혹에 대해서도 아픔을 느낄 정도로 예민했습니다.

다윗이 하나님과 바른 관계에 있었기 때문에 사울이 걸려 들었을 때 당황해 하거나 혹은 지나치게 두려워하여 주저앉아 있지 않고 자신의 할 일을 했습니다. 그것은 자신의 의도를 밝힐 수 있는 증거를 확보하는 것이었습니다. 다윗은 사울이 잠을 잘 동안 굴 속에서 조용히 기다리다가 사울이 굴을 떠났을 때 뒤를 따라 나가서 자신을 변호하기 시작했습니다.

사무엘상 24장 8절

"그 후에 다윗도 일어나 굴에서 나가 사울의 뒤에서 외쳐 가로되 내 주 왕이여 하매 사울이 돌아보는지라 다윗이 땅에 엎드려 절하고"

사울은 다윗을 죽이려고 애를 쓰는데 다윗은 사울에게 말을 하고 싶었습니다. 그것은 다윗 자신은 사울을 미워하거나 죽일 의사가 없다는 것입니다. 내가 죽일 의사가 없는데 상대방이 나에게 무엇이라고 하겠습니까?

사무엘상 24장 10절

"오늘 여호와께서 굴에서 왕을 내 손에 붙이신 것을 왕이 아셨을 것이니이다 혹이 나를 권하여 왕을 죽이라 하였으나 내가 왕을 아껴 말하기를 나는 내 손을 들어 내 주를 해치 아니하리니 그는 여호와의 기름 부음을 받은 자가 됨이니라 하였나이다"

여기서 우리는 다윗의 대담한 모습을 보게 됩니다. 우선 도망자로서 사울이 굴에서 나갔으면 계속 거기에 숨어 있든지 아니면 다른 곳으로 피했어야 옳을 것입니다. 그런데 오히려 다윗은 자신의 정체를 드러내면서 사울을 불러 세웠습니다. 다윗이 이번 사건을 통하여 완전한 자신감을 가지게 된 것을 알 수 있습니다. 다윗은 하나님이 자기를 죽이지 못해서 안간힘을 쓰는 사울 왕을 자기 눈앞에서 진혀 무빙비 상대에서 자게 히시는 것을 보고 진심으로 모든 것을 주장하시는 분은 하나님이시라는 확신을 가지게 된 것입니다. 즉 하나님이 이렇게까지 하시는데 자신이 무엇 때문에 사람을 두려워하겠느냐는 것입니다.

두 번째로 다윗은 주어진 상황을 최대한으로 이용했습니다. 다윗은 자기가 사울을 죽이지는 않았지만 죽일 수도 있었다는 사실을 전해서 자기가 사울을 결코 죽일 의사가 없다는 것을 알려 주었습니다. 우리는 때때로 우리에게 주어진 상황을 최대한으로 사용해야 할 때가 있습니다. 우리가 이렇게 하는 것을 인간적인 방법이라고 하지 않습니다. 우리는 때때로 양심이 크게 저촉되지 않는 범위 내에서 지혜를 사용해야 하는 것입니다. 하나님이 함께하신다고 해서 가만히 있는 것이 잘하는 것이 아니라 순간순간 지혜를 사용해서 움직여야 하는 것입니다.

사실 사울이 부인할 수 없는 사실 하나는 그가 오늘 완전히 무방비 상태에서 다윗의 손에 걸려들었던 것입니다. 그런데 다윗은 그를 죽이지 않고 그대로 보냈습니다. 사울에게 두려운 것은 바로 다윗의 자신감이었습니다. 이러한 자신감은 하나님과의 바른 관계에서 오는 것입니다. 다윗은 자신 있게 자기는 하나님 앞에서 정당하다고 주장을 했습니다. 오늘 하나님의 백성들은 이 세상에 대하여 너무나도 자신감이 없는 상태에서 살아가고 있습니다. 그것은 나타나는 결과에 집착하기 때문에 그렇습니다. 우리는 하나님이 우리와 함께하시는 증거가 나타날 때 더 자신감을 가지고 모든 일을 할 수 있습니다.

사무엘상 24장 11절
"나의 아버지여 보소서 내 손에 있는 왕의 옷자락을 보소서 내가 왕을 죽이지 아니하고 겉옷 자락만 베었은즉 나의 손에 악이나 죄과가 없는 줄을 아실지니이다 왕은 내 생명을 찾아 해하려 하시나 나는 왕에게 범죄 한 일이 없나이다"

하나님의 백성들은 얼마든지 자기 원수를 갚을 수 있음에도 불구하고 원수를 갚지 않는 것이 특징입니다. 그 이유는 두 가지입니다. 첫 번째는 하나님을 믿기 때문입니다. 하나님은 나를 이런 식으로 망하게 하지 않으실 것이고 또 원수들에 대해서도 반드시 보복하실 것을 믿기 때문에 굳이 내 손에 피를 묻힐 필요가 없는 것입니다. 두 번째는 다윗이 쫓기면서도 많은 유익을 얻었던 것입니다. 다윗은 악한 자들 때문에 더욱 하나님을 붙들게 되었습니다.

다윗은 사울에게 쫓기면서 단 한 순간도 하나님을 의지하지 않을 수가 없었습니다. 그러므로 다윗은 인간의 입장에서 보면 큰 원한을 품을 수 있는 것도 하나님과의 관계 면에서 보았기 때문에 오히려 유익을 얻었습니다. 다윗은 이미 정답을 알고 있습니다. 자기는 언젠가 하나님의 약속대로 이스라엘의 왕이 될 것을 믿었습니다. 단지 언제, 어떤 방법으로 왕이 되는지를 모를 뿐입니다. 죄 짓지 않고 기다리기만 하면 하나님의 뜻이 이루어지는 것입니다. 이것은 오늘 우리들에게도 마찬가지입니다. 우리가 하나님의 말씀을 붙들면 이미 승리한 것이나 마찬가지입니다. 단지 그 시기나 방법을 모를 뿐입니다. 그래서 우리는 여유가 있는 것입니다.

사울의 감동

사울은 다윗이 자기를 죽이지 않고 살려 준 것을 알게 되자 감동합니다.

사무엘상 24장 16-17절
"다윗이 사울에게 이같이 말하기를 마치매 사울이 가로되 내 아들 다윗아 이것이 네 목소리냐 하고 소리를 높여 울며 다윗에게 이르되 나는 너를 학대하되 너는 나를 선대하니 너는 나보다 의롭도다"

이것이 사울의 본 모습이었습니다. 처음에 사울은 솔직하고 정직한 사람이었지만 그 동안 욕심 때문에 완전히 다른 사람으로 변해 있었습니다. 그러나 다윗이 사울을 사랑으로 대하니까 사울의 아름다운 본 모습이 드러나게 되었습니다. 하나님의 은혜가 떠난 후 사울은 어떤 사람도 믿지 않았습니다. 사울은 제사장도 믿지 않고 자기 아들 요나단도 믿지 않았습니다. 사람이 다른 어느 누구도 믿지 못할 때 나타나는 현상이 심한 피해의식입니다. 즉 모든 사람들이 자기를 해치려고 한다는 것입니다. 그런데 원수라고 생각한 다윗이 사울을 먼저 믿어 주었습니다. 사울은 이것에 깊이 감격해서 소리를 높여 울었습니다. 다윗이 사울을 죽이지 않고 사랑으로 대하니까 사울의 단단하던 마음도 풀리게 되었습니다. 사울은 다윗을 지금까지 왜 미워했는지 그 이유를 설명합니다.

사무엘상 24장 20절
"보라 나는 네가 반드시 왕이 될 것을 알고 이스라엘 나라가 네 손에 견고히 설 것을 아노니"

사울은 다윗이 이스라엘의 왕이 될 줄 알고 자기 자식에게 보좌를 물려주기 위하여 다윗을 죽이려고 했던 것입니다. 문제는 사울이 이스라엘을 개인의 나라로 생각했던 것입니다. 이스라엘은 개인이 차지할 수 있는 나라가 아닙니다. 이 모든 것은 오직 하나님의 결심에 달려 있습니다. 그런데 사울은 오직 자기 자신이나 자식이 이스라엘의 왕이 되어야 한다고 생각을 하니까 결국 하나님의 뜻에 따라 세워질 다윗을 거부할 수밖에 없었습니다. 사울은 다윗에게 후손을 끊지 않겠다는 맹세까지 하게 됩니다. 우리가 다른 사람의 입을 통하여 하나님의 음성을 듣는 것은 대단히 중요합니다. 특히 원수의 입을 통하여 하나님의 놀라운 계획을 듣는 것은 얼마나 큰 축복이 되는지 모릅니다. 하나님은 사울의 입을 통하여 다윗이 이스라엘의 왕이 될 것이며 그를 통하여 나라가 더 굳건하게 될 것을 말씀하셨습니다. 다윗은 큰 위로와 축복을 받았습니다.

그런데 사울에게는 이 마음이 오래가지 못했습니다. 그 이유가 무엇일까요? 이미 사울은 정서적으로 정상적인 상태가 아니었기 때문입니다. 사울은 돌아서자마자 여러 사람들 앞에서 울었던 것에 대하여 부끄럽게 생각하기 시작합니다. 그리고 자기가 다윗에게 약점을 보였기 때문에 주위 사람들이 더 자기를 우습게 여긴 것이라고 의심하게 되는 것입니다.

사람이 자기감정을 지킬 수 있다거나 통제할 수 있다고 생각하는 것은 엄청난 착각입니다. 특히 사울처럼 병이 걸린 상태에서는 절대로 자기 생각대로 움직여지지 않습니다. 결국 사울은 일시적으로 감격했다가 더 악해지고 말았습니다. 이것은 귀신이 잠깐 나갔다가 더 악한 귀신이 들어오는 것과 같습니다. 사울이 왕으로 있는 동안 그의 불안은 없어지지 않았습니다. 그가 살 수 있는 길은 왕위를 포기하는 길이었습니다. 그러나 사울은 왕위가 아까웠기 때문에 끝까지 불안한 삶을 살게 됩니다.

오늘 성경이 우리에게 말씀하시는 것이 무엇입니까? 첫 번째는 사람이 철저히 준비해서 어떤 일을 한다 해서 반드시 그대로 되지 않는다는 것입니다. 하나님은 강한 자를 약한 자의 손에 붙이셔서 수치를 당하게 하십니다. 두 번째는 하나님이 우리에게 그런 기회를 주셨을 때 할 수 있으면 원수에게 보복하지 않는 것이 좋습니다. 하나님이 그 사람을 우리 손에 맡기셔도 보복은 하나님이 하실 일이지 사람이 할 수 있는 것이 아니기 때문입니다. 세 번째는 우리는 할 수 있는 대로 다른 사람을 공격할 의사가 없다는 것을 보여줄 필요가 있습니다. 사람들은 서로 미워하고 의심하지만 누군가가 먼저 믿어 주면서 자기는 해칠 의사가 없다는 것을 보여줄 때 마음을 열게 되어 있습니다. 다윗이 사울을 따라 나가서 말한 것은 일종의 설교였는데 성령이 함께하시므로 단단하던 사울의 마음이 녹아내렸습니다. 그러므로 그리스도인들은 다른 사람에게 공격적이 되어서는 안 됩니다. 그래야 사람들이 조금씩 마음 문을 열고 진리를 받아들이게 되는 것입니다.

32

다윗의 분노

>> 삼상 25:1-31

　우리나라에서는 이라크 파병 문제를 가지고 많은 논란을 했습니다. 많은 사람들은 왜 우리나라 군인들이 굳이 미국이 저지른 전쟁을 돕기 위하여 그 위험한 이라크까지 가야 하는지 이유를 잘 알지 못했습니다. 그런데 우리가 알아야 할 것은 평화에는 결코 공짜가 없다는 사실입니다. 왜냐하면 우리가 평화를 유지하려면 눈에 보이지 않는 데서 막대한 비용이 지불되기 때문입니다. 우리나라는 국방을 지키기 위하여 막대한 국방비를 지출하고 있습니다. 그것도 부족해서 우리나라에는 많은 미군들이 와서 주둔을 하고 있습니다. 미군이 계속 우리나라에 있게 하려면 우리는 군대를 이라크에 보내서 미군을 도와주어야 하는 것입니다.

　이와 마찬가지로 평화로운 가정을 유지하려면 가정의 누군가가 가족들을 위해 말없이 희생해야 합니다. 대개 가정에서는 어머니들이 식구들을 위해 많은 희생을 하십니다. 그런데 만일 어느 날 갑자기 어머니가 이제부터 혼자서 식구들을 위하여 희생하기 싫다고 하면서 자기 인생을 찾는다고 가출을 해 버린다면 그 가정은 그 순간부터 풍비박산이 되는 것입니다. 이것은 교회도 마찬가지입니다. 교회가 늘 은혜로운 것은 누군가가 교회를 위하여 말없이 기도하고 수고하기 때문입니다. 그런데 아무도 교회에서 어려운 일을 맡아서 하지 않으려 하고 자기가 말하고 싶은 대로 다 떠들어 대기 시작한다면 그때부터 교회는 큰 시험에 들게 되는 것입니다.

본문은 다윗이 가장 어려울 때 다른 사람에게 도움을 요청했다가 거절당하고 분노하는 내용입니다. 다윗과 함께하는 군대가 있었기 때문에 다윗의 거주지 주변 사람들은 자동적으로 그 군대가 지켜 주는 덕을 보고 있었습니다. 그 중에는 나발이라는 사람이 있었는데, 다윗 덕분에 그의 많은 소유에 도둑들이 손도 대지 못했습니다.

그런데 어느 날 다윗은 자기와 함께 있는 사람들의 생계가 너무 어려워서 도움이 필요하게 되었고 재산이 많은 나발에게 도둑맞은 셈치고 양이나 떡을 좀 달라고 부탁을 했습니다. 그런데 나발은 아주 인색한 사람이었기 때문에 다윗의 요청을 거절하고 욕까지 하였습니다. 나발의 행동에 자존심이 상한 다윗은 그를 죽이려고 출동하게 됩니다.

이 일촉즉발의 순간 나발의 지혜로운 아내가 개입하여 다윗의 살인을 막지 않았다면, 엄청난 살육이 벌어질 뻔 했습니다. 여기서 우리는 다윗이 잘못한 것이 무엇이며 나발의 잘못이 무엇인지 살펴보려고 합니다.

다윗의 물질적인 궁핍

사무엘상 25장 1절

"사무엘이 죽으매 온 이스라엘 무리가 모여 그를 애곡하며 라마 그의 집에서 그를 장사한지라 다윗이 일어나 바란 광야로 내려가니라"

성경에서 한 위대한 인물이 죽는다는 것은 한 시대가 끝나고 다음 시대가 시작되는 것을 의미합니다. 사무엘은 밑바닥까지 낮아져 있던 이스라엘에 부흥의 불씨를 일으킨 선지자였습니다. 뿐만 아니라 사무엘은 다윗의 머리에 기름을 부은 영적인 아버지였습니다. 그런데 다윗이 아직 전혀 기초도 잡기 전에 사무엘이 죽었다는 것은 다윗에게는 아직 제대로 크기도 전에 아버지가 돌아가신 것과 같은 손실이었습니다. 왜냐하면 사무엘이 다윗에게 장차 이스라엘의 왕으로 기름을 부었는데 이 사실을 아는 사람이 없었기 때문입니다. 이제 다윗은 혼자 힘으로 일어설 수밖에 없었습니다.

이때 아마도 다윗이 아주 침체되어 있었던 것 같습니다. 그는 순간 장차 그의 미래에 치명적인 오점이 될 수 있는 실수를 저지를 뻔했습니다. 그것은 다윗의 도움 요청을 거절한 마온의 부자 나발을 죽이려고 한 것입니다. 이것을 보면 아무리 신앙이 좋은 사람이라 하더라도 언제나 성령 충만하고 믿음이 좋은 것은 아닌 것 같습니다. 다윗은 자기를 믿어 주던 유일한 사람 사무엘도 죽고 물질적으로도 너무 궁핍하니까 아마도 자포자기했던 것 같습니다. 그래서 화가 난 채로 자기에게 욕을 한 나발의 가족을 몰살시키려 한 것입니다.

이것은 나중에 다윗이 왕이 되었을 때 치명적인 오점이 될 수 있는 것이었습니다. 어떻게 이스라엘의 왕이 화가 난다고 해서 자기 요청을 거절한 사람들을 다 죽일 수가 있습니까? 많은 사람들이 나중에 자기가 얼마나 큰 사람이 될지 모르고 무명의 시절에 자기 멋대로 행동하는 바람에 나중에 유명하게 되어도 결국 과거의 죄 때문에 중도하차합니다. 장관이나 높은 위치에 지명이 된 사람들이 과거에 세금을 떼먹거나 혹은 자식을 군대에 보내지 않은 것 때문에 언론의 주목을 받는 것과 마찬가지입니다.

하나님의 백성들은 비록 다른 사람들이 알아주지 않을 때에라도 함부로 행동해서는 안 됩니다. 왜냐하면 나중에 자기가 얼마나 훌륭한 사람이 될지 모르기 때문입니다. 복잡한 이성 관계를 함부로 가진다든지 금전 관계가 깨끗하지 못하든지 하는 추문을 남기면 나중에 결국 그것 때문에 중요한 일을 감당하지 못하게 되는 것입니다.

다윗은 유다 남쪽의 바란 광야에 있었습니다. 그런데 그때까지만 해도 다윗은 돈 버는 법을 배우지 못했습니다. 지금 그를 따르고 있는 식구들은 400명이나 되는데 일정한 수입이 없으니까 먹고사는 것이 아주 궁핍할 수밖에 없었습니다. 집에 식구들이 여러 명이 있는데 수입은 하나도 없을 때 결국 하루하루 먹고사는 것이 고달플 수밖에 없는 것입니다. 나중에 다윗은 그곳 생활에 익숙해지면서 주로 악당 부족들을 소탕하면서 수입을 올립니다. 결국 악당들을 약탈하는 의적이 되는 것입니다. 그러나 초기에만 해도 그런 재주가 없어서 다윗은 그야말로 생계가 대단히 어려운 처지에 있었습니다. 그때 가까운 곳에 나발이라는 부자가 살았습니다.

사무엘상 25장 2-3절

"마온에 한 사람이 있는데 그 업이 갈멜에 있고 심히 부하여 양이 삼천이요 염소가 일천이므로 그가 갈멜에서 그 양털을 깎고 있었으니 그 사람의 이름은 나발이요 그 아내의 이름은 아비가일이라 그 여자는 총명하고 용모가 아름다우나 남자는 완고하고 행사가 악하며 그는 갈멜 족속이었더라"

부자였던 나발은 아주 인색하고 앞뒤가 꽉 막힌 사람이었으며, 그의 부인은 그래도 인물도 좋고 싹싹했습니다. 아마도 아내가 남편 모르게 다른 어려운 사람들을 돕기라도 하면 남편은 그것을 하지 못하게 하고 그런 사실이 있으면 화를 내거나 도로 빼앗아 올 정도로 완고한 사람이었던 것 같습니다. 바로 이때 나발이 양털을 깎는 일을 하게 되었습니다. 양을 치는 자들에게 양털을 깎는 것은 대잔치였습니다. 그때는 음식을 많이 준비해서 주위 사람들에게 나누어 주기도 하곤 했습니다. 다윗은 이것을 알고 소년 열 명을 보내 나발에게 도움을 청했습니다.

만약 다윗이 나발을 알았다면 나발의 부인에게 몰래 부탁을 했어야 했는데 다윗은 남편을 속인다는 것은 옳지 못하다고 생각해서 남편에게 정식으로 사람을 보내서 도움을 요청하게 되었습니다.

다윗은 별 것 아닐 것이라고 생각하고 나발에게 도움을 청했는데 나발은 거절할 뿐 아니라 인격적으로 큰 모욕을 주었습니다. 문제는 여기서 발단이 되었습니다. 다윗은 그 거절당한 분노를 참지 못하여 부하들을 이끌고 총출동해서 나발과 그 가족을 다 죽이려고 한 것입니다. 다윗은 너무나도 자존심이 상했던 것 같습니다. 사람이 다른 사람의 도움을 구했다가 거절 당하면 그럴 수도 있다고 생각하고 포기하면 되는데 다윗은 그 분노를 이기지 못하고 그 집 식구들을 모두 죽이려는 것입니다. 전에 어떤 목사님이 자기 학생 시절 이야기를 했습니다. 수업 시간에 하품을 하다가 선생님으로부터 따귀 스무 대를 맞게 되었는데, 그 일로 그 선생님 집에 불을 지르기 위하여 밤에 찾아갔다는 것입니다. 다행히도 미수로 그치고 말았지만 잘못하면 엉뚱한 사람까지 다 죽을 뻔했습니다.

여기서 우리가 생각하게 되는 것은 왜 믿음이 좋은 다윗이 자기 요구가 거절 당했다고 해서 사람들을 다 죽이려고 했느냐 하는 것입니다. 이것은 다윗도 인간이기 때문에 믿음이 늘 좋을 수 없다는 것입니다. 특히 사무엘도 죽고 물질적인 어려움 속에서 자신을 비천하게 생각하게 되었습니다. 다윗은 하나님의 기름 부으심을 잊어버리고 화가 나는 대로 행동할 뻔 했습니다. 이때 하나님이 우리의 행동을 막아 주셔야 합니다. 그렇지 않으면 다른 사람을 살려야 할 하나님의 종이 다른 사람을 죽이는 종이 되는 것입니다.

다윗의 분노

다윗이 나발에게 음식을 요구한 것은 나름대로 당연한 것이었습니다. 왜냐하면 다윗과 그 400명이 있었기 때문에 주변에 도둑들이 얼씬도 하지 않았고 그래서 양을 도둑맞는 일이 없었기 때문입니다. 다윗은 나발에게 자신들 때문에 양을 도둑질 당하지 않았으니 그 덕 본 것을 좀 나누어 가지자고 했습니다. 다시 말해 자율 방범을 해 준 대가를 좀 내어 놓으라는 것입니다. 특히 늘 달라고 하는 것도 아니고 이렇게 좋은 날에 왔으니 거절하지 말아달라고 부탁했습니다.

사무엘상 25장 8절
"네 소년들이 물으면 그들이 네게 고하리라 그런즉 내 소년들로 네게 은혜를 얻게 하라 우리가 좋은 날에 왔은즉 네 손에 있는 대로 네 종들과 네 아들 다윗에게 주기를 원하노라 하더라 하라"

사실 믿는 자에게 있어서 먹는 것을 하나님으로부터 공급받는 것이 얼마나 어려운 일인지 모릅니다. 특히 자기 혼자 같으면 어떻게 해결할 수 있을지 몰라도 400명이나 부양 식구들이 있을 때 이것은 큰 부담입니다. 그러나 하나님의 백성들은 먹는 것을 하나님께 맡겨야 합니다. 다윗은 하나님의 뜻을 물었어야 합니다. '과연 나발을 통하여 식물을 공급하시렵니까?' 다잇이 시험들 필요가 없었을 것입니다. 그런데 다윗은 당연히 받을 줄 알고 요구했다가 큰 망신만 당하게 되었습니다. 사람에게 기대하면 실망하게 됩니다. 하나님은 우리가 생각하지 못한 방법으로 우리의 필요한 것을 채워 주십니다.

다윗은 그들 일행의 먹을 것도 하나님이 해결해 주실 것으로 믿었어야 했습니다. 물론 가만히 앉아서 굶고 있는 것이 잘한다는 뜻은 아닙니다. 그러나 최소한 하나님의 공급하심을 믿었더라면 살인 일보직전까지는 가지 않았을 것입니다. 원래 나발이라는 사람은 매우 인색한 사람이었습니다. 그가 다윗의 요구를 거절한 이유는 자기가 인정한 정부는 사울의 정권이라는 것입니다. 그러니 사울만이 정당한 왕이고 사울에게만 세금을 내는 것이지, 다윗 같은 자율 방범대 같은 것을 모르겠다는 것이었습니다.

사무엘상 25장 10절
"나발이 다윗의 사환들에게 대답하여 가로되 다윗은 누구며 이새의 아들은 누구뇨 근일에 각기 주인에게서 억지로 떠나는 종이 많도다"

어떻게 보면 나발의 이 말은 법적으로는 옳은 말입니다. 공식적으로 이스라엘의 왕은 사울이며 다윗은 사울로부터 도망친 탈주자에 불과했습니다. 하나님 앞에서는 다윗이 기름 부음 받은 자이며 이스라엘의 구원자로 선택된 자이지만 아직 사람들로부터는 전혀 인정받지 못했습니다. 여기서 나발의 신앙이 나옵니다. 적어도 나발이 신앙을 가진 자라면 다윗을 알아봤어야 한다는 것입니다. 이스라엘 백성들은 그 마음속에 하나님이 주시는 깨달음이 있기 때문에 다윗이 평범한 도망자가 아니며 하나님의 진리로 인하여 고통당하는 의인이라는 것과 그가 당하는 고난이 얼마나 귀한지를 알았습니다. 다윗이 이렇게 생계 문제로 고통당하는 것은 그의 실수나 잘못 때문이 아니라 하나님 앞에서 의롭게 살려고 몸부림치기 때문에 당하는 고난이었습니다. 그럼에도 불구하고 나발은 다윗을 협박으로 다른 사람에게 돈이나 뜯어내는 아주 게으른 깡패 취급했습니다.

나발의 이 말은 단순히 다윗의 요청을 거절한 것이 아니라 다윗의 정체성 자체를 부정해 버리는 것이었습니다. 그의 모든 고난을 싸잡아서 게으른 도망자의 돈 뜯어내는 수작으로 평가했습니다. 이것은 다윗에게 견딜 수 없는 모욕이 없습니다. 사탄은 바로 이것을 노렸습니다. 다윗이 비참한 현실만 보고 좌절하기를 바랐습니다. 이것은 다윗에게는 무서운 시험이었습니다. 하나님의 백성들에게는 눈에 보이는 것이 없습니다. 하나님이 주시는 은혜와 축복은 모두 눈에 보이지 않는 것들입니다. 바로 그런 약점을 이용해서 사탄이 '너희들은 아무것도 아니다'라고 비난할 때 우리는 속이 뒤집어집니다. 왜냐하면 아무것도 아닌 것이 사실이기 때문입니다.

사실 다윗은 그 동안 인정받지 못하고 무시당하는 것을 잘 참았습니다. 그런데 사무엘이 죽은 후 크게 낙심한 데다가 먹을 것조차 떨어지고 아무것도 아닌 나발 같은 사람에게 욕까지 먹었을 때 그의 믿음은 동이 나고 말았습니다. 다윗은 머리끝까지 화를 내면서 살인을 하려고 하면서 이것이 얼마나 쓸데없는 일이며 나중에 그가 왕이 되었을 때 얼마나 치명적인 오점이 될 수 있는지 생각하지 못했습니다. 우리는 다른 사람이 나의 신앙을 인정하지 않고 발로 짓밟을 때 너무 분노하지 않도록 주의해야 합니다. 얼마든지 다른 사람들은 우리의 신앙을 인정하지 않을 수 있습니다. 그런 것을 이상하게 생각하면 안 됩니다. 사실 나발 같은 사람은 전혀 신경을 쓸 대상도 되지 못합니다. 그러나 우리가 침체되었을 때에는 정말 별 것도 아닌 사람의 말에 상처를 입게 되는 것입니다.

하나님의 간섭

우리가 보통 생각할 때 하나님은 우리에 대하여 무관심하신 것 같습니다. 그러나 실제로 하나님은 우리의 일거수일투족을 보고 계시며 우리가 죄에 빠지지 않도록 또는 도저히 수습할 수 없는 잘못을 저지르지 않도록 간섭을 하시는 것입니다. 만약 하나님이 다윗이 하려고 하는 대로 내버려둔다면 그는 살인자가 되고 말 것입니다. 화가 난다고 해서 다른 사람을 살인한 사람이 어떻게 이스라엘의 왕이 될 수 있습니까? 그러나 다윗은 지금 너무 비참한 상태에 빠져 있기 때문에 미래의 자신의 모습에 대해 생각할 여유가 없었습니다. 이때 하나님은 나발의 부인 아비가일을 통하여 다윗의 범죄를 막아 주십니다.

나발은 미련하고 욕심이 많은 사람이었지만 아비가일은 대단히 신앙적인 사람이었고 자기 종들에게도 신앙 훈련을 잘 시켰습니다. 그래서 나발이 다윗을 모욕하는 말을 듣고 이렇게 되어서는 안 된다고 판단한 종이 있었습니다.

사무엘상 25장 14절
"소년 중 하나가 나발의 아내 아비가일에게 고하여 가로되 다윗이 우리 주인에게 문안하러 광야에서 사자들을 보내었거늘 주인이 그들을 수욕하였나이다"

사무엘상 25장 17절
"그런즉 이제 당신은 어떻게 할 것을 알아 생각하실지니 이는 다윗이 우리 주인과 주인의 온 집을 해하기로 결정하였음이니이다 주인은 불량한 사람이라 더불어 말할 수 없나이다"

대개 종들은 주인이 시키는 대로 기계적으로 움직이는 자들이기 때문에 스스로 판단할 수 있는 능력을 가지고 있지 못합니다. 그러나 나발의 종들 중에는 이 문제를 신앙의 눈으로 볼 수 있는 능력을 가진 자가 있었습니다. 그는 나발의 모욕으로 다윗이 큰 충격을 받았으며 결국 다윗도 인간인지라 감정적인 보복을 할 수밖에 없다는 것을 판단했습니다. 이런 종이 있다는 것 자체가 아비가일에게는 큰 복입니다. 그래서 이 종은 이미 다윗이 나발의 집 식구와 재산 모두를 없애기로 결정했다는 사실을 알게 되었고, 남자 주인인 나발에게 말하지 않고 바로 아비가일에게 고하였습니다.

지혜로운 사람은 어떤 작은 일이라도 그것이 장차 어떤 엄청난 결과를 가져올 것인지 예측할 수 있는 능력이 있습니다. 그래서 아주 작은 일에 대해서도 대단히 민감하게 반응합니다. 반대로 미련한 사람들은 일이 다 터지기까지 전혀 느끼지 못합니다. 아비가일은 종의 말을 들었을 때 이미 미련한 자기 남편이 일을 저질렀다는 것을 알게 되었습니다. 그녀는 남편이 욕심 때문에 의로운 다윗의 마음을 심히 상하게 했으며 자기 식구들이 죽을 위기에 처했음을 알게 되었습니다. 이때 아비가일은 잠시도 지체하지 않고 먹을 것을 준비해서 다윗을 만나러 갔습니다.

사무엘상 25장 18-19절
"아비가일이 급히 떡 이백 덩이와 포도주 두 가죽 부대와 잡아 준비한 양 다섯과 볶은 곡식 다섯 세아와 건포도 백 송이와 무화과 뭉치 이백을 취하여 나귀들에게 싣고 소년들에게 이르되 내 앞서 가라 나는 너희 뒤에 가리라 하고 그 남편 나발에게는 고하지 아니하니라"

굶주리고 화가 난 사람에게는 말로 위로하는 것이 통하지 않습니다. 그런 사람들에게는 직접 먹을 것을 주어야 화가 풀리는 것입니다. 이럴 때는 인색해서는 안 됩니다. 아마도 아비가일이 갑자기 이런 음식을 장만할 수 있었던 것은 양털 깎는 행사 때문에 준비된 음식이 있었기 때문인 것 같습니다. 아비가일은 일단 비상사태가 일어났다고 보고 이 위기를 막는데 최우선적으로 준비된 것을 사용하고 있는 것입니다. 본문을 보면 다윗이 나발의 거절에 얼마나 화가 나 있는지 알 수 있습니다.

사무엘상 25장 21-22절
"다윗이 이미 말하기를 내가 이 자의 소유물을 광야에서 지켜 그 모든 것을 하나도 손실이 없게 한 것이 진실로 허사라 그가 악으로 나의 선을 갚는도다 내가 그에게 속한 모든 것 중 한 남자라도 아침까지 남겨 두면 하나님은 다윗에게 벌을 내리시고 또 내리시기를 원하노라 하였더라"

다윗은 지금 제 정신이 아닌 상태에서 나발과 그 식구들을 죽이기로 결심을 하고 있었습니다. 그런데 다윗의 잘못된 결심을 돌이킨 것이 아비가일의 지혜였습니다. 아비가일의 행동을 보면 화가 머리끝까지 난 사람을 어떻게 설득을 해야 하는지 참고가 될 수 있습니다.

사무엘상 25장 23절
"아비가일이 다윗을 보고 급히 나귀에서 내려 다윗의 앞에 엎드려 그 얼굴을 땅에 대니라"

가장 먼저, 아비가일은 다윗 앞에서 엎드려 얼굴을 땅에 대었습니다. 사람이 자기가 잘못했을 때 자세를 낮추어서 잘못했다고 시인을 하면 상대방의 화는 조금 누그러지게 되어 있습니다. 문제는 잘못했으면서도 자세를 낮추지 않거나 자꾸 변명하려 하거나 따지려 하면 화가 더 나는 것입니다. 아비가일은 다윗 앞에서 무조건 땅에 엎드렸습니다.

두 번째로는 자기 남편의 말에 다윗이 이렇게 화를 내는 것은 옳지 않다고 설명을 했습니다.

사무엘상 25장 25절
"원하옵나니 내 주는 이 불량한 사람 나발을 개의치 마옵소서 그 이름이 그에게 적당하니 그 이름이 나발이라 그는 미련한 자니이다 여종은 내 주의 보내신 소년들을 보지 못하였나이다"

아비가일은 화를 낼만한 상대의 말에 화를 내야 도무지 인간 같지도 않은 사람이 한 마디를 했다고 이렇게 화를 내는 것이 옳지 않다고 합니다. 그러면서 남편은 나발이라는 이름 그대로 '바보'라고 했습니다.

　사람은 자기 식구들이 틀렸다는 것을 인정하는 것이 쉽지 않습니다. 그러나 아비가일은 자기 남편이라고 해서 두둔하지 않았습니다. 대개 사람들은 팔이 안으로 굽는다고 자기 식구들을 두둔하게 되어 있습니다. 그러나 아비가일은 자기 남편이 바보라는 것을 다른 사람 앞에서 공개적으로 시인합니다. 이것으로 우리는 나발이 돈만 많았지 자기 아내로부터도 전혀 인정을 받지 못할 정도로 인색하고 미련한 사람이라는 것을 알게 됩니다.

　세 번째로 아비가일은 가장 중요한 말을 하였습니다. 이것은 사실 하나님이 아비가일의 입을 통하여 말씀하신 것과 같습니다. 그것은 다윗이 화가 난다고 이런 일에 피를 흘리면 안 된다는 것이었습니다. 왜냐하면 지금은 다윗이 곤경에 빠져서 다른 사람들에게 먹을 것을 부탁해야 할 처지에 있지만 그는 장차 이스라엘의 왕이 될 사람이기 때문입니다. 다윗이 이스라엘의 왕이 되었을 때 그가 어리석은 사람의 말 한마디에게 화가 나서 집단 살인을 했다면 그것은 씻을 수 없는 오점이 되는 것입니다.

　그러면서 아비가일은 다윗의 미래를 축복합니다. 하나님은 다윗을 위하여 든든한 집을 세워주시며 특히 그의 생명이 하나님의 생명싸개 속에 싸여 있기 때문에 절대로 원수가 해치지 못하며 원수들의 생명을 물매 돌을 던지듯이 멀리 던질 것이라고 했습니다. 여기서 '생명싸개'라는 것이 도대체 무엇입니까? 우리가 아주 소중한 것은 포장을 해서 보관을 합니다. 도자기나 유리 그릇 같은 것을 보관할 때에 안에 마분지 같은 것으로 받쳐서 충격을 받아도 깨지지 않게 합니다. 마찬가지로 하나님은 그분의 백성들을 생명싸개로 싸서 보관하시기 때문에 사탄이 공격해도 손상을 입지 않는다는 것입니다. 단지 우리가 그것을 믿지 못하면 불안해하게 됩니다.

아비가일은 다시 한 번 그가 나중에 왕이 되었을 때 이 살인에 대하여 마음에 걸리는 일이 없도록 화를 풀라고 조언을 했습니다. 얼마나 분명한 하나님의 말씀입니까? 이것은 그냥 한 말이 아니고 하나의 설교였고 예언이었습니다. 대개 하나님은 자기 종들이 죄를 지으려고 할 때 환경적으로 막으십니다. 배가 아프다든지 아니면 교통편이 없다든지 해서 죄를 지을 수 있는 기회 자체를 막으십니다. 그러므로 길이 막힐 때에는 무리하게 가지 않는 것이 좋습니다. 그래도 고집을 부릴 때에는 마음을 불편하게 하십니다. 그래서 옳지 않은 일인 줄 알면서도 하려고 할 때 마음이 불안하고 기분이 좋지 않습니다. 양심을 속여가면서 어떤 일을 하는 것이 죄를 짓는 것입니다.

그런데 가장 분명한 방법은 설교 말씀을 통하여 하나님의 뜻을 깨닫는 것입니다. 아비가일이 다윗에게 한 말은 분명한 하나님의 말씀이었습니다. 아비가일의 설교는 나발의 잘못을 시인하는 데서부터 시작됩니다. 이것은 다윗의 분노를 누그러트리기 위한 것입니다. 지금 다윗은 너무나도 화가 나서 물불을 가리지 않는 입장이었습니다. 그리고 하나님이 얼마나 다윗을 사랑하며 축복하시는지 그가 하나님 앞에서 얼마나 존귀한 자인지 깨닫게 했습니다. 사실 존귀한 자는 죄를 짓지 않습니다. 그리고 분노의 감정에 사로잡히지 않습니다. 왜냐하면 그런 것이 자기를 너무나도 비참하게 만드는 것을 알기 때문입니다. 아비가일은 다윗이 존귀함을 다시 되찾고 일시적인 분노로 살인하려는 충동을 막았습니다.

하나님은 다윗의 살인을 막기 위해서 아비가일이라는 여자를 사용하셨습니다. 그리고 그 여자의 입에 말씀을 두어서 다윗으로 하여금 깨닫게 하셨습니다. 참으로 미련한 여자들도 많이 있습니다. 그런 여자들은 나발 같은 여자들입니다. 그러나 하나님의 말씀을 가진 여자들은 이런 위기에 얼마나 소중하게 사용되는지 모릅니다. 하나님은 말씀으로 다윗을 사탄의 무서운 함정에서 끌어 내셨습니다. 우리가 죄를 짓는 것은 한 순간입니다. 평소에 잘 견디다가도

한 순간 분노에 사로잡히면 죄에 빠지고 마는 것입니다. 그러나 그 죄책감은 한 평생 짊어지고 살아야 합니다. 그래서 우리는 순간적인 죄의 충동을 이기기 위해서 언제나 경건의 등불을 꺼트리지 말아야 합니다.

33

두 번째 복수 기회

>> 삼상 26:1-25

우리는 자신의 믿음을 지키면서 성실하게 살 수 있는 세상에 살고 있지만, 하나님을 대적하는 자가 정권을 가진 비정상적인 세상이라면 도저히 믿음을 가지고 살 수 없게 됩니다. 따라서 공산 정권이나, 기독교에 대하여 적대적인 정권이 들어서게 되면 그리스도인은 신앙을 버리든지 아니면 그곳을 떠나야 합니다. 영국의 청교도를 예로 들면 올리브 크롬웰 시대 때 전성기를 누렸던 이들은 찰스 2세 시대 때 왕정이 복고되면서 신앙을 버리고 영국에 살거나 아니면 영국을 떠나야 하는 선택의 기로에 서게 됩니다. 이때 청교도들은 신앙의 자유를 택하고 영국을 떠나서 신대륙으로 가게 됩니다. 우리나라도 북한의 그리스도인들이 공산 정권이 들어서자 고향 땅을 버리고 남한으로 피난해야 했습니다.

하나님은 우리 믿는 자들에게 오로지 그분만을 의지하라고 말씀하십니다. 그러나 하나님을 대적하는 세상에서는 믿음으로만 살 수가 없습니다. 하나님은 우리로 하여금 이 세상에서 믿음을 가지고 살라고 말씀하십니다. 그런데 사탄은 이 세상이 자신의 것이라고 하면서 믿음으로 살려면 떠나라고 말합니다. 이때 우리는 판단을 해야 합니다. 새로운 세계로 떠나는 것과 지금 현실에서 고통을 참으면서 견디는 것 중 어느 것이 하나님의 뜻인지 알아내야 합니다.

본문에서 다윗은, 사울 왕이 자신을 보는 즉시 죽이려고 했기 때문에 도저히 이스라엘에서 살 수 없었습니다. 그래서 새로운 곳으로 떠나고 싶었지만 하나님은 이스라엘에서 고난을 참고 견디라고 하셨습니다. 사울은 이스라엘을 떠나지 못하는 다윗을 찾아 샅샅이 뒤졌습니다. '스토킹'은 집착 성향을 가진 사람이 관심 대상을 끝까지 따라다니면서 괴롭히는 것을 말합니다. 이런 일을 하는 스토커는 재미있는지 모르지만 당하는 입장에서는 정상적인 생활이 불가능할 정도로 위협이 되는 것입니다.

만약 우리 믿는 사람이 강한 자로부터 도저히 견딜 수 없는 박해를 당하든지 아니면 이런 식으로 괴롭힘을 당할 때 어떻게 해야 할까요? 이처럼 우리가 일방적으로 당할 수밖에 없을 때, 예수님은 기도하라고 말씀하셨습니다. "기도 외에 다른 것으로는 이런 유가 나갈 수가 없느니라"(막 9:29). 우선 우리가 알아야 할 것은 이런 일을 해낼 수 있는 분이 예수님 밖에 없다는 것입니다. 우리가 이런 어려움 가운데 기도하면 예수님은 상대방의 마음을 바꾸시든지 아니면 우리에게 이길 지혜를 주시든지 아니면 안전한 곳으로 피하게 하실 것입니다. 이 본문에서 하나님은 다윗에게 지혜를 주셨고, 그가 사울을 이기게 하셨습니다.

사울의 두 번째 충동

다윗을 추격하다가 죽을 뻔 했던 사울 왕은 다윗의 호의로 목숨을 건졌을 때 다시는 추격하지 않겠다고 맹세했습니다. 그런데 얼마 되지 않아서 또 다시 다윗을 추격합니다. 이번에도 지난번과 마찬가지로 십 사람들이 다윗이 숨어 있는 곳을 알려 주었습니다.

> 사무엘상 26장 1절
> "십 사람이 기브아에 와서 사울에게 이르러 가로되 다윗이 광야 앞 하길라산에 숨지 아니하였나이까"

사울이 다윗의 손에 걸려들어서 한번 죽을 뻔했다가 살아났고, 또 다시는 추격하지 않겠다고 맹세했으면 다윗을 추격하지 말아야 합니다. 그럼에도 불구하고 사울은 시간이 조금 지난 후 위기감이 사라졌을 때 다시 십 사람들의 정보를 듣고 다윗을 추격하고 싶은 유혹을 떨쳐 버리지 못하였습니다. 바로 이것이 인간의 모습입니다. 우리 인간들이 얼마나 약하고 약한 자들인가 하면 위기에 몰렸을 때에는 울고불고 하면서 하나님께 싹싹 빌면서 살려달라고 하다가 일단 그 위기만 벗어나면 그 모든 약속을 다 잊어버립니다. 마치 물고기들이 낚시 바늘에 걸렸을 때에는 살기 위해서 몸부림을 치지만 일단 위기에서 벗어나고 나면 마음에 여유가 생겨서 미끼를 보면 또 물려고 접근을 하는 것과 같습니다.

도박을 하는 사람들은 처음에 많은 돈을 잃고 난 후에는 다시는 도박을 하지 않겠다고 맹세를 합니다. 그러나 시간이 지난 후에는 옛날의 그 맹세를 잊어버리고 이번에는 과거처럼 돈을 다 잃지 않고 잘할 것 같은 확신이 들면서 뛰어들다가 또 다시 많은 돈을 잃고 빚잔치에 빠지게 되는 것입니다. 이것을 볼 때 인간이라는 존재는 어쩔 수 없는 것 같습니다. 이 세상 유혹으로부터 완전히 안전한 사람은 아무도 없습니다. 아무리 신앙이 좋다고 하지만 혼자서 돌아다니면 죄의 유혹에 걸려들 가능성이 많습니다. 그래서 우리는 결국 더 강한 곳에 내 자신을 잡아매는 수밖에 없습니다. 우리에게 있어서 가장 중요한 것은 아예 자기 자신을 믿지 않는 것입니다. 자기 자신의 이성적인 판단이나 도덕성을 믿는 대신 하나님의 말씀과 공동체에 자기 자신을 잡아매면 죄의 유혹에서 살아남을 수 있습니다. 왜냐하면 하나님의 말씀과 공동체는 우리를 지켜 주는 힘이 강하기 때문입니다.

사울은 하나님의 말씀에 자기 자신을 잡아매지 않고 자기 생각대로 움직인 것이 문제였습니다. 사울은 자신이 시기심 때문에 다윗을 추격하고 있으며 절대로 그를 이길 수 없는 것을 알면서도 시간이 지난 후 또 다시 다윗을 잡아야겠다는 생각에 빠졌습니다. 지난번에는 실수로 굴에 들어갔지만 이번에는 그런 일을 하지 않기로 했습니다.

우리는 우리 자신의 판단이나 도덕성을 너무 믿어서는 안 됩니다. 특히 지금 이 세상은 유혹의 태풍이 불어오고 있는 때인데 자기 의지만 믿고 나아가면 죄의 유혹에 걸려들기 쉬운 것입니다.

「오디세이」라는 책을 보면 오디세이가 모험을 찾아서 항해를 할 때에 바닷가의 바위 위에서 어느 여자가 피리를 부는데 그 소리만 들으면 선장이 미쳐서 그곳으로 배를 몰고 가게 되어 배가 바위에 깨어져 죽게 되는 것입니다. 이것을 알고 있는 선장은 그 피리 소리를 듣고서 선원들에게 자기를 배의 기둥에 묶으라고 합니다. 그리고 선원들에게는 귀를 막고 절대로 자기 말을 듣지 말고 노만 저으라고 명령을 내립니다. 이 선장은 마녀의 피리 소리를 듣고서 입에 거품을 흘리면서 부하들에게 자기를 풀어 달라고 하지만 선원들은 귀를 막고 있었기 때문에 선장을 풀어 주지 않아서 배가 안전하게 그곳을 지나가게 되는 이야기가 있습니다.

사울은 자신을 믿지 못하게 되었을 때에 부하들에게 절대로 자신의 말을 듣지 말고 부하들 양심에 따라서 각자 바른 길로 가라고 해야 하는데 그렇게 할 수가 없었던 것입니다. 사울은 십 사람들이 다윗에 대한 정보를 제공해 주었을 때 마치 도박하는 사람처럼 이번만큼은 틀림없이 다윗을 이길 것이라고 생각했을 것입니다.

이처럼 우리는 다른 사람이 아무리 약속을 하고 맹세를 해도 그것을 너무 믿으면 안 됩니다. 하나의 참고 사항으로 여기며 하나님의 뜻이면 이루어지고 하나님의 뜻이 아니면 이루어지지 않을 것이라고 생각해야 합니다.

다윗의 본능

다윗은 원래 야생 상태에서 오랜세월 목축을 했기 때문에 본능적인 센스가 있는 사람이었습니다. 그는 사울이 맹세를 했지만 언제든지 맹세를 깨뜨릴 수 있다는 것을 알고 있었기 때문에 항상 경계를 늦추지 않았습니다. 그래서 다윗은 사울이 두 번째로 자기를 추격해 온 것을 알게 되었을 때, 가장 먼저 정탐꾼을 보내서 사울이 직접 왔는지 확인했습니다.

사무엘상 26장 4절
"이에 탐정을 보내어 사울이 과연 이른 줄 알고"

다윗은 사울의 맹세를 믿지 않았습니다. 그래서 언제든지 사울이 다시 자기를 잡으러 올 것을 알고 대비 하고 있었습니다. 다윗의 두려움이 무엇입니까? 지난번에는 하나님의 도우심으로 기적적으로 위기를 벗어날 수 있었고 하필 자기들이 숨어 있는 굴에 사울 왕이 잠자러 들어오는 바람에 오히려 사울을 코너에 몰아넣는 기회를 잡을 수 있었습니다. 다윗은 그런 요행이나 기적이 또 일어나지 않을까봐 두려웠습니다. 다시는 사울이 다윗이 숨어 있는 굴속에 들어오는 일은 없을 것입니다. 오히려 그런 실수를 다시 반복하지 않기 위하여 사울 왕은 몇 배나 주의를 할 것입니다. 그런데 어떻게 다윗이 사울을 또 이길 수 있겠습니까?

우리가 믿음으로 살 때 우리 힘으로 위기를 벗어나는 것이 아닙니다. 정말 생각지도 못한 요인으로 인하여 가까스로 위기를 벗어나는 것입니다. 그런데 이런 요행이나 기적이 또 일어난다는 보장이 없기 때문에 두려워합니다. 그러나 우리는 이때 하나님의 인애를 반복적으로 체험하게 됩니다. 하나님은 기적을 계속 일으키며 우리를 위기에서 건져 내는 신실한 분이십니다. 홍해를 가르신 하나님이 또 요단강을 가르십니다. 보리떡 다섯 개로 5000명을 먹이신 예수님이 보리떡 일곱 개로 또 4000명을 먹이셨습니다. 하나님은 한번만 기적을 행하고 그만두는 분이 아니십니다. 우리를 향한 하나님의 뜻이 온전히 이루어질 때까지 끝까지 우리를 책임지는 분이십니다. 이것을 믿어야 어려움 가운데서 여유를 가질 수 있습니다. 다윗은 이전에 하나님의 신실하심을 체험한 후에는 더 과감한 작전을 구사합니다.

> 사무엘상 26장 5절
> "일어나 사울의 진 친 곳에 이르러 사울과 넬의 아들 군대장관 아브넬의 유하는 곳을 본즉 사울이 진 가운데 누웠고 백성은 그를 둘러 진 쳤더라"

이번에 다윗은 가만히 있으면서 사울이 제 발로 걸어 들어오기를 기다리지 않고 직접 사울의 진으로 들어갔습니다. 이것은 정말 대담한 작진이 아닐 수 없습니다. 다윗이 어떻게 이런 대담한 작전을 구사할 수 있었을까요? 이런 것이 본능적인 감각인 것 같습니다. 다윗은 그 동안 하나님과 함께하는 훈련을 받으면서 감각이 아주 놀라울 정도로 예민해지게 되었습니다. 그래서 하나님이 함께하시기 때문에 절대로 잡히지 않을 것이라는 확신을 갖고 담대하게 이스라엘 진 안으로 들어갈 수 있었습니다. 다윗이 이스라엘 진 안으로 들어갔을 때 추격대는 모두 깊은 잠에 떨어져 있었기 때문에 다윗은 사울을 죽일 수 있는 완전한 기회를 포착하게 되었습니다.

> 사무엘상 26장 7-8절
> "다윗과 아비새가 밤에 그 백성에게 나아가 본즉 사울이 진 가운데 누워 자고 창은 머리 곁 땅에 꽂혔고 아브넬과 백성들은 그를 둘러 누웠는지라 아비새가 다윗에게 이르되 하나님이 오늘날 당신의 원수를 당신의 손에 붙이셨나이다 그러므로 청하노니 나로 창으로 그를 찔러서 단번에 땅에 꽂게 하소서 내가 그를 두 번 찌를 것이 없으리이다"

이 기회는 하나님이 주신 것이었습니다. 12절을 보면 하나님이 그들을 깊이 잠들게 하셨음을 알 수 있습니다. 사울이 아무리 다윗을 잡으려고 몸부림쳐도 하나님이 기회를 주지 않으시니까 아무 소용이 없었습니다. 오히려 하나님이 사울의 모든 군인들을 깊이 잠들게 하시니까 이들은 정신없이 잠을 자고 있었습니다. 사탄은 우리가 이 세상에서 완전히 적응하지 못하고 내어 쫓기게 만들려고 합니다. 그러나 하나님은 우리에게 모든 것을 볼 수 있는 믿음의 눈을 주시고 악한 자의 눈을 감기십니다. 아무리 하나님의 백성들의 결점을 찾아서 공격하려 해도 하나님이 감추시기 때문에 찾을 수가 없는 것입니다.

다윗이 무사히 진에 들어가서 사울을 해칠 수 있는 기회를 얻게 되자 다윗의 신하 아비새는 이것이 하나님이 주신 기회라고 말합니다. 어떻게 보면 아비새의 말이 맞는 것 같습니다. 그리고 아비새는 다윗이 기름 부음 받은 자를 죽이기 싫으면 자기에게 맡기라고 합니다. 그러면 자기들이 죽이고 자기들이 책임을 지겠다고 합니다. 그런데 다윗은 기회보다 신학을 더 중요하게 생각하는 사람이었습니다. 그의 확고한 신학이 무엇인가 하면 어떤 일이 있어도 자기는 하나님의 기름 부음 받은 자를 대적하지 않는다는 것이었습니다.

사무엘상 26장 9절

"다윗이 아비새에게 이르되 죽이지 말라 누구든지 손을 들어 여호와의 기름 부음을 받은 자를 치면 죄가 없겠느냐"

　　하나님의 기름 부음을 받은 자가 죄를 지으면 하나님이 그를 반드시 죽게 하신다고 다윗은 생각했습니다. 10절을 보면 "또 가로되 여호와께서 사시거니와 여호와께서 그를 치시리니 혹 죽을 날이 이르거나 혹 전장에 들어가서 망하리라"고 했습니다. 다시 말해서 다윗은 하나님이 기름 부으신 사울을 하나님께서 병들어 죽게 하시든지 아니면 전쟁터에서 죽도록 하시지 결코 자기는 직접 사울을 죽이지 않겠다고 말을 했습니다.

　　다윗은 하나님이 주신 두 번째 기회를 사울을 죽이라고 준 기회가 아니라, 반대로 하나님이 다윗을 이 정도로 사랑하며 지켜 주신다는 증거로 생각했습니다. 그러니까 똑같은 일에 대하여 사람의 입장에 따라서 얼마나 생각이 달라지는지 모릅니다. 인간적인 입장에서 보면 다윗은 하나님이 두 번씩이나 주신 기회를 살리지 못한 어리석은 사람으로 생각됩니다. 그러나 다윗의 입장은 하나님이 자기를 사랑하시는 증거이지 사울을 죽이라는 증거가 아니라는 것입니다. 똑같은 현상에 대해서 그 사람이 가지고 있는 신앙에 따라서 완전히 다른 결론이 나오게 됩니다.

　　그래서 믿는 사람들은 믿지 않는 사람들과 멍에를 지기 어려운 것입니다. 왜냐하면 모든 일을 보는 시각이 다르기 때문입니다. 어떤 일은 신앙적으로는 아주 중요한 문제인데 세상의 눈으로 보면 너무나도 무가치하게 보이는 것입니다. 또 어떤 일은 세상적으로는 너무나도 중요해 보이지만 신앙적으로는 시간 낭비이고 돈 낭비입니다. 특히 다윗은 자고 있는 사람을 몰래 죽이는 것을 아주 비열한 짓으로 생각했습니다. 그래서 나중에도 자고 있는 사울의 아들 이스보셋의 목을 베어온 두 신하를 죽였습니다.

우리는 이 세상에서 아무리 좋은 기회가 제공된다 하더라도 이것이 하나님이 주시는 것인지 아닌지를 구별해야 합니다. 그래서 하나님이 주시지 않은 기회라면 아무리 많은 돈을 받고 훌륭한 대접을 받는다 하더라도 거절해야 합니다. 하나님이 주시지 않는 것은 결국 나의 것이 되지 못하기 때문입니다. 그래서 무엇이든지 남이 하라고 해서 하면 안 됩니다. 지도자들은 모든 것을 신앙의 눈으로 해석하여 거절할 것은 거절할 수 있어야 합니다. 다윗은 자신의 미래를 위해 아주 작은 일에서부터 하나님의 뜻에 복종하기를 원했습니다. 그래서 이번에는 사울의 옷자락을 베는 대신에 그의 물병과 창을 훔쳐서 진을 빠져나왔습니다. 이것이 그의 증거물이었습니다. 즉 다윗은 사울을 죽일 의사가 없다는 표시였습니다.

여기서 우리가 알 수 있는 것이 무엇입니까? 사탄은 사울의 약점을 이용해서 계속적으로 다윗을 공격하게 합니다. 사탄은 중요한 사람을 한 번만 공격하지 않습니다. 한 번 실패하면 잠시 물러났다가 또 옵니다. 그러므로 우리는 언제나 경계해야 합니다. 이미 사울은 중독이 되어 있었습니다. 이렇게 자신의 분노의 감정에 중독이 되어 있을 때에는 자기를 믿지 말아야 합니다. 주위 사람들에게 말해야 합니다. 자신이 다윗을 심히 미워하고 있고, 이것이 자제가 되지 않으니까 자신이 명령을 내려도 듣지 말라고 했어야 합니다. 자신을 죄짓지 못하게 묶어버려야 하는 것입니다.

다윗은 두 번째 추격전에는 이미 자신감을 가지고 대담하게 적진에 들어가서 사울을 죽일 기회를 확보했습니다. 그러나 결정적인 순간에는 사울을 죽이지 않고 증거물만 가지고 나왔습니다. 이것이 그리스도인의 용서의 정신입니다. 따질 것은 철저하게 따지지만 결정적인 순간에는 상대방을 풀어 주어서 살게 합니다. 이것이 죽이는 것보다 더 이기는 것입니다.

다윗이 아브넬을 책망함

다윗은 사울의 진에서 증거물을 가지고 나온 후 사울의 경호 책임자인 아브넬을 불러서 책망했습니다.

사무엘상 26장 15-16절
"다윗이 아브넬에게 이르되 네가 용사가 아니냐 이스라엘 중에 너 같은 자가 누구냐 그러한데 네가 어찌하여 네 주 왕을 보호하지 아니하느냐 백성 중 한 사람이 네 주 왕을 죽이려고 들어갔었느니라 네 행한 이 일이 선치 못하도다 여호와께서 사시거니와 여호와의 기름 부음 받은 너희 주를 보호하지 아니하였으니 너희는 마땅히 죽을 자니라 이제 왕의 창과 왕의 머리 곁에 있던 물병이 어디 있나 보라"

다윗은 자신이 말로라도 사울을 대적할 수 없다는 것을 알았습니다. 그래서 사울 대신 사울의 경호 책임자인 아브넬에게 그가 왕을 지키지 못한 책임을 따졌습니다. 다윗은 아브넬에게 '너는 죽어야 한다' 고 말합니다. 경호 책임자가 왕을 지키지 못하면 죽어야 합니다. 사실 아브넬은 깜빡 졸았다고 생각할지 모르지만 그 사이에 침투한 사람이 있었습니다. 군대에서는 이런 훈련을 합니다. 야간 침투조가 경비를 하고 있는 부대 안을 침투해 들어가서 사령관의 방 앞에 '폭파' 라는 딱지를 붙여 놓습니다. 그러면 사령실은 폭파된 것입니다. 그렇게 되면 그 날 경비를 한 사람은 문책을 받게 됩니다. 다윗은 무엇보다 사울의 경호원들을 책망합니다.

그러나 실상은 사울에게 던지는 강한 메시지였습니다. 즉 '당신은 오늘 밤 나에게 또 걸려들었습니다' 라는 말입니다. 다윗은 사울을 향하여 분명하게 말할 수 있는 자격이 있습니다. 그러나 이런 결정적인 기회가 없더라도 우리는 악한 자를 대적할 때에는 분명하게 대적해야 합니다. 예를 들어, 어떤 경우에는 상대방의 결정적인 잘못을 따져야 할 때가 있습니다. 이럴 때는 보통 그가 자신의 잘못을 인정하지 않고 자꾸 거짓말을 하고 속입니다. 이럴 때는 어설프게 말을 꺼내다가는 본전도 찾지 못할 때가 많습니다. 그러나 악한 생각으로 자꾸 괴롭히고 끈질기게 추격을 할 때 한 번은 분명하게 의사를 밝힐 필요가 있습니다.

사무엘상 26장 18-19절
"또 가로되 내 주는 어찌하여 주의 종을 쫓으시나이까 내가 무엇을 하였으며 내 손에 무슨 악이 있나이까 청컨대 내 주 왕은 이제 종의 말을 들으소서 만일 왕을 격동시켜 나를 해하려 하는 이가 여호와시면 여호와께서는 제물을 받으시기를 원하나이다마는 만일 인자들이면 그들이 여호와 앞에 저주를 받으리니 이는 그들이 이르기를 너는 가서 다른 신들을 섬기라 하고 오늘날 나를 쫓아 내어 여호와의 기업에 붙지 못하게 함이니이다"

우리는 보통 다른 사람들이 나를 끝까지 추격하면서 괴롭힐 때 '도대체 내가 무엇을 잘못했다고 나를 이렇게 괴롭히느냐' 고 항의할 것입니다. 그러면 상대방은 아마도 내가 너를 이러이러한 이유로 미워하기 때문에 끝까지 따라가서 괴롭힐 것이라고 대답할 것입니다. 이처럼 다윗도 사울에게 말을 합니다. 만약 자신을 추격하도록 충동질하는 분이 하나님이시라면 제물을 받으실 것인데 만약 사람이 충동질하는 것이라면 하나님의 저주가 임하리라는 것입니다.

여기서 다윗은 두 가지를 말하고 있습니다. 하나는 사울을 그렇게 충동질하는 것이 어디서 나왔느냐는 것입니다. 그것이 하나님의 생각인지 아니면 사람의 생각인지 분별하라는 것입니다. 우리는 우리의 모든 충동을 믿으면 안 됩니다. 그 충동의 근원을 확인해야 합니다. 하나님이 주시는 생각이 있지만 그냥 우리 마음속에서 생기는 충동도 있습니다. 그것을 어떻게 분별할 수 있습니까? 사실 분별하기 어렵습니다. 그러나 하나님이 주시는 충동이면 예배를 통하여 하나님이 우리의 마음을 받아 주십니다. 그래서 그런 마음을 가지고 예배를 드릴 때 얼마나 기쁘고 감사한지 모릅니다. 그러나 우리의 생각이 사람의 충동이면 자꾸만 조급증이 생기고 예배를 드려도 아무런 기쁨이 없는 것입니다.

다윗은 사울을 자극하지 않으면서 자신의 입장을 충분히 밝히려고 합니다. 즉 자신은 사울을 해칠 생각이 없다는 것입니다. 사실 어떤 충동이 생길 때 인간의 욕심인 경우가 많습니다. 특히 길을 찾지 못했을 때 너무나도 많이 이것저것을 다 시도해 보고 싶은 충동이 생깁니다. 하루 저녁에 모래성을 쌓고 그다음 날 또 허물게 됩니다. 일단 생각이 복잡할 때에는 사람의 생각일 가능성이 많습니다. 그래서 다윗은 제사를 드리면서 그 마음의 근원을 한 번 확인해 보라는 것입니다. 하나님이 기뻐하는 제사는 받으시지만 기뻐하지 않으시면 응답이 없을 것이라고 말합니다. 하나님은 일단 환경으로 막으시고 하나님의 뜻이 아니면 예배에 기쁨이 없습니다.

다윗은 여기서 사울이 자기를 쫓는 것이 어떤 의미가 있는지 말을 합니다. 그것은 하나님 앞에서 예배드릴 특권을 빼앗는다는 것입니다. 왜 자신이 예배를 드리지 못하게 하느냐는 것입니다. 죄인은 예배를 드리고 싶은 생각이 들지 않습니다. 하나님이 자기를 심판할 것 같은 생각이 들기 때문입니다. 여러분은 예배를 드리고 싶을 때 반드시 예배를 드리십시오. 그리고 기도하고 싶을 때 반드시 기도를 하십시오. 예비 된 은혜가 있을 것입니다. 왜냐하면 이것은 성도들의 특권이기 때문입니다. 사울은 다윗의 말을 듣고 이번에도 자기가 잘못했다는 것을 시인합니다.

사무엘상 26장 21절

"사울이 가로되 내가 범죄하였도다 내 아들 다윗아 돌아오라 네가 오늘 내 생명을 귀중히 여겼은즉 내가 다시는 너를 해하려 하지 아니하리라 내가 어리석은 일을 하였으니 대단히 잘못되었도다"

우리가 사울에게 보게 되는 것이 무엇입니까? 사울은 일단 정확한 하나님의 말씀에 입각한 지적은 달게 받았습니다. 그때에는 어린 아이처럼 되어서 자기의 잘못을 회개하고 용서를 빌었습니다. 그런데 거기서 돌아서면 그 은혜는 사라지고 맙니다. 예수님은 이런 마음을 가시떨기(막 4:7)에 떨어진 씨라고 말씀하셨습니다. 말씀을 들을 때에는 즐겁게 듣는데 돌아서면 기쁨이 완전히 사라지고 아무것도 열매 맺지 못하는 것입니다. 그래서 하나님의 말씀이 그 사람 속에서 변화를 일으키지 못합니다.

이런 사람들은 종교적인 분위기를 대단히 좋아합니다. 그러나 끝내 세상적인 욕망을 버리지 못하고 열매를 맺지 못합니다. 말씀을 듣는 것을 즐기는 것만으로는 안 됩니다. 이런 사람들은 설교자를 개인적으로 좋아하는 것으로 그치기 쉽습니다. 그러나 설교자를 보지 말고 오직 말씀 자체를 통하여 하나님을 만나야 합니다. 그래야 진정으로 열매 맺는 신앙이 될 수 있습니다. 하나님은 우리를 위하여 단 한 번만 기적을 베푸는 분이 아니십니다. 우리가 완전해질 때까지 반복적으로 기적을 베푸십니다. 우리는 우리에게 주어진 기회를 무조건 붙잡을 필요가 없습니다. 아무리 좋은 기회가 주어졌다 하더라도 우리의 신앙과 맞지 않으면 다른 사람들이 하는 말을 듣지 말아야 합니다. 인간적인 생각으로는 이 세상을 살 수 없을 것 같아도 하나님이 우리에게 지혜의 눈을 뜨게 하시고 상대방의 눈을 가리시기 때문에 얼마든지 자신 있게 살아갈 수 있는 것입니다.

34

다윗의 망명 생활

>> 삼상 27:1-12

　이 세상에서 신앙적으로는 도저히 살아갈 수 없을 것 같은 모순을 경험할 때가 있습니다. 예를 들어 사업하는 사람이라면, 비정상적인 금전적 요구를 들어주는 것이 하나님의 방법이 아닌 줄 알면서도 살기 위해서 어쩔 수 없이 그렇게 할 때가 있습니다. 물론 이론적으로 보면, 하나님의 백성은 절대 이런 식으로 하면 안 됩니다. 그러나 신앙만으로는 전혀 먹혀 들어가지 않을 때가 있고, 또 너무 신앙 양심만 내세울 수도 없습니다. 문제는 이런 타협을 하나님은 어떻게 보시느냐 하는 것입니다. 하나님을 배신하고 불신앙의 자리에 빠진 것으로 보실까요? 아니면 어쩔 수 없는 인간적인 연약함으로 보실까요?
　물론 우리는 100% 하나님의 말씀대로 살려고 노력해야 합니다. 그럼에도 불구하고 하나님은 이 세상이 너무나도 악해서 그분의 말씀대로 순종하지 못하고 인간적인 방법을 쓰게 되더라도, 우리를 책망하기보다는 더 불쌍히 여겨 주십니다. 본문 말씀 속에 나오는 다윗의 모습은, 과연 두 번씩이나 사울을 궁지에 몰아넣고 믿음으로 승리했던 다윗이 맞는지 의심스럽습니다. 하나님은 언제나 다윗을 구해 주시고 오히려 그가 사울을 놓아 주게 하셨습니다. 그럼에도 불구하고 다윗은 불안해서 더 이상 이스라엘 땅에 살고 싶지 않았습니다. 블레셋 땅에 있지 말고 이스라엘 안에 살라고 하는 하나님의 선지자의 말씀을 들었지만, 다윗은 블레셋 땅에 가서 다시 아기스의 신하가 되어 자신의 몸을 의탁합니다.

블레셋 땅에서 다윗은 아말렉 족속을 공격해서 사람을 죽이고 물건을 빼앗으면서 한편으로는 이스라엘을 공격했다는 거짓말로 아기스의 신임을 얻는 이중생활을 하게 됩니다. 다윗은 아말렉 족속 중에서 한 사람이라도 살아 있으면 들통이 나니까 모조리 죽이는 방법으로 비밀을 유지시켜 나갔습니다. 이전에 이스라엘에서 쫓겨 다닐 때는 적어도 거짓말하거나 불필요한 살인을 할 필요는 없었습니다. 단지 좀 불안한 생활을 했을 뿐입니다. 그런데 아기스에게 가자 사울에게는 쫓기지 않게 되었지만 거짓말을 하고 자주 신앙 양심을 팔아먹어야 했습니다.

그런데 하나님은 이런 다윗을 버리지 않으시고 오히려 불쌍히 여기셨습니다. 이것을 볼 때 성경이 얼마나 살아 있는 하나님의 말씀인지 알 수 있습니다. 성경은 우리에게 반드시 이렇게 살아야 한다는 식의 모범 답안을 나열해서, 그렇게 산 모범생만 칭찬하지 않습니다. 성경에는 하나님의 말씀에도 불구하고 현실과 타협한 믿음의 사람들에 대해서도 기록해 놓고 있습니다. 우리는 이들을 버리지 않고 오히려 더 이해하고 감싸 주신 하나님을 만나게 됩니다.

믿음의 승리 후에 찾아온 시험

다윗은 이스라엘 지경 안에서 사울에게 쫓겨 다니며 생애에서 가장 어렵고 힘든 시기를 보냈습니다. 이때 인간의 생각으로는 도저히 살 수가 없는 처지였고 오직 전적인 하나님의 도우심으로 살아남았습니다. 그런데 하나님은 다윗을 살게만 하신 것이 아니라 오히려 다윗이 사울을 이기게 하셨습니다. 다윗의 이 체험은 사실 다윗에게 중요한 확신을 주는 것이었습니다. 다윗은 사울이 마치 이를 잡듯이 그를 추격하는 데에서도 살아남고 오히려 사울을 궁지에 몰아넣은 경험을 통해 앞으로 어떤 궁지에 빠지더라도 살아남을 수 있다는 확신을 갖습니다. 다윗이 이런 처지에서 살아남을 수 있었다면 앞으로 어떤 어려움과 시련이 온다 하더라도 이겨낼 수 있다는 것을 의미합니다. 문제는 다윗이 그런 궁지에 빠져 있었을 때에는 믿음으로 승리할 수 있었는데, 그 궁지에서 나온 후에는 더 믿음이 없어지고만 것입니다.

사무엘상 27장 1절

"다윗이 그 다음에 생각하기를 내가 후일에는 사울의 손에 망하리니 블레셋 사람의 땅으로 피하여 들어가는 것이 상책이로다 사울이 이스라엘 온 경내에서 나를 수색하다가 절망하리니 내가 그 손에서 벗어나리라 하고"

금방 이해가 잘 되지 않는 것이 있습니다. 다윗이 그렇게 사울에게 쫓기면서 어려움을 당할 때에는 믿음으로 잘 견디었는데 어떻게 어려움을 벗어난 후에는 더 믿음이 없어지게 되었느냐 하는 것입니다. 이것은 다윗에게 정신적인 여유가 생기면서 인간적인 생각이 파고든 것을 의미합니다. 사실 사울에게 쫓겨 다니는 동안 다윗은 자신의 처지에 대하여 생각할 정신적인 여유가 없었습니다. 그저 한 순간 한 순간을 하나님의 도우심으로 살아남는 것밖에 없었습니다. 그러니까 다윗은 단순하게 하나님을 의지하게 되었고 하나님은 그를 자꾸 이기게 하셨던 것입니다. 그러나 다윗이 두 번이나 사울을 물리치고 이제는 자신에 대하여 생각할 정신적인 여유가 생기게 되었을 때 다윗은 그만 인간적인 생각에 빠지게 되어서 결국 하나님의 말씀에 순종하지 못하고 편하게 살 수 있는 길을 택하게 됩니다.

여기서 우리는 두 가지를 생각하게 됩니다. 우선 첫 번째는 우리가 생각을 많이 한다고 꼭 유익한 것은 아니라는 사실입니다. 다윗이 사울에게 쫓길 때에는 사실 생각할 수 있는 정신적인 여유가 없었습니다. 그때 다윗은 별로 고민하지 않았고 매 순간 하나님의 도우심을 받을 수 있었습니다. 그러나 다윗이 위기를 넘기고 생각할 여유를 가지게 되었을 때 너무나도 생각이 복잡하게 되고 결국 다윗은 하나님의 말씀에 불순종하는 쪽으로 결정을 내리고 말았던 것입니다.

원래 우리 그리스도인들에게 생각하는 시간이라고 하는 것은 여인들이 거울을 통해서 자신의 얼굴을 보면서 화장을 할 때처럼 행복한 시간입니다. 그런데 중요한 것은 그 거울이 하나님의 말씀의 거울이어야 하는 것입니다. 우리가 하나님의 말씀을 통하여 자신의 모습을 생각해 볼 때 얼마나 아름답고 행복한지 모릅니다. 다윗의 경우에 도저히 인간의 머리나 방법으로는 살 수 없는 위기에서 하나님은 두 번씩이나 다윗이 멋지게 사울을 이기게 하셨습니다. 얼마나 신나는 일입니까? 이런 일은 아무리 많이 생각해도 지나침이 없습니다. 두고두고 생각해도 감사한 일이며 이런 하나님만 의지한다면 앞으로 어떤 위기가 찾아온다고 해도 걱정할 것이 없습니다.

그런데 다윗이라고 하는 인간적인 거울을 통하여 자신의 모습을 들여다볼 때 사울은 정신이 이상한 미친 사람으로 보였고 게다가 앞으로는 사울이 더 미치게 될 텐데 도저히 이스라엘 안에서는 살아남을 자신이 없어져 버린 것입니다. 이것이 바로 다윗의 생각에 사탄의 독이 스며든 경우입니다. 그래서 다윗이 침체가 되면서 앞으로 자기는 사울의 손에 망할 것이라는 결론을 내리게 되는 것입니다. 바로 이것이 하나님의 백성들의 어려움입니다. 다급해지면 결사적으로 하나님을 의지하기 때문에 믿음으로 이겨내지만 여유가 생기게 되면 인간적인 생각이 파고 들어와서 쉽게 침체가 되어버리는 것입니다.

이것은 다른 믿음의 사람의 경우에도 마찬가지입니다. 엘리야는 얼마나 담대한 믿음의 사람입니까? 그가 기도했을 때 하늘에서 오랫동안 비가 내리지 않았고 또 하늘에서 불이 떨어지기도 했습니다. 엘리야가 이렇게 할 수 있었던 것은 전적으로 하나님만 바라보았기 때문입니다. 그러나 나중에 이세벨이 엘리야를 체포하라는 명령을 내렸을 때에는 너무나도 두려워서 로뎀나무 아래서 하나님께 자기를 죽여 달라고 기도할 정도로 침체되어 있었습니다. 이것은 시간의 여유가 생기면서 자기 자신을 보았기 때문입니다. 우리는 하나님만 바라보면 놀라운 믿음이 생기는데 자기 자신을 바라보면 비참해질 정도로 믿음이 없어지게 되는 것입니다.

문제는 우리 자신이 아니라 하나님만 계속 바라볼 수 있느냐는 것입니다. 우리에게는 이것이 잘 되지 않습니다. 그래서 우리 신앙에는 굴곡이 있고 높낮이가 있는 것입니다. 이런 신앙의 굴곡을 최소한도로 줄일 수 있는 방법이 하나님의 말씀 중심으로 신앙생활을 하는 것입니다. 오로지 교회가 모여서 하나님의 말씀을 듣고 하나님의 은혜를 받는 것을 중심으로 신앙생활을 하면 아무래도 말씀이 중심이 되기 때문에 비교적 신앙의 굴곡 없이 부흥할 수 있습니다. 그래서 우리는 혼자서 생각하는 시간을 잘 보내야 합니다. 하나님의 말씀 없이 혼자 생각하는 시간을 가지면 다른 사람을 실컷 미워하다가 혼자 침체될 것입니다.

두 번째는 다윗이 사울을 두 번 이기고는 더 이상 하나님을 의지하지 못하게 된 것입니다. 우리가 다윗의 경우를 보면 모세가 생각이 납니다. 하나님이 모세에게 주신 능력은 두 가지였습니다. 하나는 지팡이가 뱀이 되는 것이고 다른 하나는 물이 피가 되는 것입니다. 모세는 바로 앞에서 이 두 가지 능력을 다 행했지만 바로는 꿈쩍도 하지 않습니다. 만약 모세가 다윗 같았으면 거기서 도망을 쳤을지도 모릅니다. 그러나 모세는 도망치지 않았고 그 후에 하나님의 능력은 열 번이나 더 나타나게 되었습니다. 지금 다윗은 두 번 사울을 물리쳤는데, 하나님은 앞으로 열 번 더 사울을 물리칠 계략을 가지고 계시다는 것을 믿어야 합니다. 그러므로 은혜를 받는 것도 중요하지만 은혜 받은 것을 어떻게 자신의 삶에 계속 적용시키느냐 하는 것이 더욱 중요합니다. 다윗은 두 번 하나님의 도우심으로 이긴 후에 하나님의 능력이 다 끝났다고 생각했는데 다르게 보면 하나님은 계속 이런 식으로 다윗을 무궁무진하게 도와주실 것입니다. 그래서 은혜를 받는 이상으로 중요한 것이 은혜를 잘 간직하는 것입니다.

여기서 다윗은 하나님의 말씀 없이 중요한 선택을 합니다. 즉 하나님의 말씀대로 따른다면 이스라엘 안에서 사울에게 밤낮으로 쫓기는 불안한 생활을 해야 합니다. 그런데 도저히 더 이상 버틸 자신이 없었던 것입니다. 사실 우리의 신앙은 늘 이런 식으로 막다른 골목까지 가게 되어 있습니다. 이럴 때에는 하나님의 말씀 쪽으로 나의 모든 인생을 거는 '올인'을 하는 것입니다. 이런 면에서 보면 신앙은 일종의 도박과 같은 것입니다. 그러나 다윗은 선지자의 말씀에도 불구하고 이스라엘을 떠나서 블레셋으로 망명하는 길을 택했습니다. 또한 그때 다윗은 비로소 사울의 추격을 피하여 안정된 생활을 할 수가 있었습니다. 그러나 다윗이 블레셋에서 육체적으로는 편했는지 모르겠지만 영적으로는 아무런 유익이 없었던 기간이었습니다. 어떤 신학자는 말하기를 다윗이 그동안 많은 시를 섰지만 블레셋에 있는 동안에는 시를 쓴 것이 없다고 했습니다. 그 이유는 그가 육체적으로는 편했는지 모르겠지만 영적으로는 잠들어 있는 상태에 있었기 때문이었습니다.

다윗이 가드 왕 아기스에게로 망명을 함

사무엘상 27장 2절
"일어나 함께 있는 육백 인으로 더불어 가드 왕 마옥의 아들 아기스에게로 건너가니라"

사울은 다윗의 손에서 놓임을 받은 후 다시는 다윗을 추격하지 않겠다고 또 맹세를 했습니다. 그러나 다윗은 사울을 믿을 수가 없었습니다. 그것은 당연한 일입니다. 사울이 정상적이라고 해도 믿을 수가 없는데 정신적으로 심한 우울증과 정신 분열증에 빠져 있으니 어떻게 믿을 수가 있겠습니까? 그래서 다윗은 사울이 절대로 따라올 수 없는 블레셋 땅으로 넘어가 버리는 것입니다. 그러나 다윗이 생각했어야 할 것은 아기스가 사울의 원수일 뿐 아니라 이스라엘과도 원수라는 사실입니다. 이것은 마치 어떤 사람이 목사가 싫다고 절에 들어가는 것과 같습니다. 물론 그 사람이 절에 있으면 절대로 그 목사를 만나는 일은 없을 것입니다. 그러나 자기 자신도 그 절에서는 성경을 읽거나 찬송을 부르거나 할 수 없고 또 자신의 신분을 드러내지도 못할 것입니다. 그런데 다윗은 그렇게까지 해서라도 지긋지긋한 사울의 추격에서 벗어나고 싶었던 것입니다.

그 이유가 무엇입니까? 지금 다윗의 눈에는 사울이라는 사람이 너무 크게 보였기 때문입니다. 하나님의 눈에는 사울은 이제 다 꺼져가는 불이었습니다. 사울은 그냥 내버려 두면 저절로 꺼지게 되어 있는 사람입니다. 그래서 하나님은 지금까지 잘 견디어 온 다윗이 조금만 더 이스라엘 안에서 묵묵히 하나님의 섭리를 기다리며 참기를 원하신 것 같습니다. 그러나 다윗은 참지 못하고 하나님의 허락없이 블레셋으로 망명해 버렸습니다. 이런 것을 보면 다윗에게 어느 정도 혈기와 성깔이 남아 있는 것을 알 수 있습니다. 이 당시에는 전쟁이 많았기 때문에 왕들은 용병이 많이 필요했습니다. 그래서 왕들은 어떻게 해서든지 한 명의 용사라도 더 데리고 있으려고 했기 때문에 이전에는 적이었던 사람을 받아 주기도 하고 스카웃을 하기도 했던 것입니다. 그래서 가드 왕이 부하 600명을 데리고 망명을 신청하는 다윗을 마다할 리 없었습니다.

지난번에도 다윗은 망명을 하려고 하다가 누군가가 골리앗을 죽인 용사라는 말을 하자 미친 척해서 가드 왕 아기스 앞을 가까스로 빠져 나왔습니다.

그런데 이제는 이스라엘 왕이 다윗을 원수로 생각한다는 소문이 퍼진 상태였고 또 600명의 부하까지 데리고 아기스 왕의 부하가 되겠다고 하니까 기꺼이 받아 준 것 같습니다. 이제 다윗은 사울의 추격에서 해방되었습니다.

사무엘상 27장 4절
"다윗이 가드에 도망한 것을 혹이 사울에게 고하매 사울이 다시는 그를 수색하지 아니하니라"

모처럼 다윗은 마음에 평안을 되찾게 되었습니다. 그러나 그의 마음은 이상하게도 과거처럼 하나님께 대하여 그렇게 간절하지는 못했습니다. 그 이유는 하나님이 그에게 잠시 침묵하셨기 때문입니다. 하나님은 다윗의 결정을 기뻐하지 않으셨습니다. 만일 다윗이 어려운 가운데서도 이스라엘 땅에 남아 있으면서 고생을 했더라면 매순간 하나님이 주시는 감격과 은혜를 체험할 수 있었을 것입니다. 그러나 블레셋 땅에서는 몸은 편했지만 마음에 감격과 감동이 없었습니다. 만약 우리도 이런 상태가 되었을 때면 스스로 질문해 보아야 합니다. 몸이 힘들어도 마음에 감동이 있는 것이 나은가 아니면 감동은 없더라도 몸이 편한 것이 나은가 하는 것입니다. 이 질문에 대하여 우리 인간들은 어쩔 수가 없습니다. 우리 인간들은 몸이 편한 쪽으로 선택을 하게 됩니다.

우리는 이와 비슷한 현상을 아브라함의 생애에서도 찾아볼 수 있습니다. 하나님은 아브라함이 계속해서 약속의 아들을 기다리기 바라셨습니다. 그러나 아브라함은 더 이상 기다리지 못하고 아내 사라의 말만 듣고 그의 여종 하갈을 취해서 이스마엘이라는 아들을 얻었습니다. 아브라함이 그 아들을 얻고 얼마나 좋아했는지 모릅니다. 그러나 하나님은 아브라함이 정신을 차릴 때까지 무려 13년 동안 침묵하셨습니다.

때로는 하나님이 우리에게 침묵하십니다. 그 이유가 무엇입니까? 우리가 하나님의 약속보다 현실적인 문제에 더 집착하기 때문입니다. 그때 우리는 평안한 것 같지만 하나님은 답답해하시고, 우리는 기뻐하지만 하나님은 눈물을 흘리시는 시간입니다. 어쩌면 우리는 너무 평안을 누릴 생각을 해서는 안 되는 것 같습니다. 왜냐하면 우리는 연약한 인간이기 때문에 어쩔 수 없이 평안한 삶을 원하지만 일단 평안해지면 기도도 잘 하지 않고 말씀에 매달리는 것도 소홀히 하게 되기 때문입니다. 그래서 지혜로운 성도들은 자기가 너무 편하게 될까봐 일부러 불편하게 사는 사람들이 있습니다. 그들은 정말로 겸손하며 굳이 고난을 당할 필요가 없는 사람들입니다.

블레셋에서 다윗의 생활

하나님은 다윗이 블레셋으로 망명하는 것을 기뻐하지 않으셨습니다. 왜냐하면 블레셋과 싸우도록 하기 위해서 다윗을 기름 부어 세우셨기 때문입니다. 그러나 하나님은 그래도 그를 도와주셨습니다. 이것은 하나님의 말할 수 없는 인자와 신실하심입니다. 우리 같으면 자식이 부모가 원치 않는 결정을 내리면 모든 지원을 끊어버리고 실컷 고생하게 할 것입니다. 물론 하나님은 우리를 연단하기 위해 그렇게 하실 때도 있지만 죄가 아닌 다음에는 하나님이 기뻐하시는 뜻이 아니어도 형통하게 해 주십니다.

하나님은 다윗을 도와주셨습니다. 우선 첫번째로 하나님이 아기스로 하여금 나윗에게 독립된 성을 하나 차지하게 하신 것입니다. 다윗은 몰랐지만, 그와 아기스는 사고방식이 처음부터 끝까지 맞지 않았습니다. 그럼에도 불구하고 함께 있겠다고 망명을 했는데 하나님은 아기스의 마음을 움직이셔서 다윗과 따로 살게 하셨습니다. 그래서 다윗은 무려 일 년 넉 달을 아기스와 별 충돌 없이 지냅니다. 예를 들어, 어떤 부부는 부모님이 기독교를 너무 싫어하셔서 그 밑에서 신앙을 가진다는 것이 불가능했습니다. 이럴 때 하나님은 이 부부를 한 2년 정도 외국으로 파견 근무를 나가게 하셔서 부모로부터 떨어져 있는 동안 신앙을 가지게 하신 경우도 있었습니다. 이는 바로 하나님이 그들을 인도하여 주신 것입니다. 만약 다윗이 아기스와 같은 성에 살았다면 다윗은 사사건건 충돌하고 얼마 지나지 않아 못하고 쫓겨나고 말았을 것입니다. 그러나 하나님은 몸을 피한 다윗에게 숨 돌릴 시간을 주셨습니다.

두 번째로 다윗은 이스라엘을 치는 대신 아말렉을 쳐서 전과를 올렸습니다. 다윗은 아기스의 신하로 있는 이상 무엇인가 도움이 되어야만 했습니다. 그래서 그는 이스라엘을 친다고 하고서 아말렉을 쳐서 그 전리품을 아기스에 갖다 바쳤습니다.

사무엘상 27장 8-9절
"다윗과 그의 사람들이 올라가서 그술 사람과 기르스 사람과 아말렉 사람을 침로하였으니 그들은 옛적부터 술과 애굽 땅으로 지나가는 지방의 거민이라 다윗이 그 땅을 쳐서 남녀를 살려 두지 아니하고 양과 소와 나귀와 약대와 의복을 취하고 돌아와서 아기스에게 이르매"

이 당시는 약탈 경제의 시대였습니다. 그러므로 누구든지 강한 자가 약한 자의 것을 빼앗으면 그만이었습니다. 그런데 다윗은 어떤 동네를 약탈했는가 하면 전문적으로 도둑질 잘하는 사람들의 마을을 공격했습니다. 요즘 말로 표현하면 마피아들만 골라서 쳐서 전리품을 취하는 방식이었습니다. 그런데 생존자가 있으면 고자질을 하게 되니까 다윗은 일단 단 한 명의 생존자도 남기지 않고 소탕했습니다.

그러니까 경찰들이 할 일을 다윗이 한 셈이었습니다. 다윗은 이 세상에서 악한 자들을 응징하면서 그들의 재물을 빼앗아서 아기스에게 바치고 신임을 받았습니다. 어떻게 생각해 보면 다윗이 한 행동은 일종의 거짓이었습니다. 그는 아말렉을 치면서 아기스에게는 이스라엘을 치고 왔다고 속였습니다.

또한 이것은 대단히 위험했습니다. 만일 한 사람이라도 생존자가 있으면 다윗의 거짓이 탄로날 수 밖에 없었습니다. 또 한편으로는 지혜라고 볼 수도 있습니다. 다윗이 자신의 군대로 악을 소탕하면서 재물은 재물대로 얻고 아기스의 신임은 신임대로 얻는 것이었습니다. 이를 일석이조라고 말할 수 있을 것입니다. 그럼에도 불구하고 다윗의 행동이 정상적인 것은 아니었습니다. 아무리 선의의 거짓말이라 하더라도 거짓말은 언젠가 들통이 나게 되어 있습니다. 다윗이 이스라엘에 있을 때에는 결코 이런 식으로 생활을 유지하지 않았습니다. 다윗은 늘 하나님의 도우심을 의지했습니다. 오직 단 한번 나발이라는 자의 경제적인 도움을 받으려고 하다가 거절을 당해서 다윗이 혈기로 그 가족을 몰살할 뻔했던 적이 있었습니다.

그러나 이제는 가만히 앉아만 있을 수는 없었고 적극적으로 약탈하는 일을 해야만 했던 것입니다. 여기서 도둑들을 약탈하는 것은 의로운 도둑질이 아니냐고 생각할지 모르겠습니다. 그러나 도둑들을 도둑질하는 것도 의로운 것이 아닙니다. 우리는 다른 사람에 대하여 네가 정직하지 못하게 살아왔기 때문에 나도 너에게 피해를 주겠다는 식으로 나간다면 결국 그런 사람과 같은 인간이 되는 셈입니다. 이런 식으로 다윗은 블레셋 땅에서 신앙의 순수성을 잃어버리고 신앙 없는 자들과 똑같은 약탈자로서 살았던 것입니다. 요즘으로 말하면 나쁜 자들만 찾아다니면서 공갈 협박으로 돈을 뜯어내는 것인데 이것도 바른 삶은 결코 아닌 것입니다. 그래도 하나님이 다윗을 지켜 주셨기 때문에 이 위험한 게임은 들통 나지 않고 비밀이 유지될 수 있었습니다. 다윗은 하나님의 도우심 아래서 대단히 위험한 모험을 했습니다.

그러나 꼬리가 길면 잡히기 쉽습니다. 결국 다윗은 이스라엘과의 전쟁에 소집이 되어 큰 위기를 경험하게 됩니다. 그러나 그때도 하나님이 다윗을 빼 주셨습니다. 이런 것을 보면 다윗은 하나님의 도우심 없이는 도저히 살 수가 없는 사람이었습니다. 오늘도 하나님이 우리를 붙들어 주셔서 우리의 실수가 실수로 나타나지 않고 하나님의 전능하신 손으로 덮일 수 있도록 기도해야 합니다. 그리고 하나님의 뜻을 깨달아도 그대로 살 수 없는 연약한 자인 것을 고백하고 이런 악한 세상에서 능히 모든 것을 감당할 수 있도록 하나님의 긍휼을 간구하셔야 합니다. 하나님의 지키심과 도우심이 없으면 우리는 하루라도 살 수가 없습니다. 그래서 일이 잘될 때에도 우리 자신의 머리나 지혜로 잘되는 것이 아니라 하나님의 눈에 보이지 않는 간섭하심인 것을 깨닫고 하나님을 더욱 바라보며 신뢰하는 믿음을 가지시기 바랍니다.

35

무당을 찾아간 사울

>> 삼상 28:1-25

　하나님의 백성들은 각자의 양심에 따라서 해도 되고 안 해도 되는 것들이 있습니다. 이를 '아디아포라'라고 합니다. 예를 들어, 신약에서 사도 바울은 고기를 먹는 것에 대하여 각자의 양심에 따라서 하면 된다고 했습니다. 요즘으로 말하면 영화관에 간다든지 혹은 주일에 회사에 출근하는 문제 같은 것입니다.
　절대로 해서는 안 되는 일도 있습니다. 그 중에 하나가 음란입니다. 하나님의 백성들이 창녀의 집에 가서 음란한 행동을 하는 것은 절대로 용납되지 않습니다. 그리고 무당을 찾아 가거나 점을 치는 것도 절대로 용납되지 않습니다.
　하나님을 믿다가 타락한 사람들 중, 마음이 어두워지고 타락하여 하나님이 싫어하는 짓만 골라서 하는 사람이 있습니다. 사실 이들이 진짜로 신앙을 가졌던 것은 아닙니다. 그저 하나님의 율법 안에 있다가 결국 자기 정욕을 이기지 못해서 신앙을 버리게 되는 것입니다. 타락해서는 마음속으로 얼마나 하나님을 미워하게 되는지, 하나님께 반항하기 위하여 창녀의 집이나 점치는 사람의 집에 찾아가게 되는 것입니다.

　사울은 기름 부음을 받은 이스라엘의 왕이었으며, 한때 성령의 역사가 나타났던 사람입니다. 사울은 은혜를 받으면 더워서 그런지 옷을 벗고 알몸인 채로 있는 특징이 있었고 때로는 하루 종일 흥분 상태에서 하나님을 찬양하기도 했었습니다. 그런데 하나님의 은혜가 떠나자 영혼이 컬컬하고 답답해지면서 극도의 히스테리를 나타냈고 거의 정신병자로 살았습니다. 나중에 블레셋 군대가 쳐들어 왔을 때에는 너무나도 불안한 나머지 자기가 추방한 무당을 도로 찾아가서 사무엘의 죽은 귀신을 만나려고까지 했습니다.

　본문 말씀에 얼마나 위험한 내용이 기록되어 있는지 볼 수 있습니다. 그것은 도저히 성경에서는 용납할 수 없는 영매라고 할 수 있는 귀신과의 만남이 기록된 것입니다. 이 말씀을 보고 어떤 사람들은 정말 무당이 죽은 사무엘을 부르면 볼 수 있는 것처럼 생각합니다. 그러나 그것은 불가능한 일입니다. 이 모든 것들은 악한 마귀가 사람들을 속이기 위하여 가장하는 것입니다. 하나님의 성령이 떠난 사울은 하나님이 가장 싫어하시는 무당에게 찾아가서 죽은 자를 통하여 무엇인가 위로를 받으려고 할 정도로 비참한 사람이 되고 말았음을 알게 됩니다.

이스라엘을 공격하려는 블레셋

　블레셋이라는 나라는 이스라엘에게는 가시와 같은 존재였습니다. 블레셋 사람들은 누군가 그들에게 '너희가 무엇 때문에 존재하느냐?'고 물어보면, 모두 '이스라엘을 괴롭히기 위하여 존재 한다' 라고 대답할 정도로 이스라엘 백성들을 미워하고 시기했습니다. 특이한 점은 블레셋 사람들은 이스라엘 백성들이 신앙적으로 은혜가 충만하면 힘을 쓰지 못했습니다. 그러다가 그들이 바른 신앙에서 떠나서 엉뚱한 짓을 하기만 하면 어느새 힘을 모아서 이스라엘을 공격해서 못 살게 굴었습니다. 이스라엘 백성들의 신앙 상태를 알려면 블레셋 사람들을 보면 되었습니다. 어떤 의미에서 블레셋 사람들은 이스라엘 사람들에게 고마운 존재였습니다.

미국을 긴장하게 하는 '알카에다' 테러 조직은 틈만 노리고 있다가 언제 어디서나 미국 사람들을 공격합니다. 미국 사람들이 알카에다를 이기는 방법은 바른 신앙으로 돌아오는 것밖에 없으며, 그렇지 않으면 세상 끝 날까지 이들의 괴롭힘을 받을 것입니다. 만약 우리가 공격받기 시작하면 언제나 즉각적으로 '아, 요즘 내가 기도생활을 등한히 했기 때문에 또 알카에다가 나를 공격하는구나' 라고 생각하면 되는 것입니다. 고맙게도 우리에게는 기도생활을 등한히 하고 세상에 빠져들면 공격을 시작하는 영적인 블레셋 사람들이 주위에 있습니다.

그 동안 이스라엘은 너무나도 많은 허점을 가진 채 지내왔습니다. 이스라엘은 사울 왕과 다윗이 힘을 합쳐야 겨우 블레셋을 막아낼 수 있었습니다. 그런데 사울이 다윗을 죽이는 일에 미쳐서 정치는 내버려 두고 다윗만 쫓으러 다니니까 나라가 제대로 돌아갈 리가 없었습니다. 결국 그 틈을 타 블레셋은 대대적으로 이스라엘을 공격했습니다. 그런데 이번에는 블레셋 군대에 다윗이 포함되는 문제가 생겼습니다.

사무엘상 28장 1-2절
"그때에 블레셋 사람이 이스라엘을 쳐서 싸우려고 군대를 모집한지라 아기스가 다윗에게 이르되 너는 밝히 알라 너와 네 사람들이 나와 한 가지로 나가서 군대에 참가할 것이니라 다윗이 아기스에게 이르되 그러면 당신이 종의 행할 바를 아시리이다 아기스가 다윗에게 이르되 그러면 내가 너로 영영히 내 머리 지키는 자를 삼으리라 하니라"

다윗은 그 동안 몰래 이중생활을 해 왔습니다. 아기스의 부하로 있으면서 실제로는 다른 족속들을 치고는 마치 이스라엘을 공격한 것처럼 보고한 것입니다. 그러나 이제는 그 정체가 탄로나게 되었습니다. 왜냐하면 아기스가 이스라엘을 공격하는데 다윗을 포함시켰기 때문입니다. 그런데 다윗은 일단 아기스에게 큰소리부터 치고 봅니다. 자신이 이스라엘을 공격하는 것을 보면 자신의 능력을 더 잘 인정하게 될 것이라고 말입니다. 사실 말로는 큰소리를 쳤지만 다윗에게는 여간 걱정스러운 순간이 아니었습니다. 아기스의 명령을 따르게 되면 이스라엘의 원수가 될 것이며 반대로 아기스의 명을 거역하면 자신의 정체가 탄로 나서 죽임을 당하게 될 것입니다.

다윗이 이런 궁지에 빠지게 된 것은 자기 자신이 만든 함정에 스스로 걸려든 것입니다. 그래도 다윗이 큰소리를 친 것은 일단 끝까지 가볼 데까지는 가보자는 심산이었던 것 같습니다. 그러다가 결정적인 순간에는 도망을 칠 생각이었을 것입니다. '호랑이에게 물려가도 정신만 차리면 산다'는 우리 속담이 이럴 때 적용될 것입니다. 다윗은 오도가도 못 하는 궁지에 빠졌지만 일단 갈 데까지 가보자는 배짱을 가지고 아기스에게 큰소리를 쳤습니다. 여기서 약한 자의 특징이 나옵니다. 약한 자가 일단 약한 모습을 보이면 상대방은 의심을 하든지 덤벼들든지 하는 것입니다. 그래서 우리가 하나님 앞에서는 약한 모습을 보여드릴 수 있지만, 악한 자들에게는 굳이 약한 모습을 보일 필요가 없습니다. 일단 정신을 차리고 갈 데까지 가보자는 식으로 큰소리를 치고 보는 것이 지혜일 수 있습니다.

답답한 사울 왕

하나님의 은혜가 떠난 후 사울 왕은 늘 쫓기는 마음으로 인해 불안했습니다.

그 이유는 자기가 앉아 있지 말아야 할 자리를 차지하고 있었기 때문입니다(시 1:1). 하나님의 일을 성령님의 도우심 없이 한다면 그것보다 더 불안한 일은 없을 것입니다. 목자는 양들을 한 마리씩 줄로 매어서 끌고 다니지 않습니다. 양들이 목자의 음성을 알기 때문에, 말씀을 전하면 다 알아서 따라오게 되어 있습니다. 그런데 이것을 믿지 못하면 모든 사람들을 불신하게 되어 그들의 행동을 감시하고 억압하게 됩니다.

사울은 다윗을 도와주었다는 이유로 하나님의 제사장들을 85명이나 죽이는 결정적인 실수를 합니다. 왕을 위해 기도해 주는 사람인 제사장들을 의심하여 다 죽여 버리고 나니까 이제 사울 왕을 위해 기도해 줄 사람이 없었고, 진심으로 조언해 주거나 상담해 줄 사람이 없었습니다. 우울증 환자들은 자꾸 주위에 있는 사람들에게 화를 내게 되면서 결국 가까운 사람들이 하나도 남지 않게 되는 어려움을 겪습니다. 사울 왕이 바로 그런 상태에 있었습니다. 그의 계속되는 히스테리로 그의 주위에는 그를 진심으로 사랑하는 사람이 아무도 없게 되었습니다.

사울 왕은 블레셋 군대가 쳐들어오자 누군가의 도움을 받고 싶었습니다. 그러나 아무도 사울에게 진심으로 조언해 주고 그를 위하여 기도해 주는 사람이 없었습니다.

> 사무엘상 28장 5-6절
> "사울이 블레셋 사람의 군대를 보고 두려워서 그 마음이 크게 떨린지라 사울이 여호와께 묻자오되 여호와께서 꿈으로도, 우림으로도, 선지자로도 그에게 대답지 아니하시므로"

여기서 우리는 사울 왕이 그렇게 하나님의 뜻을 거스르고 자기 멋대로 행동하면서, 왜 전쟁을 할 때에는 꼭 하나님의 말씀을 들으려 하는지 궁금해집니다. 이것이 바로 사울 왕의 미신적인 신앙의 특징이었습니다. 사울은 다른 때에는 몰라도 전쟁을 하러 나갈 때는 꼭 하나님의 말씀을 들어야 한다고 생각했습니다. 마치 시험을 치기 전에는 꼭 목사님의 기도를 받고 가야 좋은 점수를 얻을 수 있다고 생각하는 학생과 같습니다. 그러나 사울에게 하나님의 말씀으로 축복 해 줄 사람이 아무도 없었습니다. 왜냐하면 모두 죽이거나 쫓아내 버렸기 때문입니다. 사울 왕이 마지막으로 참된 선지자로 인정하던 사무엘마저 죽어버렸습니다. 이때 사울이 할 수 있는 방법이 무엇입니까? 유일한 길은 다윗을 다시 찾는 것이었습니다. 다윗에게는 제사장과 하나님의 우림과 둠밈이 있었습니다.

그러나 사울은 그동안 다윗을 너무 미워하고 핍박했기 때문에 다시 다윗을 찾을 수 없었습니다. 이때 사탄은 사울의 마음속에 너무나도 무서운 악한 생각을 불어 넣었습니다. 이것은 정말 마귀적인 생각이고 악마에게 자기 영혼을 팔아먹는 순간이었습니다. 그 생각은 무당을 찾아가서 죽은 사무엘을 불러 올려서 이야기를 듣자는 것입니다.

사무엘상 28장 7절
"사울이 그 신하들에게 이르되 나를 위하여 신접한 여인을 찾으라 내가 그리로 가서 그에게 물으리라 그 신하들이 그에게 이르되 보소서 엔돌에 신접한 여인이 있나이다"

사울 왕은 한때 하나님께 붙들려서 무당들을 다 쫓아냈습니다. 그는 어떻게 하든지 이스라엘을 깨끗한 나라로 만들려고 했습니다. 그러나 하나님의 은혜가 떠난 후에는 자기가 쫓아냈던 무당을 다시 찾아가게 됩니다. 어떻게 이렇게 사람이 극과 극으로 변할 수 있겠습니까? 그것은 사울이 결국 진정으로 하나님을 믿는 사람이 아니었기 때문입니다. 아무리 구약 시대 사람이라 하더라도 그들에게는 믿음이 있었습니다. 그러나 사울은 믿음이 없었기 때문에 하나님의 은혜가 떠나자 하나님이 가장 싫어하는 짓을 하는 자리까지 떨어지고 만 것입니다.

사울 왕과 무당과의 만남

사울 주위 사람들이 얼마나 신앙이 없었는가 하면, 무당을 찾을 때 당장 그곳을 알려줄 정도였습니다. 그의 주위에 진정한 신앙의 사람이 있었다면 당연히 이런 짓을 하지 못하도록 말렸을 텐데, 오히려 사울의 부하들은 숨어 있는 무당을 찾아 주었습니다. 사울은 엔돌의 무당을 찾아감으로써 이제 완전히 하나님의 은혜에서 멀어지게 되었습니다. 변장을 하고 가서 처음에 무당은 처음에 사울 왕을 알아보지 못했습니다. 그리고 혹시나 함정 수사를 해서 자기를 잡아가려고 하는지 의심했습니다. 예컨대 요즘 마약 거래상들이 혹시 경찰이 위장거래를 해서 자기들을 잡으러 왔는지 의심하는 것과 같습니다.

> 사무엘상 28장 8-9절
> "사울이 다른 옷을 입어 변장하고 두 사람과 함께 갈쌔 그들이 밤에 그 여인에게 이르러는 사울이 가로되 청하노니 나를 위하여 신접한 술법으로 내가 네게 말하는 사람을 불러 올리라 여인이 그에게 이르되 네가 사울의 행한 일 곧 그가 신접한 자와 박수를 이 땅에서 멸절시켰음을 아나니 네가 어찌하여 내 생명에 올무를 놓아 나를 죽게 하려느냐"

이 무당은 사울을 참으로 부끄럽게 하는 말을 했습니다. 사울은 한때 무당들이 이스라엘에 발을 붙이지 못하도록 일망타진을 했습니다. 그런데 오히려 이제는 그 사람들을 찾아가게 된 것입니다. 이것은 지금 사울이 얼마나 변질되었으며 타락했는지 여실히 보여주는 것입니다. 무당은 아예 사울의 이름까지 말하면서 나를 죽게 하려고 하느냐고 물었습니다. 이때 사울 왕은 그 자리에서 돌아섰어야만 했습니다. 그러나 한번 죄에 빠진 마음은 무당의 책망을 들으면서도 돌려지지가 않았습니다. 이것이 한번 유혹에 빠진 사람의 상태입니다. 어떤 사람은 노름의 유혹에 한번 빠지면 주위 사람이 아무리 그를 책망하고 업신여겨도 마음이 돌려지지 않습니다. 사울 왕은 아예 무당에게 여호와의 이름으로 맹세하면서 지켜 주겠다는 약속까지 합니다.

이때부터 무시무시한 일이 일어나기 시작합니다. 여인은 정말 무당 중에는 진짜 무당이었던 것 같습니다. 무당도 얼렁뚱땅 무당 흉내를 내는 부류와, 진짜 신이 내려서 귀신의 능력을 행하는 두 종류가 있습니다. 그런데 엔돌의 이 무당은 진짜 신이 내리는 무당이었습니다. 무당은 사울에게 누구의 귀신을 불러 주면 좋겠느냐고 물었습니다. 그때 사울은 사무엘의 죽은 영을 불러올리라고 했습니다. 이때 무당은 신이 내리면서 사울의 정체를 알게 되었습니다. 그러면서 왜 자신을 속였느냐고 묻습니다.

사실 무당은 너무 늦게 사울을 알아보았습니다. 그 이유는 사울에게서 성령의 기름이 거의 다 말라버렸기 때문입니다. 사울이 정상적인 상태였다면 무당이 그를 보자마자 금방 성령의 사람인 줄 알았을 것입니다. 우리도 성령이 없는 사람을 보면 금방 느낄 수 있습니다. 마찬가지로 무당도 성령의 사람은 금방 알 수 있어야 정상입니다. 그러나 사울은 너무나도 오랫동안 남을 미워하고 히스테리를 부렸기 때문에 거의 신앙의 흔적이 없었습니다. 이때 무당은 한 영이 땅에서 올라오는 것을 본다고 말합니다. 바로 이것이 사탄의 속임수입니다. 사탄은 죽은 사람의 귀신을 가장해서 흉내를 냅니다. 이 무당은 한 노인이 올라오는데 겉옷을 입었더라고 말했는데 이 말만 듣고 사울은 사무엘이라고 생각해서 땅에 얼굴을 대고 귀신에게 절을 합니다. 죽은 사람의 영혼은 다시는 이 세상에 올라올 수 없습니다. 이 모든 것들은 마귀가 흉내를 내서 가장하는 것입니다.

거짓 사무엘의 음성

성경에는 사무엘이 땅 속에서 올라왔다고 하는데 실제로 사울의 눈에 보인 것은 아무것도 없습니다. 단지 무당이 그렇게 생각하는 것뿐입니다. 어쩌면 무당의 눈에는 이런 것들이 보일 수도 있습니다. 그러나 사탄은 마치 자기가 그런 초능력이 있는 것처럼 해서 사람들을 멸망시키려고 합니다. 본문을 보면 귀신이 진짜 사무엘처럼 말하는 것을 보게 됩니다. 이 귀신은 처음부터 사울을 책망합니다. '왜 너는 조용히 살고 있는 나를 불러 올려서 시끄럽게 하느냐?' 이것은 사울로 하여금 지금 이 귀신이 진짜 사무엘이라고 믿게 하는 것입니다. 사울은 무당의 말대로 이 귀신이 정말 사무엘이라고 믿었습니다. 그래서 사울은 자기가 얼마나 어려운 처지에 있는지 이 귀신에게 다 말합니다. 즉 블레셋 사람들이 군대를 일으켰고 하나님은 그에게 일체 말씀을 주지 않으시므로 죽은 사무엘의 말이라도 듣고 전쟁하러 가겠다는 것입니다.

이때 사무엘을 흉내 내는 귀신은 거의 하나님의 말씀이라고 믿어지는 말을 사울에게 합니다. 우선 하나님은 그를 떠나 그의 대적이 되셨다는 것과, 나라를 그의 손에서 빼앗아 다윗에게 준다는 것이었습니다. 그리고 하나님이 사울을 버리시게 된 계기는 사울이 아말렉을 완전히 멸하지 않았기 때문이라고 하면서 내일 블레셋과 전쟁을 하지만 사울과 그의 아들들이 죽어서 사무엘의 귀신과 함께 있게 될 것이라고 예언합니다. 이 말만 들으면 마치 너무나도 정확한 하나님의 말씀처럼 들립니다. 이것을 보고 우리는 대략 두 가지를 생각하게 됩니다.

먼저, 하나님은 무당의 입을 통해서도 말씀하실 수 있다는 것입니다. 물론 하나님은 그렇게 하실 수 있지만 대개 그렇게 하지 않으십니다. 왜냐하면 너무나도 귀중한 하나님의 말씀을 무당이 변질시킬 수 있기 때문입니다. 그래서 예수님은 귀신들린 자가 말하는 것을 허락지 아니하셨습니다. 하나님의 말씀은 일점일획도 변질되거나 가감되어서는 안 됩니다. 그래서 이 무당이 사무엘이라고 하면서 한 말은 실제로 하나님의 이름을 사칭한 사탄의 말이었습니다. 사탄은 사울에게 그가 지금까지 이러이러한 잘못을 했기 때문에 전쟁에서 죽어야 한다는 말을 한 것입니다. 이런 것을 보통 마귀가 참소한다고 합니다.

마귀가 이렇게 말하는 목적은 한 사람이라도 더 파멸시키려는 것입니다. 하나님은 우리에게 절대 이런 식으로 말씀하지 않으십니다. 하나님은 우리의 죄를 지적하고 책망하실 때에도 '너는 이런 식으로 망할 것이다' 라고 말씀하지 않으십니다. 하나님은 어떻게든 한 사람이라도 살기를 원하시며, 죽기를 바라지 않으십니다. 그래서 우리는 사람의 음성과 하나님의 음성을 구별할 수 있어야 합니다. 우리의 잘못을 찾아서 열거하는 말이 아무리 옳다 할지라도 이것은 하나님의 음성이 아닙니다. 아무리 우리의 죄를 책망하고 야단친다 해도 하나님의 음성은 반드시 우리를 싸매고 치료하며 살리시는 말씀입니다.

사무엘상 28장 20절
"사울이 갑자기 땅에 온전히 엎드러지니 이는 사무엘의 말을 인하여 심히 두려워함이요 또 그 기력이 진하였으니 이는 그가 종일종야에 식물을 먹지 못하였음이라"

사탄의 말의 특징은 사람을 두렵게 하여 정상적인 분별을 못하게 하는 것입니다. 사울은 가짜 사무엘의 말을 듣고 너무 두려워서 기절을 해 버렸습니다. 이것이 하나님의 말씀이 아닌 증거입니다. 하나님의 말씀은 우리의 영혼을 소생케 하며 새 힘을 주십니다. 우리는 여기서 또 다른 하나의 속임수를 보게 됩니다. 그것은 엔돌의 무당이 사울에게 너무 잘해 주는 것입니다. 이 여인은 사울이 완전히 기력을 다 잃어버린 것을 보고 간절한 마음으로 떡을 권하여 사울이 그곳에서 음식을 먹고 가게 합니다. 이것을 보면 사람들은 무당들도 다 나쁜 사람은 아니라는 생각을 가지게 됩니다. 그러나 이것 자체가 속임수입니다. 왜냐하면 무당은 신이 내리면 자동적으로 그 귀신의 말을 듣게 되어 있기 때문입니다.

하나님이 무당을 두지 말라고 명령하신 이유는, 그들이 하나님의 말씀을 빼앗아서 사람을 망하게 하는데 사용하기 때문입니다. 그리고 이 여자가 사울이 왕이 아니라면 무엇 때문에 이렇게 친절하게 대해 주겠습니까? 이것은 사랑에서 나온 것이 아니라 사울을 이용하는 것밖에 되지 않는 것입니다. 우리는 이단이 모든 것이 다 틀리다고 생각해서는 안 됩니다. 이단 중에는 상당히 착한 사람들도 있고 좋은 사람들도 있습니다. 그러나 진리의 중요한 부분이 틀리면 그것은 이단인 것입니다.

사울이 음식을 먹지 않은 것을 보면 아무래도 금식을 하고 있었던 것 같습니다. 그래서 기진해서 쓰러졌고 무당이 음식을 먹으라고 해도 처음에는 먹지 않으려고 한 것입니다. 이것을 보면 사울은 금식을 아주 좋아하는 체질이었던 것 같습니다. 그러나 그것이 하나님께 상달되는 금식은 되지 못했습니다. 그냥 혼자서 굶다가 기절하는 것에 불과했습니다. 그 이유는 그에게서 하나님의 말씀이 떠나버렸기 때문입니다. 하나님은 그분을 버리는 사람에게서 먼저 말씀을 거두어 가십니다. 아무리 잘 믿는 사람이라 하더라도 하나님의 말씀을 먹지 않으면 힘을 잃게 되어 있고 아주 오래 굶으면 헛것을 보게 되어 있습니다.

마찬가지로 신앙의 용사 사울도 오랫동안 하나님의 말씀을 먹지 못했을 때 결국 너무 병들어서 사탄이 주는 말을 들으려고 하다가 결국 저주의 독을 마시고 이튿날에 망하게 됩니다. 그러므로 우리는 하나님의 말씀을 날마다 가까이 함으로써 성령의 은혜가 중단되지 않고 늘 풍성하기를 기도해야 할 것입니다.

36

피할 길을 주신 하나님

>> 삼상 29:1-30:6

야생동물 불법 밀렵에 대한 보도를 자주 접하게 됩니다. TV에서 야생동물이 다니는 길목에 놓인 덫과 올가미, 그리고 실제로 덫에 걸려 죽은 동물의 모습을 보여준 적이 있습니다. 야생동물들은 익숙하게 오가던 길에서 어느 한순간의 부주의로 덫에 걸려서 다시는 빠져 나오지 못하고 죽어갔습니다. 우리도 이처럼 예상치 못한 어려운 시험에 빠져서 헤어 나오지 못하고 죽을 때까지 어려움을 겪을 수 있습니다. 그러나 하나님은 우리를 기가 막힐 웅덩이에서 건지는 분이십니다(시 40:2). 우리는 어려운 일을 당할 때 언제나 하나님께 나아가기만 하면 됩니다. 인간적인 눈으로 보면 전혀 길이 없는 듯해도, 하나님은 능히 건져 주실 수 있습니다.

본문에는 다윗을 사냥하기 위한 마귀의 올가미가 얼마나 기막히게 겹겹이 설치되었는지 기록되어 있습니다. 인간의 머리로는 도저히 벗어날 수 없어 보입니다. 그러나 하나님은 다윗을 건져 주셨습니다. 우리는 먼저, 사탄의 올가미에 빠지게 된 원인이 다윗에게 있었음을 기억해야 합니다. 하나님은 사울에게 쫓기더라도 다윗이 이스라엘 땅 안에 머물기를 원하셨습니다. 그러나 다윗은 이것을 불가능하게 여겼습니다. 사실 하나님이 우리에게 불가능한 일을 하게 하실 때에는 기적이 예비 되었든지 아니면 고난이 끝날 때가 되었든지 둘 중 하나입니다. 그런데 다윗은 참지 못하고 블레셋의 가사 땅으로 망명하고 말았습니다.

사람들마다 약한 부분이 있습니다. 어떤 분은 가난이나 궁핍을, 스트레스를, 또는 다른 사람 밑에서 굽실거리는 것을 참지 못합니다. 다윗은 다른 것은 다 참아도 더 이상 사울에게 쫓기는 것만은 하기가 싫었습니다. 그래서 가사 왕 아기스의 가신이 되어 교묘한 이중생활을 하게 됩니다. 즉 낮에는 아말렉 족속들을 쳐서 물건을 약탈하면서 자기 주인 아기스에게는 이스라엘 사람들을 쳤다고 거짓말을 하는 것이었습니다. 다윗은 이 비즈니스에 성공하면서 많은 재물을 가지게 되어 아기스에게 상납하고 남는 것을 다른 사람들에게 나누어 주기도 했습니다.

이런 다윗의 이중생활을 절대로 그냥 보고 넘어갈 리 없는 마귀는 이중 올가미를 준비했습니다. 하나는 블레셋이 이스라엘을 치는데 다윗을 동참하게 하는 것이고, 다른 하나는 다윗이 이스라엘을 치러간 동안 다윗과 그 부하들의 가족과 재산을 모두 약탈하는 것입니다. 이제 다윗은 꼼짝없이 사탄의 올무에 걸려들 수밖에 없습니다. 그런데 하나님은 다윗을 도와주셔서 이 두 가지 올무에서 모두 벗어나게 하셨습니다. 이것을 보면 우리가 왜 자신의 머리를 의지해서는 안 되며 철저하게 하나님을 의지해야 하는지 알 수 있습니다.

올무에서 빠져나오는 방법

우리가 잘 아는 바이지만, 다섯 개의 도시 국가로 구성된 블레셋은 자치적으로 모든 것을 처리했지만 전쟁과 종교적인 제의만큼은 모두 힘을 모아 연합했습니다. 그래서 가사 왕 아기스가 자기 영내에서 다윗을 데리고 있는 것은 상관이 없었습니다. 하지만 그와 같이 이스라엘과 전쟁을 하는 데는 다섯 도시 국가 군주들이 심하게 반대를 했습니다.

사무엘상 29장 1-4절
"블레셋 사람들은 그 모든 군대를 아벡에 모았고 이스라엘 사람들은 이스르엘에 있는 샘 곁에 진쳤더라 블레셋 사람의 장관들은 수백씩 수천씩 영솔하여 나아가고 다윗과 그의 사람들은 아기스와 함께 그 뒤에서 나아가더니 블레셋 사람의 방백들이 가로되 이 히브리 사람들이 무엇을 하려느냐 아기스가 블레셋 사람의 방백들에게 이르되 이는 이스라엘 왕 사울의 신하 다윗이 아니냐 그가 나와 함께 있은 지 여러 날 여러 해로되 그가 망명하여 온 날부터 오늘까지 내가 그의 허물을 보지 못하였노라 블레셋 사람의 방백들이 그에게 노한지라 블레셋 방백들이 그에게 이르되 이 사람을 돌려보내어 왕이 그에게 정하신 그 처소로 가게 하소서 그는 우리와 함께 싸움에 내려가지 못하리니 그가 전장에서 우리의 대적이 될까 하나이다 그가 무엇으로 그 주와 다시 화합하리이까 이 사람들의 머리로 하지 아니하겠나이까"

만일 다윗이 블레셋 사람들과 함께 이스라엘을 치는 전쟁터에 나아가면 그가 선택할 수 있는 길이 무엇이겠습니까? 다윗은 절대로 이스라엘을 공격할 수 없습니다. 그렇다면 다시 도망을 치든지 아니면 블레셋을 공격할 수밖에 없었습니다. 그러나 그 어떤 것도 다윗에게는 지극히 위험한 일이었습니다. 왜냐하면 이제는 도망을 칠만한 곳이 없을 뿐 아니라 블레셋 땅 안에 가족들이 있기 때문에 그들이 볼모가 되어 몰살을 당할 수 있기 때문입니다. 사실 다윗이 전쟁에서 충성심을 보이겠다고 아기스에게 큰소리를 쳤지만 다윗에게는 이 위기를 벗어날 수 있는 실제적인 방법이 없었습니다.

그런데 블레셋 군대 안에서 놀라운 일이 일어났습니다. 블레셋 장관들 중에 다윗이 골리앗을 죽인 장면을 너무나도 인상적으로 기억하고 있는 사람들이 있었던 것입니다. 이들은 다윗이야말로 사울보다 더 위험한 이스라엘의 장수라고 생각했습니다. 그래서 이들이 반대하는 바람에 다윗은 전쟁에서 빠지게 되었습니다. 천만다행인 것은 이들이 다윗을 먼저 죽이자고 하지 않은 것입니다. 대개 전쟁을 할 때 같은 이스라엘 사람들을 먼저 죽여서 그 머리를 창에 꽂고 시작하면 더 효과적으로 전쟁을 이길 수 있습니다. 그런데 이번에는 이상하게 다윗을 죽일 생각을 하지 못했습니다.

여기에는 아기스가 다윗을 신임한 이유도 있는 것 같습니다. 만일 블레셋 사람들이 음모를 꾸며서 다윗을 먼저 죽이고 전쟁터에서는 사울을 죽이게 되면 이스라엘은 한꺼번에 기름 부음 받은 두 사람을 잃게 되는 것입니다. 그런데 다윗을 전쟁터에서 후방으로 빼돌리는 일을 자기들이 했습니다. 여기서 우리는 악한 자들에게 미움을 받는 것이 대단히 좋은 일이라는 것을 알 수 있습니다. 우리는 악한 자들에게서 미움을 받아야 하고 때로는 따돌림을 당해야 살아남을 수 있습니다. 또한 어떤 상관 밑에서 일하느냐 하는 것도 상당히 중요합니다. 그가 아주 악하고 하나님이 싫어하실 경우에는, 그의 인정을 받지 않는 것이 좋을 수 있습니다. 왜냐하면 이미 그 사람은 멸망의 길을 가고 있기 때문입니다.

물론 다윗은 블레셋 장관들이 자기를 싫어하는 것을 불쾌하게 여길 수 있습니다. 그러나 그들이 다윗을 미워해 주지 않았더라면 다윗은 더 큰 위기에 빠질 수밖에 없었을 것입니다. 바로 이것이 하나님이 다윗을 올무에서 풀어 놓으시기 위한 방법이었습니다. 우리가 악한 자의 올무에서 풀려나는 가장 좋은 방법은 악한 자가 우리를 싫어해서 포기하는 것입니다. 다윗이 처음에는 미친 사람 흉내를 내서 아기스의 손에서 벗어났는데 이번에는 다른 블레셋 사람들이 너무 미워하는 바람에 올무에서 벗어날 수가 있었습니다. 특히 이들은 이스라엘 여자들이 불렀던 노래 가사를 기억했습니다.

사무엘상 29장 5절
"그들이 춤추며 창화하여 가로되 사울의 죽인 자는 천천이요 다윗은 만만이로다 하던 이 다윗이 아니니이까"

이 당시에는 여인들의 노래가 중요한 여론이었습니다. 여인들은 '다윗은 만만'이라고 함으로 벌써 다윗을 차기 이스라엘 지도자로 지목했습니다. 그만큼 일반인의 눈은 무서운 것입니다. 우리는 잘못된 올무에 걸려들었을 때, 수단과 방법을 가리지 않고 그 올무에서 빠져나와야 합니다. 만약 거기서 더 머뭇거리거나 체면을 세우려고 하다가는 절대로 빠져나오지 못하게 됩니다.

다윗을 돌려보내는 아기스

아기스는 심한 공박을 당하자 다윗을 전쟁에 데리고 나가는 일을 포기합니다. 즉 다윗을 앞세워서 덕을 좀 보려고 했는데 전혀 소용없게 된 것입니다. 오히려 창피만 톡톡히 당했습니다. 다른 모든 블레셋 장관들은 다윗을 위험하다고 여기는데, 아기스만은 믿을 수 있다고 생각하는 것을 보면 하나님이 아기스의 눈을 얼마나 어둡게 만드셨는지 알 수 있습니다. 하나님은 다윗을 돕기 위해서 아기스를 미련하게 하셨습니다.

> 사무엘상 29장 6-7절
> "아기스가 다윗을 불러 그에게 이르되 여호와께서 사시거니와 네가 정직하여 내게 온 날부터 오늘까지 네게 악이 있음을 보지 못하였으니 나와 함께 군중에 출입하는 것이 나의 소견에는 좋으나 장관들이 너를 좋아하지 아니하니 너는 돌이켜 평안히 가서 블레셋 사람의 장관들에게 거슬려 보이게 말라"

아기스는 거의 여호와를 믿는 백성으로 전도된 듯 다윗을 좋아하고 있습니다. 실제로는 이중생활을 하는 다윗을 아기스가 어떻게 이토록 좋아하게 되었을까요? 우리는 세 가지 경우를 생각해 볼 수 있습니다. 첫 번째는 요나단이 다윗을 좋아했던 것처럼 성령의 능력을 보았기 때문에 사랑하는 경우입니다. 사람들의 재능은 보통 두세 배 차이가 나지만, 성령의 능력은 수십 배의 차이를 보일 수 있습니다. 한 순간에 나타나는 강력한 성령의 능력은 너무나 아름답고 찬란해서, 주의 은혜를 사모하는 자들은 그를 사랑하지 않을 수 없는 것입니다. 그래서 그 사람이 누구이든지 간에 그를 통하여 성령의 능력이 나타나는 자체를 기뻐하고 감사하게 됩니다. 성령의 능력은 몇 백 년에 한 번 볼까 말까 한 혜성처럼 아름다운 것입니다.

두 번째는 동일하게 성령의 능력을 보더라도, 사울처럼 죽이고 싶을 정도로 미워하는 경우입니다. 이것을 보면 참으로 이상하다는 생각이 듭니다. 똑같은 성령의 능력을 보고 어떤 사람은 자기 생명보다 더 사랑하는데, 어떤 사람은 시기하면서 죽이고 싶을 정도로 미워합니다. 이에 대해서는, 빛보다 어두움을 더 사랑하는 사람은 빛을 미워하고 싫어하게 된다는 사도 요한의 말에서 답을 얻을 수 있습니다. 하나님의 백성들은 이 세상에서 미움을 당하게 되어 있습니다. 사람들은 그에게 드러나는 성령의 능력을 시기합니다. 하나님의 백성들은 사실 너무나도 존귀하기 때문에 거만하고 도도하게 보입니다. 그래서 이 세상에서 미움을 당하지 않도록 진정으로 겸손하고 친절해야 합니다.

세 번째는 아기스의 경우처럼 이방인으로 좋아하게 되는 경우입니다. 사실 아기스가 다윗의 실체를 보았더라면 다윗을 시기해서 사울처럼 죽이려고 했을 것입니다. 그러나 다윗은 아기스를 안심시키기 위해 신앙인다운 모습을 전혀 보여주지 않았습니다. 아기스는 다윗에게서 성령의 능력을 보지 못했습니다. 다윗은 타락하지 않았지만 거의 그런 체하면서 블레셋에서 살았던 것입니다. 요즘으로 말하면 직장 동료들에게 기도하는 모습을 전혀 보여주지 않은 채 같이 술 마시며 어울리는 체하며 다니는 것입니다.

그럼에도 불구하고 그리스도인에게는 무엇인가 다른 사람들과 구별되는 아름다운 모습이 있습니다. 그것이 바로 '그리스도인의 향기'라는 것입니다. 그리스도인은 아무리 자신의 신앙을 감추고 신앙이 없는 사람처럼 행동해도 무엇인가 다른 사람들에게서는 찾을 수 없는 고상함이 있습니다. 그래서 아기스가 다윗을 좋아한 것은 그의 신앙이나 성령의 능력 때문이 아니라 순전히 인간적인 의리 때문이었습니다. 만일 아기스가 다윗의 신앙이나 그에게 나타나는 성령의 능력을 보게 된다면 어떻게 되겠습니까? 아마 그는 다윗을 싫어했을 것입니다. 그래서 인간적으로 친한 것이 반드시 신앙으로 연결될 수 있는 것이 아님을 알 수 있습니다.

제가 대학생 때 신앙적으로 큰 회의에 빠졌던 적이 있었습니다. 그때 학교에서 너무나도 친하게 지냈던 두 사람의 친구가 있었습니다. 우리는 정말 서로 좋은 친구들이었지만, 그들은 신앙적인 친구라기보다 인간적인 의리를 지키는 친구들이었습니다. 그런데 그 후에 제가 주님을 다시 만나 열심히 신앙생활하면서 우리들은 다 뿔뿔이 헤어졌습니다. 믿는 자들 안에 역사하는 성령의 능력을 그들이 받아들이거나 이해할 수 없기 때문입니다.

다윗이 인간적으로 가장 어려울 때 친구가 되어 주었던 아기스도 결코 영원한 친구가 될 수 없습니다. 아기스는 다른 블레셋 동료들이 다윗을 의심하고 거부하자 다윗에 대한 의리를 지키며 편안하게 자기 성으로 돌려보내는 결정을 내립니다. 그런데 다윗이 자기를 집으로 돌려보내는 것에 대해 아기스에게 항의를 하는 것을 보게 됩니다.

사무엘상 29장 8절
"다윗이 아기스에게 이르되 내가 무엇을 하였나이까 내가 당신의 앞에 오늘까지 있는 동안에 당신이 종에게서 무엇을 보셨기에 나로 가서 내 주 왕의 원수와 싸우지 못하게 하시나이까"

다윗은 집으로 돌아가라는 아기스의 말에 '고맙다' 라는 말을 하지 못합니다. 끝까지 조심해야 했기 때문입니다. 만일 다윗이 전쟁에 나가지 않는 것에 대하여 조금이라도 좋아하게 된다면 당장 아기스의 의심을 받게 될 것입니다. 결국 다윗은 끝까지 자기에게 친절했던 아기스에게 진심을 말하지 않습니다. 이렇게 자기를 믿어 주고 친절하게 대해 준 아기스를 다윗이 이용만 하는 것이 옳으냐는 의문을 가질 수 있습니다. 물론 다윗이 이렇게 한 것은 옳지 않습니다. 그러나 위급한 상황에서 살아남기 위해서 어쩔 수 없었을 것입니다. 삼국지에 보면, 유비와 헤어진 관운장이 유비의 두 부인을 모시고 갈 데가 없어서 적인 조조에게 잠시 몸을 의탁하는 모습을 보게 됩니다. 훌륭한 장수에 대한 욕심이 많았던 조조는 관운장을 자기 부하로 삼기 위해 적토마라는 말을 선물로 주기까지 합니다. 그런데 관운장은 결국 조조를 버리고 그 적토마를 탄 채 유비를 찾아가게 됩니다.

하나님의 백성들은 이 세상에서 최선을 다해 일하면서 할 수 있는 대로 주위 사람들에게 잘해 주지만, 결국 우리가 가야 할 곳은 따로 있음을 기억하면서 살아야 합니다. 결국 신앙 때문에 우리는 가장 좋아하는 친구와 헤어져야 할지 모르며, 너무나도 잘해 주는 직장 상사나 지도 교수와 다른 길을 걸어야 할지 모릅니다.

그래서 어떤 의미에서 우리 그리스도인들은 이 세상 사람들에 대해서는 배은망덕한 사람일지도 모릅니다. 그들의 입장에서 보면, 아무리 잘해 주어도 결국 자기 갈 곳으로 가더라는 것입니다. 우리의 본향은 이 세상이 아니고 예루살렘이기 때문에 이것은 어쩔 수 없습니다.

허를 찔린 다윗

다윗이 블레셋 사람들과 함께 이스라엘을 치는 전쟁에 올라가지 않은 것은 다행이었습니다. 그러나 그는 이스라엘이 공격당하는 줄 알면서 도울 수 없었으므로, 굳이 다행도 아니었습니다. 다윗은 만약 블레셋에 와 있지 않았더라면 얼마든지 이스라엘을 도왔을 것입니다. 그러나 블레셋에 망명해 있었기 때문에 이스라엘이 가장 자기를 필요로 할 때 팔짱을 끼고 구경할 수밖에 없었습니다. 그런데 다윗이 블레셋 사람들과 같이 가려고 집을 비운 사이에 집이 털리게 되었습니다. 그냥 털린 정도가 아니라 모든 사람들과 가축들을 약탈당하고 집은 불타게 되었습니다. 이것이 우리가 잠시라도 방심할 수 없는 이유입니다. 우리가 아무리 인간으로서 최선을 다한다 하더라도 도저히 막을 수 없는 어려운 시험이 있기 때문입니다.

사무엘상 30장 1-2절

"다윗과 그의 사람들이 제 삼 일에 시글락에 이를 때에 아말렉 사람들이 이미 남방과 시글락을 침로하였는데 그들이 시글락을 쳐서 불사르고 거기 있는 대소 여인들을 하나도 죽이지 아니하고 다 사로잡아 끌고 자기 길을 갔더라"

다윗은 블레셋 사람들을 따라가면서 자기 집을 지킬 수는 없었습니다. 원칙적으로 하면 군인을 반 정도 남겨 두어야 하는데 그들은 수가 적었고 또 용병이기 때문에 그럴 처지도 못 되었습니다. 그러니 그 동안 여자들과 가축들을 모조리 빼앗기게 된 것입니다. 그러나 이런 위기 가운데서도 하나님의 특별하신 간섭 두 가지를 발견하게 됩니다.

하나는 아말렉 사람들이 시글락을 약탈하면서 사람이나 가축을 하나도 죽이지 않았다는 것입니다. 이들은 얼마든지 여자나 아이들을 죽이고 가축을 약탈할 수도 있었을 것입니다. 그런데 이상하게도 이들은 사람을 죽이지 않고 모두 잡아가기만 했습니다. 그러니 다윗이 추격해 가서 모두 무사히 찾아올 수 있었던 것입니다.

다른 하나는 다윗이 너무 늦지 않게 돌아올 수 있었던 점입니다. 만약 블레셋 사람들이 빨리 놓아 주지 않고 이스라엘까지 데리고 가거나 혹은 아기스가 다윗을 붙들고 시간을 지체했다면, 다윗은 가족들을 도로 찾기가 어려웠을 것입니다. 그러나 블레셋 사람들이 다윗을 빨리 포기해 주었기 때문에 다윗은 3일만에 집으로 돌아와서 시글락이 불탄 것을 확인할 수 있었습니다.

그러나 다윗의 일행은 집이 모두 불탄 상태에서 가족과 가축들이 하나도 남아 있지 않은 것을 보고 너무나 많이 절망했습니다.

사무엘상 30장 3-4절
"다윗과 그의 사람들이 성에 이르러 본즉 성이 불탔고 자기들의 아내와 자녀들이 사로잡혔는지라 다윗과 그와 함께한 백성이 울 기력이 없도록 소리를 높여 울었더라"

36. 피할 길을 주신 하나님

다윗의 일행이 울 기력이 없을 정도로 울었던 이유는 지금까지 고비를 잘 넘어 오다가 도저히 인간의 힘으로는 극복할 수 없는 큰 장애를 만났기 때문입니다. 우리는 이럴 때 모든 것이 끝났다는 절망감에 빠집니다. 이런 경우를 아마도 '산 너머 산'이라고 할 것입니다. 간신히 블레셋 사람들의 손아귀에서 벗어나 집으로 왔는데, 더 큰 난관이 그들 앞에 놓여 있었습니다. 가족들은 죽었는지 살았는지 알 수도 없고, 또 살아 있다 하더라도 이 넓은 천지에서 어디로 가서 찾겠습니까?

사무엘상 30장 6절

"백성이 각기 자녀들을 위하여 마음이 슬퍼서 다윗을 돌로 치자 하니 다윗이 크게 군급하였으나 그 하나님 여호와를 힘입고 용기를 얻었더라"

사람들이 얼마나 절망하였는가 하면 그 자리에서 다윗을 돌로 쳐 죽이려고 했습니다. 지금까지 다윗만 믿고 따라 다니다가 이 지경이 되었으므로 그를 죽이겠다는 것입니다. 이때 다윗이 매우 다급한 지경이었다고 말씀하고 있습니다. 여기서 다윗을 따르는 사람들과 다윗의 신앙은 다르다는 것을 알게 됩니다. 다윗을 따르는 사람들은 하나님보다 다윗을 더 의지했던 것 같습니다. 그래서 사실 하나님이 도우셔서 지금까지 잘 왔는데 이 마지막 시험은 다윗도 이기지 못할 것이라고 생각해서 화가 나는 대로 자포자기하는 행동을 하려 하고 있습니다. 그러나 다윗은 하나님 여호와를 힘입고 용기를 내었다고 말씀하고 있습니다. 다윗의 신앙은 지금까지 함께해 주신 하나님이 절대로 이 순간에도 버리지 않으신다는 것만 붙들었던 신앙입니다.

허드신 테일러는 믿음은 '하나님의 신실하심을 붙드는 것'이라고 했습니다. 다시 말해 지금까지 인도하신 하나님이 한 순간에 갑자기 우리를 내동댕이치지는 않으신다는 것입니다. 사실 절망적인 상황에서도 자세히 보면 희망이 있습니다. 즉 가족들은 없어졌지만 또 시체는 아무것도 보이지 않는 것입니다. 이것은 어디엔가 이들이 살아 있을 가능성이 있다는 것입니다. 그리고 그들은 더 늦지 않고 돌아올 수 있었습니다. 하나님이 다윗의 일행을 도우셔서 블레셋의 손에서 빠져 나오게 하셨습니다. 그렇다면 이번에도 가족들을 지켜 주실 것을 믿어야 하는 것입니다. 하나님은 실제로 다윗만 지켜 주신 것이 아니라 그의 가족과 백성들의 가족도 머리털 하나 상하지 않게 하셨습니다.

다윗은 마귀가 언제나 약한 쪽을 노린다는 것을 생각했어야 합니다. 블레셋을 따라갈 때, 너무 충성한다고 남자들을 다 데리고 가는 바람에 이렇게 허를 찔리게 된 것입니다. 그러나 하나님은 우리가 실수하여 빠지게 된 사탄의 올무에서도 우리를 지켜 주십니다. 그래서 우리에게는 절대적인 절망이라는 것이 없습니다. 하나님은 우리만이 아니라 우리의 가족까지도 머리털 하나 상하지 않게 지켜 주실 것입니다.

# 37

가족을 되찾는 다윗

>> 삼상 30:7-30

요즘도 텔레비전에서는 오래 전에 잃었던 가족을 찾는 프로그램을 해 줍니다. 자신의 이름은 무엇이며 어렸을 때 어떻게 하다가 가족과 헤어지게 되었는지 그 경위를 말하면, 방송을 본 가족들이 연락을 하게 되면서 가족을 찾는 것입니다.

만약에 그런 방송이나 컴퓨터와 같은 매체가 없다면 이 넓은 천지에 어디로 가서 잃어버렸던 가족을 찾겠습니까? 사막이나 산에서 길을 잃었을 때의 어려움이 있습니다. 한 번 길을 잃어버리면 아무리 돌아다녀도 계속 원래 그 자리로 돌아오든지 아니면 도저히 살아올 수 없는 점점 더 깊은 골짜기로 들어가게 되는 것입니다.

우리가 이 세상을 살아가면서 겪는 어려움이 바로 이와 같습니다. 우리는 길을 모르면서도 어디론가 반드시 가야 하는 것입니다. 만일 우리가 길을 잘못 선택해서 그릇된 길로 들어서게 된다면 비참하게 될 수밖에 없습니다. 그러나 다행스러운 것은 하나님이 우리의 길을 알고 계시며 인도해 주신다는 사실입니다.

하나님은 위에서 내려다보시기 때문에 현재 우리 인간들이 가고 있는 길과 또 앞으로 어디로 가야 하는지 다 알고 계십니다. 그러므로 그리스도인들이 이 세상에서 실패하지 않으려면 입체적인 작전을 써야 합니다. 군대가 지상에서 작전을 짤 때 공중에 있는 헬기나 전투기와 공동 작전을 펴듯이, 우리도 입체적으로 하나님께 물어보면서 길을 가야 실패하지 않습니다.

우리가 다윗의 입장에서 생각해 보면, 이 넓은 세상에서 납치된 가족들을 무슨 재주로 찾겠습니까? 아마 온 세상을 뒤진다고 해도 가족들을 다시 찾는다는 것은 불가능할 것입니다.

그러나 다윗은 하나님과 공동 작전을 폈습니다. 즉 다윗은 하나님께 잃은 가족을 찾을 수 있는지 그리고 어디로 가면 이들을 만날 수 있는지 물어 보았고 하나님은 다윗의 길을 인도해 주셨습니다. 그래서 다윗은 모든 가족을 머리털 하나 상하지 않고 무사히 도로 찾을 수 있었습니다.

하나님의 뜻을 구해야 한다

사무엘상 30장 7-8절
"다윗이 아히멜렉의 아들 제사장 아비아달에게 이르되 청컨대 에봇을 내게로 가져오라 아비아달이 에봇을 다윗에게로 가져오매 다윗이 여호와께 묻자와 가로되 내가 이 군대를 쫓아가면 미치겠나이까 여호와께서 대답하시되 쫓아가라 네가 반드시 미치고 정녕 도로 찾으리라"

'하나님! 제가 가족들을 다시 만날 수 있겠습니까?' 다윗은 먼저 하나님께 질문했습니다. 다윗이 무슨 일을 하기 전에 하나님께 먼저 여쭈어 보았다는 것이 중요합니다. 다윗이 이렇게 한 이유는 문제를 자신의 힘으로 해결하려 하지 않고 철저하게 하나님의 인도하심을 따르며 그분과 공동 작전으로 수행하고자 했기 때문입니다. 그렇게 했더니 하나님은 다윗에게 지금 추격을 하면 가족들을 잡아간 자들을 따라 잡을 것이고 도로 찾아올 수 있다는 긍정적인 답을 주셨습니다. 다윗에게 제사장이 있는 것은 참으로 다행스러운 일입니다.

제사장은 하나님의 뜻을 물어볼 수 있는 에봇이라는 옷이 있었습니다. 하나님은 에봇에 달린 우림과 둠밈이라는 보석을 통해 '예스'나 '노' 정도의 간단한 단답형 질문에 답을 주셨던 것입니다. 하나님이 다윗에게 대답해 주셨던 이유는 그가 항상 말씀을 가까이하고 묵상했기 때문입니다. 다윗이 블레셋 사람들의 부름을 받고 출정했다가 돌아와서 집이 다 불타고 가족들이 모두 붙들려가고 없을 때, 기가 막혔을 것입니다. 그러나 가족들의 시체가 없었고 그들은 생각보다 빨리 돌아오게 되었습니다. 하나님이 다윗으로 하여금 빨리 가족들을 되찾게 하기 위해 도우신 것입니다. 하나님은 어떤 분이십니까? 이전까지 잘 도우시다가 어느 한 순간에 모르겠다고 하면서 내팽개치는 분이 아니십니다.

다윗은 지금까지 그를 도우신 하나님이 절대로 그를 버리시지 않으심을 믿고 하나님을 힘입었습니다. 왜 이런 일이 일어났는지는 알 수 없습니다. 그러나 이런 절망적인 어려움 가운데서도 하나님은 분명히 길을 예비해 주신다는 믿음이 필요합니다. 오늘날 우리는 제사장의 에봇이 없기 때문에 납치당한 가족들이 살았는지 죽었는지, 그리고 살아 있다면 이 넓은 세상 어디에 가 있는지 알 수가 없을 것입니다. 그러나 가장 중요한 것은 소리를 내서 하나님께 물어보는 것입니다. '하나님, 제가 나갔다 오니까 아이가 없어졌습니다. 저는 미련한 인간이기 때문에 아이가 어디에 있는지 알 수가 없습니다. 그러나 하나님은 알고 계십니다. 하나님, 제 아이가 살아 있을까요? 그리고 어떻게 하면 이 아이를 찾을 수 있을까요?'

우리 눈에 보이지 않더라도 우리가 드리는 모든 기도를 하나님은 듣고 계십니다. 우리가 드리는 기도 중에서 하나님의 안테나에 잡히지 않는 것은 아무것도 없습니다. 우리나라 군대에서는 북한에서 하는 모든 통신 내용들을 다 듣고 있습니다. 하물며 하나님이 우리의 기도를 듣지 못하실 리가 없습니다. 그런데 잃어버린 아이를 찾지 못하는 경우도 있습니다. 야곱이 바로 그랬습니다. 그는 아들 요셉을 잃고 찾지 못했습니다. 야곱은 다른 아들들이 속이며 요셉이 죽었다고 했을 때 그 말을 의심하지 않았습니다. 그래서 하나님께 물어보지 않았고, 아들이 죽었다고 단정해서 오랫동안 슬퍼했습니다. 우리는 모든 일을 먼저 기도로 하나님께 물어봐야 합니다. 그것이 문제를 해결할 수 있는 출발점이 될 것입니다.

우리가 본문과 같은 일을 겪게 된다면 두 가지 마음이 생길 수 있습니다. 하나는 하나님이 우리를 지키시는 데 허점이 있다는 불신이 생기게 됩니다. 즉 하나님의 보호망에 구멍이 뚫렸다는 생각입니다. '나를 완전히 지켜 주지 못하시는 하나님을 의지해야 할까?' 라는 무서운 불신앙 말입니다. 다른 한편으로는 아직 가족들의 시체가 없기 때문에 살아있을 가능성이 높으며 하나님이 우리를 상당히 빨리 돌아오게 하셨다는 것을 생각할 수 있습니다. 왜 이런 일이 생겼는지는 모르지만 하나님은 우리를 위해서 가족들을 지켜 주실 것이라는 믿음을 가질 수도 있습니다. 이때 모든 것을 처음부터 끝까지 자초지종을 다 알고 이해하려 하기 보다는 무조건 하나님의 신실하심을 믿어야 합니다.

우리를 위해 준비해 두신 사람

하나님께 물어본 다윗은 가족들이 모두 살아있으며 도로 찾을 수 있다는 답을 얻게 되었습니다. 그렇다면 이제 찾으러 가기만 하면 됩니다. 그런데 문제가 하나 생겼습니다. 다윗의 일행 중, 너무 지쳐서 도저히 함께 갈 수 없는 자가 생긴 것입니다. 다윗은 너무 지친 사람들을 억지로 데려 가지 않고 쉬게 했습니다.

사무엘상 30장 9-10절

"이에 다윗과 그와 함께한 육백 명이 가서 브솔 시내에 이르러는 뒤떨어진 자를 거기 머물렀으되 곧 피곤하여 브솔 시내를 건너지 못하는 이백 인을 머물렀고 다윗은 사백 인을 거느리고 쫓아가니라"

다윗 일행은 앞에 놓인 브솔 시내를 건너야 했습니다. 그런데 시내가 커서 건널 수 없는 사람들이 생기게 되었습니다. 이때 다윗이 여유가 없었더라면, 건너갈 수 없는 200명 때문에 큰 시험이 들 수도 있었습니다. 그러나 다윗은 이것을 아주 간단하게 해결했습니다. 건너지 못하는 사람은 쉬게 하고 건널 수 있는 사람만 데려 간 것입니다. 다윗이 이런 결단을 내릴 수 있었던 것은 두 가지 이유 때문이었습니다. 하나는 가족을 되찾는 일은 어차피 사람의 힘으로는 안 되는 것을 알았습니다. 이것은 하나님이 하실 일이고 사람이 100명이 가느냐, 200명이 가느냐 하는 것으로 해결될 일이 아니었습니다.

다른 하나는 사람의 숫자보다 시간이 중요하다고 생각했습니다. 모든 일에는 시간이 중요한데 특히 하나님이 기회를 주셨을 때 지체하지 않는 것이 필요합니다. 때로는 하나님이 주신 기회일지라도 힘이 없어서 따라올 수 없는 사람이 있습니다. 우리는 그들을 쉬게 하고 할 수 있는 사람들과 마음을 합하면 됩니다. 중요한 것은 우리가 어떤 일을 억지가 아니라 감사하는 마음과 믿음으로 하는 것입니다. 그렇게 할 때 하나님이 우리의 부족한 부분을 채워 주십니다. 또한 중요한 것은 중간에 다윗의 길을 인도할 수 있는 안내자를 만나게 하신 것입니다. 그러나 그 안내자는 전혀 안내자 같지가 않았습니다.

사무엘상 30장 11-12절

"무리가 들에서 애굽 사람 하나를 만나 다윗에게로 데려다가 떡을 주어 먹게 하며 물을 마시우고 무화과 뭉치에서 뗀 덩이 하나와 건포도 두 송이를 주었으니 그가 낮 사흘, 밤 사흘을 떡도 먹지 못하였고 물도 마시지 못하였음이라 그가 먹고 정신을 차리매"

가족들을 찾기 위해 일분일초가 아까울 정도로 조급한 심정의 다윗은 우연히 죽어가고 있는 한 사람을 만나게 됩니다. 그가 누구인지 알 수 없으며, 도와주어야 할 이유도 없었습니다. 그리고 이 사람을 살리느라 시간을 지체하면 잃어버린 가족들이 더 먼 곳으로 옮겨질지도 모르는 일이었습니다. 그러나 다윗은 자신의 일도 급했지만 길에서 쓰러져 죽어가는 사람에게 먹을 것을 주어 기운을 소생하게 했습니다. 그런데 바로 이 사람이 다윗을 위하여 준비된 길 안내자가 되었습니다. 그는 다윗의 성을 쳤던 아말렉 족속의 종으로 바로 그 현장에도 있었습니다. 그 후 그는 열병에 걸려 쓰러지게 되었고 그의 주인에게 버림받게 되었습니다.

그런데 열병으로 쓰러져 사흘 밤낮을 마시지도 먹지도 못한 그가 어떻게 살아남을 수 있었을까요? 다윗을 위하여 하나님이 살려주신 것 외에 다른 이유로는 절대 이해가 되지 않습니다. 결국 이것은 다윗이 지쳐 쓰러져 있는 이방인을 돕는지를 살피는 아주 중요한 시험이었습니다. 하나님이 우리를 위해 준비하신 사람은 우리의 도움이 필요한, 깊은 어려움에 빠져 있던 바로 그 사람이었습니다.

우리는 하나님이 길을 열어 주실 때 처음부터 우리에게 대로를 허락하신다고 생각해서는 안 됩니다. 바늘구멍 같은 하나님의 뜻을 찾을 때 거기에 하나님의 비밀이 있고 응답이 있는 것을 알아야 합니다. 비록 대수롭지 않아 보여도 중요한 것이라면 그것을 절대로 놓쳐서는 안 되는 것입니다. 그것을 놓치게 되면 헤매게 됩니다. 길에 쓰러졌던 사람이 정신을 차리게 되자, 다윗은 그에게 자초지종을 물어보았습니다. 그랬더니 그는 다윗이 듣고 싶어 하는 모든 이야기를 다 들려주었습니다.

사무엘상 30장 15절

"다윗이 그에게 이르되 네가 나를 그 군대에게로 인도하겠느냐 그가 가로되 당신이 나를 죽이지도 아니하고 내 주인의 수중에 붙이지도 아니하겠다고 하나님으로 맹세하소서 그리하면 내가 당신을 이 군대에게로 인도하리이다"

다윗이 도와준 사람이 다윗의 길 안내자가 되는 것을 볼 때, 일은 역시 우리 힘으로 할 수 있는 것이 아님을 알게 됩니다. 하나님을 의지하는 믿음으로 나아갈 때, 그분이 필요한 사람들을 만나게 하시는 것입니다. 다윗이 살린 이 종은 옛 주인에게 돌아가는 것을 너무나도 두려워하였습니다. 그래서 만약 다윗이 자기를 죽이지도 않고 옛 주인에게 돌려보내지도 않겠다고 맹세하면 다윗의 길을 인도하겠다고 약속을 했습니다. 아마도 옛 주인은 너무나도 무자비한 사람이었던 것 같습니다.

그러나 이 종은 옛 주인에게 돌아가는 것을 두려워할 필요가 없었습니다. 왜냐하면 그는 옛 주인에게 버림을 받음으로 완전히 새 주인 밑으로 들어가게 되었기 때문입니다. 이 새 주인은 결코 잔인한 사람이 아니었습니다. 이용 가치가 있으면 실컷 이용하고, 이용 가치가 없으면 인정사정없이 버리는 사람이 아니었습니다. 이 종은 사랑의 목자를 만나게 되었고 그를 도와서 가장 훌륭한 일을 하게 되었습니다.

다윗이 잃은 가족을 되찾음

다윗이 아말렉 사람들에게 이르렀을 때, 그들은 모두 성공적인 강도질을 자축하며 먹고 마시고 춤추고 있었습니다. 다윗은 그들이 가장 피곤한 시간인 새벽까지 기다렸다가 공격을 했고, 낙타를 타고 도망한 400명 외에는 모두 몰살시켰습니다.

사무엘상 30장 16-17절
"그가 인도하여 내려가니 그들이 온 땅에 편만하여 블레셋 사람의 땅과 유다 땅에서 크게 탈취하였음을 인하여 먹고 마시며 춤추는지라 다윗이 새벽부터 이튿날 저물 때까지 그들을 치매 약대 타고 도망한 소년 사백 명 외에는 피한 사람이 없었더라"

악한 자에게는 가장 중요한 약점이 있습니다. 그 약점은 바로 한번 교만이 발동하면 정신을 차리지 못한다는 것입니다. 그래서 그들은 감히 자신들을 공격할 사람들이 없다고 생각하고 마음 놓고 먹고 마시고 취했습니다. 그런데 가장 곤히 잠든 새벽 시간에 다윗 일행이 들이닥치자 제대로 몸도 가누지 못하고 모두 죽임을 당했습니다. 다윗은 야생의 생리가 몸에 익은 사람이기 때문에 적의 숫자가 아무리 많아도 약점이 있다는 것을 잘 알고 있었습니다. 그리고 그 약점을 틈타서 공격하니까 아무리 아말렉 족속이라 해도 당해내지 못했고, 드디어 다윗은 잃어버렸던 가족들을 모두 찾았습니다.

사무엘상 30장 19절
"그들의 탈취하였던 것 곧 무리의 자녀들이나 빼앗겼던 것의 대소를 물론하고 아무것도 잃은 것이 없이 다윗이 도로 찾아왔고"

하나님은 다윗의 가족들이 비록 아말렉 사람들에게 붙들려갔더라도 머리털 하나 상하지 않도록 지켜 주셨고, 다윗이 무사히 찾을 수 있도록 하셨습니다. 우리가 사는 이 세상은 악한 사탄과의 영적인 전쟁터입니다. 다윗이 가족들을 두고 블레셋을 따라 전쟁터에 나간 동안, 아말렉 사람들이 집을 습격해서 불태우고 가족들을 다 잡아갔습니다. 일단 우리에게 이런 일이 일어나지 않는 것이 좋습니다. 그러나 이미 일어났다면 정신을 차리고 하나님과 동행하며 피해를 최소한으로 줄이거나 아니면 오히려 이것을 전화위복의 기회로 삼아야 합니다.

우리는 이 세상이 결코 하나님의 비닐하우스가 아님을 알아야 합니다. 우리는 비닐하우스 안에서만 살 수 없고, 우리에게도 악한 일이 일어날 수 있습니다. 그러나 어려울 때일수록 믿음을 포기하지 않고 정신을 차리면 반드시 위기를 이길 수 있는 길을 주십니다. 우리에게는 기도보다 더 강력한 무기가 없습니다. 어려울 때 기도하기만 하면 하나님은 우리를 도와주셔서 어려움을 이기게 하십니다. 다윗이 아말렉을 쳤을 때 그들의 많은 전리품으로 인해 다윗은 부자가 되었습니다. 그는 이것을 유다에 있는 친구 장로들에게 나누어 주었습니다. 바로 이런 물질적인 교제가 다윗과 유다 장로들 사이의 교제를 회복시키는 기회가 되었습니다.

싸운 사람과 지킨 사람

다윗이 무사히 가족들을 찾아서 돌아왔을 때 너무 피곤해서 브솔 시내를 건너지 못했던 사람들이 다윗을 영접하러 나왔습니다. 이때 다윗과 함께 출전했던 사람들 중에서 비류에 해당하는 사람들은 그들과 함께 아말렉을 치기 위해 브솔 시내를 건너지 않은 사람은 전리품을 가질 자격이 없다는 주장했습니다.

사무엘상 30장 21-22절

"다윗이 이왕에 피곤하여 능히 자기를 따르지 못하므로 브솔 시내에 머물게 한 이백 인에게 오매 그들이 다윗과 그와 함께한 백성을 영접하러 나온

> 지라 다윗이 그 백성에게 이르러 문안하매 다윗과 함께 갔던 자 중에 악한 자와 비류들이 다 가로되 그들이 우리와 함께 가지 아니하였은즉 우리가 도로 찾은 물건은 무엇이든지 그들에게 주지 말고 각 사람의 처자만 주어서 데리고 떠나가게 하라 하는지라"

사실 다윗과 함께 싸우러 가지 않은 자들은 아무것도 차지할 권리가 없었습니다. 이들은 너무 지쳐서 자기 가족들을 찾는 것조차 포기할 정도로 아무것도 할 수 없었고 다른 사람들이 자기 처자식을 찾아준 것만 해도 너무나도 감사한 일이었습니다. 그런데 싸운 사람들 중에서 악한 자들은 아예 드러내놓고 다윗에게 요구했습니다. 약한 사람들에게 물건은 아무것도 주지 말고 가족만 데리고 떠나게 하라는 것이었습니다. 사실 여기서 이들의 지나친 면이 드러납니다. 물건을 주지 말라는 것은 이해가 되는데, 가족을 데리고 떠나게 하라는 것에서 이미 잘못을 저지르고 있는 것입니다. 왜냐하면 그들이 떠나라 말라 할 자격이 없기 때문입니다. 이때 다윗이 아주 중요한 결정을 내리게 됩니다. 이것은 앞으로 온 이스라엘의 규례가 되었다고 말씀하고 있습니다.

사무엘상 30장 23-24절
> "다윗이 가로되 나의 형제들아 여호와께서 우리를 보호하시고 우리를 치러 온 그 군대를 우리 손에 붙이셨은즉 그가 우리에게 주신 것을 너희가 이같이 못 하리라 이 일에 누가 너희를 듣겠느냐 전장에 내려갔던 자의 분깃이나 소유물 곁에 머물렀던 자의 분깃이 일반일지니 같이 분배할 것이니라 하고"

다윗은 가족들을 찾은 것이 결코 자신들의 힘으로 된 일이 아니라는 결론을 내렸습니다. 즉 잃어버렸던 가족들에게 아무 일도 일어나지 않은 것과 또 아말렉 군대를 쳐서 많은 이익을 얻게 된 것이 결코 자신들의 힘 때문이 아니라는 것입니다. 이것은 하나님이 하신 일이기 때문에 결코 자신들에게 공을 돌려서는 안 된다고 했습니다. 그뿐 아니라 다윗 일행의 물건들이 많았는데 그것을 다 짊어지고 추격했다면 그만큼 더 늦어질 수밖에 없었습니다. 그런데 지친 사람들이 그 물건들을 지키는 일을 해 준 것입니다. 그래서 공격만큼 중요한 수비, 곧 짐을 잘 지킨 사람도 똑같이 잘 싸운 것이라고 말했습니다.

축구에서 화려한 플레이로 인기를 끄는 사람들은 언제나 공격수들입니다. 그러나 수비수가 공격수만큼 강하지 못하면 결국 시합에 지게 됩니다. 수비수들이 안정적일 때, 공격수들이 오히려 더 잘 공격할 수 있습니다. 그래서 다윗은 공격수들과 수비수들 모두에게 똑같이 분배를 하게 했습니다. 사실 하나님의 일이나 교회 일을 봐도 마찬가지입니다. 앞에 나서서 일을 하는 사람들이 수고도 많이 하고 좋은 일도 많이 하는 것이 사실입니다. 그러나 뒤에서 묵묵히 따라주는 사람들의 공이 결코 작은 것은 아닙니다. 선교를 할 때에도, 앞에 나서서 선교하는 분들의 수고와 능력은 말할 것도 없이 중요합니다. 그러나 뒤에서 헌금하고 묵묵히 기도하는 사람들의 수고도 결코 작지 않습니다.

다윗이 약한 사람들에게 관대할 수 있었던 것은 결코 자기 힘으로 이런 일을 할 수 없다는 것을 잘 알고 있었기 때문입니다. 이러한 다윗의 믿음은 일이 다 끝난 후 분배를 통해서 나타났습니다. 선두에서 큰일을 행하는 사람만 중요하다고 생각해서는 안 됩니다. 뒤에서 짐을 지켜 주고 묵묵히 믿어주는 사람들이 있어야 그런 일이 가능함을 알아야 합니다. 이것은 집에서도 마찬가지입니다. 밖에 나가서 돈을 버는 사람만 중요한 것이 아니라 집에서 묵묵히 살림을 살아주는 사람도 똑같은 권리가 있습니다. 오히려 집안이 안정되면 밖에 나가서 더 열심히 일할 수 있을 것입니다.

다윗은 이 승리를 하나님이 주셨다고 생각해서 그 모든 전리품을 유다의 많은 고을에 보냈습니다. 이는 많은 유다 백성들이 가난과 궁핍 가운데 있는데 자기 혼자만 풍족하게 있을 수 없다는 생각 때문이었습니다. 다윗은 이 선물을 통하여 다시 백성들의 마음속에 중요한 사람으로 등장하게 되었습니다. 사실 유다가 약탈당하고 블레셋과 전쟁을 할 때 다윗은 그들을 도울 수가 없었습니다. 어려울 때 돕지 못하는 다윗은 유다 사람들에게 중요한 존재가 될 수 없습니다. 그런데 그가 물질을 혼자 차지하지 않고 함께 나누었을 때 사람들은 다윗에 대하여 다시 생각하게 되었습니다. 즉 다윗이 자기들을 직접 돕지는 못했지만 잊고 있었던 것은 아니며 언제나 자기들을 생각하고 기도하고 있다는 것을 깨닫게 된 것입니다.

그만큼 성도들이 서로 물질을 나누는 것이 중요합니다. 이것은 내가 당신을 잊지 않고 있으며 위하여 기도하고 있다는 표시입니다. 그리고 그것을 받는 사람은 이 일을 하나님이 하고 계시며 이 사람 뒤에는 하나님의 무한한 능력이 있다는 것을 깨닫고 더욱 힘을 얻게 되는 것입니다.

38

사울의 최후

>> 삼상 31:1-13

우리나라 사람들은 '빨리빨리' 병에 걸려 있습니다. 그만큼 어떤 결과를 천천히 기다리지 못하며, 자기가 원하는 대로 눈앞에서 당장 이루어지지 않는 것을 못 참습니다. 줄을 서서 기다리는 것이 습관이 된 나라의 사람들과 달리, 우리들은 틈만 나면 새치기를 하고, 조금만 줄이 줄어들지 않으면 짜증과 화를 내는 것이 다반사입니다. 우리는 악한 사람들의 징계에 대해서도 이처럼 '당장' 하나님의 심판이 있기를 바랍니다. 그런데 그들은 계속 잘 살고 하나님의 심판을 받지 않는 것 같습니다. 그럴 때 우리는 하나님의 공의를 의심하고 원망합니다.

그러나 하나님은 악한 사람들을 우리처럼 조급하게 대하지 않으십니다. 악한 자가 교만하게 설쳐댈 때 조급함 없이 충분한 시간을 주십니다. 그래서 그가 악한 짓을 하든지 아니면 회개하고 선한 길로 돌아오든지 나중에 후회하지 않도록 하십니다. 하나님이 그렇게 하시는 이유를 두 가지로 생각해 볼 수 있습니다. 우선 하나님은 악한 자의 인격도 소중히 여기시기 때문입니다. 사람이 악한 짓을 하는 것은 마귀에게 속아서 그런 것이므로 정신을 차리기만 하면 얼마든지 돌아올 수 있습니다. 그래서 하나님은 악한 자의 생명이나 인격을 무시하지 않으십니다. 또한, 하나님의 심판은 영원한 운명을 결정하는 것이기 때문입니다. 한번 심판이 내려지면 다시는 회복의 기회가 없고 영원한 저주를 받게 됩니다. 그래서 하나님은 우리가 보기에 분명히 악한 자를 심판하시는 데도 상당히 신중하게 하십니다.

사울 왕이 하나님 앞에서 왕으로 실격 판정을 받은 것은 아말렉 사람의 심판 때였습니다. 아말렉 사람들을 진멸하라는 하나님의 명령을 어기고 전리품을 챙긴 사울 왕에게 하나님은 폐위를 선언하셨습니다. 그래도 하나님은 사울 왕을 제거하지 않고 그대로 두셨습니다. 그 다음으로 결정적인 것은 다윗을 도운 제사장 85명을 한꺼번에 죽였을 때입니다. 이것은 절대로 용납될 수 없는 일이지만, 그래도 하나님은 사울 왕을 그냥 두셨습니다.

그럼에도 불구하고 사울 왕은 그동안 나라의 일들을 내팽개치고 죽어라고 다윗만 쫓아다녔습니다. 그래도 하나님은 사울 왕을 내버려 두셨습니다.

하나님은 사울 왕을 그냥 두셨지만, 블레셋은 이스라엘을 그냥 두지 않고 대대적으로 공격합니다. 결국 길보아산에서 이스라엘은 대패하고 사울과 그의 아들들 모두 전사합니다. 이를 통해, 하나님은 악한 자를 처벌하는 일을 결코 서두르지 않으시고 충분한 시간을 두신다는 것과, 나중에 손을 대실 때는 너무나도 철저하게 심판하시는 것을 보게 됩니다.

승리하는 방법

사무엘상 31장 1절

"블레셋 사람이 이스라엘을 치매 이스라엘 사람들이 블레셋 사람 앞에서

> 도망하여 길보아산에서 엎드러져 죽으니라 블레셋 사람들이 사울과 그 아들들을 쫓아 미쳐서 사울의 아들 요나단과 아비나답과 말기수아를 죽이니라"

우리 목에 있는 편도선은 몸이 무리를 하거나 병균에 감염되면 체온이 올라가면서 붓게 됩니다. 그러면 어떤 경우에는 물도 삼키지 못할 정도로 고통스럽습니다. 그렇다면 이 편도선이 없는 것이 좋을까요? 그렇지 않다고 생각합니다. 오히려 편도선이 있어야 몸에 무리가 되지 않도록 조심을 하게 될 것입니다. 이처럼 이스라엘 백성들의 영적 상태를 점검하게 하는 편도선이 있었습니다. 바로 블레셋 사람들입니다. 이스라엘 백성들이 하나님을 멀리하고 우상을 섬기고 세상을 따라가면 이상하게도 블레셋 사람들이 쳐들어와서 괴롭히곤 했습니다. 그러므로 이스라엘 백성들은 단순히 블레셋 사람들이 사라지기만 바랄 것이 아니라 자신들의 영적인 상태가 좋지 못하다는 것을 깨달아야 했습니다.

신령한 목사들은 교회에 어려운 일이 생기면 교인들을 탓하지 않고 다 자신의 기도가 부족해서 그렇다고 말합니다. 그런데 이 말은 사실입니다. 목사가 기도하지 못하고 영적으로 게을러지면 평소에는 전혀 문제되지 않던 것들이 여기저기에서 불쑥불쑥 터지게 됩니다. 이러한 때에는, 기도가 부족해진 자신을 반성하는 기회로 삼아야 합니다. 지금 이스라엘은 사울 왕과 다윗이 협력해야 블레셋을 이길 수 있는 상황이었습니다. 그런데 이 두 사람이 필사적으로 쫓고 쫓기고 있으니까, 블레셋은 마음 놓고 이스라엘을 공격합니다.

하나님의 백성들은 서로 하나 되는 것이 아주 중요합니다. 사람들의 마음이 하나가 되면 소수의 사람이라도 큰 어려움을 이겨낼 수 있습니다. 그러나 사람들의 마음이 하나 되지 않고 서로 물고 뜯고 싸우면 결코 어려움을 이겨나갈 수가 없습니다. 하나님이 이스라엘 백성들에게 주신 약속이 하나 있습니다. 그것은 하나님이 기름 부으신 사람을 중심으로 하나가 되면 어떤 적이라도 다 이기게 해 주신다는 것입니다.

사울 왕에게서 하나님의 성령의 능력이 떠났으므로, 그는 하나님의 기름 부으심을 받은 자가 아니었습니다. 그러므로 사울은 겸손하게 다윗의 도움을 받아야 하기 때문에 자존심이 상하여 다윗을 너무나 미워해서 블레셋 땅으로 쫓아 버렸습니다. 사울은 어떤 의미에서 억지를 부리면서 왕위를 지켜 왔는데, 이 억지가 블레셋 사람들에게는 통하지 않았습니다. 결국 이스라엘 백성들은 거의 전멸하다시피 할 정도로 큰 패배를 당하고 말았습니다.

그래서 우리는 적이 누구인지를 잘 알아야 합니다. 우리의 적은 사람이 아닙니다. 차라리 사람이라면 떼를 쓰기라도 할 것입니다. 우리의 적은 눈에 보이지 않는 마귀입니다. 마귀에게는 인정사정이 통하지 않습니다. 특히 이스라엘 백성들이 위기를 이기기 위해서는 하나님 앞에서 무릎을 꿇고 기도하는 경건의 능력이 필요했습니다. 그런데 그 동안 사울이 무릎 꿇고 기도할 시간이 있었습니까? 오히려 자기를 위하여 기도해 줄 제사장들까지 다 죽여 버렸습니다. 그러니 블레셋과의 싸움에서 도저히 승리할 수가 없었습니다.

이스라엘의 패배

성경 말씀은 사울이 어떻게 해서 전쟁터에서 죽게 되었는지 자세하게 설명하고 있습니다.

사무엘상 31장 3-4절

"사울이 패전하매 활 쏘는 자가 따라 미치니 사울이 그 활 쏘는 자로 인하여 중상한지라 그가 병기 든 자에게 이르되 네 칼을 빼어 나를 찌르라 할례 없는 자들이 와서 나를 찌르고 모욕할까 두려워하노라 하나 병기 든 자가 심히 두려워하여 즐겨 행치 아니하는지라 이에 사울이 자기 칼을 취하고 그 위에 엎드러지매"

이스라엘 왕으로서는 너무나도 비참한 죽음이었습니다. 일단 이스라엘 군은 전쟁에서 완전히 패배를 해서 모두 쫓기는 처지가 되었습니다. 그리고 블레셋 군인들이 뒤에서 이스라엘 사람들을 추격하면서 등에 대 놓고 활을 쏘았습니다. 그 활이 사울에게 치명적이었던 것 같습니다. 아마도 활이 사울의 등을 관통하지 않았나 하는 생각이 듭니다. 활을 맞아서 제대로 싸울 수도 없고 도망칠 수도 없었는데, 블레셋 사람에게 붙잡혀서도 안 되었습니다. 그럴 경우 치욕을 당한 후 비참하게 죽게 될 것입니다.

그래서 사울은 자신의 무기를 들고 따라 다니는 부관에게 자신을 죽이라고 했지만 그는 감히 왕을 죽이지 못했습니다. 결국 사울은 자신의 칼을 세워놓고 그 앞에 엎드려 자살하고 맙니다. 그리고 사울의 부관도 사울이 자살하는 것을 보고 똑같이 죽었습니다. 아마 이때 사울이 붙잡혔다면 블레셋 사람들은 절대로 그를 불쌍히 여기지 않았을 것입니다. 그들은 삼손의 눈알을 뺐던 것처럼 사울의 눈알을 빼거나 더 치욕적인 방법으로 고통스럽게 한 후에 죽였을 것입니다.

그런데 비록 비참하고 굴욕적인 죽음이 예상된다 하더라도 사울이 자살한 것이 옳으냐 하는 것이 문제입니다. 자살은 사람이 자기 자신의 목숨을 죽이는 것인데 이것은 무서운 살인죄가 됩니다. 인간들은 어떤 상황에 처해 있든지 하나님이 살라고 하시는 동안은 살아 있어야 할 의무가 있습니다. 지금 당장 너무 고통스럽고 또 앞으로 더 치욕적인 미래가 자기를 기다리고 있다고 해서 스스로 자살의 방법을 택하는 것은 절대로 용납될 수 없는 일입니다. 하나님을 모르는 사람들은 자기 목숨이 자기 것이라고 생각합니다. 그래서 삶의 의미가 없거나 미래가 너무 절망스러울 때 자살의 길을 택하기도 합니다. 그러나 사람이 스스로 목숨을 끊기 위해 스스로 목을 매든지, 강에 빠지든지, 칼로 자기 몸을 찌르든지 하는 것은 너무나 고통스러운 일입니다.

어떤 사람들은 죽을힘이 있다면 그 힘으로 한번 살아 보려고 하지 왜 바보같이 죽음을 택하느냐고 욕을 합니다. 그런데 엔돌의 무당을 찾아갔을 때 사울은 이미 두려움에 가득 차서 어려움을 이겨 낼 진정한 용기를 다 잃어 버렸습니다. 하나님은 한때 성령의 은혜를 체험했던 사울 왕이라 해도, 그분을 거부하고 자기 욕심을 향하여 나아가게 되자 믿지 않는 사람보다 더 못한 상황 속에서 자살의 방법으로 최후를 마치게 하셨습니다. 이것이 결국 마귀가 하는 일입니다. 사람들을 절망하게 해서 스스로 저주스러운 죽음을 택하게 하는 것입니다. 가끔 회복될 수 없는 병으로 투병하다가, 고통 속에서 자살을 택하는 분들이 있습니다. 그러나 그리스도인들은 최후의 순간까지 예수님의 십자가를 생각하면서 영광스럽게 싸우다가 주님의 품에 안겨야 합니다.

좌우간 믿음생활은 끝이 중요합니다. 제 생각에는 아마 죽을 때 점수가 사는 동안의 점수보다 더 높을 것 같습니다. 어떤 사람은 평소엔 사울처럼 성령의 은혜도 체험하고 높은 자리에 앉기도 하지만 나중에는 주님을 배반하고 비참한 죽음을 맞는 사람들이 있습니다. 가룟 유다가 그랬습니다. 그는 주님을 잘 따라다니다가 나중에 은 30에 배반을 했고, 그 후 양심의 가책을 받아서 자살했습니다. 예수님의 제자로는 너무나도 비참한 죽음이었습니다. 물론 하나님의 종도 죽습니다. 야고보 사도는 목 베임을 당했고, 세례 요한의 목은 베여서 쟁반 위에 올려져야 했습니다. 더욱이 우리 주님은 로마 군인들에게 고문과 치욕을 당하고 십자가에 못 박혀 죽으셨습니다.

그러나 어느 누구도 이들의 죽음을 치욕적인 죽음이라고 생각하지 않습니다. 더욱이 블레셋 사람들에게 붙들려 눈알이 뽑히고 재주까지 부리는 치욕을 당했던 삼손이 나중에 기둥을 쓰러뜨리고 블레셋 사람 3천 명과 함께 죽었을 때, 아무도 자살이라고 하거나 치욕적인 죽음이라고 말하지 않았습니다. 그런데 믿음을 배반했던 사울과 가룟 유다의 자살은 치욕적인 죽음으로 남습니다. 만약 사울이 블레셋 사람들에게 붙들려서 치욕을 당하면서 마지막 순간에 회개를 했더라면, 삼손처럼 지난 죄에 대해 용서와 구원을 받을 수도 있었을 것입니다. 여기서 우리가 알 수 있는 것은 하나님의 백성들은 그분이 낮추실 때 낮아져야 한다는 것입니다. 인생 밑바닥까지 내려가면 오히려 살 길이 생길 수 있는데 미리 중간에 두려워해서 도망치거나 포기해 버릴 때 더욱 치욕적인 최후가 기다립니다.

특히 주의를 해야 하는 것이 우울증입니다. 우울증은 모든 잘못에 대한 책임을 자기 혼자 지려고 합니다. 그리고 자기 때문에 가족들이 해를 받을 수 있으므로 자기 혼자만 없어지면 집안이 평안해질 것이라고 혼자 상상을 합니다. 또 마음속에 기쁨이 하나도 없기 때문에 '이렇게 살아서 뭘 하나?' 하는 절망감에 빠져 자살을 시도합니다. 그래서 주위에 그런 사람이 있을 때는 조심스럽게 살피거나 병원에 입원시켜서 자살을 하지 못하도록 예방을 하는 것이 필요합니다.

사울의 죽음

블레셋 사람들은 전쟁에서 이긴 후에 죽은 이스라엘 사람들의 옷을 벗기러 왔다가 사울과 그의 아들들이 죽어 있는 것을 발견하게 되었습니다.

사무엘상 31장 8-10절
"그 이튿날 블레셋 사람들이 죽은 자를 벗기러 왔다가 사울과 그 세 아들이 길보아산에서 죽은 것을 보고 사울의 머리를 베고 그 갑옷을 벗기고 자기들의 신당과 백성에게 전파하기 위하여 그것을 블레셋 사람의 땅 사방에 보내고 그 갑옷은 아스다롯의 집에 두고 그 시체는 벧산 성벽에 못 박으매"

시체가 즐비한 들판에서 블레셋 군인들은 죽은 이스라엘 군인들의 옷을 벗기며 전리품을 챙겼습니다. 그러다가 화려한 옷을 입고 죽어 있는 사울과 그 아들들의 시체를 발견했습니다. 그들은 사울의 시체를 많이 훼손시켰습니다. 일단 목을 베고 그 머리를 블레셋 사방에 보냈습니다. 이때 세 아들들의 머리도 함께 보낸 것 같습니다. 그리고 몸뚱이는 벧산이라는 곳의 성벽에 박아 놓았습니다. 이스라엘의 성 중의 하나였던 벧산에다가 '너희 왕과 왕자들의 시체가 이렇게 되었다' 고 전시한 것입니다. 이것은 이스라엘 백성들에게 너무나도 절망스러운 일이었습니다.

이때, 예전에 사울에게 은혜를 입었던 길르앗 야베스 사람들이 사울과 그 아들들의 시체를 가져와 불사르고 뼈를 야베스 에셀나무 아래 묻습니다. 암몬 족속이 야베스 사람들에게 쳐들어와서 모든 사람의 오른 눈을 빼면 항복을 받아주겠다고 했을 때, 사울이 이들을 건져 주었던 것입니다. 이것은 사울의 생애 가운데 하나님 앞에서 가장 아름답게 사용되었던 때의 일입니다. 만약 사울이 단 한 번이라도 이렇게 아름답게 사용되었던 적이 없었더라면, 모두가 블레셋 사람들을 두려워하는 가운데 오래오래 그들의 시체가 성벽에 박혀 있을 뻔했습니다.

만일 사울이 하나님의 말씀에 순종해서 살다가 블레셋 사람들에게 붙들려서 성벽에 못 박혀 죽었더라면 그리스도의 모습을 잘 보여줄 뻔했습니다. 그러나 제사장들을 85명이나 죽이고 무당을 찾아갔던 사람이 성벽에 못 박혀 죽었으니 아무 의미가 없는 것이었습니다. 하나님의 백성들은 살았을 때보다는 죽었을 때의 모습을 통하여 하나님을 더 잘 보여줄 수가 있습니다. 그래서 우리 모두는 잘 죽을 생각을 해야 합니다. 실컷 잘 믿다가 마지막이 신앙적이지 못하면 한 평생 수고한 것이 물거품이 될 수가 있습니다.

여기서 가장 안타까운 것은 요나단까지 왜 사울과 함께 비참하게 죽어야 하느냐는 것입니다. 요나단은 신앙의 인물이었고 다윗을 자기 목숨처럼 사랑하였습니다. 요나단은 사울의 아들이었지만 아버지와는 많이 달랐습니다. 그런데 왜 사울과 함께 비참하게 죽었어야 했을까요? 비록 요나단이 아버지 사울 왕과 함께 같은 전쟁터의 같은 장소에서 죽었다 하더라도 그 죽음은 결코 같지 않음을 알아야 합니다. 사울은 하나님의 뜻에 불순종하다가 심판의 죽음을 당한 것이지만, 요나단은 끝까지 이스라엘을 위하여 싸우다가 전사한 승리의 죽음입니다. 비록 요나단이 아버지와 같이 목 베임을 당하고, 같이 그 시체가 성벽에 박혔다 하더라도 그 죽음의 의미가 사울과 다릅니다. 우리는 같은 병실에 입원해 있는 두 사람이라 해도 같은 처지라고 생각해서는 안 됩니다. 어떤 사람은 자기 죄로 인하여 심판을 받는가 하면, 다른 한 사람은 하나님의 손에 연단 받습니다. 이 연단이 끝난 후에는 정금과 같은 믿음으로 나타날 사람도 있는 것입니다.

또 하나는 아무리 다윗을 인정하고 좋아했다 하더라도 요나단은 구시대의 인물이라는 것을 기억해야 합니다. 요나단은 아버지 사울에게 더 가까웠고 결국 사울을 떠나지 않았습니다. 다윗은 새로운 나라로 새 시대를 열 것이며, 새 술은 새 부대에 담아야 합니다.

이와 마찬가지로 신약 시대의 세례 요한이 탁월한 선지자였지만 역시 구약에 속한 자였고, 예수님 앞에서 없어져야 하는 구시대의 사람이었습니다. 하나님은 요나단을 사랑하셨지만 역시 그의 임무를 다윗이 왕이 되기 전까지만 이스라엘을 지키는 것으로 한정시키셨습니다.

예수님은 여자가 낳은 자 중에 세례 요한보다 더 큰 이가 없다고 하셨습니다. 그러나 천국에서는 지극히 작은 자가 요한보다 더 크다는 말씀도 하셨습니다. 여기서 천국은 신약 시대의 제자들을 말합니다. 왜냐하면 우리는 예수님의 더 많은 말씀을 들었고 더 큰 성령의 역사를 체험했기 때문입니다. 세례 요한 이후로 천국은 침노를 당하는데 침노하는 자가 빼앗을 것이라고 했습니다. 누구든지 열심을 내면 그만큼 큰 축복과 능력을 받게 됩니다. 가만히 있는 사람은 그만큼 밀려날 수밖에 없습니다. 모든 그리스도인들이 하나님의 은혜를 받고 말씀을 깨닫고 기도하고 겸손하게 생활하면서 최고의 축복을 받으시기 바랍니다.